漢詩

한시 속의 울산 산책

울산의 경승과 사람살이

· 성범중 ·

UUP.

한시 속의 울산 산책 울산의 경승과 사람살이

2010년 6월 18일 **초판 인쇄** ▪ 2010년 6월 25일 **초판 발행** ▪ **지은이** 성범중 ▪ **펴낸이** 김도연
▪ **펴낸곳** UUP(울산대학교출판부) 680-749 울산광역시 남구 대학로 93(무거동) 울산대학교 출판부
▪ 전화 (052)259-2488 팩스 (052)277-3011 ▪ **홈페이지** http://uup.ulsan.ac.kr
▪ **출판등록** 제370-1996-000001호(1996.3.13)
▪ ₩ 16,000

이 도서의 국립중앙도서관 출판시도서목록(CIP)은 e-CIP 홈페이지(http://www.nl.go.kr/ecip)에서 이용하실 수 있습니다. (CIP제어번호: CIP2010002118)

ISBN 978.89.7868.217.6 (93810)

권두언

울산은 선사시대부터 우리의 선조들이 생활의 터전을 삼았던 곳으로 그 삶의 흔적을 반구대암각화라는 수백 점의 희귀한 그림으로 새겨 놓은 선사문화의 유산을 간직하고 있는 고장이다. 또 울산은 삼국이 정립하던 시기에 고구려와 일본에 볼모로 잡혀갔던 눌지왕의 두 아우를 구출하기 위해 일신의 안위를 돌보지 않고 헌신하다가 결국 일본 땅에서 신라인의 기개를 뽐내고 불에 타 죽었던 박제상과 그의 아내 및 딸들의 애화가 남아 전하는 치술령과 망부석, 은을암, 치산서원의 유적이 남아 있는 유서 깊은 지역이다. 또 울산은 통일신라시대에 발생한 처용가와 관련한 처용 이야기와 망해사 연기설화가 전해지는 전설의 고장이기도 하다.

그러나 국가의 도읍이 이웃한 경주에서 한반도의 중앙 지역으로 옮겨간 고려시대 이래로 울산은 도성에서 멀리 떨어진 지방으로서 변방에 소재한 유배지의 하나로 인식되거나, 해안지대에 자주 출몰하여 주민을 괴롭히던 왜구의 근거지와 가까운 곳에 위치한 왜적 방어의 최전선으로 인식되었다. 그리고 울산은 일본통신사가 왕래하는 통로 중의 하나로 간주되거나 국가와 왕실에서 필요로 하는 말을 공급하는 목장 중의 하나로 인식되기도 하였다.

이런 역사적, 지정학적 내력을 지닌 울산은 오늘날에 다시 대한민국의 산업수도로 역사에 새롭게 등장하기까지 오랜 기간에 걸쳐 국가를 경영하는 사람이나 다른 지역 사람들에게 크게 주목받지 못하고 그저 그렇게 존재하였던 고장 중의 하나였던 게 사실이다. 물론 울산 지역을 둘러싸고 있는 자연의 경승만큼은 여타의 어느 곳과 비교하거나 어디에 내놓아도 뒤지지 않게 그 빼어남을 자랑하고 있었다고 할 수 있다. 이런 자연 환경과 그 속에서 살아가는 주민의 생활 모습은 이곳을 찾은 전국의 시인묵객들과 이곳에 거주하는 선비들에 의해 한시로 형상화된 것이 적지 않다. 그 한시 속에 담겨진 이 지방의 경승과 이 지역 사람의 생활 모습을 있는 그대로 가감 없이 살펴본 것이 이 책이다.

이 책에 실린 12편의 글 가운데 10편은 2007년부터 2009년까지 울산문협에서 간행하는 계간『울산문학』에 '한시 속의 세상 산책'이라는 타이틀로 연재되었던 것이다. 나머지 2편의 글은 2008년 겨울에 창간된『울산문화연구』제 1집에 수록되었던 정재원·정약용 부자와 울산과의 인연에 관해 논의한 것과, 울산 지역에 위치하고 있지는 않지만 동일 생활권의 범위 들어있다고 판단되는 경남 양산의 통도사 관련 한시 세계를 다룬 것이다. 이 책은 처음 발표한 글을 바탕으로 삼고 있으나 그 전체를 하나의 책으로 정리하는 과정에서 체제의 변경과 내용상의 오류 수정 절차를 거쳤다.

글의 배열순서는 대략 글에서 다루고 있는 인물이나 대상의 연대에 맞추려고 노력하였으나 결과가 꼭 그렇게 된 것은 아니다. 가령 통도사와 관련한 글은 그 대상의 건립시기가 신라 선덕여왕 15년(646년)까지 소급됨으로써 다른 대상에 비해 앞서기는 하지만,

통도사가 울산 권역 바깥에 위치하고 있다는 점에서 이 책의 마지막 부분에 배열한 것과 같은 예외적인 경우도 있다. 그러나 글은 대체로 시기의 순차에 따라 배열하였다고 보아도 무방하다.

끝으로 이 책의 간행하는 과정에서 편집과 장정을 위해 애써 주신 울산대학교출판부의 편집원 여러분에게 고마운 마음을 전한다.

2010년 5월 20일
신록이 아름다운 울산대공원을 바라보며
신정동 우거에서 성범중 씀

목 차

거북 형상의 기이한 바위산과 계곡 및 정자의 조화

— 반구대와 집청정의 한시 —

오늘날 선사시대의 바위그림인 반구대암각화(국보 제285호)로 널리 알려져 있는 울산광역시 울주군 언양읍 대곡리의 반구대는 고려 말에 언양에 유배되었던 포은(圃隱) 정몽주(鄭夢周)가 중구일에 이곳의 높은 대에 올라 지은 시를 통해 전국에 알려진 울산의 대표적 명소 중의 하나이다.

정몽주, <언양에서 중구일에 회포가 있어서 유종원의 시에 차운하다(彥陽九日有懷 次柳宗元韻)>, 『포은집(圃隱集)』)
나그네의 마음이 오늘 더욱 쓸쓸한데
장기(瘴氣) 어린 바닷가에서 물에 나아가고 산에 오르네.
뱃속에 글은 있어도 문득 나라를 그르쳤는데
주머니에 약은 없어도 나이를 늘릴 수 있네.
용은 저무는 한 해가 근심스러워 깊은 골짜기에 숨고
학은 갠 가을이 기꺼워 푸른 하늘로 오르네.
손으로 누런 국화를 꺾고 잠시 한 번 취하는데
옥 같은 님은 구름과 안개 너머에 있네.

客心今日轉凄然 臨水登山瘴海邊
腹裏有書還誤國 囊中無藥可延年
龍愁歲暮藏深壑 鶴喜秋晴上碧天
手折黃花聊一醉 美人如玉隔雲烟

이 시의 수련(首聯)은 객지에서 맞은 중구일의 쓸쓸한 마음을 달래기 위해 장기(瘴氣) 어린 바닷가에 위치한 반구대에서 물가에 나아가기도 하고 산에 올라 보기도 하는 시인의 모습을 보여주고 있다. 이 날이 중국에서는 한(漢)나라 때부터 상국(賞菊)·등고(登高)·시주(詩酒)로 즐겨 온 날이었고 당송(唐宋)시대에는 관리들의 휴가일로 지정된 날이었으며, 우리나라에서도 신라시대부터 경주 안압지의 임해전(臨海殿)이나 월상루(月上樓)에서 군신이 모여서 시가를 지으며 즐겼던 명절인 점[1])을 감안한다면, 유배지에서 맞은 중구일은 그에게 충분히 감상에 젖게 할 만한 분위기였다고 할 것이다.

함련(頷聯)에서는 뱃속에 읽은 글이 가득 들어 있지만 나라를 바로잡지 못하고 만 데 대한 자괴감과, 주머니 속에 쇠약한 생명을 늘려 줄 신묘한 약은 없지만 그런 대로 살아갈 만하다고 자위하는 마음을 드러내고 있다.

경련(頸聯)에서는 한 해가 저물어 가는 데서 오는 아쉬움의 감정과 활짝 갠 가을 날씨에서 오는 삽상(颯爽)한 심정을 용과 학이라는 자연물을 끌어와서 표현하고 있다.

미련(尾聯)에서는 시인이 비록 좋지 않는 상황에 처해 있기는 하지만 그래도 좋은 명절인 중양절(重陽節) 그냥 보내기가 아쉬워서 손으로 누런 산국(山菊)의 가지를 꺾고 잠시 한 번 술에 취해 보지만, 군왕에 대한 그리움의 정서를 감쇄시키는 데에는 한계가 있음

1) 『한국민족문화대백과사전』, 인터넷 홈페이지 http://www.encykorea.com/encykorea.htm#에서 인용.

을 '옥 같은 님은 구름과 안개 너머에 있네.'라고 하여 임금과 시인 사이의 현격한 물리적 거리를 확인하고 있다.

거북 모양의 커다란 석대(石臺)인 반구대의 개략을 살펴보자. 그곳은 높이 265m의 연고산(蓮皐山)[반구산(盤龜山)이라고도 함]이 거북의 몸통 형상을 이루고 있고 그 몸통에서 앞으로 쭉 내민 목과 머리 모양의 세 층으로 된 큼직한 바위 덩어리가 물 위에 떠 있어서 마치 '엎드리고 있는 거북(盤龜)'과 비슷하게 보인다고 하여 반구대라고 이름 붙여진 절승(絶勝)이다. 대곡리 암각화(岩刻畵)에서 약 1.5km 상류에 위치한 반구대는 빼어난 산수 경관 때문에 수백년 전부터 시인묵객들의 상영(觴詠)장소로 각광 받아 왔다.

그 경승에 대한 음영(吟詠)의 선편을 잡은 이가 정몽주로 알려져 있다. 그는 고려 말엽인 우왕(禑王) 원년(1375년) 성균관대사성(成均館大司成)으로 재직하던 시기에 권신(權臣)인 이인임(李仁任)과 지윤(池奫) 등이 북원(北元)에서 보낸 사신을 국가에서 사절로 맞이하려고 하자 박상충(朴尙衷)·김구용(金九容) 등 10여 인과 함께 조정의 외교정책에 반대하는 글을 올렸다. 그 일로 인하여 그들이 모두 도리어 장류(杖流) 당하게 되었는데, 정몽주는 언양(彦陽)의 요도(蓼島)[현재의 울주군 언양읍 어음리(於音里)]에 유배되었다가 우왕 3년 3월에 풀려났다. 이 유배 기간 중 2년째인 1376년에 거주(居住)의 자유가 허용되자 그는 언양 일대의 승경을 유람하게 되었고, 그 해 중구일(重九日)에는 반구대에 올라서 위의 시를 지었던 것이다.

정몽주가 언양에서 보낸 1년 남짓한 기간의 유배생활은 뒷날 울산지역과 그의 행적을 연결시키는 계기가 되었다. 그의 울산 관련 행적은 반구대를 '포은대(圃隱臺)'라는 별칭으로 불렀던 사실에서 분명히 확인된다. 또 숙종(肅宗) 38년(1712년)에 정몽주·이언적(李彦迪, 1491~1553)·정구(鄭逑, 1533~1620) 삼현(三賢)을 배향(配享)하기 위해 반구대 아래쪽에 반고서원(槃皐書院)[현재 반구서원(盤龜書院)이라는 이름으로 반구대 옆에 이전되어 있음]을 세운 사실도 언양 유배 행적과 관련되며, 한말(韓末)에는 언양의 선비 송찬규(宋璨奎, 1838～1910)가 울주군 삼남면 교동에 위치한 작괘천(酌掛川)가의 큼직한 바위에 '모은대(慕隱臺)'라는 이름을 붙여서 포은을 사모하는 뜻을 담은 것도 울산 지역과 정몽주의 관계를 살필 수 있는 사례 중의 하나라 할 것이다.

멀리서 바라본 반구대(좌측)와 집청정(우측 건물), 가운데 계곡이 대곡천(磻溪)이다

정몽주가 반구대에 올랐던 600여 년 전의 자연환경을 오늘날에 옛 모습 그대로 살펴볼 수는 없지만, 현재의 경관이 그 당시의 모습에서 심한 변화를 거쳤다고는 생각되지 않는다. 온통 바위로 이루어진 연고산은 그 형태가 크게 변하지 않았을 것이 분명하고, 반구대를 왼쪽 몸통 쪽에서 머리 쪽을 거쳐 오른쪽 몸통 쪽으로 돌아서 굽이치며 흐르는 반계(磻溪, 大谷川)는 그때나 이제나 그 맑음을 자랑하고 있다. 다만 지금은 이 계곡의 상류에 대곡댐이 건설되는

바람에 수량이 현저하게 줄어든 것이 변화라면 큰 변화라고 할 수 있다. 그래서 이곳을 찾은 시인들은 반구대의 산을 겨울 금강산, 곧 개골산(皆骨山)에 비기기도 하였다.[2]

산 첩첩(疊疊) 물 곡곡(曲曲)이라고 표현할 정도로 풍광이 수려하기 그지없는 이곳에 자연 경관과 어울리는 인공 구조물을 처음으로 갖춘 이는 경주 최씨 가문의 선비 운암(雲庵) 최신기(崔信基, 1673～1737)였다. 그는 포은이 반구대에서 한 번 시를 지은 이후에 이름난 이 구역이 천고에 깊이 감추어진 것을 애석히 여겨 반구대 북쪽 언덕에 창고와 부엌을 갖추어 자기 본성을 지키고 수양할 수 있는 별업(別業)을 확보함과 동시에 친구들의 강마(講磨) 장소로 삼으려고 집청정(集淸亭)을 세웠는데, '집청정'이라는 말은 "정자 앞을 흐르는 반계구곡(磻溪九曲)의 맑음을 모으는 정자"[3]라는 의미를 지녔다고 한다. 세월이 흐름에 따라 건물이 퇴락하게 되자 후손들은 1932년에 정자를 중건(重建)하여 운암으로부터 이어져서 내려온 아름다운 자취를 찾고 남긴 향기를 따라서 맡을 수 있도록 하였다.

권해, <반구대에서 읊은 시(盤龜題詠)>, 『집청정시집(集淸亭詩集)』)
조물주(造物主)가 어느 해에 이런 기이한 것을 만들었기에
지금까지 산의 뼈대가 거북으로 화(化)하였는가?
하늘의 이슬은 신선(神仙)의 손바닥[4]에 방울지는데
꼭대기의 구름은 도사(道士)의 바둑판을 감추었네.
못이 검으니 용이 누운 곳임을 분명히 알겠고

---

2) 이경래(李慶來)는 『집청정시집(集淸亭詩集)』에 실린 시에서, "옛날에 개골산(皆骨山)이 빼어나다고 들었는데, 이제 이 시내와 산에 오르네.(昔聞皆骨勝 今上此溪山)"라고 하였다.

3) 황경원(黃景源, 1709～1787)의 <집청정기(集Z淸亭記)>(『江漢集』 권10, 「記」)에 "집청정이라고 명명한 것은 그것이 아홉 굽이(九曲)의 맑음을 모음을 일컫는다.(名之曰 集淸之亭 謂其集九曲之淸也 謂其集九曲之淸也)"라는 대목이 있다.

4) 선장(仙掌)은 신선이 손바닥을 쟁반처럼 뒤집어 감로(甘露)를 받는 모양을 짓는 것으로, 중국 화산(華山)의 두 봉우리가 대치(對峙)한 모양을 가리키기도 한다.

달이 밝으니 마땅히 학이 돌아갈 때가 있으리.
층진 대(臺)는 한여름에도 매우 시원하고 상쾌하여
기우는 햇살 속에 맑은 술로 말에 오름이 더디네.
造物何年效此奇 至今山骨化爲龜
中天露滴仙人掌 絶頂雲藏道士碁
潭黑可知龍臥處 明月宜有鶴歸時
層臺盛夏偏蕭爽 斜日淸樽上馬遲

권해(權瑎, 1639～1704)[5]의 이 시는 반구대 주변의 석산과 계곡의 아름다운 경관을 드러내고 있을 뿐 아니라, 녹음에 덮인 그곳이 여름철에는 시원한 기운을 간직하여 유람객에게 이곳을 떠나고 싶은 마음이 일어나지 않도록 하는 최고의 피서지임을 그려내고 있다.

수련은 기이하기 그지없는 거북 형상의 바위에 대한 놀라움을 표하고 있고, 함련은 신선의 손바닥처럼 솟은 산봉우리에서 방울지어 떨어지는 이슬과 도사의 바둑판이 그려진 바위를 감추려는 듯이 산꼭대기에서 뿌옇게 사물을 가리며 내려온 구름을 대비시키고 있다. 집청정에 거주하면서 이 정자를 관리하는 최원석 씨의 증언에 따르면, 현재는 계곡 주변을 정비하는 와중에 토사에 묻혀 버렸지만 예전에는 반구대 옆을 흐르는 개울과 집청정 사이에 바둑판이 새겨진 우뚝한 바위가 있었다고 하니, 이 시의 언급은 산꼭대기에서 내려온 구름이 바둑판이 새겨진 바위를 묻어 버리는 모양을 그린 것이다. 또 이 시에 나오는 '도사'가 장지연(張志淵)편, 『대동시선(大東詩選)』에는 진(秦)나라 말년에 전란을 피하여 상산(商山)에 숨어 살았던 상산사호(商山四皓) 중의 한 사람인 '기리계(綺里季)'

---

5) 『집청정시집』에는 윤개(尹鍇)의 작품으로 되어 있으나, 그 시의 내용이 張志淵 편, 『大東詩選』 권5의 <題彦陽盤龜臺>과 동일하므로, 윤개(尹鍇)는 권해(權瑎)의 오기(誤記)임이 분명하다. 또 『집청정시집』에는 윤개를 '헌양(巘陽, 언양의 옛 이름)에 유배 온 나그네', 즉 헌산적객(巘山謫客)이라고 하여 언양에 유배되었던 권해와 일치하고 있다.

를 가리키는 '기호(綺皓)'로 되어 있는데 이것은 중국의 역사적 사실과 연결시켜서 이곳이 은자(隱者)가 기거하기에 적당한 장소임을 강조하려는 의도라고 하겠다.

경련은 이곳이 용이 숨고 학이 날아들 만큼 영험한 곳임을 말하고 있으며, 미련은 반구대가 한여름에도 매우 시원하고 상쾌하여 지는 햇살 속에서도 떠나고 싶지 않은 명소임을 밝히고 있다.

이 시의 작가인 권해는 현종(顯宗) 6년(1665년)에 정시문과(庭試文科)에 급제하여 경상도암행어사·대사간·대사헌·형조참의·호조참의 등을 역임한 인물이다. 숙종(肅宗) 5년(1679년) 판중추부사 허목(許穆)이 영의정 허적(許積)의 아들 견(堅)의 불법 행위를 공격한 사건으로 인하여 발발한 청남(淸南)과 탁남(濁南)의 당파 싸움에서, 그는 도승지 민암(閔黯)으로부터 청남의 영수인 허목의 당(黨)으로 몰려서 청도로 유배되었다가 이듬해에는 다시 창성부(昌城府)로 이배되어 1689년의 기사환국(己巳換局)때 유배에서 풀려났다. 그는 또 1694년의 갑술환국(甲戌換局) 때 언양(彦陽)의 요도(蓼島)에 유배되었다가 1697년에 풀려났던 전기적 사실을 고려해 보면,[6] 그가 이 시를 제작한 시기는 언양에 유배되어 있던 1694년부터 1697년 사이의 어느 날이었을 것으로 판단된다.

오랜 세월에 걸친 바람과 비에 의한 풍화 및 침식작용으로 생성된 반고산 주변의 바위들 및 계곡물과 조화롭게 어우러진 집청정은 구도가 잘 잡힌 한 폭의 동양화처럼 탈속(脫俗)한 아름다움을 자랑하고 있다. 300년의 연륜을 자랑하는 집청정에는 이곳을 찾아

6) 『언양읍지』(언양읍지발간위원회, 2001) 678면에 "조선조 숙종 때 청남(淸南)·탁남(濁南)의 당쟁에 몰려 갑술옥사(甲戌獄事: 1694)에 연좌되어 요도(蓼島)로 유배 온 시랑 남곡 권해(南谷 權瑎)가 있다. 1694년 3월에서 1697년까지 4년간 요도(蓼島)에서 기거하였다. 남곡 권시랑(南谷 權侍郞)은 대사헌, 형·호조참의(刑·戶曹參議)를 역임한 당대의 거유(巨儒)로서, 유배생활을 하면서도 화장굴(花藏窟)과는 인연이 깊었다."라고 하여 권해가 1694년부터 요도에 유배되어 있었다는 기록이 있다.

온 시인묵객들이 머물거나 거쳐 간 흔적의 결정체인 수많은 한시가 전해지고 있는데, 그 작품들을 운암의 후손 최준식(崔俊植, 1909~1979)이 정리하여 기록하여 한 책으로 정리한 것이 앞에서 언급한 『집청정시집』이다. 이 시집에는 집청정이 창건된 1713년부터 19세기 말까지 집청정에 와서 제영(題詠)을 남긴 경향 각지의 시인 260여 명의 작품 400여 수가 수록되어 있다. 집청정에서 시를 지었지만 거기에 흔적을 남기지 않은 시인들의 작품과, 19세기 말 이후에 이곳을 찾아와서 시를 지은 시인들의 작품까지 함께 고려한다면 집청정과 관련된 한시는 이 시집에 실린 작품 이외에도 상당수가 더 있었을 것으로 짐작된다.

반구대와 집청정이 이러한 자연적·역사적 배경을 지닌 곳이므로 『집청정시집』에 실린 작품 중 몇 수를 소개하여 이곳의 빼어난 승경과 풍류의 일단을 살피되, 독자의 감상을 방해하지 않도록 하기 위하여 한시의 번역문과 원문을 제시하고, 작품의 이해에 도움이 될 고사나 참고사항을 간단히 소개하기로 하겠다.

특별히 신선이 사는 이곳은 가장 빼어나고 기이한데
천년토록 산의 뼈대가 신령스러운 거북으로 변하였네.
창 앞에는 이슬이 삼화수(三花樹)를 적시고
바위 위에는 이끼가 사호(四皓)의 바둑판을 얼룩지게 하네.
구슬 같은 샘물이 지게문을 울리는 밤에는 그 소리를 아끼며 듣고
소나무에 걸린 달이 뜰에 가득한 때에는 그 광경을 기쁘게 보네.
선도(仙道)를 찾아 여기에 오른 나그네가 얼마나 되며
누구인들 온통 갈 길을 잃고 머뭇거리지 않았으랴?
別是仙區冣絶奇 千年山骨化神龜
窓前露浥三花樹 巖上苔斑四皓碁
愛聽玉泉鳴戶夜 喜看松月滿庭時
尋眞多少登斯客 孰不全忘去路遲

송도복(宋道復)의 이 시는 반구대와 집청정이 소재한 공간을 신선이 사는 세계로 파악하여 그것과 관련된 시상을 펼치고 있는데, 신선 세계를 구체적으로 보여주기 위하여 동원한 것이 삼화수(三花樹)와 사호(四皓)이다. 삼화수는 한해에 세 번 꽃이 피는 패다수(貝多樹)의 별칭이지만 여기에서는 신선세계에 존재하는 나무의 대칭(代稱)으로 쓰였다. 사호는 상산사호(商山四皓)의 준말로 진(秦)나라 말기에 피란하여 상산에 은거하였던 동원공(東園公)·기리계(綺里季)·하황공(夏黃公)·녹리선생(甪里先生) 등 80세가 넘은 노인들로서 바둑을 두면서 세상사를 잊었던 것으로 전해진다.

여섯 마리 자라가 바다에 흘러 다니며 신기함을 감추고 있다가
동쪽 바다로 달려 들어가서 돌거북으로 변화하였네.
천년토록 누가 화표주(華表柱)에 돌아온 학을 알리요?
한 평상에는 아직도 도끼자루 썩게 하는 바둑을 두고 있네.
이내가 뜬 푸른색은 처마에 다가 오려고 하고
달을 흔드는 맑은 빛은 지게문에 들어오는 때이네.
불석겁(拂石劫)을 앉아 세상 생각을 잊는데
이름난 곳이라 대열에서 따로 떨어져서 일부러 머뭇거리네.
六鰲流海秘神奇 走入東溟化石龜
千載誰知歸柱鶴 一床猶着爛柯棊
浮嵐翠色當軒近 搖月淸光入戶時
拂石坐來忘世慮 名區班馬故遲遲

홍상인(洪尙寅, 영해 수령)의 이 시는 이 일대가 신선이 사는 곳과 같은 별천지라는 인식에서 이곳을 떠나고 싶지 않은 마음을 드러낸 작품이다. 그러한 시상을 전개하기 위하여 동원한 제재가 육오(六鰲), 화표주(華表柱), 도끼자루 썩게 하는 바둑 등이다. 그 중 육오(六鰲)는 신화에서 다섯 선산(仙山)을 등에 지고 있다는 여섯 마리의 자

라인데, 발해(渤海)의 동쪽 깊은 골짜기에 있는 다섯 신산(神山)인 대여(岱輿)·원교(圓嶠)·방호(方壺)·영주(瀛洲)·봉래(蓬萊)는 모두 바다 위에 떠 있어서 늘 물결을 따라 떴다가 가라앉고 오락가락한다고 한다. 화표주는 한(漢)나라 때 요동(遼東) 지방에 살던 정령위(丁令威)가 신선이 되어 학으로 화(化)하여 떠났다가 천년 뒤에 다시 날아 돌아와서 앉았다는 고사가 있는 기둥이다. 『수신후기(搜神後記)』에 따르면 한나라 때 요동(遼東) 사람 정령위가 영허산(靈虛山)에서 도를 배운 뒤 학이 되어 떠났다가 다시 요동으로 돌아와 성문의 화표주에 앉았는데 어떤 소년이 활을 쏘려 하므로 "성곽은 옛날과 같지만 사람은 같지 않고, 어찌 신선을 배우지 않아 수많은 무덤만 있는가?"라고 탄식하면서 하늘로 높이 날아갔다고 한다. 미련에 나오는 불석겁(拂石劫)이라는 불교용어는 아득한 시간의 길이를 말하는 단위인 겁(劫)의 하나로서, 길이·넓이·높이가 각기 40리인 큰 바위를 장수하는 천인(天人)이 100년에 한 번씩 지나가면서 가벼운 옷자락으로 스쳐서 바위가 다 닳아 없어질 동안의 오랜 시간을 가리키며 반석겁(盤石劫)이라고도 한다.

구름과 놀이 만 겹의 문을 잠그는데
항아리 속의 건곤(乾坤)은 세상의 시끄러움을 끊어버리네.
이상한 자취는 돌에 신선의 바둑판으로 남아 있고
기이한 형상은 바위에 조물주의 흔적을 띠고 있네.
층진 대(臺)는 절로 하늘과 인간과 땅이 되고
늘어선 산봉우리는 나뉘어져서 할아버지와 아들과 손자가 되네.
신령스러운 거북이 엎드려 있는 집을 물어보는데
품평의 내용이 무릉도원(武陵桃源)과 어떠한가?
雲霞牢鎖萬重門 壺裡乾坤絶世喧
異跡石留仙客局 奇形岩帶化兒痕
層臺自作天人地 列峀分成祖子孫

借問神龜盤屈宅 品題爭似武陵源

권부(權孚, 1662년～?, 동래 수령)의 이 시에는 <다시 다른 운자로 주인에게 주다(更以別韻贈主人)>라는 제목이 붙어 있는데, 이 시도 앞의 작품들과 마찬가지로 이곳이 신선이 살 만한 별천지임을 드러내고자 한 작품이다. 신선 세계를 형상화하기 위한 방편으로 끌어온 것이 호리건곤(壺裡乾坤), 신선의 바둑판, 화아(化兒)의 자취, 무릉도원(武陵桃源) 등의 개념과 고사이다. 이 중 호리건곤은 호중천지(壺中天地)와 같은 말로 별천지·별세계·선경(仙境) 등의 뜻으로 사용되는데, 이 말은 후한(後漢) 때 여남(汝南)의 저자에서 약을 팔던 호공(壺公)이라는 인물이 늘 항아리 하나를 지붕 위에 걸어 두고 저자가 파하면 뛰어서 그 항아리 속으로 들어갔다고 한 데에 유래가 있다고 한다. 화아(化兒)는 조화소아(造化小兒)의 약칭(略稱)으로 어린 아이처럼 사람 놀리기를 좋아하는 조물주를 가리킨다. 또 무릉도원(武陵桃源)은 사람들이 신선처럼 산다고 전해지는 곳으로 별천지를 비유한다. 이 말은 도연명(陶淵明)의 「도화원기(桃花源記)」에 나오는데, 중국 진(晉)나라 때 호남(湖南) 무릉의 한 어부가 배를 저어 복숭아꽃이 아름답게 핀 수원지로 올라가 굴속에서 진(秦)나라의 난리를 피하여 온 사람들을 만났더니 그곳은 살기가 좋아 그 동안 바깥세상의 변천과 많은 세월이 지난 줄도 몰랐다고 한 데서 유래한다.

이상에서 간단히 살펴본 바와 같이, 반구대와 집청정을 대상으로 한 한시들은 대개 그곳을 인간세상과 격리된 신선 세계, 또는 살아볼 만한 가치가 있는 공간으로 설정하고 있다. 조선후기만 하더라도 이곳은 매우 궁벽한 산중이었기 때문에 세상의 시끄러운 소리나 사회의 혼란상이 거의1영향을 미치지 않는 별다른 공간이었음을 이 시들은 말해주고 있다. 세속 생활에서 환멸을 느낀 관료나 선비들이 이곳에 들어와 보고는 이곳을 떠나기 싫어서 머뭇머뭇하는 모습이 눈에 선하게 보이는 듯하다.

세계적인 문화유산이라고 할 반구대암각화를 제대로 보전하기 위한 방안을 모색하는 노력과 관광객 유치를 위한 도로 확충 및 선사문화전시관 건립의 강행이라는 두 힘이 한 때 팽팽히 마주치기도 하였으나 결국 후자로 결론이 나 버림으로써 지금은 반구대와 집청정 사이로 난 길까지 포장도로가 이어져 있다. 이런 상황에서 반구대와 조화를 이루던 집청정은 옛날부터 선비들이 찾아왔다가는 차마 선뜻 떠나지 못하고 머뭇거리면서 '신선이 사는/살 만한 곳'이라고 규정하던 그 피안(彼岸)/이상향(理想鄕)의 희망이 사라진지 이미 오래이다. 그러나 집청정은 아직도 그 자리에 엄존(儼存)하고 있다. 우리는 이 정자에 걸려 있는 편액의 일부 또는 이곳을 찾았던 선비들의 정신적 가치의 한 조각 부스러기라도 확인하고 살피면서 스스로의 각박해진 정서를 수려한 자연 풍광 속에서 순화해 볼 필요가 있지 않을까 싶다.

무쇠와 유황 및 비상을 찾아 조선팔도를 헤맨 선각자

— 구충당 이의립의 시가 —

1. 생장(生長)과 삶의 목표(目標) 설정

구충당(求忠堂) 이의립(李義立, 1621～1694)은 현재의 울산광역시 울주군 두서면 전읍리(錢邑里, 그의 생존 당시에는 경주부에 소속된 땅이었음)에서 태어나서 한평생을 무기와 농기구 제조를 위한 무쇠(水鐵)와 유황(硫黃) 및 비상(砒霜·砒礵)을 찾아 전국 팔도를 샅샅이 헤매고 다니다가 결국 그것을 발견하여 군비와 농기구를 갖추는 데 공헌했던 인물이다.

그는 관란(觀瀾) 이승증(李承曾, 1515～1599)의 5대손으로 가선대부(嘉善大夫) 동지중추부사(同知中樞府事)에 추증된 이영부(李榮富)와 경주 설씨(薛氏) 사이에서 태어났으나, 불행하게도 10세 때에 모친이 사망하고 21세 때는 부친상을 당하는 불행과 슬픔을 겪었다. 부친의 시묘(侍墓) 살이를 끝낸 그는 화포(火砲)와 농기구의 생산에 불가결한 무쇠·유황·비상의 삼보(三寶)를 확보하는 일이 급선무임을 깨닫고 그것을 찾아서 개발하여 실용화하는 데 일생을 바치겠다고 결심하였다. 그때부터 그의 행적은 고난과 역경으로 점철되었다.

그는 26세(1646년) 때에 마을 북쪽의 치술령(鵄述嶺)에 올라가서 기도를 드린 다음 전국을 돌며 삼보의 탐색에 나서는데, 『구충당문집(求忠堂文集)』에 실린 시문(詩文)들에는 그 과정에서의 안타까운 심회와 간절한 바람이 드러나 있다. 각고의 노력을 기울인 끝에 그는 삼보를 발견하고 그것을 제련하여 훈국(訓局)에 납부하였을 뿐 아니라 그 후에도 노력을 계속하여 유황석(硫黃石)을 채취하게 되었다. 그는 자조법(煮調法, 불에 녹이고 굽는 제련법)을 터득하여 수만 냥의 물자를 주사(籌司)에 분납(分納)한 공적으로 현종(顯宗)으로부터 숙천도호부사(肅川都護府使)에 임명되었으나 벼슬을 사양하고 삼보의 제조에만 진력할 수 있도록 해 달라고 하였다. 그러자 현종은 그에게 술과 초구(貂裘)와 가선대부(嘉善大夫)의 품계를 내리고 삼대(三代) 조상을 추증하고, 그 사실을 『삼강속록(三綱續錄)』과 『여지(輿誌)』에 기록하여 후세에 귀감이 되도록 하였다.

이처럼 치열하게 한 시대를 살았던 이의립이 삼보를 탐색하는 과정에서 가졌던 각오와 자세, 고난 속에서도 변하지 않았던 신념 등을 살펴보는 것이 이 글의 의도이자 목적이다.

2. 삼보(三寶)를 찾아 떠날 시기의 각오와 자세

이의립은 삼보를 찾아 떠나기 전에 치술령에 올라서 재계(齋戒)하고 기도하면서 마음을 가다듬었는데 그때에 올린 제문이 <치술령에서 재계하고 빈 글(鵄鷸嶺齊戒文)>이고 그때에 지은 시가 <치술령에 올라서 기도한 뒤 망부석을 읊으며 탄식하다(鵄嶺齊禱後 詠歎望夫石)>라는 작품이다. 이 두 작품을 통해서 우리는 반드시 삼보를 찾고야 말겠다는 그의 확고한 각오와 굳건한 자세를 엿볼 수 있다.

먼저 제문의 전문(全文)을 보자.

대체로 이곳 치술령은 예로부터 신령하고 기이하니
열부(烈婦)는 돌로 변하고 충신은 기운이 모여 있네.
남쪽 지방에 우뚝 서서 산들의 조종(祖宗)이 되니
줄기는 강과 바다에 이어지고 형세는 나라를 끌어안네.
기도하는 사람이 있으면 반드시 밝은 효험을 보여주니
온갖 신령이 덕을 우러르고 갖은 백성이 안도(安堵)하네.
나의 삶을 한탄하나니, 세상은 바뀌고 시절은 달라졌지만
나라에서는 외로운 신하요 집에서는 연약한 자식이라네.
임진왜란에는 수치가 깊고 병자호란에는 눈물이 흘렀으니
천지간에 상처투성이가 되어 노래하고 읊는 소리가 끊이지 않네.
쇠뇌는 굳세고 칼날은 날카로우니 어찌 병기가 없다고 하랴 마는
저들의 병기는 귀신이라 불릴 만하여 적중(的中)함이 정밀하였네.
불화살은 두려워할 만하고 쇠 탄환은 참으로 무서운데
그 이치가 어디 있는가? 유황(硫黃)으로 완성할 수 있네.
섞어서 만든 화약(火藥)은 곧 조총(鳥銃)의 시작인데
비밀스럽게 숨겨진 물건이니 고금(古今)에 감추어져 있네.
주석 달지 않은 병서(兵書)처럼 우리 땅에서는 생산이 드문데
신물(神物)은 얻기가 어려운지라 정성스러운 마음만이 이룰 수 있네.
차마 나라의 수치를 말하랴마는 집안의 가르침이 있음을 생각하나니
신령의 도움이 아니라면 어찌 그 따사로움을 얻을 수 있으랴?
밤낮으로 근심하고 두려워하며 눕거나 일어나거나 때를 기다리나니
저 높은 곳에 올라가기를 생사(生死)를 걸고 기약하네.
다만 그대 산의 신령이여, 조그마한 뜻을 굽어 살피소서.
왕사(王事)에 어려움이 많거늘 신하의 마음은 무엇과 같겠는가?
병기의 날카로움과 둔함은 국가 존망의 문제인데
이 한 가지 기술에 달렸거늘 어찌 감히 흐릿하게 잊겠는가?
열흘을 재계(齋戒)하고 백일 밤을 기도하나니
신께서 감응(感應)하지 않으시면 맹세코 살아서 돌아가지 않으리.
온 세상의 땅이 어디인들 임금님의 교화(敎化)가 미치지 아니랴?

산이 여기에 서 있으니 신령 또한 이곳을 지키리.
비린내가 쌓여 있으니 푸른 산의 모습은 빛깔을 잃고
사람들이 모두 잔소리를 하는데 귀신인들 어찌 몰래 해치지 않으랴?
나라를 위한 붉은 마음은 죽은 이와 산 사람이 어찌 다르랴?
함께 대적할 만한 형세로는 무쇠와 유황만 한 것이 없네.
바라건대 채취하는 길을 인도하여 큰일을 이루도록 하면
군국(軍國)의 빼어난 기예이고 나라의 기이한 보배가 되리.
만고(萬古)에 전하여 사용하면 양쪽의 오랑캐를 근심하지 않으리니
할 일 없는 세계에서 신령 또한 처지가 편안하리.

蓋此鵄嶺 自古靈異 烈婦化石 忠臣鍾氣
特立南方 爲山祖宗 脈連江海 勢擁家邦
人有所祈 必眎明效 百靈仰德 兆民安堵
嗟我之生 世降時異 于國孤臣 於家弱子
羞深壬亂 淚及丙侵 瘡痍天地 不絶歌吟
勁弩利刃 豈曰無兵 彼器曰神 中者有精
可畏火箭 誠恐鐵丸 其理安在 硫黃可完
和成火藥 鳥銃乃始 慳秘之物 古今所昧
不註兵書 稀産我土 神物難得 誠心所做
忍說國耻 念在家訓 如非神佑 焉得其煴
夙宵憂懼 臥起待時 陟彼崔嵬 生死爲期
惟爾岳靈 俯瞰微旨 王事多艱 臣心何似
兵器利鈍 國家存亡 在此一技 焉敢渾忘
十日乃齊 百夜于禱 神若不感 誓不生歸
普天率濱 孰非王化 山兮斯立 靈亦據此
腥氛所累 嵐容失輝 人皆口伐 鬼盍陰誅
爲國丹心 幽顯何殊 與敵之形 莫如鐵硫
願引採路 俾成大事 軍國長技 邦家奇寶
傳用萬古 不患兩狄 無爲世界 神亦安局
(<鵄鵝嶺齊戒文>, 『求忠堂文集』 권2, 「祭文」)

이 제문에서 구충당은 열부와 충신의 영혼이 서려 있는 치술령은

기도하는 사람에게 영험을 보여주는 만큼, 임진왜란과 병자호란을 겪는 와중에서 병기의 열세 때문에 당한 엄청난 시련을 극복하기 위해 무쇠와 화약 제조용 유황을 얻으려는 간절한 염원을 드러내었다. 또 그는 왕사(王事)에 어려움이 많은 시절이기에 신하로서 해야 할 과제를 생각해 보면 예리한 병기를 만들기 위한 재료를 구하는 것이 급선무라는 사실을 실감하고 있다. 그는 열흘을 재계하고 백일 밤을 기도하면서 신이 감응하지 않는다면 맹세코 살아서 돌아가지 않겠다는 각오를 다잡고 있는 것으로 보아, 이미 그의 의지는 매우 굳어진 상태임을 짐작할 수 있다. 마지막 구절에서는 채취하게 될 무쇠와 유황으로 만든 병장기를 만고에 전하여 사용하면 북쪽의 청나라와 동쪽의 일본을 근심하지 않아도 될 것이므로 신령 또한 아무런 할 일이 없는 세계에서 처지가 편안해지리라고 하면서 신령의 감응이 있기를 촉구하고 있다. 그때에 지은 한시를 보자.

상서로운 새는 어느 해에 떠나서 돌아오지 않는가?
높은 고개와 아름다운 명성은 하나도 무너지지 않았네.
신령한 기운이 모인 사람은 나라를 위해 죽으며 우는데
정신이 변화한 돌은 남편을 바라보며 슬퍼하네.
두 마음은 충(忠)과 열(烈)이 되어 산바람으로 떨치는데
만고(萬古)에 강상(綱常)은 바다의 달이 되어 돌아오네.
이곳에 오니 보잘것없는 정성에 감격이 더해지는데
단풍 숲에 제단을 모아 산초(山椒) 술 한 잔을 올리네.
祥禽何載去無廻 危嶺佳名共不頹
靈氣鍾人殉國泣 精神化石望夫哀
兩心忠烈山風振 萬古綱常海月回
到此微誠添感激 楓壇爲奠一椒盃

이 시는 치술령을 지키던 신령스러운 새인 치술(鵄鷸)은 떠나가서 돌아오지 않았지만 그 고개와 아름다운 명성은 그대로 남아 있다고 하면서, 박제상과 그의 아내의 충(忠)과 열(烈)을 높이 평가하고 있는 작품이다. 이 시의 서문에 따르면 치술은 매우 신령스러운 새의 한 종류라고 한다.

> 내가 일찍이 다른 사람에게 들었는데 치술(鵄鷸)이라고 이름이 붙게 된 데는 유래가 있다고 한다. 무엇인가? 이 새는 대개 신령스러운 새의 무리인데 이 고개에 와서 머물면서, 높은 봉우리가 아니면 깃들지 않고 향기로운 떨기가 아니면 먹이를 쪼지 않았으며, 태평한 시절에 왔다가 흐린 세상이 되면 가버렸으므로 산이 아름다운 이름을 얻게 되었다고 한다.7)

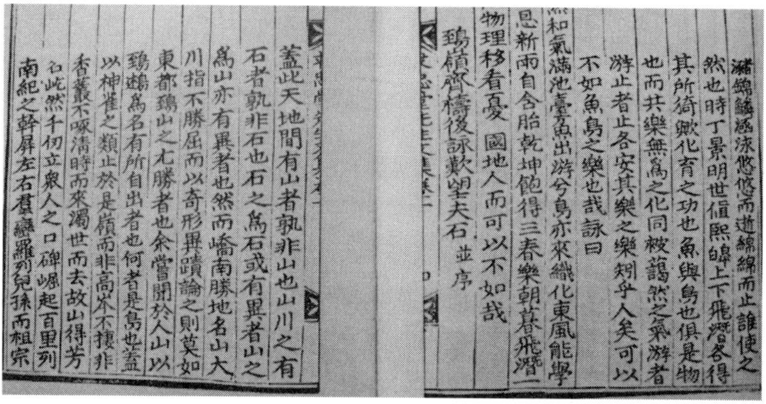

錦鱗泳泳悠悠而逝綿綿而止誰使之
然也時丁景明世値熙皞上下飛潛各得
其所猗歟化育之功也魚與鳥也俱是物
也而共樂無爲之化同被藹然之氣游者
游止者止各安其樂之樂矧乎人矣可以
不如魚鳥之樂也哉詠曰
和氣滿池臺魚出游兮鳥亦來纖化東風能學
恩新雨自含胎乾坤飽得三春樂朝暮飛潛一
物理移看憂 國地人而可以不如哉
鵄嶺齋禱後詠歎望夫石 並序
蓋此天地間有山者孰非山也山川之有
石者孰非石也石之爲石或有異者山之
爲山亦有異者也然而嶠南勝地名山大
川指不勝屈而以奇形異蹟論之則莫如
東都鵄山之尤勝者也余嘗聞於人山以
鵄鷸爲名有所自出者也何者是鳥也蓋
以神雀之類止於是嶺而非高岑不捿非
香叢不啄清時而來濁世而去故山得芳
名此然千仞立衆人之口碑崛起百里列
南紀之幹屛左右書畫羅列兒孫而祖宗

『구충당문집(求忠堂文集)』에서 <치술령에 올라서 기도한 뒤 망부석을 읊으며 탄식하다(鵄嶺齊禱後 詠歎望夫石)>라는 작품이 실린 부분. 좌측의 글은 이 시의 서문이다.

---

7) 余嘗聞於人 山以鵄鷸爲名 有所自出者也 何者 是鳥也 蓋以神雀之類 止於是嶺而非高岑不捿 非香叢不啄 清時而來 濁世而去 故山得芳名.(<鵄嶺齊禱後 詠歎望夫石 並序>, 위의 책, 권2, 「詩」)

이러한 전설이 깃든 치술령인 만큼, 박제상은 바로 이 산의 영기(靈氣)가 모여서 태어난 인물이고 그의 아내는 정신이 돌로 변하여 남편에 대한 정열(貞烈)을 지킨 인물이라고 하였다. 게다가 박제상의 혼을 바다에서 떠오르는 달빛으로 설정하여 그들 부부가 넋으로나마 서로 만난다고 인식하고 있다. 미련(尾聯)에서는 그들의 영혼을 위하여 초주(椒酒) 한 잔을 제단에 올린다고 하였다.

이의립은 이 신령한 치술령에 올라 산의 영험을 빌려서라도 자기가 원하는 바의 목적을 이루려는 간절한 마음을 드러내고 있다.

3. 삼보 탐색 과정의 고난과 확고한 신념

치술령에서 삼보를 찾으러 떠나는 마음을 다잡기 위해 신령께 기도를 드린 이의립은 그 뒤 끊임없는 탐색의 과정을 거치면서 어려움이 닥치면 더욱 자신의 마음을 다잡는 노래를 지어 부르며 스스로를 질책하였다. 그 흔적은 『구충당선생문집』의 「연보(年譜)」에 자세히 실려 있다.

다음 노래는 27세 때인 인조 25년(1647년) 2월에 가야산(伽倻山)에 들어가서 지은 것이다.

치술령에서 와서
저 높은 언덕을 오르네.
참으로 산과 물에서
나의 광주리를 기울이네.
병가(兵家)에서 쓰는 것이니
장차 얻을 수 있을 듯하네.
기쁘게 달리노라니
벼랑을 올라가서 나무를 흔드네.

고운(孤雲)[8]의 자취가 남은 곳이어서
더욱 빼어남과 고움이 더해지네.
감추어져 있을 듯하지만
그 어찌하여 깊고 깊은가?
다만 스스로 물고기의 눈[9]이 되니
이것도 의심하고 저것도 의심하네.
돌을 보고서도 유황이라고 하면서
산에서 캐고 물에서 건지네.
취적봉(翠笛峯)의 구름은
남의 짧은 지팡이를 괴롭히네.
홍류동(紅流洞)의 꽃은
나의 자그마한 정성을 속이네.
나라를 안정시킬 보배는
어디에서 구할 수 있을까?
끝내 얻을 수 없으면
물은 막히고 산은 무너지리.
산악의 신령은 덕이 있으련만
어찌 그 진실을 가르치지 않는가?
길을 헛되이 가지 않도록
장차 여래(如來)가 남기신 땅의 경계로 향하리.
來自鵄嶺兮 陟彼高岡
眞箇山水兮 傾我采筐
兵家之用兮 若將可得
載欣載奔兮 緣崖拼木
孤雲遺墟兮 尤添秀麗
如有所藏兮 其奈深邃
惟自魚目兮 疑是疑彼
見石曰黃兮 採山釣水
翠笛峯雲兮 勞人短笻

8) 고운(孤雲)은 통일신라 말기의 문인 최치원(崔致遠)의 호(號)이다.
9) 어목(魚目)은 어목혼주(魚目混珠: 구슬처럼 보이는 물고기 눈이 진짜 구슬 속에 섞여 있는 것)의 준말로, 가짜가 진짜를 어지럽게 함을 뜻한다.

紅流洞花兮 欺我寸誠
鎭國之寶兮 何處可求
終不能得兮 水咽山頽
岳靈有德兮 盍敎其眞
行不虛徐兮 將向如來之遺垠

이 노래는 이의립이 치술령을 떠나 가야산을 탐색하면서 마음속에 떠오르는 생각을 드러내고 끝까지 삼보를 찾아내겠다는 의지를 담고 있다. 가야산은 해인사가 위치하고 있는 영험한 산이므로 부처님의 은덕에 기대더라도 자기의 목표를 달성하려는 의도를 드러내고 있다.

다음 노래는 그 이듬해 정월에 금강산에서 지은 것이다.

금강산(金剛山)은
여래(如來)의 옛 집이네.
물줄기마다 불법(佛法)의 바다이고
산봉우리마다 연꽃이라네.
머리를 끄덕이는 듯한 늙은 바위는
사람을 높은 벼랑으로 인도하네.
유황의 누런 광맥은
반드시 이 속에까지 이어져 있으리.
아마 만날 수 있으리니
캐고 또 캐게 되리.
석가(釋迦)의 도는
널리 중생을 구제하는 것이네.
하물며 또 나라를 위한 일이거늘
어찌 나의 정성에 감동하지 않으랴?
산악은 신령이 주인이니
그 덕은 더욱 아름다우리.
동쪽 나라의 땅에 집터를 잡았거늘

어찌 나라의 치욕이 없다고 하랴?
나의 태어남이 늦었음을 한탄하면서
스스로 나라의 근심을 떠맡네.
여기에서 얻지 못한다면
다시 장차 어디에서 구하랴?
金剛之山兮 如來古家
水水法海兮 山山蓮花
點頭老石兮 引人懸崖
硫黃黃脈兮 必連這裏
庶幾遇之兮 採復採矣
釋氏之道兮 廣濟衆生
況復國事兮 盍感微誠
岳神爲主兮 其德尤美
宅於東土兮 寧無國耻
余生嗟晩兮 自任邦憂
於斯未得兮 更將何求

이 노래는 금강산에서 산을 수호하는 부처님의 원력으로 삼보를 얻고자 하지만 그것이 여의치 못함을 깨닫고서 다시 어디에서 구할지를 걱정하는 마음을 담고 있다. 그러나 스스로 나라의 근심을 떠맡은 만큼 여기에서 삼보를 채취하지 못한다고 하더라도 결코 그것을 찾는 노력을 그만두지 않겠다는 의지가 담겨 있다.

그의 이러한 노래는 그 뒤에도 계속되었다. 다음 작품은 그가 30세 되던 해(효종 원년, 1650년) 7월에 묘향산에서 지은 것이다.

저 묘향산(妙香山)에 올라서
유황을 구하리.
손가락이 모지라짐을 깨닫지 못하고
산을 끊고 물을 뚫네.
어찌하면 기이한 보배를 얻어서

우리의 임금님께 바칠까?
군수(軍需)를 도울 수 있으면
아마 나라에 보답하는 일이 되리.
끝이 없는 푸른 강물은
내 눈물에 보태어지리.
정성스럽지 못하면 보물이 없으리니
천리를 이리처럼 힐끗힐끗 되돌아보네.
登彼香山兮 求其黃矣
不覺指禿兮 斬山穿水
安得奇寶兮 貢我聖主
可輔軍需兮 庶報國事
綠江泱泱兮 添作我涕
不誠無物兮 千里狼顧

이 노래는 묘향산에서 유황을 구하려고 하면서 자기의 정성이 부족하지나 않은지 염려하는 자세를 보여주는 작품이다. 손가락이 모지라지는 줄도 모르고 열심히 노력하지만 그 보람을 얻지 못할까 근심하는 마음이 바탕을 이루지만, 흘러가는 강물이 자기의 눈물이 될지라도 끝까지 유황을 찾는 노력을 게을리 하지 않을 것임을 스스로 다잡고 있기도 하다.

그 뒤에도 이의립은 1651년 3월에는 구월산을 찾고 1652년 6월에는 백두산을 찾았다. 또 1653년 3월에는 속리산에 들어가고 1654년 정월에는 지리산으로 들어갔으며, 1655년에는 태백산에 들어갔다가 다시 소백산으로 들어갔다. 전국의 명산을 찾아다니면서 그는 마음을 굳게 다잡으면서 삼보를 채취하려는 노력을 계속하면서 삼보를 찾기 전에는 결코 그 행보를 그만두려고 하지 않았다. 그 와중에서 지은 노래들 중 몇 대목을 살펴보기로 하자.

① 안개 낀 높은 산을 모두 수색하고
구름처럼 아득한 길을 온통 찾네.
산은 어찌하여 말을 하지 않고
신령도 아무런 소리가 없는가?
죽음으로써 기약하고
좌충우돌하며 종횡으로 달리네.
窮搜霧嶂兮 極覓雲程
山何不言兮 神亦無聲
以死爲期兮 左右縱橫

② 신령이 돌아보지 않으니
일은 번거롭고 공은 더디네.
눈물을 떨치고 일어서나니
어느 산, 어느 물가인들 어떠랴?
神不眷顧兮 事煩功遲
揮涕以起兮 何山何水之湄

③ 오십 개의 산수를 거쳤는데도
어찌하여 그 보배는 없는가?
내가 정성스럽지 못한 까닭이거니
북쪽 대궐 쪽으로 머리를 조아리네.
나라의 빚을 갚기 어려운데
신하의 죄는 하늘을 꿰뚫네.
가르쳐주심에 인색하지 마시라.
아, 그대 산신령이여!
五十山水兮 豈乏其珍
由我不誠兮 稽首北宸
國債難報兮 臣罪通旻
毋吝指敎兮 嗟爾山神

④ 진도(珍島)에서는 감회가 더해지고
금강(錦江)의 물에서는 더욱 마음이 기울어지네.

누르고 누른 돌덩이여,
분명히 저기에 있으련만 쉽지가 않네.
어찌하여 하늘은 감추는가?
혹시 땅도 숨김이 있는가?
신하된 자는 충성을 다하지 못하는데
시절도 이롭지 못하네.
珍島添感兮 錦水注意
黃黃者石兮 宛在彼而不易
其奈天慳兮 倘有地秘
爲臣未忠兮 時亦不利

⑤ 크고 작은 백산(白山)[10]이여
삶과 죽음이 나라에 달려 있네.
겨우 모진 멧돼지를 피하고
거의 깊은 골짜기에 빠질 뻔하였네.
생각건대 저 푸른 하늘은
나를 골짜기로 걷도록 하는 듯하네.
大小之白兮 生死於國
僅免獰豕兮 幾陷深壑
惟彼蒼旻兮 使我徒谷

①②③④는 각기 순서대로 구월산·백두산·속리산·지리산에서 지은 노래의 일부고, ⑤는 소백산에서 지은 노래의 전문이다.

한결같이 유황을 찾고자 하는 간절한 마음과 어려움 속에서도 더욱 굳어져 가는 마음의 자세를 보여주고 있다. 이 시들에서는 반응 없는 신령에 대해 반항이라도 하듯이 죽음을 기약하고 좌충우돌하는 모습을 드러내기도 하고, 돌보지 않는 신에 대한 불만을 드러내면서도 포기하지 않고 저돌적으로 나아가는 모습을 보여주기

10) 대소백산(大小白山)은 크고 작은 백산(白山)으로, 태백산과 소백산을 가리킨다.

도 하고 있다. 오십 개나 되는 산수를 거쳤음에도 불구하고 그 보배를 찾지 못하는 상황을 제시하면서도 그 원인을 자신의 정성 부족에서 찾는 반성의 자세를 보여주는가 하면, 분명히 있을 수밖에 없는 유황이건만 찾지 못하고 있음에 대해 스스로도 안타까움을 금하지 못하면서 시절조차 불리한 상황에 처해 있음을 안타까워하는 모습을 보여주고 있기도 하다.

특히 ⑤는 태백산과 소백산을 헤매면서 겪은 사고를 바탕으로 한 것이다. 그는 태백산에서 실족하여 열 길 구덩이에 빠져서 거의 죽을 뻔하다가 소생하였고 소백산에서는 큰 멧돼지에게 쫓기다가 나무에 올라가서 겨우 화를 면하게 됨으로써 위급한 순간을 넘기기도 하였다.

이런 역정 속에서 이의립은 백두산으로 가는 도중에 압록강의 도도한 물 흐름을 바라보면서 병자호란 때 청나라에게 당한 피비린내 나는 수치를 안타까워하는 심회를 드러낸 시를 지었으니 그것이 바로 <압록강에서 옛 일을 탄식하다(鴨綠江歎古事)>라는 작품이다.

띠를 이룬 강물은 신(神)이 주인이련만
동쪽으로 건너온 오랑캐 병사를 어찌 입 다물고 꾸짖지 않았는가?
큰 사막의 비린내 나는 먼지가 성스러운 땅을 더럽히고
요동(遼東)의 하늘의 흐린 물결은 맑은 강에 포개어졌네.
흐르는 것을 끊을 수단은 참으로 없지만
이지러진 것을 고칠 병기의 활용법은 거의 탐구하였네.
십년 동안 산하(山河)에서 울던 눈물을
서쪽 땅에 와서 푸른 강물에 보태네.
水成襟帶神爲主 東渡胡兵盍噤呵
大幕腥塵忝聖域 遼天濁浪累淸河
斷流手段誠無奈 補缺兵謨幾揣摩
十載山河嗚咽淚 西來添作綠江波

이 시는 압록강을 건너 조선에 쳐들어온 청나라 군대가 우리의 국토를 유린한 뒤 삼전도(三田渡)에서 조선 왕(仁祖)의 항복을 받았던 병자호란을 돌이켜보면서, 그 치욕을 갚을 수 있는 방도를 병기의 개량이라는 측면에서 파악하고 있음을 다시 한 번 보여주고 있다. 십년 동안 전국의 산하를 떠돌면서 흘린 눈물을 압록강의 푸른 강물에 보탠다고 하면서 복수의 일념으로 삼보 탐색의 행보를 계속하겠다는 의지를 다지고 있다.

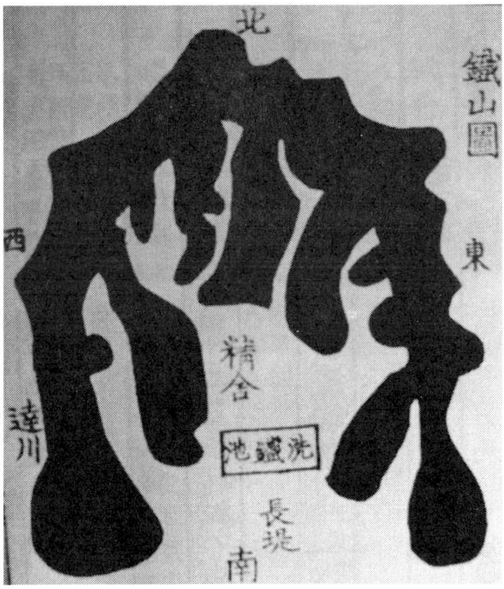

『구충당문집(求忠堂文集)』에 실려 있는 「철산도(鐵山圖)」. 달천(達川) 철장의 정사(精舍)와 세철지(洗鐵池)의 위치가 드러나고 있다.

삼보를 채취하기 위한 이의립의 행보는 여기에서 그치지 않았다. 그는 이 후에도 1656년에는 청량산(淸涼山)을 거쳐 화산(華山, 현재의 영천시 신령면)·문소(聞韶, 현재의 의성군)·청송(靑松)·영덕(盈

德)·흥해(興海)·청도(淸道)·밀양(密陽)·양산(梁山)에 닿았다. 이듬해 정월에 그는 경주와 울산의 경계에 이르게 되었는데 이 날 밤 꿈속에 나타난 신인(神人)의 도움으로 울산의 달천(達川) 산에서 무쇠(水鐵)을 얻고, 경주의 반척(盤尺, 현재의 울산광역시 울주군 언양읍 반천리) 골짜기에서 비상을 얻게 되었다고 한다. 이와 같이 처음 그는 치술령 신령에게 기도를 드리고 전국을 헤맨 지 무려 12년 만에 무쇠와 비상을 얻게 되었다. 이것은 나라의 방비를 위한 병기의 개조와 농민의 농기구 생산을 위한 굳은 신념과 의지의 소산이자 끈기의 산물이었다. 그 뒤에도 그는 생산된 무쇠와 유황의 제련법 등에 대한 연구를 계속하였고, 또 광물 탐사에도 노력을 그치지 않음으로써 49세 때인 1669년에는 경주 권이산(卷耳山)의 만호봉(瑍瑚峯)에서 유황을 채취하는 성과를 올리기도 하였다. 이때의 심정을 표현한 시가 <권이산에서 유황을 캐면서 읊다(卷耳山採硫黃吟)>라는 작품이다.

유황을 구하는 나의 정성은 쇠처럼 굳은데
쇠를 캐고 남은 등불 빛으로 끝내 유황을 얻었네.
한 줄기의 기이한 보배가 팔역(八域)에 통용되면
부끄러움을 씻어내고 왕실은 비로소 광채를 더하리.
求黃寸悃堅如鐵 採鐵餘燈竟得黃
一脈奇珍通八域 湔羞王室始添光

이 시는 유황을 구하는 자기의 정성이 쇠처럼 굳다는 사실을 재삼 드러내면서 아울러 쇠를 캐고 남은 여광(餘光)으로써 마침내 유황을 발견하게 되었음을 밝히고 있다. 또 이번에 발견한 기이한 보배인 유황이 전국 팔도에 통용되고 그것을 이용하여 만든 무기로 임병(壬丙) 양란에서 당한 국가의 치욕을 씻게 된다면 조선 왕실은 비로소 광채를 더하게 되리라는 야심찬 바람을 드러내고 있다. 여기에서 다시 한 번 우리는 이의립의 우국충정을 확인할 수 있게 되는 것이다.

이의립은 1671년에는 유황을 끓여서 제조하는 방법을 알아내었고, 이듬해에 비변사(備邊司)에 자기가 제조한 유황을 바치니 현종(顯宗) 임금이 기이하게 여겨서 유황과 무쇠, 비상을 캐어 제련하는 방법 등을 직접 물어 보고, 그 다음해에는 숙천도호부사(肅川都護府使)를 제수하였다. 그러나 그가 그 은전을 사양하니 조정에서는 그에게 가선대부(嘉善大夫)의 품계와 함께 삼대(三代)를 증직(贈職)하고 부인에게도 정부인(貞夫人)의 교지를 내리려 표창하였으며, 그의 일을 격려하기 위하여 유황을 굽는 역군(煮黃軍) 180명을 내려주었다고 한다.

이런 노력 끝에 그는 결국 삼보의 채취와 제련에 성공하였으며, 65세 때에는 동생인 계립(繼立)에게 편지를 보내어 고향땅에 집을 짓게 하고 이듬해 9월에는 경주 동쪽의 효문동(孝門洞, 현재의 경주시 외동읍 죽동리 신원 마을)에 신축한 집에 구충당(求忠堂)이라는 현판을 걸고 이사하여 그곳에서 만년을 보내게 되었다.

4. 젊은 시절에 대한 회고와 늘그막의 회포

이의립은 66세 때 구충당이라고 명명한 집을 지어 낙향하게 되었다. 그때 지은 2수의 시에 낙향에 즈음한 자신의 심회를 담아 내었다. 그는 이 시에서 27세 때 치술령에 올라가서 삼보를 채취하기 위해 간절히 기도하던 때로부터 무려 40년이 자나서 고향으로 돌아오게 된 과정을 기술하고, 이제 할 일을 마치고 귀향하는 심정을 담담한 어조로 표현하고 있다.

<서울에서 남쪽으로 돌아와서 읊다(自京南歸吟)>, 2수 중 첫수

임금님의 은덕은 하늘처럼 커서
높은 곳에서 온 땅의 끝까지 굽어보시네.
교화(敎化) 속에 누가 적자(赤子)가 아니랴?
영토 내의 사람은 모두 신하가 되네.
화평한 기운은 천지의 신령에게 통하고
인후한 풍속은 보배를 능가하네.
균등하여 안개 낀 바닷가까지 감화하고
격려하여 초야의 백성을 일어나게 하네.
사업을 경영하느라 천리를 달리고
공적(功績)을 구함에는 십년을 기한으로 삼았네.
국가의 치욕을 씻을 것을 생각하였고
마침내 화약(火藥) 병기의 신통함을 보았네.
은전은 삼대(三代)를 추증(追贈)하고
영광은 일신(一身)을 둘러쌌네.
한 벌의 갖옷으로 따뜻하게 언 몸을 녹이고
백 섬의 도조(賭租)로 배부르니 가난이 없네.
집은 충심(忠心)이라는 글자로 열려 있고
문은 어른의 수레를 맞이하네.
기심(機心)을 잊으니 아무 일 없는 세상이고
홍취를 읊조리니 태평스러운 시절이네.
님(美人)을 바라보니 마음이 더욱 도타와지고
어버이를 그리며 우니 눈물이 또 새로워지네.
이 몸은 모두 임금님께서 주신 것인데
공을 반만 세운 사람임을 도리어 부끄러워하네.
聖德如天大 高臨率土濱
化中誰不子 域內摠爲臣
和氣通神祇 仁風透寶珍
均沾烟海隅 激起草萊民

營事驅千里 求功限十春
思湔家國耻 終見火兵神
恩典追三世 榮光繞一身
一裘溫解凍 百租飽無貧
堂闢忠心字 門迎長者輪
忘機無事世 詠輿太平辰
望美心愈篤 泣親淚更新
此身皆聖賜 還愧半功人

이 시는 영토 내의 모든 사람은 왕의 교화를 받은 적자(赤子)이고 신하라는 사실을 전제로 한 다음, 젊은 날부터 십년을 기한으로 삼아 전국을 돌아다닌 사실을 기록하고 있을 뿐 아니라 국가의 치욕을 씻기 위한 노력의 결과 신통한 화약 병기를 만드는 데까지 이른 사실을 기술하고 있다. 그래서 그는 삼대 추증의 은전과 일신의 영예를 입게 됨으로써 따뜻하고 배부르게 살게 되었음을 밝히고 있다. 현재의 삶은 기심(機心)을 잊어서 아무런 일도 없는 세상에서 흥취를 읊조리는 태평성대를 구가하고 있다고 했다. 서울을 떠나와서 멀리 임금 계신 곳을 바라보니 마음이 더욱 도타와지고, 고향에 돌아와서 어버이를 그리워하니 그 눈물 또한 새롭다고 하여 낙향의 의미를 부여하고 있다. 마지막에는 이 모든 것이 임금의 은덕인데도 불구하고 반밖에 공을 세우지 못했다고 하면서 겸양의 미덕을 보여주고 있기도 하다.

<서울에서 남쪽으로 돌아와서 읊다(自京南歸吟)>, 2수 중 둘째 수
삼대(三代)를 추증한다고 남긴 말씀이 나의 마음을 감격케 하는데
한미한 집에서 떨치고 일어난 일개 가난한 선비였네.
남쪽 바다의 오랑캐가 일으킨 앞의 티끌은 마음을 늘 떨게 하고
북쪽 연(燕) 땅에서 밀려온 지난 전란은 꿈에도 자주 놀라게 하였네.

작은 정성이 산 위의 귀신에게 거의 통하여
묘한 공적은 화염 속의 병기를 보완할 것을 생각하였네.
몸을 잊고 십년 동안 나라를 위해 죽기를 기약했더니
푸른 물에 부는 가을바람이 옛 맹세를 환기하네.
三世遺言激寸誠 蓬門憤起一寒生
前塵蠻海心常戰 往惻燕天夢數驚
微悃幾通山上鬼 玅功思補火中兵
忘身十載期殉國 綠水秋風喚舊盟

이 시는 자기의 공적에 대한 보람과 평가를 담고 있는 작품이다. 수련에서는 삼보를 채취하여 바친 공적으로 삼대 조상을 추증한다는 은전에 감격하면서 자기는 한미한 집에서 떨치고 일어난 가난한 선비였음을 상기하고 있다.

함련에서는 왜적에 의해 일어난 임진왜란과 청에 의해 벌어진 병자호란 때문에 마음속으로, 또는 꿈속에서조차 떨면서 놀랐던 심정을 드러내고 있다.

경련에서는 자기의 정성이 산신령을 감동시켜서 그 결과 화염 속의 병기를 보완하는 공적을 이룰 수 있었다고 하였다.

미련에서는 그러한 일을 모두 끝내고 고향으로 돌아와서, 자신의 몸을 잊고 십년 동안 나라를 위해 목숨을 바치고자 했던 옛날의 맹세를 환기하면서 추억에 잠기는 모습을 보여주고 있다.

다음 시는 구충당에서 한가롭게 살면서 임금을 그리워하면서 지은 작품이다.

<구충당에서 한가한 날에 임금님을 그리워하며 느껴워서 읊다(求忠堂 暇日 憶聖上感吟)>
나라는 비록 오래 되었지만 그 사명은 계속 새로운데
이씨(李氏) 왕실의 무성한 그늘이 만년토록 비추리.

공적이 삼한(三韓)을 개벽하니 기전(畿甸) 지방은 넓어지고
덕업이 열성조(列聖朝)를 계승하니 나라의 풍속은 순박하네.
능히 예악(禮樂)을 조화롭게 하니 인물이 평화롭고
처음으로 병기와 농기구를 만드니 귀신에게 힘입음이네.
머나먼 바닷가 시골까지 그 교화에 젖었으니
구충당에서 한가한 날에 외로운 신하는 누워 있네.
邦雖舊矣命維新 仙李繁陰暎萬春
功闢三韓畿甸濶 德承列聖國風淳
克諧禮樂和人物 始創戎農賴鬼神
遐遠海鄕沾厥化 忠堂暇日臥孤臣

이 시는 오랜 기간 동안 나라를 위하여 개인적 삶을 돌보지 않고 노력하다가 이제는 고향에 돌아와서 안착하고 있는 시인의 모습을 보여주고 있다.

수련에서는 '주(周)나라가 비록 오래 된 나라이지만, 그 사명은 계속 새롭다(周雖舊邦 其命維新)'라고 하는 『시경(詩經)』의 구절을 변용하여, 조선이 비록 건국한 지 300년이 된 오랜 나라이지만 그 사명은 계속 새롭다는 말로 시작하여 이씨 왕실의 번영이 영구하기를 바라는 염원을 담고 있다.

함련에서는 왕의 공적이 우리나라를 개벽하니 왕성(王城) 지역은 넓어지고, 덕업이 선대의 왕들을 계승하니 나라의 풍속이 순박하다고 하여 왕의 공적과 덕업을 칭송한 다음, 경련에서는 예악을 조화롭게 하니 인물이 평화롭고 자신은 귀신의 도움을 받아서 새로운 병기와 농기구를 제작하는 데 이르렀다고 하였다.

미련에서는 왕의 교화가 자기가 사는 시골에까지 미치고 있으니, 국가 업무의 일선에서 물러난 외로운 신하는 구충당에서 태평스러운 삶을 살고 있다고 하여, 임금의 은혜에 감읍하는 자세를 보여주고 있다.

<달천의 시골집에서 읊다(達川田舍吟)>
하늘은 나의 재주를 어디에 쓰는가?
성 남쪽에서 부질없이 한 농사꾼이 되었다네.
병기와 농기구 때문에 받은 옛 치욕으로 선대의 가르침을 계승하고
가정과 국가에 남아 있는 근심 때문에 이 몸이 얽매이네.
순(舜) 임금의 의상(衣裳)[11]을 기우려고 하지만 굵은 실이 없고
화씨벽(和氏璧)[12]으로 조현하고 싶어도 길은 형산(荊山)에 막혀 있네.
나라를 평안하게 하는 계책은 그 누가 주는가?
강산 팔역(八域)을 그린 지도를 걸어놓고 보네.
天以我才何所用 城南謾作一田夫
兵農舊耻承先訓 家國餘憂縶此軀
思補舜裳無杜線 欲朝和璧隔荊衢
安邦籌策伊誰賜 掛視江山八域圖

이 시는 달천(達川) 철장에 있는 시골집에서 농사를 지으며 살 때 지은 것으로, 젊은 날에는 선대의 가르침을 계승하여 병기와 농기구를 개량하였지만 아직까지 남아 있는 가정과 국가의 근심에서 벗어나지 못하고 있음을 언표하고 있다. 태평시대를 위해 애쓰는 임금을 돕고 싶지만 여의치 않음을 순(舜) 임금의 의상과 화씨벽(和氏璧)의 고사를 동원하여 표현하고 있다. 그래서 미련에서는 현실적으로 불가능한 상황이지만, 마음속으로나마 조선 팔도의 지도를 걸어놓고 방법을 모색해 보려는 자세를 보여주고 있다.

마지막으로 현재 울산의 학성공원 자리에 있던 시루성(甑城)에 올라 지은 시를 보기로 하겠다. 이 시의 제작 연대는 알 수는 없지

11) 순상(舜裳)은 순(舜)임금의 의상이다. 『주역(周易)』「계사전(繫辭傳) 하(下)」에 "황제(黃帝)와 요순(堯舜)은 옷깃을 드리우고 앉아 있어도 천하가 다스려졌다.(黃帝堯舜 垂衣裳而天下治)"라는 대목이 있다.

12) 화씨벽(和氏璧)은 초(楚)나라의 변화(卞和)가 형산(荊山) 아래에서 옥 덩이를 얻어서 왕에게 바쳤으나 옥으로 인정받지 못하고 오히려 왕을 속였다는 죄명으로 좌우(左右) 월형(刖刑)을 당하였으나 결국 그 진가를 인정받게 된 옥이다.

만 이 시도 오랑캐에게 당한 치욕을 씻어 버리고 싶은 강한 염원을 담고 있다.

<시루성에 오르다(登甑城)>
칼을 어루만지며 시루성에 오르는데
시루성은 누가 과감히 경영하였던가?
남쪽 오랑캐의 소굴은 희미하고
새와 뱀이 다니는 길은 흐릿하게 비치네.
지난 자취는 돌에 흔적을 남기고
깊은 치욕은 옛 백성을 흐느끼게 하네.
서릿발 같은 칼날을 휘둘러 세 번 치고 일어나니
널빤지 성가퀴 너머에는 구름이 경쾌하네.
按劒陟甑城 甑城孰敢營
依微蠻虜窟 隱暎鳥蛇程
往迹痕遺石 深羞泣舊氓
揮霜三擊起 板堞隔雲輕

주지하다시피 시루성은 정유재란(丁酉再亂, 1597년) 때 왜장 가등청정(加藤淸正)이 쌓은 왜성(倭城)으로, 이곳에서 왜군은 양호(楊鎬)·마귀(麻貴)가 이끄는 명(明)나라 군대가 치열한 전투를 벌였다. 이 시는 그 치열했던 역사의 현장을 돌아보면서 왜군에게 당한 치욕을 갚고자 하는 염원을 드러내고 있다.

수련에서는 시루성을 쌓은 왜군의 자취를 역사적으로 점검해 봄으로써 시상을 일으키고 있다. 함련에서는 시루성에 올라가서 바라보이는 모습을 소개하고 있다. 즉 왜구의 소굴은 흐릿하게 보이는데 다만 새와 뱀이 길이 흐릿하게 비칠 뿐이라고 하였다. 경련에서는 아직까지 남아 있는 전쟁의 흔적 때문에 그 치욕을 잊지 못하고 있는 백성들의 모습을 보여주고 있다. 미련에서는 이런 서글픈 마음을 털어내기라도 하듯이 서릿발처럼 빛나는 칼날을 휘둘러 세 번 치고 일어나니 성가퀴 너머에는 구름이 경쾌하다고 함으로써 과거의 질곡에 얽매일 것이 아니라 과감히 그것을 떨치고 나가야 한다는 자세를 보여주고 있다.

이러한 긍정적이고 진취적 자세가 바로 과거의 치욕적 역사와 굴욕적 자취가 있었다고 하더라도 그것에 구속되어 있지 않고 그 질곡을 과감히 극복함으로써 밝고 긍정적인 미래를 개척할 수 있다고 확신한 구충당 이의립의 세계관을 구축한 바탕이 되었다고 하겠다.

울산 주변 산천과 풍속의 형상화
— 유하 홍세태의 울산감목관 재임기의 한시 —

1. 홍세태와 울산감목관 재임시기의 한시

조선후기의 대표적 위항시인(委巷詩人)의 한 사람이자 한학역관(漢學譯官)이었던 유하(柳下) 홍세태(洪世泰, 1653~1725)는 생평(生平)을 일별(一瞥)해 보면 어떤 인물이었는지를 짐작하기가 어렵지 않다.

> 조선 후기의 시인. 본관은 남양(南陽). 자는 도장(道長), 호는 창랑(滄浪)·유하(柳下). 아버지는 무관이었던 익하(翊夏)이며 어머니는 강릉유씨(江陵劉氏)이다.
>
> 홍세태는 5세에 책을 읽을 줄 알고 7, 8세에는 글을 지을 만큼 뛰어난 재주를 타고났으나 신분이 중인층이라 제약이 많았다. 시로 이름이 나서 김창협(金昌協)·김창흡(金昌翕)·이규명(李奎明) 등의 사대부들과 절친하게 지냈다. 임준원(林俊元)·최승태(崔承太)·유찬홍(庾纘弘)·김충렬(金忠烈)·김부현(金富賢)·최대립(崔大立) 등의 중인들과 시회를 함께 하며 교류하였다.
>
> 홍세태는 1675년(숙종 1) 을묘식년시에 잡과인 역과(譯科)에 응시하여 한학관(漢學官)으로 뽑혀 이문학관(吏文學官)에 제수되었다. 1682년 통

신사 윤지완(尹趾完)을 따라 일본에 다녀왔다. 1698년에 역과 합격 때에 제수된 이문학관에 실제로 부임하게 되었다. 당시 중국 사신이 우리나라의 시를 보고자 하였을 때에 좌의정 최석정(崔錫鼎)이 숙종에게 그의 시를 추천하여 임금에게 호감을 얻었기 때문에 그 해에 제술관에 임명되었다. 어머니의 상으로 사직하였다가 1702년에 복직하였다.

홍세태는 1705년에 둔전장(屯田長), 1710년 통례원인의(通禮院引義), 1713년 서부주부 겸 찬수랑(西部主簿兼纂修郎)이 되었다. 1715년 제술관이 되었다. 1716년에 의영고주부(義盈庫主簿)가 되었다. 그러나 곧 파직되었다. 뒤에 그가 재능과 맞지 않게 궁핍하게 사는 것을 애석하게 여긴 이광좌(李光佐)의 도움으로 1719년에 울산감목관(蔚山監牧官)이 되었다. 1722년(경종 2)에는 제술관이 되었다. 이듬해에는 남양감목관이 되었다. 문장의 재능을 인정받았기 때문에 제술관을 특히 많이 역임하였다.

홍세태는 평생 가난하게 살았다. 8남 2녀의 자녀가 모두 앞서 죽어 불행한 생애를 보냈다. 이러한 궁핍과 불행은 그의 시풍에도 영향을 끼쳐 암울한 분위기의 시를 많이 남기고 있다. 중인 신분으로서의 좌절과 사회부조리에 대한 갈등이 시 속에 우수와 감분(感憤)을 담게 하였다. 한시에 대한 재능을 널리 인정을 받았다. 비절(悲切)하고 그윽한 서정의 세계를 표현하는 데에 특히 능하였다.

위항문학(委巷文學)의 발달에도 중요한 구실을 하였다. 중인층의 문학을 옹호하는 천기론(天機論)을 전개하였다. 위항인의 시를 모아 『해동유주(海東遺珠)』라는 위항시선집을 간행하였다. 죽기 전에 스스로 자신의 시문집을 엮어 자서(自序)를 써서 부인에게 맡겼다. 죽은 지 6년만인 1731년(영조 7)에 사위 조창회(趙昌會)와 그의 문인에 의하여 『유하집』 14권이 간행되었다.[13)]

홍세태는 이처럼 중인(中人)으로서 잡과(雜科)를 통해 출신(出身)한 역관(譯官)이었는데, 울산과 인연을 맺은 계기는 67세(1719년) 때에 이광좌(李光佐, 1674~1740)의 도움으로 국가에서 사용할 말을 사

---

13) 『한국민족문화대백과사전』, 인터넷 홈페이지 http://www.encykorea.com/encykorea.htm# 에서 인용.

육하고 관리하는 직책인 울산감목관(蔚山監牧官)으로 부임하게 된 데에 있다. 그는 젊은 시절부터 중인계급의 인물뿐 아니라 김창협 등 양반계급의 문인들로부터 크게 인정받은 시인이었던 만큼 한양(漢陽)을 출발하면서부터 견문한 경험과 울산감목관 재임시기의 체험을 한시로 남김으로써 18세기 전반기 울산 주변의 산수와 주민의 생활 모습을 살필 수 있다. 그가 손수 편집한 『유하집(柳下集)』 권7과 권8에 수록된 한시들은 기축년(己丑年, 숙종 45년, 1719년) 7월 16일 한양 용산(龍山)의 이광좌 집에 인사차 찾아가서 주고받은 연구(聯句)로부터 울산으로 오는 도중의 견문뿐 아니라 그의 울산감목관 재임시기의 다양한 체험, 견문 등의 내용을 담고 있다.

그가 울산감목관으로 머문 시기는 문집에 실린 작품이 제작 연대순으로 수록된 것을 감안하면, 1721년 동짓날에 염포(鹽浦)에서 숙박한 것이 분명한 것으로 미루어보건대, 1719년 7월부터 1721년 12월까지 30개월이었을 것으로 짐작된다. 이 기간에 지은 작품은 이광좌와 이별할 때의 연구(聯句)로부터 울산감목관의 임기가 끝나고 다시 한양으로 가면서 충주(忠州) 달천(獺川)에서 지은 시에 이르기까지 모두 207제(題) 222수(首)(권7: 148제 160수, 권8: 59제 62수)에 달한다. 이 중에는 울산 인근 지역을 여행하면서 지은 작품이나 홀로 객지생활을 하는 도중의 인간적 고절감 등을 읊은 시도 있으나, 이것들도 울산감목관이라는 직임과의 일정한 연관성을 인정할 수 있을 것이다.

홍세태가 울산에서 지은 시는 "서민(庶民)들이 살아가는 모습 특히 방어진 일대에 걸쳐 어촌(漁村)의 모습을 그림처럼 묘사한 점이 소중하다."고 평가되었고[14] 이 시들의 의미는 또 다음과 같이 정리

14) 김송태(金松泰), 「울산감목 홍세태와 그가 남긴 향토시에 대한 소고」, 『향토사보』 제9집, 울산향토사연구회, 1998; 113면.

된 바 있다.

> 사진기가 없었던 당시인지라 사진을 찍어 물려줄 수 없는 일, 그 대신 말, 즉 시(詩)를 통(通)해 당시의 모습을 보는 듯이 그려놓았을 뿐 아니라 그때 사람들의 생각이나 모습까지도 알려주고 있으니 이 얼마나 고마운 일인가! 그런데 이 주옥(珠玉)같이 보배롭고 아름다운 시편(詩篇)들을 그냥 책 속에만 묻어둔다면 그야말로 땅속에 묻힌 보물처럼 무슨 소용이 있겠는가![15]

이 인용문은 향토사 연구자의 입장에서 울산감목관 재임시기의 홍세태의 시가 당시의 울산의 모습을 충실히 그려내고 있는 만큼 오늘날의 울산 사람들에게 번역하여 소개해야 할 필요성이 있음을 말하고 있다.

이런 측면에서 볼 때 당시 이미 고령(65세)이었던 홍세태의 눈에 비친 300년 전의 울산 주변의 산천과 풍속을 담고 있는 한시는 오늘의 우리에게도 의미가 있다. 더욱이 울산감목관은 울산의 남옥목장뿐 아니라 (포항의) 장기목장(長鬐牧場) 관리를 겸하는 자리였다. 조선시대에 감목관의 설치 및 운영에 대한 사항, 특히 울산감목관의 역할은 대략 다음과 같다.

> 울산의 방어진목장과 포항의 장기목장을 포함하는 울산의 목장은 마필을 바르게 관리 감독을 하기 위해 감목관이라는 지방 수령이 파견되었던 곳이다. 감목관은 사복시 소속의 지방 관원이다. 감목관은 병조 소속으로 사복시의 관리 감독을 받았다. 사복시(司僕寺)는 병조 소속 아문이지만, 국가 운영 전반에 미치는 영향이 매우 큰 마필 관리를 주로 맡았기 때문에 매우 중요하였다. (중략) 조선시대의 감목관은 2품 이상의 중앙관리인 사복시제조나 병조판서가 정 3품 이하 종 6품 사이

15) 위와 같음.

의 유능한 인물을 천거해 임명하였다. 감목관은 사복시의 관원이었지만 행정적으로는 병조 소속이었고 지방에서는 관찰사의 관리 감독을 받았다. (중략) 울산목장의 경우 감목관이 파견된 것은 신마성을 새롭게 정비한 1655년 이후부터 파견되었을 것으로 보인다. 감목관은 1655년부터 1896년 울산목장이 폐장되기까지 파견됐을 것으로 판단된다. 지방관의 임기가 일반적으로 2년임을 감안할 때 최대 120여명의 감목관이 있었을 것으로 추정된다. 그러나 필자의 조사결과 자세한 기록은 없지만, 최소 59명 이상의 감목관이 있었던 것으로 보인다. 울산목장은 주변의 지방 수령이 관리하는 겸감목제로 운영된 것이 아니라 종 6품의 전문 감목관을 직접 파견된 목장이었으며 전국적으로 이처럼 감목관이 파견된 곳은 모두 9곳이었다. 경기도 1곳(수원·양성), 전라도 4곳(흥양·순천·나주·진도), 경상도 2곳(진주·거제, 울산·장기), 황해도 1곳(함흥·홍원·문천) 등이다.16)

울산목장은 좁은 의미로 울산의 방어진 목장을 말하며 넓은 의미로는 포항의 장기목장을 포함해 함께 부르기도 한다. 울산목장에서 방어진 목장은 남쪽에 위치해 남목이라고 하며 장기목장은 북쪽에 위치해 북목이라 부르기도 한다. 울산목장 소속 장기목장의 규모는 울산 방어진 목장보다는 컸으나, 조직체계상으로는 소속 목장이었음으로 목장의 조직과 운영에 있어서는 차이가 있었을 것으로 보인다. (중략) 울산 감목관은 남목(방어진)에서 주로 공무(公務)를 보았으나 북목(장기목장)에는 별도의 조직을 갖추어 관리한 것으로 보이며 감목관은 한번 씩 출장형식으로 관리한 것으로 추측된다. 또 「울산장기양목장리폐절목」(1861)의 기록으로 보았을 때는 장기목장은 울산목장 소속으로 되어 있었으나 장기현감도 장기목장의 운영과 관리에 일정한 책임을 지고 있었던 것으로 보인다.17)

울산감목관의 업무 범위가 이와 같이 정해져 있었기 때문에 업무

16) 김정한, [울산의 목장] 「13.울산목장의 감목관(상)」, 『경상일보』 2009년 5월 27일.
17) 김정한, [울산의 목장] 「12.울산목장 소속 장기목장(하)」, 『경상일보』 2009년 5월 13일.

처리를 위해 홍세태가 다녀야 했던 길은 울산 방어진에서 동해안을 따라 포항의 장기에 이르는 여정이었다. 그는 감목관으로 있는 기간 중에 이 길을 자주 왕래하였을 것이므로 그의 시작품에 담긴 내용은 울산의 남옥목장 주변의 모습뿐 아니라 울산에서 포항 사이의 산천과 그곳에 터전을 둔 주민의 생활상이었다고 할 수 있다.

2. 울산감목관의 직무와 자세

울산목장은 관기(官基)가 남옥[藍玉, 南玉, 또는 남전(藍田)]에 있었으므로 흔히 남옥목장(南玉牧場)으로 불렸는데, 현재의 울산광역시 동구 서부동 옥류로의 남목초등학교 자리에 있었다. 『울산목장목지(蔚山牧場牧誌)』[18]에 따르면 목장에는 남옥, 염포(鹽浦), 신전(新田), 방어진(魴魚津), 일산진(日山津), 전하(田下), 주전(朱田), 미포(美浦), 대변(大便), 목장리(牧場里), 화잠(花岑) 마을이 있었고, 말을 관리하기 위해 쌓은 마성(馬城)은 동쪽의 미포(美浦)로부터 서쪽의 남포강(藍浦江)까지 이르러서 둘레가 1,913파(把, 아름, 발)이나 되었다고 한다.[19]

1) 남옥목관(南玉牧館)

울산감목관의 주 근무지인 남옥목관에서의 홍세태의 모습을 엿볼 작품 중 대표적인 것으로는 그가 처음 남옥목관에 도착하였을 때의 느낌을 담은 시와, 매년 한 차례씩 국가에 헌납해야 할 말을 포획하는 과정과 그 감회를 담은 시가 있다.

---

18) 이 글은 『영남읍지(嶺南邑誌)』(1871년 간행본)에 수록되어 있다.

19) 『울산광역시사』 6, 『자료편』, 울산광역시사편찬위원회, 2002, 570~578면 참조.

<남옥목관(南玉牧館)>(권7)[20]

한 관리가 직분(職分)에 따름은 곧 국가를 위함인데
주렴(珠簾) 친 쓸쓸한 집에서 일찍 일을 마치었네.
작은 재주로 감히 해와 달을 잡겠다고 말하랴?
임금의 은혜로 오히려 물고기와 새우를 먹게 되었네.
낮잠을 자노라니 숲속에서 새소리가 들려오고
가을을 생각하노라니 담장 그늘에 국화가 거꾸로 매달렸네.
나와서 바다와 산을 보니 푸른빛이 눈에 가득하거늘
이 몸이 하늘 끝에 이르렀음을 바야흐로 깨닫네.

一官隨分卽爲家 簾閣蕭然早放衙
小技敢云摸日月 聖恩猶許食魚蝦
午眠樹裏移禽語 秋意墻陰倒菊花
出見海山青滿目 此身方覺到天涯

이 시는 남옥목관(南玉牧館)에서 지은 것으로, 홍세태가 울산목장에 부임하여 처음 지은 것으로 보이는데 공인으로서의 자세를 가다듬는 모습을 보여주고 있다. 관원은 그 직분을 따름이 곧 국가에 충성하는 길이라는 평범한 입장에서 출발하여, 보잘것없는 재주로 큰 욕심을 부리지 않고 살아갈 수 있도록 생활의 방편을 마련해 준 임금의 은혜에 보답하겠다는 자세를 드러내고 있다. 낮잠을 자노라니 새소리가 들려오고, 어느새 가을인지 담장 그늘에는 국화가 거꾸로 매달려 피어 있다. 그러다가 목관(牧館) 밖으로 나와 보니 온통 푸른 바다와 산만이 눈에 가득하여 비로소 자신이 한양에서 멀리 떨어진 하늘 끝까지 와 있음을 깨닫는다고 하였다.

마지막 연의 언급은 「울주팔경(蔚州八景)」을 처음으로 제작하였던 고려후기의 울주군수 정포(鄭誧) 이래로 이곳에 수령(守令)으로 온 사

20) '권7'은 '홍세태(洪世泰)의 문집, 『유하집(柳下集)』 권7'을 의미한다. 앞으로는 홍세태의 작품은 이와 같은 형식으로 권수만 표시하기로 하겠다.

람들이 느꼈던 일종의 극변의식(極邊意識)이었다고 할 수 있다.

다음에 살펴볼 작품은 <말 잡는 노래(捉馬行)>라는 특이한 제목의 시 2편이다. 문집의 수록순서로 보아 앞의 작품은 그가 울산감목관으로 부임한 1719년 가을에 지은 것이고, 뒤의 작품은 그가 울산감목관에서 이임해 가기 직전인 1721년 가을에 지은 것이어서 국가에 진상하는 말을 포획하는 행위에 대한 목장 책임자로서의 자세 변화를 살필 수 있는 자료이다.

<말 잡는 노래(捉馬行)>(권7)
방어진(魴魚津)은 동쪽으로 바다와 닿아 있고
수초(水草) 깔린 땅이 깊어 만 마리의 말이 있네.
대완(大宛)[21]과 월굴(月窟)[22], 당(唐)나라의 사원(沙苑)[23]도 있지만
나라의 말에 대한 정사(政事)는 대개 대비(對備)함에 있네.
해마다 가을에 말이 살찌고 건장해지면
왕명으로 목관(牧官)은 정묘(精妙)한 것을 가려서 바쳐야 하네.
바닷바람이 썰렁해지고 모래벌판의 풀이 누렇게 되면
수많은 사내들이 별을 보고 일어나서 새벽밥을 먹네.
큰 채찍으로 말을 몰아 산골짜기로 내려오면
유성(流星)처럼 달리고 우박처럼 흩어지며 다투어 거품을 뿜네.
처음 볼 때는 구름을 밟고 하늘의 벽을 없앨 듯이 하더니
문득 바람을 좇아서 넓은 평지를 달리는 것이 보이네.
천 개의 발굽이 물고기를 꿴 두름처럼 일제히 우리 속으로 들어가니
많은 말들이 멍에를 쓰고 괴롭게 재갈을 물리네.
그 중에 발 빠른 놈을 '준량(駿良)'[24]이라고 부르는데

21) 대완(大宛)은 옛날 서역(西域) 36국(國) 중의 하나로, 한(漢)나라의 장건(張騫)이 그곳의 한혈마(汗血馬)에 반하여 천마(天馬)라고 이름을 붙였다고 한다.

22) 월굴(月窟)은 월지국(月支國), 월지(月氏)를 가리킨다. 옛날 대완(大宛)의 서쪽에 있던 서역(西域) 국가로, 본래 돈황(燉煌) 지방에 살았으나 흉노(匈奴)에 쫓겨 현재의 인도(印度) 지역으로 이주하였는데 명마(名馬)가 생산지였다고 한다.

23) 사원(沙苑)은 중국 섬서성(陝西省) 대려현(大荔縣)의 남쪽에 있는 지명으로, 당나라 때 말을 기르던 곳이다.

먼저 대궐 마구간에 두 마리의 숙상(驌驦)[25]을 바치네.
한양(漢陽)의 세 영문(營門)[26]에는 날랜 장사가 만 명인데
그 몸이 타는 비룡(飛龍) 같은 말은 여기서 나가네.
이에 말 잡는 것도 큰일인 줄 알겠거니와
다만 인간세상에서 구방고(九方皐)[27]가 죽고 없음을 한계로 여기네.
두려워하노라, 요뇨(騕褭)와 화류(驊騮)의 명마가 온갖 재주를 잃고
남쪽의 거친 벌판의 초택(草澤)에서 헛되이 늙어가게 만들 것을.

魴魚之津東接海 水草場深萬馬在
大宛月窟唐沙苑 邦政攻駒盖有待
每歲秋高馬肥健 王命牧官精採獻
海風蕭蕭沙草黃 萬夫星言起晨飯
大鞭驅馬下山谷 星馳雹散爭噴玉
初看簸雲捎穹壁 忽見追風踔平陸
千蹄魚貫齊入圍 衆馬闐扼困受羈
就中逸足稱駿良 先貢天閑二驌驦
漢京三營萬猛士 身騎飛龍出於此
乃知捉馬亦大事 只限人間九方死
恐有騕褭驊騮絶羣才 虛老炎荒草澤裏

이 시는 방어진 주변에 펼쳐진 남옥목장에서 말을 잡는 날이 되자 먼저 이곳이 목장의 위치를 소개하고 목장의 여건이 제대로 갖추어져 있는 곳임을 말한 다음, 이 세상에는 서역(西域)이나 중국에서 나는 훌륭한 말들도 있지만 국가마다 마정(馬政)을 중시하는 것은 그 목적이 전쟁의 대비에 있기 때문임을 밝히고 있다.

해마다 가을철이면 목장에서는 왕명에 따라 좋은 말을 골라서

24) 준량(駿良)은 '아주 좋은 말'이라는 뜻이다.
25) 숙상(驌驦)은 좋은 말의 이름이다.
26) 한경삼영(漢京三營)은 한양에 있는 세 영문(營門)으로, 훈련도감(訓鍊都監)과 금위영(禁衛營)과 어영청(御營廳)을 가리킨다.
27) 구방고(九方皐)는 춘추시대(春秋時代) 진(秦)나라 사람으로 말의 관상(觀相)을 잘 보았던 사람이다.

국가에 바치는데, 그날이 되면 목부(牧夫)들은 새벽밥을 먹고 나와 수많은 말들을 골짜기로 몰았다가 다시 평지에 있는 우리로 몰고 가서, 결국 말의 머리에 멍에를 뒤집어씌우고 재갈을 물려 제압하는 과정을 그리고 있다. 그 가운데 가장 빠른 말인 '준량(駿良)' 두 마리를 먼저 대궐에 바치고 나머지는 한양의 세 영문(營門)으로 보낸다고 하여 그 과정을 설명하고 있다.

끝부분에서는 구방고(九方皐)처럼 훌륭한 말을 알아보는 안목의 소유자가 오늘날에는 없기 때문에 목장 관리의 책임자로서 혹시라도 국가에서 사용해야 할 명마인데도 그것을 제대로 알아보지 못하고 그냥 보잘것없는 말로 여겨 시골 목장에서 풀이나 뜯어 먹으며 늙어가도록 하지 않을까 하는 의구심을 드러내고 있다. 즉 왕실과 국가의 방위와 수비에 필수적인 말의 사육을 책임진 감목관의 책무가 매우 중요하다는 사실을 확실히 인식하고 있음을 보여주고 있다.

<말 잡는 노래. 후편(後捉馬行)>(권8)

방어진에서 말 잡는 일이 이제 또 닥치니
목장은 한낮에 문을 크게 여네.
수많은 말을 급히 몰아대니 흐르는 구름과 같고
용의 몸에 호랑이 날개를 달아 바람과 우레를 탄 듯하네.
결제(駃騠)[28]는 태어나자마자 곧 어미보다 뛰어나서
무리 가운데에서 걸출하여 빼어난 재주를 뽐내네.
번쩍이는 붉은 굴레를 한 번 머리에 씌우더라도
길 가는 사람은 감히 가벼이 손을 젓지 못하네.
이곳은 본래 좋은 말의 소굴이라고 부르지만
이 용구(龍駒)[29]를 알게 된 것은 대완(大宛)을 정벌한 뒤였다네.[30]

---

28) 결제(駃騠)는 준마(駿馬)이다.
29) 용구(龍駒)는 준마가 될 망아지이다.

나는 와서 목장을 보살피기를 백성 다스리듯이 하는데
준마의 골상을 아껴서 기르니 모두 능력이 빼어나네.
가라말과 구렁말, 암말과 수말은 논의하기에 부족하니
눈에 형색(形色)은 없어도 바야흐로 신령과 통하네.
발길이 끊길 만큼 한꺼번에 거두니 산야(山野)가 비었는데
구름 낀 모래벌판에는 풀이 우거지고 바다에서는 바람이 슬퍼하네.
홀로 천사성(天駟星)[31]을 보니 빛나는 정채가 쌓이는데
촛불 밝힌 밤에 늙은 교룡(蛟龍)은 구슬 궁전에서 잠들게 되리.
魴津捉馬今又來 牧塲白日門大開
萬馬驅急如流雲 龍身虎翼騰風雷
駃騠墮地即超母 衆中傑出驍雄才
煌煌朱勒一加首 路人不敢輕揮手
此地素稱良馬窟 知是龍駒大宛後
我來考牧視臨民 愛養駿骨皆殊倫
驪黃牝牡不足論 目無形色方通神
絶足一收山野空 雲沙莽莽海悲風
獨看天駟蓄光精 夜燭老蛟眠珠宮

앞의 작품보다 2년 뒤에 제작된 이 시도 한양으로 올려 보낼 말을 포획하는 과정을 읊은 것이다. 특히 이 시는 명마에 초점을 맞추어서, 태어나자마자 제 어미를 능가하는 준마는 무리 가운데에서 탁월한 재주를 뽐낼 뿐 아니라 머리에 굴레를 뒤집어쓰고 난 뒤에도 길 가는 사람이 가벼이 접근하지 못하는 존재라는 점을 강조하고 있다.

2년 전과는 달리 홍세태는 목장 보살피기를 마치 위정자가 백성

30) 이 구절은 한무제(漢武帝) 때 대완을 정벌하고 포초(蒲梢)라는 천리마(千里馬)를 얻었는데, 무제가 이 말을 얻고는 노래하기를 “서쪽 끝의 나라에서 천마가 왔으니, 만 리 먼 길을 거쳐 덕이 있는 사람에게 돌아왔네.(馬來兮從西極 經萬里兮歸有德)”라고 노래하였다는 사실을 바탕에 깔고 있다.

31) 천사성(天駟星)은 동방(東方)에 있는 28수(宿)의 하나인 방성(房星)의 별칭이다. 방성은 말과 거가(車駕)를 맡은 별이라 하여 부르는 이름이다.

다스리듯 하다 보니 이제는 준마의 골상(骨相)을 살펴서 거기에 맞는 방식으로 기르기 때문에 모두 훌륭한 말이 되었음을 말하고 있다. 말의 색깔이나 암수 따위는 말할 필요도 없고 눈에 형색(形色)이 보이지 않아도 그 진가를 알아보는 능력을 가지게 되었음을 알 수 있게 해 준다.

마지막 부분에서는 그처럼 북적대던 말들을 포획하여 우리에 가두고 나니 산야가 텅 빈 듯하여 풀은 우거지고 바람은 슬퍼한다고 하여 애써 기르던 말을 포획하여 다른 곳으로 보내야 하는 안타까운 마음을 드러내고 있다. 정성들여 키운 말의 미래를 점치느라고 하늘을 바라보니 말을 관장하는 천사성(天駟星)에 정채가 쌓이고 있으므로 목장을 떠나는 말들의 미래가 밝음을 예견함과 동시에 말들이 떠나 고요해진 목장 주변의 바다에서는 이제 교룡(蛟龍)이 편안하기 잠들 수 있으리라고 전망하고 있다.

2) 장기목관(長鬐牧館)

울산감목관의 업무가 남옥목장뿐 아니라 장기목장을 함께 관할하였으므로 홍세태는 장기를 여러 번 방문하였다. 장기목장의 관기(官基)는 현재의 경북 포항시 동해면 삼정리(三政里, 三丁里)에 있었고, 마성(馬城)은 포항시 구룡포읍 석문동에서 동해면 흥환리까지 연결되어 있었다. 홍세태는 장기목관에서 지은 시도 남기고 있다.

<장기목관(長鬐牧館)>(권8)
이 목관은 동해의 바닷가에 있는데
빈 들보에는 제비가 집을 짓네.
한가한 틈에 어부(漁夫)를 불러 이야기하다가
걱정 속에 목부(牧夫)를 보니 굶주리고 있네.
사방의 벽에 바람과 파도가 때리고

외로운 등불에 안개와 비가 불어오네.
여러 용들이 집을 옮기려고 하는지
구름기운이 어둑하게 서로 따르네.
此舘傍東海 空梁棲鶗鴂
閑招漁子語 悶見牧人飢
四壁風濤擊 孤燈霧雨吹
羣龍欲移宅 雲氣暗相隨

이 작품은 1721년에 지은 것으로 장기목관의 주변 환경과 그곳에 사는 어부와 목부의 간고(艱苦)한 삶의 모습을 담고 있다. 사방의 벽에 몰아치는 바람과 파도에다가, 밤에는 안개와 비까지 몰아치는 환경 속에서 시커멓게 몰려오는 구름을 보면서 바다 속의 용(龍)들이 이사하는 것으로 여기며 스스로 위안하는 모습을 보여주고 있다.

이처럼 장기목장에서 일하는 주민들의 생활은 매우 어려운 처지에 있었음을 알 수 있다. 그래서 홍세태는 그곳의 주민과 병졸들에게 살아갈 수 있는 방도를 강구해 주었는데, 그 구체적 실상은 다음 두 작품에 잘 나타나고 있다.

<목장의 백성과 병졸들을 불러 모아 세곡(稅穀)을 줄여주고 또 제반 쌓인 폐단을 없애서 그들이 평안하고 화목하도록 함으로써 그 삶을 다하도록 하고는, 시를 읊어서 사실을 기록하다(招集牧場民卒 蠲給稅穀 且除諸般積弊 使之安集 以遂其生 賦詩記事)>(권8)
일찍이 듣자하니 희역(羲易)[32]에서 손익(損益)을 논하고 있다는데
감히 천도(天道)를 가지고 사사로운 은혜를 삼겠는가?
진실로 작은 은택이라도 두루 펼치기 어려움을 알고
또 가난한 백성을 보존할 수 있도록 하네.

32) 희역(羲易)은『주역(周易)』으로, 복희씨(伏羲氏)가 팔괘(八卦)를 처음 그었기 때문에 생긴 말이다.

내 힘으로 능히 나랏일을 도울 수 있다면
이 마음은 응당 사람의 말에 부끄럽지 않으리.
긴 모래벌판의 춤추는 소매는 참으로 못난 나 때문인데
그대들의 구차스러운 한 목장 마을이 우습구나.
羲易曾聞損益論 敢將天道作私恩
固知小澤難周徧 且使窮民得保存
吾力可能裨國事 此心應不愧人言
長沙舞袖誠爲拙 笑爾區區一牧村

이 작품은 장기목장의 백성과 병졸들을 불러 모아 세곡(稅穀)을 줄여주고 또 그 동안 쌓인 폐단을 없애주는 일을 한 다음에 그 느낌을 기술한 것이다. 즉 이 시는 목장에서 일하는 사람들에게 은택을 베풂으로써 느끼게 된 희열을 담고 있다. 특히 마지막 연은 백성들이 기뻐서 춤추는 모습을 보면서 면구스러워하는 시인의 모습을 보여주는 대목이다.

<장기목장에서 일을 마치고 곧 출발하여 돌아오는 길에 짓다(長鬐場事畢 卽發還 途中作)>(권8)
이득(利得)을 경계하고 이보(尼父)[33]를 스승 삼아
곳집을 기울여서 마침내 크게 열었네.
내 마음이 바야흐로 한 번 유쾌하거니
백성의 운명은 실로 슬픔을 견딜 만하리.
바다는 넓어서 답답한 마음이 씻기고
하늘은 높아서 호탕한 기운이 오네.
가을바람이 높은 수레덮개를 불어 올리며
또 울산으로 돌아감을 전송하네.
戒得師尼父 傾囷遂大開
吾心方一快 民命實堪哀

33) 이보(尼父, 尼甫)는 공자(孔子)의 자(字)가 중니(仲尼)이므로 부르는, 공자의 미칭(美稱)이다.

海闊煩襟濯 天長浩氣來
西風拂高盖 又送蔚山廻

이 작품은 장기목장에서 백성의 부담을 경감시킨 조치를 취하고 난 다음에 다시 울산으로 돌아올 때의 후련한 심정을 그려내고 있다. 명리(名利)를 취함을 경계하고 공자(孔子)를 스승으로 삼아 목장의 곳간을 한 번 크게 열어 개방함으로써 그곳의 백성에게 혜택을 베풀고 나니 자연현상마저 자기를 기쁘게 해 주는 듯이 느껴진다고 기술하고 있다. 특히 경련(頸聯)의 "바다는 넓어서 답답한 마음이 씻기고, 하늘은 높아서 호탕한 기운이 오네."라는 것은 그러한 심정의 표현이며, 미련(尾聯)의 "수레덮개를 불어 올리"는 가을바람 또한 유쾌하기 그지없는 시인의 정서가 감정이입(感情移入)된 것으로 볼 수 있다.

3. 울산과 장기, 그 사이의 빼어난 경개

1) 어풍대(馭風臺)

홍세태가 울산에 와서 가장 먼저 만난 경승은 어풍대(馭風臺, 御風臺)였던 것으로 보이는데, 이것은 대왕암보다 북쪽, 즉 지금의 현대중공업 연수원 자리에 있던 바위로서[34] 『울산읍지(蔚山邑誌)』에는 "작은 언덕이 바다에 닿아 있어서 안계(眼界)가 트이고 올라가면 양쪽 겨드랑이에서 바람이 생겨난다."라고 기록되어 있다. 이것은 조선 전기의 문인 김안국(金安國, 1478～1543)이 명명한 것이다.[35]

<어풍대(馭風臺)>(권7)

34) 울산역사교사모임, 『다같이 돌자 울산 한바퀴』, 울산: 도서출판 처용, 1998, 145면.
35) 김안국(金安國), <어풍대에 오르다(登御風臺)>, 『慕齋集』)의 시서(詩序) 참조.

이 석대(石臺)의 동쪽 바깥으로는 땅이라고는 없는데
혹여 배를 탈 수 있다면 또한 다함이 없으리.
다만 양곡(暘谷)[36]에서 돋는 해를 볼 뿐이지만
간혹 울릉도(鬱陵島)에 닿은 사람이 있다는 소문을 듣네.
돌은 기울어서 반은 천 겹의 물결 속에 꽂혀 있고
소나무는 낮아도 온통 만리(萬里) 밖에서 부는 바람을 맞네.
너희 신선의 행차에 기다림이 있음을 우스워하며
앉아 있는 사이에 나는 이미 천지자연(天地自然)의 기운에 맞닿아 있네.
此臺之外地無東 縱得乘槎亦莫窮
但見日生暘谷裏 或聞人到欝陵中
石欹半揷千重浪 松短偏當萬里風
笑爾列仙行有待 坐來吾已接鴻濛

이 시는 어풍대에서 느끼는 막힘없는 시원한 기상을 그리고 있다. 이곳은 대개 양곡(暘谷)에서 돋는 해를 보는 것이 보통이지만 어떤 사람은 이곳에서 울릉도를 왕래했다는 소문이 들린다고 하였다. 바다 속에 반쯤 꽂혀 있는 바위와 그 틈에 난 바람 맞는 소나무를 소개하고, 신선도 부러울 것 없이 바람을 탄 듯한 기분이 드는 것은 이곳에 앉아 있기만 해도 천지자연의 아득한 기운에 맞닿기 때문이라고 하여, 이곳이 신선세계를 능가하는 탈속한 분위기를 지닌 장소임을 강조하고 있다.

2) 동축사(東竺寺)와 동대(東臺)

동축사는 울산감목관의 목아(牧衙) 바로 뒤에 있는 절이기 때문에 홍세태가 울산에 머물면서 가장 많이 찾은 곳이기도 하다. 또 절의 뒷산 꼭대기에 있는 바위를 가리키는 동대(東臺)는 일출을 구경하기에 좋다고 알려진 곳으로, 지금도 바위에는 '부상효채(扶桑

36) 양곡(暘谷)은 동쪽의 해 돋는 곳이다.

曉彩)'라는 글씨가 선명하게 남아 있다.

<동축사(東竺寺)>(권7)
서축(西竺)에서 날아온 곳이 이곳의 어느 봉우리인가?
천리(千里)를 지남이 바다로 나아가는 용(龍)인 듯하네.
산꼭대기에는 신라시대의 탑 그림자가 걸려 있고
숲 속에서는 절간의 범종 소리가 퍼져 나오네.
땅에 깔린 누른 금은 진리의 세계를 열고
허공에 뜬 흰 달은 부처의 얼굴을 보여주네.
긴 밤 창 너머에서 잠을 이루지 못하는데
부딪치는 물결 소리가 솔바람에 섞이네.
飛來西竺此何峰 千里行如赴海龍
絶頂影懸羅代塔 中林響出梵王鐘
黃金布地開眞界 白月當空示法容
永夜隔窻眠不得 怒濤澎湃雜風松

이 시는 홍세태가 울산에 와서 처음으로 동축사에 갔을 때 그곳에서 하룻밤을 묵으면서 쓴 작품이다. 먼저 『삼국유사(三國遺事)』에 나오는 동축사의 연기설화(緣起說話)를 이용하여 시상을 일으킨 다음, 이 절이 신라시대부터 존속해 온 연원 깊은 절이므로 신라시대의 탑 그림자가 걸려 있고 숲 속에서는 범종 소리가 들려온다고 하여 예스러운 분위기를 강조하고 있다. 경련(頸聯)에서는 석가(釋迦)의 설법과 수도를 위하여 수달장자(須達長者)가 황금을 땅에 깔아서 기타태자(祇陀太子)에게서 구입한 원림에 건립하였던 기원정사(祇園精舍)에 비겨서 이 절이 부처의 진리를 전하는 도량(道場)임을 강조하고, 뜬 달을 통해 부처의 얼굴을 확인한다고 하여 이곳이 매우 영험한 사찰임을 말하고 있다. 미련(尾聯)에서는 긴 밤 내내 줄곧 귀에 들려오는 파도소리와 솔바람소리 때문에 잠들지 못한다고 하여 이곳이 바다에서 멀지 않은 산봉우리에 위치하고 있음을 보여주고 있다.

동축사 대웅보전의 현재 모습

<동대(東臺)>(권7)

동쪽 봉우리가 바다를 만나니 문득 높다란데
꼭대기에는 푸른 하늘에 백척(百尺)의 대(臺)가 솟아 있네.
이곳에 이르면 하늘과 땅이 다 끝난 듯한데
거기에서 보니 해와 달은 홀로 능숙하게 도네.
우레 품은 바람에 바위가 찢어지니 물결이 따라서 부딪치고
서리 같은 기운에 구름을 몰려가니 장기(瘴氣)가 비로소 흩어지네.
하늘 바깥에 고깃배가 처음에는 보이지 않더니
흰 돛배가 먼 데서 나타나더니 아득히 다가오네.

東峰遇海却崔嵬 上有靑冥百尺臺
到此乾坤皆欲盡 看他日月獨能回
雷風裂石濤相擊 霜氣驅雲瘴始開
天外漁舟初不見 白帆遙出杳茫來

이 시는 일출이나 동해를 구경하기에 좋은 높다란 바위인 동대의 위치와 그 우뚝한 모습을 그린 작품이다. 산에서 굽어보면 바다가 바로 뚝 떨어지는 듯이 우뚝하게 느껴질 뿐 아니라 실제로 그 높이가 또한 높다는 점을 강조하고 있다. 하늘과 땅이 맞닿은 이곳에서는 해와 달의 질서정연한 운행을 살필 수 있다고 했다. 여기서 바라보면 멀리 바닷가에는 바람에 찢어진 바위에 물결이 부딪치는 모습과, 서릿발 같은 차가운 기운에 구름이 몰려가서 음습한 장기(瘴氣)가 흩어지는 모습이 보인다고 하였다. 미련(尾聯)에서는 저 먼 바다에 처음에는 보이지 않던 흰 돛배가 모습을 드러내더니 아득한 곳에서 차츰 다가온다고 하여 이 석대(石臺)가 매우 높은 것임을 다시 한 번 강조하고 있다.

<동축사의 동대에서 일출(日出)을 보고 해가 뜨고 지는 해를 읊은 노래(東竺寺東臺觀日出 賦日出入行)>(권7)

해가 땅속에 들어갔을 때에는
천하가 하나로 온통 어두워지네.
희화(羲和)[37]가 다행히 길을 회복하여
예로부터 잠시도 쉬지 않네.
삼족오(三足烏)[38]는 함지(咸池)[39]에서 목욕하고
"탁탁." 하며 두 날개로 소리를 내네.
구름 물결은 붉은빛과 흰빛이 반반인데
높고 낮게 솟는[40] 데에는 일정한 색깔이 없네.
여섯 마리의 용(龍)이 불의 수레바퀴를 받들어

---

37) 희화(羲和)는 태양(太陽)을 모는 마부(馬夫)의 이름으로, 매일 여섯 마리의 용이 끄는 수레에 태양을 싣고 동쪽에서 서쪽으로 운행하다가 해가 들어가는 우연(虞淵)이라는 곳에서 멈춰 휴식을 취한다고 한다.

38) 준오(踆烏)는 태양(太陽)에서 산다는 삼족오(三足烏)이다.

39) 함지(咸池)는 해가 지는 곳이다. 『회남자(淮南子)』「천문훈(天文訓)'에서 "해가 양곡(暘谷)에서 나와 함지(咸池)에서 목욕한다."고 하였다.

40) 탕율(蕩潏)은 높고 낮게 솟아오르는 모양이다.

조금 자축거리다가 일제히 머리를 숙이네.
흔들흔들하며 낮아졌다가 다시 올라오는데
빠르게 떨치려고 힘을 쓰는 듯하네.
온갖 신령들이 어지럽게 와서 받드니
깃발과 부절(符節)[41]이 갑작스럽게 모두 붉어지네.
금세 한꺼번에 뛰어오르니
황도(黃道)[42]는 하늘의 서쪽 끝까지 이어져 있네.
땅 아래에서 우러러보게 되니
크게 밝아서 온 세상의 나라들을 열어주네.
진시황(秦始皇)은 옛날에 얼마나 어리석었는가?
바위에 채찍질을 하여도[43] 타고 갈 수 없었다네.
누가 해 뜨는 곳까지 갈 수 있는가?
천도(天道)는 깊고 멀어서 헤아릴 수 없네.
다만 원(願)하기는 뜬구름을 쓸어 버려서
그 곁에 머물지 못하게 하는 것이네.
日入地中時 天下同一黑
羲和幸復路 終古不暫息
踆烏浴咸池 拍拍鼓兩翼
雲波半赤白 蕩潏無定色
六龍捧火輪 彳亍齊首抑
搖搖低復上 奮迅若用力
百靈紛來御 幢節欻翕赩
須臾一騰躍 黃道接西極
下土所瞻仰 大明開萬國
秦皇昔何愚 鞭石駕不得
孰能窮出處 天道窅莫測
但願掃浮雲 不使留其側

41) 당절(幢節)은 깃발과 부절(符節)이다.
42) 황도(黃道)는 태양(太陽)이 운행하는 궤도(軌道)이다.
43) 편석(鞭石)은 돌을 채찍으로 때리는 것이다. 진시황(秦始皇)이 석교(石橋)를 만들어 바다를 건너가서 해가 나오는 곳을 보려고 하자, 마침 어떤 신인(神人)이 돌을 몰아서 바다로 내려 보냈는데 돌이 빨리 가지 않으면 신인이 돌에게 채찍질을 하여 돌이 모두 피를 흘렸다고 하는 고사에서 나온 말이다.

이 시는 동대에서 일출을 바라보고 난 뒤에 그 경험에 기초하여 해가 뜨고 지는 모습과 이치를 드러낸 작품이다. 온통 어둡던 천지에 아침이 오면 해가 뜨는 것은 희화(羲和)가 길을 잃지 않고 찾았기 때문이라고 해석하고 있다. 함지(咸池)로 들어갔던 해를 삼족오(三足烏)로 파악하고, 그 새가 날개를 치면서 다시 동쪽하늘에서 솟아나는 것이라고 설명하고 있다. 해가 솟기 전에 그 주변의 구름은 붉고 흰색이 반반이더니 막상 바다에서 돋을 때는 일정한 색이 없다고 하였다.

그 다음에는 해가 솟아나는 모습을 차근차근 그려내는데, 사실적 묘사보다는 동양의 설화적 전승에 기초하여 매우 역동적으로 기술하고 있다. 바다 위로 떠오르는 해가 모습을 보일 듯, 보일 듯이 하다가 갑자기 붉은 모습을 확 드러내는 그 변화를 생동감 있게 표현하고 있다.

그렇다면 '해가 뜨는 곳은 그 얼마나 멀리 떨어져 있을까?' 하는 의문에 대해 진시황조차 확인하지 못한 문제라는 점을 강조하면서 천도(天道)는 깊고 멀어서 헤아릴 수 없음을 강조하고 있다. 그렇게 솟은 태양이 온 천하를 밝혀주는 만큼 그것은 곧 임금의 덕화에 비길 수 있다는 생각을 담고 있다. 따라서 마지막 연에서 말한 뜬구름을 쓸어 버려서 태양 곁에 머물지 못하도록 한다는 것은, 자연현상에서 태양 주변에 구름이 한 점도 없기를 바라는 마음으로 해석할 수 있지만 한편으로는 조정에서 성총(聖聰)을 가리는 간신배(奸臣輩)가 모두 없어지기를 바라는 마음으로 해석할 수도 있다.

3) 월봉암(月峰庵)

월봉암은 울산목장 내에 있던 암자로서, 관기(官基)의 남쪽 20리쯤의 목장동 안에 있으며 매년 춘추에 국마(國馬)를 위해 기도하고 제향(祭享)하던 원당(願堂)이었다.[44] 현재 이 절은 울산광역시 동구 화정동에 월봉사(月峯寺)로 이름이 바뀌어 존재하고 있다.

월봉사 대웅전의 현재 모습

<바다를 따라서 월봉암으로 가는 길에(遵海行向月峰庵途中)>(권7)
찬 들판에는 잡초가 끝이 없는데
지는 햇살 속에 긴 물가로 내려가네.
눈을 피하여 숲에는 뱁새가 엎드리고
물결을 타고 바다에서는 수달이 노니네.
승려의 암자를 가면서도 또 물어보는데
어부의 집들은 바라보니 모두 근심스러워하네.
오히려 시인에게는 아름다운 경개(景槪)가 있기에
가마를 곳곳에서 머물라고 하네.
寒郊莽不極 落日下長洲
避雪林鷦伏 乘濤海獺遊
僧庵行且問 漁戶看皆愁
尙有詩家境 肩輿到處留

44) 『울산광역시사』 6, 『자료편』, 573면.

이 시는 추운 겨울날 울산목장의 바닷길을 따라서 월봉암으로 가는 도중에 보이는 황량한 모습들을 그린 작품이다. 눈을 맞기 싫어서 숨어 있는 뱁새나 추위에 아랑곳하지 않고 바다에서 물결을 타며 노는 수달은 시절에 대응하는 두 동물의 대조적인 모습이지만, 초행이라서 길을 가면서 다시 길을 물어본 어부 집의 분위기가 모두 근심스러워 보인다고 하였다. 그러나 시인의 눈에 비친 바닷가 목장의 모습은 아름답기만 하여 자주 가마를 멈추도록 한다고 하였다.

<월봉암(月峰庵)>(권7)

외로운 암자가 산허리에 숨어 있는데
겨울날인데도 대숲은 푸르네.
무너진 불상은 전쟁을 거쳤기 때문인데
거처하는 승려는 목장을 지키고 있네.
감실(龕室) 속은 산의 습기로 눅눅하고
나무 끝에는 바다의 빛이 번득이네.
아전이 때마침 와서 기도하는데
방성(房星)[45]이 전당(殿堂)을 비추네.

孤庵隱山腹 冬日竹林蒼
壞佛經兵火 居僧守牧場
龕中嵐濕氣 樹杪海翻光
小吏時來禱 房星照殿堂

이 시도 앞의 시와 같은 시기에 지은 것으로, 겨울인데도 대숲에 둘러싸인 조그만 월봉암의 모습을 그려내고 있다. 임진왜란을 거치면서 절의 불상은 부서져서 없어지고 이곳의 승려는 목장이나 지키고 있음을 지적하고 있다. 감실 안은 산의 습기로 눅눅하고 나

45) 방성(房星)은 28수(宿)의 하나로 말(馬)을 맡은 별인데, 정기(精氣)가 땅에 내려와 준마(駿馬)가 된다고 한다.

무 끝에는 바다 물결에 반사된 빛이 비치는 모습을 그려내기도 하였다. 때마침 목장의 아전이 와서 기도하는데, 하늘에서는 말을 관리하는 별인 방성(房星)이 절간을 비추어준다고 함으로써 이 암자가 남옥목장을 수호해 주는 원당(願堂)임을 분명히 하고 있다.

4) 명월암(明月庵)

명월암은 장기목장 근처에 있던 암자로서 울산목장에 있었던 월봉암처럼 장기목장의 말을 보호하는 역할을 감당하고 있었던 곳이다. 그래서 홍세태는 장기에 갈 때면 대개 이곳을 들렀는데, 현재는 포항시 대보면 강사리 명월산(明月山) 자락에 해봉사(海逢寺)라는 이름으로 존속하고 있다.

<목관에서 명월암으로 가는 길에(自牧舘往明月庵途中)>(권7)

구월의 서늘한 바람이 나그네의 옷에 부는데
남쪽으로 가는 기러기를 쳐다보니 모두 높이 사라지네.
한 관리가 일이 많아 오랜 기간 말을 타더니
올해에는 하릴없이 또 서리를 밟네.
짧은 머리가 쓸쓸하지만 영남(嶺南)에서의 행색인데
늦가을의 국화[46]는 시들었어도 해변이 향기롭네.
저녁쯤에는 수많은 산봉우리 속의 작은 암자에 들어갈 텐데
문득 몸으로 부처님께 배례(拜禮)함을 기꺼워하네.

九月凉風吹客裳 仰看南鴈盡高翔
一官有事長騎馬 今歲無端又履霜
短髮蕭條嶺外色 寒花寥落海邊香
暮投小刹千峰裏 却喜將身就法王

이 시는 1719년 9월 어느 날 홍세태가 장기목관에서 명월암을 찾

46) 한화(寒花)는 추운 계절에 피는 꽃으로, 보통 국화(菊花)를 가리킨다.

아가는 도중에 견문한 것을 기록하고 거기에 시인의 회포를 보탠 작품이다. 구월의 서늘한 바람과 남쪽하늘로 날아가는 기러기 떼를 바라보면서 여기저기 공무로 떠돌아다니는 자기의 신세를 생각하다보니 올해도 또 어쩔 수 없이 서리 내린 길에 말을 타고 떠돈다고 하였다. 머리가 듬성듬성하고 짧아진 모습은 시인의 영남지방에서의 행색이지만 들판에 남아 있는 국화는 시들었어도 해변을 향기롭게 한다고 하여 나름의 멋을 찾고 있다. 춥고 힘든 여정이지만 저녁 무렵에는 산속의 암자에 닿아 불상 앞에 배례할 것을 생각하면서 스스로를 다잡는 모습을 보여주고 있다.

<명월암에서 새벽에 일어나다(明月庵曉起)>(권8)
외로운 마음에 잠들지 못하다가
한밤중에 옷을 잡고서 일어나네.
쏟아지는 달빛은 불전(佛殿)에 가득하고
가을 기운은 싸늘하기가 물과 같네.
늙은 중이 홀로 경쇠를 울리는지
소리가 산의 나무들 속에서 나오네.
갑자기 이 세상이 부질없음을 깨닫나니
호젓이 세속(世俗) 일의 얽매임[47]을 풀어버리네.
孤懷不能寐 中夜攬衣起
落月滿佛殿 秋氣凉如水
老僧獨鳴磬 響出山木裏
頓覺此世空 蕭然釋塵累

이 시는 1721년 가을에 장기에 갔을 때 명월암에 묵으면서 새벽에 쓴 작품이다. 오랜 객지생활에 개인사정으로 외로움 속에 잠들지 못하다가 한밤중에 일어나서 서성이는 모습을 보여주는데, 교

47) 진루(塵累)는 세속(世俗)의 일에 얽매임이다.

교히 쏟아지는 달빛은 불전을 환하게 비춰주고 가을 기운은 물처럼 싸늘하게 온몸을 스며든다고 하였다. 그런데 눈에 보이지는 않지만 어느 곳에서 늙은 중이 경쇠를 울리는지 그 소리가 나무숲에서 퍼져 나온다고 하여, 깊은 밤에 잠들지 못한 다른 사람이 또 있음을 확인하게 된다. 이런 와중에서 갑자기 세상사(世上事)의 부질없음을 깨닫고 여태껏 고민해 온 세속(世俗)의 얽매임을 풀어버리게 됨을 말하고 있다.

5) 그 밖의 경승(景勝)

<기행(紀行)>

나의 행차는 문득 기러기가 물가를 따라감과 비슷하여
독포(禿浦)[48]에서 주전(朱田)을 차례대로 지나가네.
길이 없는 하늘 끝이라서 곧 먼 데까지 온 것인데
시를 지어 말 위에서 또 소리 높여 노래하네.
나무가 우뚝한 어촌에는 저녁햇살이 남아 있고
배가 비끼어 있는 시골 물가에는 봄물이 넘쳐 나네.
홀로 괴이하게 여기노라, 금년에는 남쪽 지방에 눈이 자주 내려서
서북쪽의 봉우리 몇 개가 흰빛으로 높다란 것을.

我行却似鴻遵渚 禿浦朱田取次過
路盡天涯方遠到 詩成馬上亦高歌
漁村樹出夕陽在 野岸舟橫春水多
獨恠今年南雪屢 數峰西北白嵯峨

1720년 이른 봄에 지은 것으로 보이는 이 시는 오늘날의 미포(尾浦)에서 주전을 거쳐 동해안을 따라 올라가면서 눈에 보이는 모습을 그려낸 작품이다. 길도 없는 곳에 와서 멀리 왔겠구나 하고 생

48) 독포(禿浦)는 울산광역시 동구에 소재한 미포(尾浦, 禿浦, 민개)의 옛 이름이다.

각하면서 시를 지어서 말 위에서 큰 소리로 읊는 여유를 부리기도 한다. 어촌의 나무에는 저녁햇볕이 비치고, 배가 비껴 있는 물가에 봄물이 넘치는 모습도 눈에 띈다고 했다. 그러다가 먼 곳으로 눈을 돌리니 금년에 자주 내린 눈이 아직 녹지 않아서 서북쪽의 몇몇 봉우리가 하얗게 남아 있다고 하였다. 봄날의 바닷가 경치와 저 멀리 떨어진 산봉우리의 잔설(殘雪)이 매우 인상적으로 각인되고 있다.

<염포(鹽浦)>(권7)
얼굴을 스치는 바닷바람은 칼날처럼 차가운데
지는 해가 빠지려하니 산은 더욱 높네.
포구(浦口) 길은 옆으로 갈대숲을 뚫고 지나가는데
말머리에서는 교룡(蛟龍)과 악어(鰐魚)가 몰래 파도를 일으키네.
海風刮面凜如刀 落日欲沉山更高
浦路側穿蘆荻去 馬頭蛟鰐暗吹濤

이 시는 1720년 겨울에 염포를 지나가면서 지은 작품이다. 칼날처럼 날카롭게 얼굴을 스치는 찬바람 속에 해가 지려고 하니 산은 더욱 높게 느껴지는데, 염포 나루로 내려가는 길은 우거진 갈대밭 옆길을 뚫고 가야하는데 때마침 말머리 쪽의 바다에서는 큰 물결이 일어남을 보여주고 있다. 염포는 소금구이가 소금을 굽는 곳이기도 하였으나 그 주변에는 갈대가 매우 무성하게 우거져 있었음을 알 수 있다.

<주전 고개에 올라서 바다를 굽어보다(登朱田嶺俯海)>(권8)
주전 고개를 열 번이나 넘었지만
이번 길이라고 또한 수고롭지 않으랴?
걸터앉은 안장에서 이미 늙었음을 한탄하지만
말을 부리며 질타하는 소리에서 오히려 호탕함을 깨닫네.

평평한 바다는 가로누워서 끝이 없는데
먼 산은 솟아 있어도 높지 못하네.
여태껏 남다른 눈[49]을 가지고 있기에
팔월인데도 또 파도를 보네.
十度朱田嶺 玆行不亦勞
據鞍嗟已老 叱馭覺猶豪
平海橫無際 遙山出未高
從來一隻眼 八月又觀濤

이 시는 1721년 8월에 장기로 가기 위해 주전 고개를 넘으면서 쓴 작품이다. 울산감목관으로 재임하는 3년 사이에 이 고개를 열 번은 넘었을 텐데도 역시 고개를 넘을 때는 힘듦을 피할 수 없다고 하였다. 말안장에 앉아 가면서도 늙었음을 한탄하다가 말을 부리면서 질타하는 소리에서 오히려 호방함을 느낀다고 했다. 눈앞의 바다는 평평하고도 까마득히 펼쳐져 있음에 반해 멀리 있는 산은 야트막하게 보인다고 했다. 지금까지 남과 다른 안목을 가지고 있었기에 가을이 깊어진 팔월인데도 바다에서 일어나는 파도를 본다고 하면서 스스로를 가상하게 여기는 마음을 드러내고 있다.

4. 주민의 생활상과 풍습

1) 맹수의 출몰과 사냥 풍속

지금은 호랑이가 남한의 자연 생태계에서 멸종된 것으로 알려져 있지만 지금부터 2, 3백 년 전만 해도 울산 주변의 산에 자주 출몰하여 주민에게 해를 끼치는 일이 많았던 것이 사실이다. 그래서 홍

49) 일척안(一隻眼)은 애꾸눈이지만, 눈빛이 보통 사람보다 동떨어지게 다른 것을 뜻하기도 한다.

세태의 시에서도 이에 대한 언급이 자주 나타나고 있다.

<범 잡는 노래(捉虎行)>(권7)
산에 있는 맹호를 누가 감히 건드리랴?
그 발톱과 이빨은 창 같고 두 눈은 번개와 같네.
화났을 때 한번 울면 높은 벼랑이 찢어지니
산 속의 짐승들이 모두 두려워 엎드리네.
동대산(東大山)의 남옥목장(南玉牧場)에는
천 마리의 말을 방목하는데 매우 뛰어난 말들이네.
대낮에 호랑이가 와서 말을 잡아먹으려 하다가
동쪽 이웃집의 소가 도리어 재앙을 입었네.
관가에서 일시에 포수들을 불러 모아
문득 호랑이 자취를 찾아 봉우리의 나무그늘을 헤치게 하네.
짧은 옷의 악소배(惡少輩)가 먼저 용기를 뽐내는데
풀이 흔들리고 사람이 시끄러우니 호랑이가 달려 나오네.
쇠창으로 호랑이를 찌르니 창이 부러지려 하는데
급하게 쏜 탄환이 가슴을 뚫으니 붉은 피가 솟구치네.
돌아와서 수령에게 바치니 도적을 잡은 듯이 하는데
모여서 보는 마부들은 모두 안색이 변하네.
내가 맹호에게 말하나니, "진정 스스로 해를 부른 것이다.
이제까지 울부짖으며 기운과 힘을 자랑하였지.
임금님 마구간의 준마를 어찌 감히 먹었으랴만
가령 사람을 다치게 하였다 하더라도 너 또한 죽어야 하리."
猛虎在山誰敢觸 戟其爪牙雙電目
怒時一吼蒼崖裂 山中百獸皆慴伏
東大之山南玉場 牧馬千羣馬最良
虎來白日欲食馬 東隣有牛反遭殃
官令砲手一時發 却尋虎跡穿岑樾
短衣惡少先賈勇 草動人喧虎突出
鐵槍刺虎槍欲折 急砲洞胸迸赤血
歸來獻公如殺賊 牧圉聚觀皆動色

我謂猛虎眞自害 向來咆哮負氣力
天閑駃騠豈敢餌 縱道人傷爾亦死

이 작품은 홍세태가 울산감목관으로 부임한 지 얼마 되지 않아서 일어난 목장 동쪽 민가의 소를 잡아먹은 호환(虎患) 사건을 해결하기 위해 관(官)에서 포수들을 불러 모아서 호랑이를 사냥한 전말을 노래한 것이다. 악소배(惡少輩)로 표현되는 젊은 호협한(豪俠漢)들이 앞장서서 호랑이의 자취를 찾아 사냥하는 모습을 실감나게 그려내고 있다. 시끄러운 소리에 달려 나온 호랑이를 쇠창으로 찔렀으나 도리어 창이 부러지려는 순간에 총으로 쏘아서 사냥을 마무리한 과정이 매우 현장감 있게 그려지고 있다.

그런데 호랑이 사냥의 풍습은 이런 호환이 있을 때만 공식적으로 행해진 것이 아니었다. 1721년 여름에 쓴 것으로 보이는 <관리와 병졸들이 호랑이를 쫓아서 산으로 올라가더니 해가 서쪽으로 기울어도 돌아오지 않기에 나는 뒤쫓아 동축사(東竺寺)에 올라가서 절의 종루에 앉아서 짓다(吏卒逐虎上山 日西未歸 余追到東竺 坐寺樓作)>(권8)이라는 시는 제목만 보아도 그런 호랑이 사냥이 드물지 않았음을 알 수 있다. 또 울산은 남쪽 지방이어서 눈이 자주 내리지 않지만 눈이 오면 사냥을 가는 것 또한 일상적 풍속 중의 하나임을 다음 시를 통해서 확인할 수 있다.

<눈(雪)>(권7)

남쪽 지방의 눈을 처음 보고 놀라는데
조금 적시는 것도 잠깐뿐이네.
갈까마귀는 퍼덕거리다가 문득 다시 조용해지고
개는 짖어대더니 깊이 의심하지는 않네.
보리밭 두둑에는 분명하게 아직 퍼져 있는데

매화나무 옆 처마에는 가까이 가도 모르겠네.
사냥꾼은 어깨에 총을 걸고 나오더니
소리치고 달려서 서쪽 비탈로 올라가네.
南雪驚初見 微霑亦暫時
鴉翻還復定 犬吠莫深疑
麥隴分猶遍 梅簷近不知
獵夫肩銃出 呼逐上西陂

이 시는 사냥에 초점이 맞추어진 것은 아니다. 눈이 자주 오지 않는 남쪽의 울산에서 눈이 조금 내린 모습을 그려내고 있다. 눈에 놀란 갈까마귀는 퍼덕이다가 그치고, 개도 짖다가는 금방 그 행동을 멈추는 모습을 포착한 시인의 눈에 보리밭 두둑에는 아직도 분명하게 남아 있는 눈이 보이지만 매화나무 옆의 처마에는 아무리 찾아보아도 내린 눈의 흔적조차 발견할 수 없다고 하였다. 그런데도 사냥꾼은 기회를 잡은 듯이 총을 메고 나와 소리치며 서쪽의 산비탈로 달려가고 있음을 보여주고 있다.

2) 주민의 일상생활

홍세태는 울산목장에 부임한 이래 목장 주변에 사는 주민의 삶, 특히 바다에서 일하는 어민의 삶에 많은 관심을 가졌던 것으로 보인다. 주민의 삶에 대한 관심은 중인이라는 그의 출신과 관련지어 생각할 수도 있다.

<이 고장(此邦)>(권7)
이 고장은 풍토가 열악하고
풍속(風俗)도 매우 완고하네.
목숨이 거룻배 안에 있고
처자식은 떨어진 섬 사이에 있네.

장기(瘴氣) 어린 구름은 늘 태양을 감싸고
봄에는 물이 불어 산으로 오르려고 하네.
밤에 그물당기는 소리가 들리거늘
모래무지가 어제 벌써 돌아왔다고 하네.
此邦風土惡 民物亦多頑
性命扁舟內 妻兒絶島間
瘴雲常夾日 春水欲登山
夜語聞牽網 鯊魚昨已還

이 시는 바닷가의 울산 주민이 처한 환경과 그 속에서 살아가는 어민의 모습에 초점을 맞춘 작품이다. 열악한 환경에 적응하다보니 따라서 이곳은 풍속도 완고해 질 수밖에 없는 상황을 염두에 두고 있는데, 어부의 목숨은 거룻배에 있고 그 가족은 떨어진 섬 사이에 있다고 한 지적은 목숨을 걸고 물고기를 잡아서 살아가는 어부들의 처지를 정확히 파악하고 있다고 하겠다. 이처럼 어려운 환경 속에서도 어부들에게는 해마다 계절에 따라 느끼는 그 나름의 기쁨도 있음을 마지막 연에서 보여주고 있다.

<바닷가 마을(海村)>
외딴 마을에 집은 몇 채뿐인데
이곳이 어부들이 사는 곳이라고 하네.
작은 집들은 나뉨의 경계를 나무로 하고
비린내 풍기는 울타리에는 모두 물고기를 걸어 두었네.
땅이 끝난 곳에서 구차하게 사는데
흉년 든 뒤끝이라서 세금도 내지 못하네.
논밭에서 농사를 짓지도 않으면서
민초(民草)들이 한 집에서 함께 살고 있네.
孤村纔數戶 道是海夫居
屋小分依樹 籬腥盡掛魚

偸生地窮處 逃賦歲荒餘
不及耕南畝 齊民共室廬

<바닷가 마을(海村)> 2수(권7)
그저 두렵기만 한 영문(營門)에서 아전이 화를 내며 꾸짖는데
공물을 바치느라 힘없이 가난하게 되고 말았네.
몰래 다른 포구에서 그물을 쳐서
새로 잡은 청어는 남에게 보여주지 않네.
生怕營門吏怒嗔 上供無力及私貧
暗從別浦施罛網 新得青魚不示人

세모(歲暮)에 거친 마을이라서 까마귀도 굶주리는데
추운 날 묵은 나무에는 저녁연기조차 걸리지 않네.
짧은 치마 입고 머리털 붉은 아이는 뉘 집 딸인가?
바위틈에서 물결을 밟으며 김을 따고 있네.
歲暮荒村烏亦饑 天寒古木夕烟微
短裳赤髮誰家女 踏浪巖間採海衣

'바닷가 마을(海村)'이라는 같은 제목을 단 이 시들은 모두 바닷가에서 어렵게 살아가는 어민들의 모습을 그리고 있다. 굳이 어느 작품에 담긴 사연이라고 따로 구분할 필요도 없이 이 시에 담긴 사연은 모두 궁핍한 어민의 삶을 증언하고 있다. 담도 없이 나무로 울타리를 대신하며 그곳에 걸어놓은 생선과, 세금과 공물 때문에 고민하는 어부의 모습은 모두 홍세태의 눈에 비친 주민의 안타까운 삶의 모습이며 타개해야 할 현실의 질곡이었다.

특히 두 번째 작품의 "몰래 다른 포구에서 그물을 쳐서, 새로 잡은 청어는 남에게 보여주지 않"는 어부의 모습이나 "바위틈에서 물결을 밟으며 김을 따고 있"는 "짧은 치마 입고 머리털 붉은 아이"를 등장시켜 특정 인물에게 초점을 모으는 수법은 매우 숙달된

솜씨라고 할 만하다.

<삼정 어부의 집(三丁漁舍)>(권7)

어부 집은 가시나무 울타리가 나지막한데
바닷물이 그 문으로 들어오네.
낚시하는 배는 바람에 늘 흔들리고
밥 짓는 연기는 비 때문에 더욱 어두워지네.
모래벌판에는 한 그루 나무가 기대어 서 있고
물결에는 큰 물고기가 부딪쳐서 번득이네.
나그네가 드러누운 깊숙한 창은 검더니
부상(扶桑)에서 밤의 해가 떠오르네.

漁家棘籬短 海水入其門
釣艇風常動 炊烟雨更昏
依沙獨樹立 觸浪大魚翻
客臥幽窗黑 扶桑生夜暾

<정자 나루의 시골집에서 자다(宿亭子津村舍)>(권8)

바닷가의 어부 집은 대체로 비슷한데
나직한 울타리에 벽은 뚫려 바람을 막지 못하네.
노한 파도는 곧장 사람에게 불어서 들어오려 하는데
달빛은 비낀 배에 쏟아지고 새벽 물가는 비어 있네.

邊海漁家大抵同 短籬通壁不障風
怒濤直欲吹人入 月落舟橫曉渚空

이 두 작품은 특정한 어부의 집에서 본 모습을 그려낸 것으로, 작가의 개인적 경험이 충분히 반영되어 있다고 하겠다. 앞의 작품은 장기목장의 관아가 있던 삼정(三丁) 마을의 어부 집을 대상으로 하고 있고, 뒤의 작품은 울산 정자(亭子) 나루의 어부 집을 대상으로 하였지만 그 내용은 대동소이하다. 바닷물이 드나드는 가시나무 울타리를 경계로 한 허술한 삼정 어부의 집과 나직한 울타리에 바람을 막지 못하는 벽으로 된 정자의 시골집이 무슨 차이가 있는가? 홍세태는 장기와 울산의 이런 모습을 보면서 그들의 안타까운 문제를 해결해 주지 못하는 자신을 돌아보면서 스스로 그 어부들과 같은 심정으로 한탄하였는지도 모를 일이다.

3) 주민의 신앙과 기원

홍세태의 시 중에는 바닷가 주민들의 신앙에 대한 민속 따위를 소재로 한 작품이 있어서 당시 울산지방 서민들의 믿음에 대한 편린을 엿볼 수 있다.

<말 귀신 사당의 노래(馬堂歌)>(권7)
남자 무당은 북을 치고 여자 무당은 노래하는데
신이 내린 잔치자리에 반쯤 취하여 기대었네.
수많은 말들을 푸른 봄풀에 풀어 놓았으니
밤에는 하늘의 사마(駟馬)가 사람을 흠뻑 비추리.
男巫擊鼓女巫歌 神降瓊筵倚半酡
萬馬放來春草綠 夜看天駟照人多

이 시는 마신(馬神)을 모신 사당에서 벌어진 굿판을 보고 쓴 작품이다. 옛날부터 중국에서는 군사를 움직일 때 군신(軍神)이나 마조신(馬祖神)에게 제사를 지냈는데, 조선시대에는 동대문 밖에 마조단(馬祖壇)을 설치하여 말의 조상인 천사성(天駟星)을 제사지냈다고 한다.[50] 또 『울산목장목지』의 「점마사서리청(點馬使書吏廳)」의 기록

50) 이긍익(李肯翊), 『연려실기술(練藜室記述)』, 별집 권4, 「사전전고(祀典典故)」, <제단(諸壇)>에 "마조단(馬祖壇)은 동문 밖에 있다. 마조(馬祖)를 향사(享祀)하였는데, 중춘(仲春) 보름 절기가 지난 후 강일剛日)에 제사를 지내다가 지금은 폐지하였다."라는 기록이 있다. *강일(剛日)은 일진(日辰)의 천간(天干)이 갑(甲)·병(丙)·무(戊)·경(庚)·임(壬)인 날로, 양(陽)에 해당하므로 바깥일을 하는 것이 좋다고 전해진다.

에 따르면, 관기(官基)의 남쪽 10리쯤에 있는 마안령(馬鞍嶺)에 있는 마단(馬壇)에서는 매년 춘추(春秋)에 관(官)에서 제물과 향촉을 마련하고 이교(吏校)를 정송(定送)하여 국마(國馬)를 위해 기도한다고 하였고, 관기의 남쪽 20리쯤의 목장리 안에 있는 당사(堂祀)에서도 매년 마단에서 하는 것과 같은 행사를 한다고 하였다.[51)]

이런 점들을 고려해 볼 때, 이 시에서 대상으로 한 굿은 바로 목장리의 당사에서 벌어진 굿임을 짐작할 수 있다. 홍세태는 북 치는 남자 무당과 노래하는 여자 무당이 어우러진 굿판에서 신 내림을 구경하면서 이에 감응한 천사성(天駟星)의 별 네 개가 사람을 마음껏 비추어 주리라고 기대하고 있다. 이 시는 목장이라는 특별한 장소를 배경으로 한 작품으로, 울산의 남옥목장은 말 귀신을 위한 사당을 갖추고 말의 무사안녕을 위한 굿판을 매년 춘추에 걸쳐 정기적으로 열었음을 알 수 있다.

<나례의 북소리(儺鼓)>(권7)

우렁찬 나례(儺禮)의 북소리에 춤추는 소매가 펄럭이고
넓은 뜰의 술자리에는 등불이 밝게 빛나기 시작하네.
땅에 꽂힌 푸른 깃발은 흔들리며 그림자를 지우는데
무당에게 빙의(憑依)한 귀신의 말은 황홀하게 전해지네.
객지 생활에 이방(異方) 풍속과 친숙해짐이 해롭지 않지만
노쇠한 나이로 새해를 맞음을 홀로 안타까워하네.
"꼬끼오!" 닭 울음소리에 떠다니는 먼지처럼 흩어지는데
쓸쓸한 은하수가 새벽하늘에 가득하네.
儺鼓雷轟舞袖翩 廣庭燈燭晃初筵
春旗揷地招搖影 神語憑巫怳惚傳
未害客居親異俗 獨憐衰齒得新年
鳴雞腷膊游塵散 牢落星河滿曉天

51) 『울산광역시사』 6, 『자료편』, 572~573면 참조.

이 시는 1720년 선달 그믐날 밤에 펼쳐진 나례 행사를 보고 쓴 작품이다. 섣달 그믐날 밤에 묵은해의 잡귀(雜鬼)를 몰아내기 위하여 개최한 나례(儺禮)는 고려시대에는 궁중에서 실시하였으나 조선시대에는 민간에까지 전파되어 울산에서도 지난해의 액을 쫓아내고 새해를 경사스럽게 맞이하려는 목적으로 이 의식을 행하고 있음을 확인할 수 있다. 북소리가 우렁차게 울리고 춤추는 사람의 소매가 펄럭이게 되면 뜰에서는 등불 아래 술판이 펼쳐짐을 말하고 있다. 무당의 입으로 전해지는 빙의(憑依)한 귀신의 공수를 들으면서 황홀한 상태에서 한해의 마지막 밤을 지새우는 모습을 보여주는 것이다. 그러나 돌이켜보면 가족과 떨어져서 늘그막에 혼자 울산에서 새해를 맞아야 하는 시인의 마음이 즐거울 수만은 없었을 것이다. 그래서 닭 울음소리와 함께 밝아오는 새벽하늘을 바라보는 시인의 눈에는 은하수가 쓸쓸하게 보였다고 하겠다. "쓸쓸한 은하수가 새벽하늘에 가득하"다는 마지막 구절의 표현은 시인의 처량한 마음이 투영된 결과라고 하겠다.

5. 홍세태의 울산감목관 생활의 개인사적 의미

울산감목관 생활을 마무리할 때쯤에 홍세태는 울산의 생활을 스스로 어떻게 평가하였을까? 이것은 늘그막에 울산에서 홀로 객지생활을 한 것이 그의 개인사에서 얼마나 긍정적/부정적 의미를 지니는 것으로 인식되었을까 하는 문제이다. 앞에서 살펴본 바와 같이 그는 주민/목장민의 삶에서 쌓인 폐단을 제거해 주기도 하고, 그들의 생활상의 질곡을 함께 아파하면서 상처를 치료하려고 한 노력은 긍정적 의미를 지닐 수 있었을 것이다. 그러나 가정사에 관한

한 울산에서의 관직생활은 개인적 외로움에 빠져 있던 그에게 더욱 고절감(孤絶感)을 안겨준 기간이었던 것으로 보인다. 이러한 고립된 심정을 담은 시 한 수를 살펴보면서 이 글을 마무리하기로 하겠다.

<나는 늙고 병들어 거의 다 죽게 되었어도 자녀 한 명 없이 이 영남 바닷가에 천리나 떨어져 있다. 몇 달 사이에 두 아우를 연달아 잃고서 애통하고 비참하여 마음속의 일을 어떻게 할 수가 없다. 시를 지어서 슬픔을 기술하는데 눈물이 종이를 파고들거늘 보는 사람은 마땅히 또한 차마 읽지 못할 것이다(余老病垂死 無一子女 而落此嶺海千里外 數月之間 連哭兩弟 哀痛慘絶 情事罔極 爲詩述哀 有淚透紙 見者當亦不忍讀矣)>(권7)

내가 오래 살지 않았다면
어찌 이런 고통을 당하겠는가?
외롭게 이 한 몸만 남아 있고
골육(骨肉)은 모두 흙 속으로 들어갔네.
이제 또 두 아우를 곡(哭)하나니
애통하여 애간장이 찢어지네.
삼년을 영남의 바다 모퉁이에 있다 보니
한 번 이별이 끝내 천고(千古)처럼 되었네.
세상 끝에서 다시는 보지 못하니
오직 지하(地下)에서 모이기를 기다리네.
이 쇠약하여 생긴 병을 돌아보거니
뒷일은 한 오라기 실처럼 위태롭네.
비록 잔약(孱弱)한 외손(外孫)이 있다고 한들
능히 조상의 아름다운 덕(德)을 이을[52] 수 있으랴?
마음은 절박하여 심사(心事)가 어긋나는데
문호(門戶)를 마침내 누가 주관하리요?
만약 죽은 이가 알도록 한다면

52) 승무(繩武)는 선조(先祖)의 발자취를 계승하는 것이다.

무슨 면목으로 우리 부조(父祖)를 대하겠는가?
남은 생애는 다만 슬프고 근심스러울 뿐인데
도리어 '네가 죽으면 나아지리라'는 사실을 깨닫네.
아 앞서고 뒤선 장례를
친히 보는 곳에서 천리나 떨어져 있네.
내가 이때 흘리는 눈물에 화답하여
고향의 산에는 비바람이 많으리.
不有我久生 胡爲見此苦
孑然餘一身 骨肉皆入土
今又哭兩弟 哀痛裂肝肚
三年嶺海陬 一別遂千古
終天不復見 惟待地下聚
回顧此衰病 後事危一縷
縱有孱侄存 可能得繩武
痛迫心事違 門戶竟誰主
若使死有知 何面我父祖
餘生但悲憂 反覺汝死愈
嗚呼後先葬 千里隔親覩
和我此時淚 故山多風雨

1721년 여름 무렵에 지은 것으로 보이는 이 시는 제목에서 보듯이, 홍세태는 살아 있는 자녀가 한 명도 남아 있지 않은 상태에서 또 몇 달 사이에 두 명의 아우가 사망하였는데도 빈소를 찾아가서 애도하지 못하는 안타까운 처지에 있었음을 알 수 있다. 두 아우가 죽기 한 해 전에는 또 딸이 죽어서 장례를 치르는 날에도 가서 애도하지 못하고 눈물을 흘리면서 <오늘이 죽은 딸의 장례를 치르는 날이라는 소식을 듣고서도 몸이 천리 밖에 있어서 가서 통곡하지 못하고 그 자리에서 시를 지어서 눈물에 섞어 쓰다(聞今日亡女永窆而身在千里外 不得往哭 口占和淚而書)>(권7)[53)]라는 시를 남기기도 하였다.

이 시의 안타까운 내용을 다시 언급할 필요는 없으리라고 본다. 다만 한 가지 첨언하자면 이 시에서 언급된 잔약(孱弱)한 외손(外孫)에 대한 사항이다. 홍세태에게는 이미 성장한 동손(同孫)이라는 외손자는 처음에 그가 울산으로 떠나올 때에 판교(板橋)의 점사(店舍)까지 따라왔다가 서울로 돌아갔고, 또 몇 번이나 울산으로 찾아와서 함께 어울렸던 유일한 혈육이었다. 그 동손이 1721년 10월 8일에 혼례를 올리게 되었는데도 직접 예식에 참여하지 못하고 멀리서 안타까워한 사실이 확인되고 있다. 홍세태가 울산감목관으로 부임하여 생활하다가 다시 한양으로 돌아갈 때까지 쓴 시의 제목에서 동손을 언급하고 있는 것만 해도 9수(권7: 7수, 권8: 2수)에 달하고 있다.54)

이상의 여러 측면들을 고려해 볼 때 홍세태가 늘그막에 역임한 울산감목관 생활이 경제적으로는 생활고를 해결하는 데 도움이 되었겠지만, 개인적/가족적 측면에서 본다면 그것이 반드시 긍정적이지만은 않았다고 하겠다.

---

53) 이 시의 전문은 다음과 같다.
죽지 않고서야 내가 어찌 참겠는가? 알지 못하는 너는 편안하리라. 오히려 생각한들 이 한을 말하겠는가? 한번 꿈속에서라도 볼 수 있었으면.(未死吾何忍 無知汝則安 猶思說此恨 一得夢中看)

54) 참고로 제목만 보이면 다음과 같다. 권7: <同孫追到板橋店舍 夜坐話別 情事甚悲>, <得同孫書>, <同孫今日見我所寄書 當作何懷 顧余老病一身 在孫唯汝亟欲相見而不可得也 聊作此詩 以促其行>, <邇來病臥 何日不思同孫 未知今已發行否 賦詩遣憫 用其別詩韻>, <同孫將歸 不勝悲感之懷 口占短律 書以贈行>, <同孫去後獨坐有感>, <步月憶同孫>. 권8: <與同孫臨池夕坐>, <辛丑十月初八日 乃同孫婚日也 家屬皆在京中 而余獨留蔚山之牧衙 不得往見其成禮 悲喜交集 不勝其感 賦一絶記之>

『학성지』의 편찬과 울산의 유풍 진작

— 청대 권상일의 울산 관련 한시 —

1. 최초의 울산읍지 『학성지』와 권상일 부사

조선시대에 울산을 거쳐 간 수령 가운데 이 지역 문화발전의 토대 구축에 크게 기여한 인물을 뽑을 때 그 중 한 자리를 놓치지 않는 인물이 청대(淸臺) 권상일(權相一, 1679～1759)이라는 사실에 이의를 제기할 사람은 없을 것이다. 그는 울산부사로 부임하여 울산 최초의 읍지를 편찬하여 지역민의 자부심을 고취하였을 뿐 아니라 울산에 있는 유일한 사액서원(賜額書院)인 구강서원(鷗江書院)에 그때까지 미비(未備)되어 있는 동서재(東西齋)를 신축하여 유풍(儒風)을 진작하였다.

그는 경상도 상주(尙州)의 근암리[近巖里, 현재의 문경시 산북면 서중리 근암 마을]에서 출생한 문신으로, 숙종(肅宗) 36년(1710년) 증광문과(增廣文科)에 병과(丙科)로 급제하여 관직에 진출한 이래 병조좌랑·영암군수·사헌부장령 등을 지낸 후 57세 때인 영조(英祖) 11년(1735년) 4월부터 60세 때인 영조 14년 12월에 이임하기까지 3년 8개월 동안 울산부사로 재직하였다.[55] 그 뒤에 대사간·판결사

(判決事)·홍문관부제학·한성좌윤·지중추부사·대사헌 등을 역임한 뒤 기로소(耆老所)에 들어갔다. 그의 저서로는 『청대선생집(淸臺先生集)』, 『초학지남(初學指南)』, 『일기(日記)』 등이 있고, 시호(諡號)는 희정(僖靖)이다. 그의 사망한 뒤인 영조 52년(1776년) 9월에는 사림에서 그가 명명했던 것들을 기념하기 위해 바위에다 '존도와(存道窩) 농청대(弄淸臺) 태고암(太古巖) 불마애(不磨崖)'라는 12글자를 새겼으며, 정조(正祖) 7년(1783년)에는 농청대에서 위쪽으로 2리쯤 떨어진 곳에 있는 향약소(鄕約所)인 죽림정사(竹林精舍)에 위판(位板)을 봉안하고 사당을 세워 향사(享祀)하다가 정조 10년에는 그가 거주하던 마을의 근암서원(近嵒書院)으로 옮겨서 향사(享祀)하였다.[56]

권상일은 울산부사로 와서 그때까지 읍지가 갖추어지지 않은 사실에 대해 매우 안타깝게 생각하고 있던 차에, 고을 원로들의 읍지 수성(修成) 요청이 있자 그 요청을 받아들여 고을에 거주하는 상사(上舍) 박망구(朴望久)와 사인(士人) 이원담(李元聃)에게 각종 자료의 수집과 정리를 부탁하여 그 초고를 완성하게 되었던 것이다. 읍지의 편찬과 관련한 사항을 그가 쓴 「학성지서(鶴城誌序)」를 통하여 살펴보기로 하겠다.

> 그윽이 생각건대 삼대(三代) 성시(盛時)에는 군국(郡國)이 각기 왕부(王府)에 도적(圖籍)을 바치면 왕부(王府)는 그것을 받아서 보관함으로써 채록과 상고(詳考)에 대비하였다. 그래서 『주례(周禮)』「하관(夏官)」에는 구주(九州)의 산천과 토산(土産)의 대략을 모두 기록하고 황명(皇明)의 『일통지(一統志)』와 우리나라의 『여지승람(輿地勝覽)』도 이 예를 효방(傚倣)하고 게다가 더욱 상세한 것을 갖추었다. 그런 까닭에 국

55) 『울산부치적(蔚山府治積)』(필사본)에 "都護府使通訓大夫權相一 居尙州 雍正十三年乙卯三月十二日政本職除授 同年閏四月初二日到任 戊午夏冬連中 同年十二月十五日遞職 同月二十六日發行"이라고 기록되어 있다.

56) 이상의 사실은 문집에 부록된 「청대선생연보(淸臺先生年譜)」 권1 참조.

내의 각 고을에는 모두 지지(地誌)가 있지만 유독 울주(蔚州)에는 아직 있지 않다.

을묘년(乙卯年, 영조 11년, 1735년) 내가 외람되이 이 고을의 수령이 되니 고을의 부로(父老)들이 모두 청하기를 한 질(帙)을 수성(修成)하여 후인들이 그 진실을 살필 수 있도록 하고 뒷날 왕부에 바칠 것을 대비하자고 하였다. 이에 상사(上舍) 박망구(朴望久)와 사인(士人) 이원담(李元聃)에게 부탁하여 옛 기록을 널리 가려서 초본(草本)을 만들었는데 간혹 고치거나 증산(增刪)해야 할 곳이 있음을 만나게 되었다. 무오년(戊午年, 영조 14년, 1738년) 대 상자에 넣어서 집에 돌아왔다. 이제 일기(一紀)[57]가 다 되어가거늘 쇠병(衰病)으로 넘어지고 나른하여 이루지 못하였다. 금년 봄에 여러 부로(父老)들이 편지를 작성하여 복종(僕從)을 보내어 재촉하였다. 이에 초본(草本) 안에서 그 번잡한 것을 깎고 소략한 것을 늘려 고쳐 써서 보내었다.

내가 보기에 울주 한 고을은 동남쪽이 모두 큰 바다이고 좌우에 둘러싼 것이 모두 명산(名山)과 운수(韻水)이다. 마땅히 그 풍기(風氣)가 매우 빼어나므로 뛰어난 유학자를 태어나게 하고, 뛰어난 유학자와 덕이 높은 선비는 한 고을을 빛내고 나라의 동량(棟樑)을 채워야 한다. 그런데 신라(新羅)로부터 지금까지 참으로 그런 이가 드무니 어찌 지령(地靈)이 오랜 기간 쌓고 축적하여 때를 기다려서 드러나도록 함이 아니겠는가? 아래쪽에 전말(顚末)을 기록하여 장차 내가 마음을 써서 바라는 뜻을 드러내고자 할 따름이다.

기사년(己巳年, 영조 25년, 1749년) 안동 권상일은 쓰다.[58]

---

57) 일기(一紀)는 목성이 하늘을 한 바퀴 도는 기간인 열두 해 동안을 이르는 말이다.

58) 窃惟三代盛時 郡國各獻圖籍于王府 王府受而藏之 以備採攷 周禮夏官 所以摠記九州山川土産之大略 皇明之一統志 我國之輿地勝覽 亦倣此例 而益加詳備 以故國內各邑皆有地誌 而獨蔚州未有焉 歲乙卯 不佞忝叨是府 邑中父老咸請 修成一帙 使後人得有所考信 而且備異日王府之獻 迺屬上舍朴望久 士人李元聃 博採古記 得成草本 而間合有釐改增刪之處 戊午冬 藏于篋笥而歸于家 今將一紀 而衰病頹懶 未果也 今年春 諸父老栽(裁)書 走伻以速之 乃於草內 刪其繁 增其略 改寫而送之 余見蔚州一府 東南皆大海 左右環繞盡名山韻水 宜其風氣秀異 篤生宏儒 宏儒碩德之士 以光一府 以充邦國之棟樑 而自羅麗至今 儘罕有焉 豈地靈之久蘊積蓄 待時而發耶 爲記顚末於下方 且致吾眷眷企望之意云爾 己巳孟秋 安東權相一書.(權相一, 「鶴城誌序」, 『淸臺先生集』 권11)

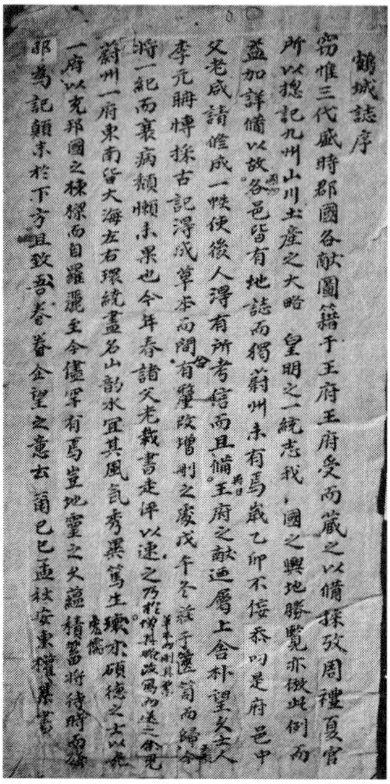

鶴城誌序

竊惟三代盛時郡國各獻圖籍于王府王府受而藏之以備採攷周禮夏官所以摠記九州山川土産之大略 皇明之一統志我國之輿地勝覽亦倣此例而益加詳備以故各邑皆有地誌而獨蔚州未有焉歲乙卯不佞忝叨是府邑中父老咸請修成一帙使後人得有所考信而且備王府之獻迺屬上舍朴望久士人李元聃博採古記得成草本而閒有釐改增刪之處戊午冬余遞而歸今將一紀而衰病類懶未果也今年春諸父老裁書走伻以速之乃於余見蔚州一府東南皆大海左右環繞盡名山靭水宜其風氣秀異篤生瓌琦碩德之士以一府以冠邦國之棟樑而自羅麗至今僅罕有焉豈地靈之久蘊積蓄將待時而發邪爲記顚末於下方且致吾眷眷企望之意云 歲己巳孟秋安東權相一書

권상일이 편찬한 『학성지(鶴城誌)』(필사본)의 서문(序文)

이 기록은 그가 울산의 읍지인 「학성지」를 편찬하게 된 동기와 과정을 명확하게 보여주고 있는데 이 글의 요지는 다음과 같다.

① 중국뿐 아니라 국내의 각 고을마자 있는 읍지(邑誌)를 울주에는 아직 갖추지 못하고 있었다.

② 울산부사로 취임한 다음 고을 부로들의 요청으로 읍지를 한 질을 만들기로 하였다.

③ 고을의 선비 박망구와 이원담에게 자료를 모아 초본을 만들도록 하였다.

④ 울산부사 재직 기간에 완성하지 못하고 1749년에 초본을 완

성하여 울산으로 보내었다.

⑤ 울산은 풍기(風氣)가 매우 빼어난 곳으로 훌륭한 인재를 양성하여 고을을 빛내고 나라의 동량으로 활용하여야 할 필요가 있다.

이와 같은 과정과 의미를 지니는 『학성지』는 그 후 수차례 간행되는 울산읍지의 저본이 되어 울산의 역사와 지리적 특징, 인문학적 자료를 집대성하는 계기를 마련해 주었다.

이처럼 울산에 대한 애정을 지닌 권상일이었기에 우리는 그가 울산부사로 재직하던 시기 또는 그 이후에 울산을 추억하면서 쓴 시를 통하여 울산의 자연과 풍물에 대한 생각이 어떠하였는지를 살펴볼 수 있다.

2. 울산지방의 승경 찬미와 풍류

『청대선생집』 권2에는 권상일이 울산에 기거하던 시기의 작품들이 대략 제작시기 순으로 수록되어 있어서 울산부사로 재임하던 시기의 그의 삶의 궤적과 심사를 짐작할 수 있다. 그는 고려후기의 문인 정포(鄭誧, 1309～1345)에서 비롯되어 이곡(李穀, 1298～1351), 이원(李原, 1368～1429)으로 이어진 이른바 「울주팔경(蔚州八景)」이라는 무산일단운(巫山一段雲) 체의 사(詞)를 짓는 전통을 계승하고 있는 인물이기도 하다.

울산의 승경을 읊은 시와 관련하여 특기할 점은 그가 반구대(盤龜臺) 및 곡연(曲淵) 부근의 승경(勝景)을 자주 찾았다는 사실이다. 먼저 울산에 부임한 지 얼마 지나지 않았을 때 제작한 보이는 <여

러 사람이 반구대와 곡연에서 노닐면서 쓴 시에 차운하다(次諸人遊盤龜曲淵韻)>라는 제목으로 쓴 5수의 시를 보기로 하겠다. 이 중 앞의 3수는 반구대를 대상으로 한 것이고, 뒤의 3수는 곡연을 대상으로 한 것이다.

티끌세상에 어찌 일찍이 이런 기이함이 있었는가?
산이 돌고 물이 굽이치니 거북이 숨기에 적합하네.
흩어져 쏟아지는 낚시터 물줄기는 구슬 찧는 소리를 내고
층을 이룬 봉우리의 돌은 바둑알을 쌓은 모양이네.
봄이 저무니 붉은 복사꽃은 골짜기에 뜨고
달이 밝으니 푸른 소나무는 뜰에 가득하네.
주인은 홀로 깨끗하고 참된 즐거움을 누리니
복지(福地)에서 신선이 됨도 늦어지지 않으리.
塵界何曾有此奇 山回水曲合藏龜
磯流散瀉聲舂玉 峯石層成狀累碁
春晩桃紅浮洞日 月明松翠滿庭時
主人獨餉淸眞樂 福地成仙也不遲

'남곡 권해의 시에 차운하다(右次權南谷瑎韻)'라는 부제를 달고 있는 이 시는, 반구대의 아름다운 경치를 복사꽃이 흐드러지게 핀 이상향인 도화원(桃花源)에 비기고 있는 작품이다. 반구대 주변의 아름다운 자연을 독차지하여 청진(淸眞)한 즐거움을 누리고 있는 만큼 이곳의 주인은 신선이 될 날도 머지않았다고 하여 이곳이 곧 복지요 선계라고 해도 과언이 아님을 천명하고 있다. 원시를 지은 남곡(南谷) 권해(權瑎, 1639～1704)는 숙종(肅宗) 때 청남(淸南)·탁남(濁南)의 당쟁에 몰려 갑술옥사(甲戌獄事: 1694)에 연좌되어 언양(彦陽)에 유배되어 1694년 3월에서 1697년까지 4년간 요도(蓼島)에서 기거하였던 인물이다.[59)]

도화동(桃花洞)[60]의 물이 인간세상으로 나오거늘
근원을 찾아 십리를 오니 별세계(別世界)의 산이 있네.
비로소 참된 신선이 지상에 있음을 알겠는데
문득 높은 정자가 시냇물을 누름에 놀라네.
낚시터는 황홀하여 동강(桐江)[61]처럼 안온하고
바둑판은 완연하여 기호(綺皓)[62]처럼 한가롭네.
갑자기 속된 마음이 조금 깨끗해짐을 깨닫나니
잠시 머뭇거리며 또 계수나무 가지를 부여잡고 싶네.[63]
桃花洞水出人間 十里尋源別有山
始信眞仙居地上 忽驚危榭壓溪灣
漁磯怳似桐江隱 碁局宛然綺皓閒
頓覺塵心些子淨 淹留且欲桂枝攀

'훈수 정만양의 시에 차운하다(右次鄭塤叟萬陽韻)'라는 부제를 달고 있는 이 시도, 앞의 시와 마찬가지로 반구대의 아름다운 경치를 도화원(桃花源)에 비기고 있다. 신선이 이 세상에 실존함을 확인하고 그 주변에 있는 높다란 정자, 즉 집청정(集淸亭)의 존재에 더욱 놀라움을 금치 못하고 있다. 이곳은 후한의 엄광(嚴光)이 은거하였던 부춘산(富春山)이나 사호(四皓)가 숨어 살던 상산(商山)인 듯하다고 하면서, 이곳에 오면 속된 마음이 깨끗이 씻기게 되어 떠나기가 싫은 상태가 됨을 밝히고 있다. 원시를 지은 훈수(塤叟) 정만양(鄭萬陽, 1664～1730)은 벼슬에 나아가지 않고 동생 규양(葵陽)과 함께 학문에 몰두하여 경사(經史)와 성리학(性理學)·예학(禮學)·천문·지리·

59) 『언양읍지』(언양읍지발간위원회, 2001), 678면 참조.
60) 도화동(桃花洞)은 별천지(別天地)를 뜻하는 도화원(桃花源)의 다른 이름이다.
61) 동강(桐江)은 부춘강(富春江)의 상류로서 중국 후한(後漢)의 엄광(嚴光)이 광무제(光武帝)의 부름에 응하였다가 부춘산에 은둔하며 낚시하였던 곳이다.
62) 기호(綺皓)는 중국 진(秦)나라 말년에 전란을 피하여 은거했던 상산사호(商山四皓)의 한 사람인 기리계(綺里季)를 가리킨다.
63) 이 구절은 『초사(楚辭)』「초은사(招隱士)」의 "계수나무 가지를 부여잡고 잠시 머뭇거리네.(攀援桂枝兮聊淹留)"라는 대목을 변용한 것이다.

율려(律呂)에 두루 조예가 깊었던 인물이다.

푸른 산이 백번 꺾이며 폭포수를 쏟아내는데
구름은 엷고 바람은 가벼운 한 동천(洞天)[64]이네.
진실로 유현(儒賢)의 사당이 남아 있어서
여기에 특별한 부류의 신선은 붙어 있기 어려우리.
青山百轉瀉飛泉 雲淡風輕一洞天
好是儒賢遺廟在 此間難着別般仙

'지수 정규양의 시에 차운하다(右次鄭篪叟葵陽韻)'라는 부제를 달고 있는 이 시는, 앞의 시와 달리 이곳이 신선세계라고는 하지만 여기에 있는 선현의 사당, 즉 정몽주(鄭夢周)·이언적(李彦迪)·정구(鄭逑) 선생을 모신 반고서원(槃皐書院)으로 인하여 특별한 부류의 신선은 붙어 있기 어려우리라고 하였다. 원시를 지은 지수(篪叟) 정규양(鄭葵陽, 1667~1732)은 정만양의 아우로서 벼슬에 나가지 않고 이남산(尼南山) 밑에 육유재(六有齋)·진수재(進修齋)·옥간정(玉磵亭)·태고와(太古窩) 등을 짓고 후진 양성에 심혈을 기울였던 인물이다.

시끄러운 속세 바깥에 집을 지어
적막한 가운데에서 살고 있네.
여울 소리에 낮의 침소는 고요하고
소나무 그림자에 밤 뜰이 비어 있네.
물을 바라보는 데 어찌 방법이 없으랴?
글을 읽으니 응당 공효(功效)가 있으리.
저문 봄에 봄옷이 좋게 만들어지면
아이와 갓 쓴 선비가 함께 무우(舞雩)에서 바람 쐬기 좋으리.
結屋塵喧外 棲身寂寞中

64) 동천(洞天)은 도교에서 말하는 신선의 거처로, 별천지(別天地0를 뜻한다.

灘聲午枕靜 松影夜庭空
觀水寧無術 讀書應有功
暮春春服好 童冠舞雩風

'학사 홍만우의 시에 차운하다(右次洪學士萬遇韻)'라는 부제를 달고 있는 이 시는, 곡연의 관서정(觀逝亭)을 대상으로 한 작품이다. 시끄러운 속세를 벗어나 있는 물가에 있는 이 정자는 물을 바라보는 데도 방법이 있는 만큼 거기에 따라서 공부해야 함을 밝히고 있다. 즉 『맹자(孟子)』「진심(盡心)」장구(章句)의 "물을 보는데도 방법이 있으니 반드시 여울을 보아야 하고, 해와 달은 빛이 있어서 빛이 용납되면 반드시 비추느니라. 흐르는 물은 사물의 성질이 웅덩이가 차지 않으면 나아가지 않나니, 군자가 도(道)에 뜻을 두되 아름답게 이루지 않으면 나아가지 못하니라."[65]라는 대목처럼 사람은 자기가 나아갈 길에 목표를 정하고 그 목표를 향해 나아갈 때 주변에 사소하고 위험한 일이 있을지라도 결과를 아름답게 마무리하지 않고는 앞으로 나아가지 않는 것처럼 공부를 하면 응당 공효(功效)가 있음을 강조하고 있다. 또 이곳은 산천이 좋기 때문에 아름다운 자연 풍광 속에서 봄철에 노소동락(老少同樂) 하기에 좋은 장소임을 증점(曾點)의 고사를 끌어와서 표현하고 있다. 즉 공자가 자로(子路)·증석(曾晳)·염유(冉有)·공서화(公西華)에게 "너희들을 알아준다고 하면 어떻게 하겠는가?" 하고 물었을 때, 증점[증석의 이름]은 다른 세 사람과는 달리 "저문 봄에 봄옷이 다 이루어지면 갓을 쓴 자 5, 6인과 동자 6, 7인이 기수(沂水)에서 목욕하고 무우(舞雩)에서 바람 쐬고 읊으며 돌아오리다."라고 하니, 공자께서 탄식하며 "나도 점(點)처럼 하고자 한다."라고 했다는[66] 고사를 인용하고 있

65) 觀水有術 必觀其瀾 日月有明 容光必照焉 流水之爲物也 不盈科不行 君子之志於道也 不成章不達.(『孟子』, 「盡心」)

다. 원시를 지은 학사(學士) 홍만우(洪萬遇, 1671~1722)는 홍문관(弘文館)의 수찬(修撰)·교리(敎理)를 지냈으나 고묘(告廟)의 의견을 달리한 김창집(金昌集)·조태채(趙泰采) 등을 지척(指斥)하다가 관작(官爵)을 삭탈당하고 울산부(蔚山府)로 유배되었던 인물이다.

온갖 사물을 궁구할 때에는 이치의 정밀함을 보는데
문미(門楣)에 걸린 편액은 이름을 헛되게 하지 않네.
무슨 까닭에 흐르는 물은 도도(滔滔)하게 흐르는가?
근원이 있는 샘에서 끊이지 않고 생겨나기 때문이리.
와서 잇고 가서 지남은 진실로 도의 본체이고
스스로 힘쓰고 쉼이 없음은 참으로 공부의 과정이네.
주인은 물결 살피는 법을 체득하려고
종일토록 집에 기대어 성정(性情)을 징험하네.
羣物窮時見理精 楣間揭扁不虛名
緣何活水滔滔去 爲有源泉衮衮生
來續往過眞道體 自强無息實工程
主人欲得觀瀾法 終日憑軒驗性情

‘관서정. 이의환의 시에 차운하다(右觀逝亭李君宜皖韻)’라는 부제를 달고 있는 이 시도 곡연의 관서정을 대상으로 한 작품이다. 앞의 시와는 달리 이 시는 처음부터 관서(觀逝)라는 말 자체에 초점을 맞추어서 시상을 전개하고 있다. 온갖 사물을 궁구할 때 도의 본체(本體)에 대한 학습법을 체득하기 위한 목적에서 지은 이 정자에서 쉬지 않고 흘러가는 물을 관찰하는 것 자체가 참된 공부의 과정임을 밝히고 있다. 주인은 물결 살피는 법을 체득하려고 하루 종일 집에 기대어서 성정을 징험해 본다고 하였다.

---

66) 曰莫春者 春服旣成 冠者五六人 童子六七人 浴乎沂 風乎舞雩 詠而歸 夫子喟然歎曰 吾與點也.(『論語』「先進」)

권상일은 관서정에 대하여 매우 애착을 가졌던 것으로 보이는데, 그가 영조(英祖) 18년(1742년)에 쓴 「관서정기(觀逝亭記)에 의하면 이 정자는 울산의 선비 김경(金憼, 字 子義, 1683～1747)이 건립한 것이다. 권상일이 부사로 왔을 때에는 김경의 맏아들 김덕준(金德峻, 字 叔明, 1705～1787)이 이곳에서 부친을 모시고 살고 있었다. 정자 이름인 '관서(觀逝)'는 일찍이 공자(孔子)가 시냇가에서 말한 "가는 것은 이와 같아서 낮밤으로 쉬지 않는구나.(子在川上曰 逝者如斯夫 不舍晝夜, 『論語』「子罕」)"라는 대목에서 따 온 것으로 흐르는 물에서 만물(萬物)의 전변(轉變)이 계속된다는 도체(道體)의 근본을 지적한 말이다.

청대는 울산부사로 있을 때 거의 매일 한 번씩 이 정자에 오르다시피 하여 즐긴 곳(不佞在鶴城 日常一登斯亭 而樂之)이라고 하였을 정도로 이곳의 경치는 아름다운 곳으로 정평이 나 있었다. 그 기문에서는 그 아름다움을 다음과 같이 그려내고 있다.

> 반구대의 물이 동남쪽으로 흘러서 곡연(曲淵)이 되는데 또 몇 리쯤 더 가서 언양에서 내려온 물과 만나서 태화강이 된다. 곡연은 여러 산 속에 있어서 봉우리들이 좌우에 높이 솟아 빼어나며 구름과 안개 아득한 물과 합해지고, 자갈이 많아 물고기가 노닐고 갈매기와 해오라기가 와서 모인다. 유람객이 반구대를 보려고 하면 반드시 곡연에서 시작해야 하니 그 빼어난 경개가 백중하다고 하겠다.67)

권상일은 영조 13년(1737년) 3월에도 반구대와 곡연을 유람하면서 쓴 유록(遊錄)이 있었다고 하는데68) 이때 지은 작품을 몇 수 살

---

67) 盤龜之水東南流爲曲淵 又數里而會彦陽水爲太和江 曲淵在衆山中 峯巒左右聳秀而雲煙合沓水 多石礫遊魚而鷗鷺來集 遊人之欲觀盤龜者 必自曲淵始 其勝槩可伯仲焉.(權相一, 「觀逝亭記」, 『淸臺先生集』 권11)

68) 「청대선생연보(淸臺先生年譜)」 권1 참조.

펴보자.

<범서 가는 길에(凡西道中)>
문득 장부와 먹을 던져두고 봄 순행(巡行)을 나서는데
겨우 동쪽 성을 나오자 먼지가 줄어듦을 깨닫네.
갓 돋아난 들풀은 의사(意思)가 같으려니와
피어나려는 산꽃은 정신(精神)이 각기 다르리.
온화한 바람은 굶주리고 추운 집에 두루 퍼지고
따사로운 기운은 응당 병든 몸을 회복시키리.
갈매기와 해오라기 한 쌍이 갑자기 날아가는데
아득히 농청대(弄淸臺) 앞의 맑은 물을 추억하네.
却抛簿墨始行春 纔出東城覺少塵
野草初生同意思 山花欲發各精神
和風庶遍飢寒屋 暖氣應回疾病身
鷗鷺一雙忽飛去 淸臺遙憶水粼粼

이 시는 반구대로 가려면 반드시 지나치게 되는 범서(凡西)로 가는 길에 쓴 작품이다. 먼저 오랜만에 공적인 업무에서 벗어나 봄 순행을 떠나는 시인의 마음이 상쾌하게 들떠 있음을 보여준 다음, 눈 앞에 막 돋아난 들풀과 피어나려는 산꽃을 보면서 그 둘의 처지가 서로 다르리라는 생각을 드러내고 있다. 즉 막 돋아난 야생(野生)의 풀은 하나같이 어서 자라나서 무성히 자라야 한다는 동일한 생각을 품고 있을 것이라고 하면서, 그러나 이제 곧 피어날 산꽃들은 제각기 그 아름다움을 자랑할 다른 생각을 하고 있으리라고 짐작하고 있다. 이것은 들풀은 민초(民草)와 같아서 다 같이 어떻게든지 먹고 살아야 한다는 동일한 소망을 품고 있다는 것을 나타내고, 산꽃은 양반이나 위정자처럼 각기 제 나름의 독특한 포부와 욕심을 지니고 있다는 것을 비유하고 있는 듯하다. 시인은 여기에서 한 걸음 더 나아가서, 봄철을 맞아 부는 온화한 바람은 추위와 굶주림에 떠는 백성들을 구원해 줄 것이고 따사로운 기운은 병든 자기의 봄도 회복해 주리라는 관민동락(官民同樂)의 이상이 실현되기를 기대하는 마음을 아울러 표현하고 있다. 마지막에서는 갑자기 날아가는 한 쌍의 갈매기와 해오라기를 보고서 멀리 떨어진 고향 상주(尙州)에 소재한 청대(淸臺), 즉 농청대(弄淸臺) 앞의 맑은 물을 떠올리며 그곳을 그리워하는 마음을 숨기지 않고 있다.

문경시 산양면 존도리에 소재한 농청정(弄淸亭)과 '존도와(存道窩)'라고 새겨진 바위

농청대는 권상일이 고향에 머물면서 장수지소(藏修之所)로 삼은 곳으로, 그의 아호(雅號)인 청대(淸臺)도 여기에서 따온 것이다. 현재는 행정구역상 문경시 산양면에 소속하고 있는데 이곳은 권상일의 제자 채헌(蔡瀗)이 경영했던 석문구곡(石門九曲)의 제1곡에 해당하는 곳이기도 하다. 권상일은 울산에서 범서를 향해가면서 주변에

펼쳐진 태화강의 물줄기를 바라보면서 고향 집 앞에 펼쳐진 아름다운 자연물을 추억하는 지극히 인간적인 모습을 보여주고 있다.

<반고서원에서 느낌이 있어 포은선생의 시에 차운하다(盤皐書院 感次圃隱先生韻)>

강과 호수로 쫓겨나서도[69] 오히려 의연하였으니
노인[70]은 응당 이 물가에 이르렀으리.
깊은 골짜기에는 용이 숨으니 구름은 만 겹인데
요양(遼陽)에서 학[71]은 돌아와도 달은 천년 그대로이네.
산과 강의 기운은 고려(高麗) 나라에 웅장하고
별과 해의 빛은 좌해(左海)[72]의 하늘에 빛나네.
남기신 시편을 읽고 읊노라니 마음이 강개하여
옛 사당에서 봄 새벽에 향불을 태우네.
江潭放逐尙依然 杖屨應臨此水邊
幽壑龍藏雲萬疊 遼陽鶴返月千年
山河氣壯高麗國 星日光懸左海天
諷誦遺篇心感慨 古祠春曉爇香煙

이 시는 반고서원을 보면서 포은(圃隱)이 언양에 유배되어 있으면서 고려 우왕(禑王) 2년(1376년) 중구일(重九日)에 반구대에 올라서

---

69) 이 구절은 굴원(屈原)의 <어부사(漁父辭)>에 나오는 "굴원이 이미 쫓겨나서 강과 호수에 노닐며 못가에서 시를 읊조리고 다니는데 안색이 초췌하고 모습은 수척해 보였다.(屈原旣放 游於江潭 行吟澤畔 顔色憔悴 形容枯槁)"라는 대목의 변용으로서, 정몽주가 유배되었음을 뜻한다.

70) 장구(杖屨)는 노인이 출타할 때 쓰는 지팡이와 가죽신으로 노인·존장자(尊長者)를 가리킨다.

71) 요양학(遼陽鶴)은 중국 한(漢)나라 때 요동(遼東) 사람 정령위(丁令威)가 영허산(靈虛山)에서 도(道)를 배운 뒤 학이 되었다는 고사를 가리키는데, 『수신후기(搜神後記)』에 따르면 그는 학이 되어 요동으로 돌아와 성문의 화표주(華表柱)에 앉았다가 어떤 소년이 활을 쏘려고 하므로 "성곽은 옛날과 같지만 사람은 같지 않은데, 어찌 신선을 배우지 않아서 허다한 무덤만 있는가?"라고 탄식하면서 하늘 높이 날아갔다고 한다.

72) 좌해(左海)는 바다의 동쪽이라는 뜻으로 우리나라를 달리 이르던 말이다.

지었다고 하는 <언양에서 중구일에 회포가 있어서 유종원의 시에 차운하다(彦陽九日有懷 次柳宗元韻)>라는 작품에 차운한 것이다. 개경(開京)에서 언양까지 유배된 정몽주를 삼려대부(三閭大夫)로 있다가 강담(江潭)으로 유배되었던 중국 초(楚)나라의 굴원(屈原)에 비겨서 의연한 모습으로 이곳의 반구대 주변의 물가에 이르렀으리라고 하였다. 이곳의 풍광은 아름답기 그지없어서 용이 숨어 있을 법한 구름 낀 골짜기, 천년 전의 모습을 간직하고 있는 달과 그곳을 지키는 학, 웅장한 강산, 빛나는 일월 등이 모두 반구대의 승경을 구성하는 요소들이다. 이런 승경 속에 있는 반고서원에서 포은이 남긴 시편을 읽노라니 마음이 강개해져서 그 위패를 모신 사당에서 봄날 새벽에 향불을 태움으로써 선현에 대한 앙모(仰慕)의 마음을 표현하고 있다.

<반구대에서 짓다(盤龜卽事)>
푸른 산을 돌고 도니 길은 휩싸여 도는데
삼월의 선원(仙源)[73]에 물길을 따라왔네.
시내는 거문고 줄이 되어 장단을 연주하고
바위는 조화옹의 도끼질로 쪼이고 갈려서 열려 있네.
나무꾼의 도끼는 신선의 바둑판에 썩고
구름 속의 학은 포은대(圃隱臺)로 날아 돌아오네.
섭섭하게도 주인은 아득한 곳으로 돌아갔으니
떨어지는 꽃과 우는 새들도 다 슬퍼하네.
青山百轉路縈回 三月仙源逐水來
溪作琴絃長短奏 巖經化斧琢磨開
樵柯爛盡仙人局 雲鶴翔回圃隱臺
悄悵主人歸杳漠 落花啼鳥一般哀

73) 선원(仙源)은 도교에서 신선이 거처하는 곳을 일컫는 말로, 특히 도연명(陶淵明)이 묘사한 도화원(桃花源)을 가리키기도 한다.

이 시는 반구대 주변의 아름다운 경치를 그려내고 있다. 신선이 사는 듯한 깊숙한 골짜기에 들어오니 시냇물은 거문고처럼 울어대고 바위는 마치 조물주가 도끼로 쪼아놓은 듯이 기묘한 모습임을 말한 다음, 신선세계와 같은 이곳에는 신선놀음에 나무꾼은 도끼자루 썩는 줄 모를 테고 신선의 화신(化身)인 듯한 학은 하늘 높이 날고 있는 모습을 그려내고 있다. 마지막에서는 이곳의 주인이라고 할 포은선생은 아득한 곳으로 떠나고 없으니 떨어지는 꽃과 우는 새들도 그것을 슬퍼한다고 하여 시인의 감정을 자연물에 이입하고 있다.

<곡연의 정자(曲淵亭)>

반구대의 흥취가 곡연정까지 남아 있는데
한 그루 복사꽃이 작은 뜰에서 빛나네.
새 울음소리 속에 그윽한 꿈을 깨고 나니
지는 햇살 속 돌아가는 길에 바닷가 산이 푸르네.
盤龜餘興曲淵亭 一樹桃花暎小庭
啼鳥聲中幽夢罷 夕陽歸路海山青

이 시는 반구대를 방문하고 돌아가는 길에 읊은 것을 알 수 있는데, 반구대에서 느낀 감흥이 아직 남아 있는 상태에서 곡연의 관서정(觀逝亭)에 이르니 마침 늦봄에 핀 복사꽃 한 그루가 작은 뜰에서 빛나고 있음을 말하고 있다. 피곤한 김에 잠시 졸다가 새 울음소리에 꿈을 깨고 보니 벌써 시간은 석양이어서 돌아가는 길에 보니 바닷가 주변의 산이 푸른빛을 띠고 있음을 그려내고 있다. 이 시는 시인의 여정과 눈앞에 펼쳐진 정경을 매우 잘 조화하여 그려낸 작품이라 할 만하다.

<선바위(立巖)>

바위는 태고(太古) 이래 늙어가고
강물은 천지의 기운 속에 흐르네.
고고(孤高)하여 백 길 높이로 서고
우뚝하여 하늘 한가운데 허공에 있네.
문득 부딪치는 물결의 힘을 막아내니
아마 지주(砥柱)[74]의 공적과 같으리.
우러러보니 느낌과 분발이 많으니
천고에 뜨거운 대장부의 풍도(風度)라네.
石老鴻荒後 江流元氣中
孤高百丈立 突兀半天空
却捍衝波力 應同砥柱功
仰瞻多感發 千古烈夫風

이 시는 지금도 그 우뚝한 풍모를 자랑하는 선바위를 대상으로 한 작품이다. 넓은 강물 속에 높이 솟은 바위의 외형을 묘사하고 있을 뿐 아니라 그런 모습에서 취득할 수 있는 기상을 성정한고 또 다시 그것을 인간세상에서 빼어난 풍모(風貌)를 자랑하는 열장부(烈丈夫), 즉 옥골선풍(玉骨仙風) 훤훤장부(丈夫)의 풍도로까지 그 개념을 확장하고 있다.

다음에는 반구대와 곡연 이외의 빼어난 자연을 대상으로 한 작품을 몇 수 살펴보기로 하겠다.

<동대에 올라 일출을 구경하고 유하 홍세태의 시에 차운하다(登東臺觀日出 用洪柳下世泰韻)>

넓은 바다를 굽어보니 지세가 우뚝한데
맑은 새벽에 바쁜 걸음으로 동대에 올랐네.
처음에는 구름과 해가 서로 삼키고 토하는 게 보이더니

74) 지주(砥柱)는 격류 속에도 움직이지 아니한다는 중국 황하(黃河)의 돌기둥이다.

이로부터 음과 양이 함께 조금씩 돌아가네.
검은 기운이 사라지니 황도(黃道)가 나타나고
상서로운 빛이 둥글게 감싸서 불타는 바퀴가 열리네.
부상(扶桑)[75]의 큰 나무는 응당 무성하리니
해 뜨는 곳[76]이 온통 옮겨오는 모습이 한 눈에 보이네.

俯壓滄溟地勢巍 淸晨忙步上東臺
始看雲日相呑吐 自是陰陽共薄回
黑氣消除黃道闢 祥光環擁火輪開
扶桑大樹應盤鬱 暘谷都輸一望來

마골산(麻骨山) 동축사(東竺寺)의 동대(東臺). 바위에 새겨진 '부상효채(扶桑曉彩)'라는 글씨가 선명하다.

이 시는 마골산(麻骨山) 동축사(東竺寺) 뒤의 동대(東臺)에 올라 일출을 감상하고 나서 유하(柳下) 홍세태(洪世泰, 1653~1725)가 울산감목관(蔚山監牧官)으로 재임할 때 지은 <동대(東臺)> 시에 차운한 작

75) 부상(扶桑)은 동해의 해 돋는 곳에 있다는 신목(神木) 또는 그 신목이 있는 곳을 가리킨다. 이 나무에 해가 걸려 있다고 하여 해 뜨는 곳을 말하기도 한다.

76) 양곡(暘谷)은 『서경(書經)』「우서(虞書)」 <요전(堯典)>의 "희중에게 명령하여 동쪽 바닷가에 살게 하시니 양곡이라 한다. 해가 뜨는 것을 경건하게 맞아서, 봄철의 농사를 고르게 순서 짓게 하였다.(分命羲仲 宅嵎夷 曰暘谷 寅賓出日 平秩東作)"라는 대목에서 유래하여 해가 뜨는 곳을 가리킨다.

품이다. 이 시는 이른 새벽에 일출을 보려고 서두르는 모습에서부터 구름과 해가 서로 뒤섞여 보일 듯 말 듯 하다가 차츰 황도가 열리고 붉은 해의 수레바퀴가 빛나게 되는 시간의 경과에 따라 그려내고 있다. 마지막에서는 부상에 있는 나무는 무성하리라고 하면서 그것은 곧 해가 떠오름에 따라 빛이 옮겨오는 모습을 한 눈에 바라볼 수 있기 때문이라고 하였다.

울산의 아름다운 승경을 가장 멋지게 즐길 수 있는 풍류는 무엇보다도 태화강(太和江)의 뱃놀이라고 할 수 있다. 중국 북송(北宋)의 동파(東坡) 소식(蘇軾, 1036～1101)이 원풍(元豊) 5년(1082년) 가을 7월 16일과 그 해 10월 10월 보름날 밤에 장강(長江)의 적벽(赤壁)에서 배를 타고 논 경험을 바탕으로 전후(前後) <적벽부(赤壁賦)>를 지은 이래 우리나라에서도 선비들은 이 날이 되면 그것을 본받아 뱃놀이하는 것을 최고의 풍류로 여겨왔다. 울산도 태화강을 끼고 있어서 울산부사로 온 사람은 이 무렵에 달빛을 받으며 뱃놀이를 즐기는 것을 멋으로 알았으며, 권상일 또한 예외가 아니었다.

<칠월 열엿샛날 향교에서 여러 선비들을 만나 태화강에 배를 띄우고 동파노인의 적벽에서의 놀이를 계승하였으니 참으로 멋진 일이었다. 절구를 지어서 첨사의 책상 아래에 드리다(七月旣望 校會諸儒 泛舟太和江 踵坡老赤壁之遊 實勝事也 賦絶句 奉呈僉案)[77]>

표주박으로 서로 권하며 술잔을 멈추지 않더니
취한 뒤에는 다투어 <요조장(窈窕章)>을 노래하네.
동쪽으로 바라보이는 도산(島山)이 하구(夏口)인가 싶은데
산천은 옛날 색깔로 울창하구나.
瓠尊相屬不停觴 醉後爭歌窈窕章
東望島山疑夏口 山川舊色鬱蒼蒼

77) 첨안(僉案)은 첨지중추부사(僉知中樞府事)의 책상으로, 그 안하(案下)에 드린다는 뜻으로 상대방에 대한 공경의 뜻을 표시하는 말이다.

이 시는 동파(東坡)가 적벽에서 첫 번째 뱃놀이를 하고난 뒤 지은 <전전벽부>의 내용을 염두에 두고 한 선유(船遊)의 풍류를 담은 것으로 시의 내용도 그 작품에 나오는 것을 끌어다 쓴 것이 대부분이다. 이 시의 "표주박으로 서로 권하며(瓠尊相屬)"하는 구절은 <전적벽부>의 "표주박을 들어서 서로 권하며(擧匏樽以相屬)"라는 구절의 변용이고, "취한 뒤에는 다투어 <요조장>을 노래하네(醉後爭歌窈窕章)"하는 구절은 <전적벽부>의 "술을 들어 손님에게 권하고…… <요조장>을 노래하네(擧酒屬客…… 歌窈窕之章)"라는 대목의 변용이며, "동쪽으로 바라보이는 도산이 하구인가 싶은데(東望島山疑夏口)"하는 구절은 <전적벽부>의 "서쪽으로는 하구가 바라보이고 동쪽으로는 무창이 바라보이네(西望夏口 東望武昌)"라는 대목의 변용이고, "산천은 옛날 색깔로 울창하구나(山川舊色鬱蒼蒼)"하는 구절은 <전적벽부>의 "산천이 서로 얽혀서 울창하기만 하네(山川相繆 鬱乎蒼蒼)"라는 대목의 변용이다. 이처럼 이 시는 7월 16일의 뱃놀이를 소동파의 적벽에서의 뱃놀이와 동일시함으로써 그 표현에서조차 동일한 차원의 것이기를 바라는 의도를 담고 있다. 그래서 전구(轉句)에서는 태화강에서 뱃놀이하면서 동쪽으로 바라보이는 '도산[島山, 현재의 학성공원 자리에 있던 산]'을 <전적벽부>에 나오는 '하구(夏口)'와 동일시하고 있기도 한 것이다.

<태화강의 뱃놀이. 후편(後 太和船遊)>

설당(雪堂)[78]의 노인만이 아름답다고 할 수 없으니
앞과 뒤의 청아한 놀이가 물에 띄운 뱃놀이였네.
싸늘한 잎은 새로 시들어 서리와 이슬은 가득하고

78) 설당(雪堂)은 북송(北宋)의 소식(蘇軾)이 황주(黃州)의 임고정(臨皐亭)에 우거(寓居)할 때 동파(東坡)에 지은 집 이름이다.

둥근 달은 옛날과 같은데 바다와 산은 비어 있네.
절후는 시월을 만났으니 때가 이른 게 아니련만
세월은 천년이 떨어졌으되 취향은 곧 동일하네.
갈매기와 해오라기 한 쌍이 갑자기 날아가는데
문득 외로운 학이 강의 동쪽으로 가는 듯하네.
不須專美雪堂翁 前後淸遊汎水中
凉葉凋新霜露滿 圓輪依舊海山空
節逢十月時非早 世隔千年趣卽同
鷗鷺一雙忽飛去 却疑孤鶴過江東

이 시는 동파의 <후적벽부>에 대응하여 지은 작품이다. 앞의 시보다 동파의 작품에서 직접 인용한 부분이 많이 줄어들기는 하였으나 이 시 역시 동파의 작품에 의존하거나 그의 풍류에 기댄 부분이 적지 않다. 시인과 동파는 시간적으로 천년의 세월이 떨어져 있기는 하지만 취향이 동일하다고 함으로써 동파의 풍류를 그리워하고 그 풍류에 동조하고자 하는 의도가 있음을 분명히 하고 있다. 특히 마지막 연은 동파의 작품과 직접적으로 관련성을 지니는 대목이라고 할 수 있다. 즉 “문득 외로운 학이 강의 동쪽으로 가는 듯하네(却疑孤鶴過江東)” 하는 구절은 <후적벽부>에 나오는 “이날 한밤중에 사방이 고용한데, 때마침 외로운 학이 강을 건너 동쪽으로 오네.(時夜將半 四顧寂寥 適有孤鶴 橫江東來)”라는 대목을 변용한 것이 분명하기 때문이다.

3. 목민관으로서의 포부와 자세: 구강서원 정비 및 교생에 대한 관심

권상일이 울산부사로 재임하면서 지은 시 중에는 목민관으로서 직방(職方)의 문풍(文風) 진작(振作)과 교육 진흥에 대한 관심을 드러낸 것들이 있다. 조선시대에 목민관으로서 마땅히 지켜야 할 업무인 수령칠사(守令七事)[79] 중에도 학교를 일으킨다(學校興)는 항목이 있었던 것을 감안하면 그가 이 지역의 학문과 교육의 진흥에 관심을 기울인 것은 마땅한 도리였다고 할 수 있다.

<일학헌 시에 차운하다(次一鶴軒韻)>

청헌(淸獻)[80]의 배에 데리고 있던 학(鶴)이
높은 동헌(東軒)에 편액(扁額)으로 걸려 있네.
정신은 강에 비친 달에 가득하고
금운(襟韻)[81]은 대숲에 부는 바람에 느긋하네.
조용히 앉아서 글을 읽고
깊이 생각하며 정무를 처리하네.
옛 사람이 남긴 시 구절이 있기에
읊조리고 나서 또 머뭇거리네.

淸獻舟中鶴 高軒揭額初
精神江月滿 襟韻竹風徐
默坐看書後 潛思聽政餘
昔人有遺句 吟罷更躊躇

이 시는 울산도호부(蔚山都護府)의 동헌(東軒)[82]인 일학헌(一鶴軒)

79) 수령칠사(守令七事)는 조선시대에 수령(守令)이 지방을 통치할 때 힘써야 하였던 7가지 일로서 『경국대전(經國大典)』, 「이전(吏典)」 <고과조(考課條)>에 실려 있는데, 그 내용은 농사와 양잠을 성하게 함(農桑盛), 호구를 증가함(戶口增), 학교를 일으킴(學校興), 군정을 닦음(軍政修), 부역을 고르게 함(賦役均), 소송을 간명하게 함(詞訟簡), 교활하고 간사함을 없앰(奸猾息)이다.

80) 청헌(淸獻)은 중국 송(宋)나라 조변(趙抃)의 시호이다.

81) 금운(襟韻)은 가슴에 품은 도량이나 운치이다.

82) 동헌(東軒)은 조선시대에 고을의 수령이나 감사(監司), 병사(兵使), 수사(水使) 등이 공무를 집행하던 관아(官衙)이다. 울산의 동헌은 현재의 울산시 중구 북정동에 있었는데 숙종 7년(1681년)에 부사(府使) 김수오(金粹五)가 건립하였고, 숙종 21년(1695년)에 그의 아들 김호(金灝)가 다시 울산부사로 와서 지난날을 추억하여 일학헌(一鶴軒)이라 고쳤다고 한다. 그 위 영조 39년(1763년) 9월에 부사 홍익대(洪益

에서 쓴 것으로서 부사로서의 마음 자세를 가다듬고자 하는 의도를 담고 있다. 울산은 신라의 계변성(戒邊城)에 천신(天神)이 학을 타고 신두산(神頭山)에 내려왔다는 전설이 전해지고 있는 고장인 만큼 학(鶴)과 관련된 명칭이 많이 있지만, 이 시에서는 학을 청렴(淸廉)하기로 소문이 났던 중국 송(宋)의 목민관 조변(趙抃)의 일화와 관련시키고 있다. 조변은 두 번에 걸쳐 촉(蜀)의 수령으로 있으면서 행검(行檢)을 청렴하게 하여 백성들에게 모범을 보이자 그곳의 풍속이 바뀌게 되었다는 주인공이다. 허균(許筠)은 「한정록(閑情錄)」에서

> 송(宋)나라 청헌공(淸獻公)이 성도(成都)의 전운사(轉運使)가 되었는데, 부내(部內)를 출행할 때에는 오직 한 마리 학과 한 대의 거문고를 가지고 다니면서 앉으면 거문고를 타면서 학을 보았다. 늘 청성산(靑城山)을 찾았는데, 눈을 만나 여관에서 쉬노라니 주인이 그가 조변인 줄 알지 못하고 간혹 거만을 부리면서 업신여겼어도 공은 아무렇지 않게 거문고를 타면서 묻지 않았다.[83]

라고 하는 일화를 소개하기도 하였다. 이처럼 일금일학(一琴一鶴)이라는 고사의 주인공으로 청렴결백(淸廉潔白)한 관리의 표상이기도 한 조변이 배를 타며 데리고 있던 '바로 그 학'이 '일학헌'에 걸려 있다고 하여 조변처럼 청렴하게 살아야겠다는 수령으로서의 자세를 다시 한 번 가다듬는 모습을 엿볼 수 있다. 또 이 시는 이런 곳에서 강에 비친 달처럼 깨끗한 정신과 대숲에 부는 바람처럼 느

大)가 중건하여 반학헌(伴鶴軒)이라 고치고 또 정조 11년(1787년)에 부사 유한위(兪漢緯)가 다시 중건하기도 하였다. 현재의 건물은 1981년에 다시 만든 것이다.

83) 宋趙淸獻抃爲成都轉運 出行部內 惟携一鶴一琴 坐則鼓琴看鶴 常過靑城山 遇雪舍于逆旅 主人不知是趙 或慢狎之 公頽然鼓琴不問.(許筠,『惺所覆瓿藁』권26,「閑情錄」)

긋한 운치를 가다듬으며, 조용히 책을 읽고 신중하게 정무를 처리하겠다는 태도와, 벽에 걸린 선현의 시를 보면서 스스로 조심하여 행동해야겠다는 자세를 다잡는 모습을 보여주고 있다.

<우연히 읊다(偶吟)>

높다란 일학헌에서는 마음이 절로 청신(淸新)해져서
관아(官衙)의 온갖 일을 경영함이 적네.
시서(詩書) 읽는 궤안(几案) 위에는 늘 등불이 비치는데
사송(詞訟)하는 뜰 안에는 풀이 돋아나려 하네.
배가 바람을 타니 물고기와 미역이 넉넉하고
교외 언덕에 비가 오니 기장과 벼는 평온하네.
옛 현인이 '여상(如傷)'이라고 말한 글자에 부끄러움이 있으니
마땅히 황당(黃堂)[84]에서 좌우명(座右銘)으로 삼아야 하리.

一鶴軒高心自淸 公門百事小經營
詩書案上燈常照 詞訟庭中草欲生
舟檝乘風魚藿富 郊原得雨黍禾平
昔賢有愧如傷字 宜作黃堂座右銘

이 시도 평상시 동헌에서 정무를 처리하는 중에 여가를 내어 제작한 작품인 것으로 짐작되는데, 앞의 시와 마찬가지로 스스로의 마음을 다잡아서 개인적으로는 부지런히 시서를 읽고 공적으로는 신중하게 공무를 처리하고자 하는 자세를 드러내고 있다. 특히 미련(尾聯)마지막 부분의 '여상(如傷)'이라는 말은 시민여상(視民如傷) 또는 시인여상(視人如傷)을 뜻하는 것으로, 옛날 제왕이나 관리가 백성의 고통과 어려움을 자신의 것처럼 여겨서 가슴 아파하면서 자식처럼 보살피는 것을 뜻한다. 이 말을 공무를 처리하는 곳인 황당(黃堂)에서 좌우명으로 삼아야 마땅하다고 하여, 백성의 위에 군

84) 황당(黃堂)은 옛날 태수(太守)가 있는 관아(官衙)의 정당(正堂)이다.

림하는 수령이 아니라 그들과 고통을 함께 하는 참된 목민관이 되고자 하는 시적 화자의 소망을 엿볼 수 있다.

다음 시는 향교에 기숙하며 공부하는 학생들에게 준 작품이다.

<향교에서 기숙하는 학생들에게 부치다(寄校中居齋諸君)>
성사(聖師) 곁에 우뚝한 여러 철인(哲人)이 계시니
때맞은 비와 온화한 바람이 황홀하게 집에 가득하네.
경의(敬義)라는 두 말은 친밀하나 『주역(周易)』과 관계되고
제수(齊修)라는 여덟 조목은 기술하여 장구(章句)가 되네.
바라건대 집집마다 외우고 노래하는 풍속을 이루고
진중하여 임금에게 충성하고 부모에게 효도하는 마을을 만드시라.
그 속에서 생각하면 응당 마음에 느낌과 분발이 생기고
아침저녁으로 우러러 사모하면 국과 담에서 보이시리.
巍然羣哲聖師傍 時雨和風怳滿堂
敬義兩言親係易 齊修八目述爲章
願成戶誦家絃俗 鎭作忠君孝父鄕
箇裏想應心感發 朝昏瞻慕見羹墻

이 시는 학생들에게 공부하는 방법과 태도를 일러주기 위해서 쓴 작품이다. 공부할 만한 성사(聖師)와 철인(哲人)인 많음을 말한 다음, 경의(敬義)와 관계되는 『주역(周易)』[85]과 제수(齊修) 팔조목(八條目)을 기술한 『대학장구(大學章句)』[86]를 공부해야 함을 역설하고 있다. 이어서 집집마다 공부하고 노래하는 풍속을 이루고 충군효친(忠君孝親)하는 마을을 이룰 것을 바라면서, 그런 속에서 생각하게 되면 마음속에 느낌과 분발이 생길 터이고 그러게 되면 옛 성현

85) 『주역(周易)』 「곤괘(坤卦)」의 문언(文言)에 "군자는 경(敬)으로써 안을 곧게 하고 의(義)로써 바깥을 반듯하게 한다.(君子 敬以直內 義以方外)"라는 대목이 있다.

86) 『대학(大學)』에 수기치인(修己治人)의 여덟 조목이 실려 있으니, 곧. 격물(格物), 치지(致知), 성의(誠意), 정심(正心), 수신(修身), 제가(齊家), 치국(治國), 평천하(平天下)이다.

의 모습을 어디에서든지 만날 수 있으리라고 하였다. 국과 담을 의미하는 갱장(羹墻)은 옛날 요임금이 죽은 뒤에 순임금이 3년 동안 앙모(仰慕)하여서 앉아 있으면 담에서 요를 보고 밥을 먹으면 국에서 요를 보았다는 고사에서 유래하는데, 이것은 전현(前賢)을 추념하거나 앙모하는 것을 뜻하는 말이다.

한편 권상일은 울산부사로 재직하는 기간 중에 구강서원을 재정비하여 이 지방에 유풍(儒風)을 진작하는 데 큰 공헌을 하기도 하였다. 숙종(肅宗) 5년(1679년)에 창건하여 포은(圃隱) 정몽주(鄭夢周)와 회재(晦齋) 이언적(李彦迪)을 합사(合祀)하고 있는 구강서원은 숙종 20년에 사액(賜額)을 받았으나 고종(高宗) 8년(1871년) 홍선대원군(興宣大院君)의 서원철폐령으로 훼철된 쓸쓸한 역사를 간직하고 있다.

울산 서원의 역사는 숙종 4년(1678년)에 세운 구강서원을 필두로 현종 2년(1836년)의 학호서원에 이르기까지 각 지역마다 유력 사람들이 서원을 세웠다. 당시 서원은 지역 인재 육성과 함께 명유공신(名儒功臣)을 봉향하는 행사를 해마다 하였었다. 그러나 점차 관학인 향교 유생들마저 서원으로 몰려와 양반들의 탈법, 탈세, 피역 등 각종 비리의 온상이 되는 것은 물론 양민마저 군역을 모피하는 수단으로 삼는 데까지 이르렀다. 본래의 목적인 선현존숭(先賢尊崇)과 후진교육은 사라지고, 무위도식의 근거지가 되거나 정치, 문화, 경제적 압력단체로 화하였다. 이에 고종 8년(1871년)에 서원 철폐령이 내려져 전국적으로 600여 서원을 철폐하고 47개 서원만을 남겨 두었다. 당시 울산에서도 8개 서원 모두가 헐려 없어졌다.

구강서원은 숙종(肅宗) 4년(1678년)에 배두첨(裵斗瞻) 등 54명이 공동 출자하여 세운 것으로 숙종 5년(1679년)에 문충공(文忠公) 정몽주(鄭夢周), 문원공(文元公) 이언적(李彦迪)을 모셔 오다가 숙종 20년(1694년)에 나라로부터 사액(賜額)을 받았다. 이로써 구강서원은 울산 최초의 서원이자 유일한 사액서원으로서 인정을 받게 됐으며, 중구 반구동 서원마을의 유래도 이때부터 시작되었다. 구강서원은 이후 약 200년 동안 강학과 향사를 봉행, 조선시대 울산지방 최초의 사립 지방고등교육 기관으로서 기능을 담당해 왔다. 그러다가 고종 8년인 1871년 대원군의 서원 철폐령에 따라 전국의 600여 서원과 함께 철폐됐다. 당시 울산에서는 구강서원 외에도 반계, 서계, 난곡, 원광, 학호, 자암, 치산 등 8개 서원이 모두 헐렸다. 한편 구강서원을 헐러 버릴 때 모셨던 양현의 위패를 그 자리에 묻어 묘를 짓고 해마다 음력 9월 9일에는 그 묘에 제사를 지내온다.

구조는 사당인 '숭도사(崇道祠)'와 강당인 '지선당(止善堂)', 제기를 보관하는 '전사청(典祀廳)', 문루인 '선화루(宣化樓)', 사당으로 올라가는 문인 '내삼문(內三門)', 관리실인 '고직사(庫直舍)' 등 6개의 건물로 이뤄져 있다. '지선당'은 출입 현판에 '구강서원(鷗江書院)'이라고 새겨져 있으며 안쪽에 '지선당'이라는 현판이 걸려 있다. 또 문루인 '선화루' 아래 입구에는 '유의(由義)'라는 문이 있다. 구강서원은 지난 2003년 10월 17일 대원군의 서원 철폐령으로 인해 사라진 지 132년 만에 새로이 복원하여 우리 전통문화와 민족정기, 충효정신의 함양 등 우리 울산지역민의 역사교육의 장으로 그 역할을 하고 있다.[87]

이런 연원이 있는 구강서원은 권상일이 이곳에 부임하였을 때는 이미 설립된 지 반세기가 지난 뒤였으나 동서(東西) 양재(兩齋)가 아직 갖추어지지 않았고 그 전에 설립된 별당(別堂)도 황량해진 상태였다고 한다. 그래서 그는 을묘년(乙卯年, 영조 11년, 1735년) 산장(山長) 이원담(李元聃)과 유사(有司) 이수(李琇)의 요청에 따라 경내(境內) 부로들과 논의를 거쳐 이광희(李光熹)와 배도승(裵道升)을 택정(擇定)하여 그 일을 맡아서 처리하도록 하였다. 그 후 임원들이 바뀌기도 하는 등의 변화가 있었으나 이수와 배도승이 끝까지 이 일에 매진하여 그해 8월에 시작된 공사를 이듬해 여름에 끝내게 되었다고 하는데, 그때 지은 건물에 대한 기술은 다음과 같다.

87) 인터넷 홈페이지 http://www.icantour.co.kr/에서 인용. 일부 잘못된 한자와 철자법, 띄어쓰기는 바로잡고 문단은 새로 정리하였다.

동서(東西)의 재(齋)와 헌(軒)이 각기 4간(間)인데 낮은 담을 둘렀고, 가운데는 정문(正門)을 설치하였다. 제도(制度)와 재식(材植)은 사치하지 않고 누추하지도 않아서 진실로 여러 선비들이 무리지어 거처하며 강독하기에 적합하였다. 이에 명명하기를 동재(東齋)는 상지(尙志)라 하고 헌(軒)은 인지(仁智)라 하였으며, 서재는 경신(敬身)이라 하고 헌은 광제(光霽)라고 하였으며, 문(門)을 유의(由義)라고 하였다. 또 사당과 정당(政堂)에 옛날부터 아직 불리는 이름이 없었으므로 이에 참망(僭妄)함을 헤아리지 아니하고 공경스럽게 숭도사(崇道祠)라는 현판을 걸어서 국과 담에 사모하는 마음을 부쳤다. 또 정당(正堂)에는 지선(止善)이라고 하고, 양쪽 협실(夾室)은 왼쪽은 사성(思誠)이라고 하고 오른쪽은 양호(養浩)라고 하였다. 우러러보는 사람들이 이에 힘쓰고 발돋움함이 있도록 하고자 하였다.[88]

이 기술을 보면 2003년 구강서원을 재건할 때 세워진 각종 건물 명칭은 권상일의 명명을 바탕으로 한 것임을 알 수 있다. 이제 이러한 성격을 지닌 구강서원을 대상으로 한 작품을 살펴보기로 하자.

<구강서원. 시권 속에 있는 여러 시에 차운하다(鷗江書院 次卷中諸韻)>

쇠미(衰微)해진 세교(世敎)를 누가 만회하리요?
옛 현인의 사당이 양지를 향해 열려 있네.
끝없는 바람과 달은 의연하게 남아 있고
다함없는 물줄기는 끊임없이 흘러오네.
뿌리내릴 터전을 잘 차지하여 발을 먼저 내디뎠으니
부지런히 자르고 쪼아서 재목이 되기를 기다리네.
우리 선비는 본래 중화(中和)[89]의 법이 있으니

88) 東西齋軒各四間 繞以短垣 中設正門 制度材植不侈不陋 允合於諸儒之羣居講讀焉 乃名東齋曰尙志 軒曰仁智 西齋曰敬身 軒曰光霽 門曰由義 而亦惟廟及正堂舊未有號 乃不揆僭妄 敬揭崇道祠 以寓羹墻之慕 又於正堂曰止善 兩夾室 左曰思誠 右曰養浩 使有所觀瞻而勉企焉.(權相一, 「鷗江書院東西齋記」, 『淸臺先生集』 권11)

89) 중화(中和)는 치우치지 않고 과불급(過不及)이 없는 것, 또는 그와 같은 바른 성정(性情)이다. 『중용(中庸)』 1장에 “희로애락이 발하지 않은 것을 중(中)이라 하고, 발하여 모두 절도에 맞는 것을 화(和)라고 하는데, 중은 천하의 큰 근본이요

반드시 광간(狂簡)[90]을 재단(裁斷)할 줄 알아야 하리.
世敎衰微孰挽回 昔賢祠屋面陽開
無邊風月依依在 不盡源流袞袞來
好占根基先着脚 勤加切琢佇成材
吾儒自有中和法 狂簡須知所以裁

우리 동방의 두 분 선생[91]
끼치신 사당이 대숲 사이에 있네.
방법이 있어서 일찍이 물을 보시고
일정한 때 없이 길이 산을 마주하시었네.
가까운 나라여서 먼저 교화를 입었는데
우리 중에 누가 청렴하고 완고한가?
힘써야 하리, 그대 악기 울리고 노래하는 선비여
쉬지 말고 공부하시라.
吾東兩夫子 遺廟竹林間
有術曾觀水 無時長對山
近邦先被化 吾黨孰廉頑
勖爾絃歌士 工夫莫放閒

이륜(彛倫)[92] 이외에는 존재하지 않으니
마땅히 일용(日用)에서 찾아야 하리.
성인의 말씀은 책에서 빛나고

화는 천하의 통달한 도(道)이다.(喜怒哀樂之未發 謂之中 發而皆中節 謂之和 中也者 天下之大本也 和也者 天下之達道也)"라고 하였다. 중용(中庸)이 작용인데 대하여 중화(中和)는 본체(本體)이므로 유가에서 가장 중시하는 정신 상태라 할 수 있다. 그러므로 『중용』에서는 중화를 이루면 천지가 제 자리를 잡고 만물이 발육된다고 하였다.

90) 광간(狂簡)은 뜻은 크지만 실천이 없이 소홀하고 거친 것이다. 『논어(論語)』「공야장(公冶長)」에 공자께서 진(陳)에 계시면서 "돌아갈까 보다. 돌아갈까 보다. 우리 고을의 젊은이들이 뜻이 크고 사소한 일은 빠뜨려서 찬란하게 문장을 이루고는 있으나 재단할 줄을 모르는구나.(子在陳曰 歸與歸與 吾黨之小子狂簡 斐然成章 不知所以裁之)"라고 하였다는 대목이 있다.

91) 양부자(兩夫子)는 구강서원에 배향된 정몽주(鄭夢周)와 이언적(李彦迪)을 가리킨다.

92) 이륜(彛倫)은 사람으로서 항상 지켜야 할 도리, 변하지 않는 윤리이다.

현인의 발자취는 시내와 산에 남아 있네.
선비가 스스로 일어나서 선(善)을 행하면
백성은 능히 교화하여 완고하지 않으리.
국과 담에서 느끼고 분발함이 많으니
바쁜 가운데 마음의 한가로움을 얻으리.
不在彛倫外 宜求日用間
聖言昭簡冊 賢躅煥溪山
士自興爲善 民能化不頑
羹墻多感發 忙裏得心閒

구강서원(鷗江書院)의 현재 모습. 선화루(宣化樓)와 유의문(由義門)이라는 현판이 보인다

이 시들은 모두 이 구강서원을 찾는 선비들이 갖추어야 할 마음의 자세를 다잡는 것들을 내용으로 하고 있다. 첫 수는 쇠약하고 미미해진 세상의 교화를 만회하기 위해 우리 선비들이 중화(中和)의 법에 기초하여 반드시 광간(狂簡)을 잘라내어야 함을 강조한 것이고, 둘째 수는 포은(圃隱)과 회재(晦齋)를 모신 서원인 만큼 선비들은 악기를 울리며 노래하는 데 빠지지 말고 두 분 선생께 부끄럽지 않도록 쉬지 말고 열심히 공부해야 함을 강조한 것이며, 셋째

수는 성현의 말씀과 자취가 남아 있는 책과 산천을 바라보면서 전현을 앙모하는 자세로 열심히 공부해야 하면서 망중한(忙中閑)을 누려야 함을 강조한 것이다.

<여러 사람들과 구강서원에서 만나서 자고 이별한 뒤 며칠 만에 상사 박민효가 시를 부쳐왔기에 즉시 차운하여 주다(與諸人會宿鷗院 別後數日 朴上舍民孝寄詩來 卽次以贈)>

일무(一畝)[93]의 서원[94]이 교외의 들판 곁에 있거늘
사묘(祠廟)에 향불 피운 것을 상상해 보네.
햇살이 따스하니 숲의 바람은 얼굴에 가볍게 불고
비가 개니 산의 달은 처마에 성글게 비치네.
마음은 네모진 연못물처럼 차갑고 맑은데
의리는 옛 성현의 글에 깊이 감추어져 있네.
긴 저녁에 한가로운 서재에서 토론함이 좋으니
흰 머리에도 사귐은 시간이 지나도 처음과 같네.

儒宮一畝傍郊墟 祠廟焚香想像餘
日暖林風吹面細 雨晴山月暎簷疎
心源洞澈方塘水 義理沉潛古聖書
永夕閒齋論討好 白頭交契晩如初

이 시는 구강서원에서 만나 함께 하룻밤을 유숙한 인물인 박민효(朴敏孝, 1672～1747)가 보낸 시에 대한 차운작(次韻作)이다. 교외에 위치한 서원에 모여 사묘에 향불을 피우며 선현을 뵈었던 일을 추억하면서 머리가 희어진 늘그막의 사귐이지만 시간이 지나도 처음과 같이 변함없음을 지적하여 두 사람의 변함없는 우정을 과시하고 있다.

---

93) 무(畝)는 논밭 넓이의 단위로, 1묘는 한 단(段)의 10분의 1, 곧 30평으로 약 99.174㎡에 해당한다.

94) 유궁(儒宮)은 옛날 관립학교(官立學校)를 뜻하는 말인데, 여기서는 서원(書院)을 가리킨다.

4. 울산을 떠나던 날의 감회와 울산에 대한 뒷날의 추억

울산지역에 대한 남다른 애정을 지닌 권상일이었지만 벼슬살이란 과만(瓜滿)하면 교체되기 마련이었다. 다행히 문집에는 그가 떠난 날의 행적과 그 후에 울산지역을 회고한 작품이 있다. 그는 울산을 떠난 이후에 『학성지』를 완성하여 선비들에게 보냈던 만큼 지속적으로 이 지역에 대한 관심의 끈을 놓지 않고 있었음을 짐작할 수 있다.

<섣달 스무나흗날 학성에서 출발하여 돌아가다가 동도(東都)의 원원사(遠願寺)에 이르러서 묵는데 북동쪽[95]으로 여러 사람들이 따라와서 각기 시를 주면서 이별의 뜻을 펼쳤다. 간략하게 율시 한 수를 지어서 멀리 전송하는 뜻에 거칠게나마 답하는데, 늙은이의 소망은 제3련에 있으니 각자 힘쓰고 경계하여 실추하는 지경에 이르지 않으면 매우 다행이리라(臘月二十四日 自鶴城發歸 抵宿于東都之遠願寺 天培諸人隨至 各贈詩敍別 略成一律 粗答遠將之意 而老人所望在第三聯 各自勉戒 無至失墜幸甚)>

오랫동안 회양(淮陽)의 관아에 누워 있다가
이제 율리(栗里)의 전원으로 돌아가네.
한가로운 마음으로 먼저 사찰을 찾고
이별하는 뜻으로 자주 술을 따르네.
모범은 현성(賢聖)에 의지하고
공부는 본원(本源)에 힘써야 하리.
갈림길에서 다시 서로 격려하나니
늙은이의 말을 잊지 마시라.

久臥淮陽閤 今歸栗里園
閒情先訪寺 別意細斟樽
模範依賢聖 工夫務本源

95) 천배(天培)는 24방위의 인(寅, 동북 방향)을 나타내는 천성(天星)으로 공조(功曹)라고도 한다.

臨岐更相勗 毋忘老夫言

이 시는 울산부사의 임무를 끝내고 돌아갈 때의 홀가분한 심정을 토로하면서 아울러 전송하러 나온 많은 사람들에게 당부하는 내용을 담고 있다. 울산을 떠나 한가로운 심정으로 현재의 경주시(慶州市) 외동읍(外東邑) 모화리(毛火里)에 있는 원원사(遠願寺)에 들러서 하룻밤을 묵으면서 쓴 작품이다. 「연보(年譜)」에는 "12월에 (울산부사를) 그만두고 돌아가다(十二月棄歸)"라는 구절 아래에 "만경(萬頃)의 선비와 백성들이 그가 해제(解除)되어 돌아간다는 소문을 듣고 걸어서 먼 곳까지 와서 서로 전별(餞別)하는 자가 50여 명이었으니 대개 끼친 사랑을 잊지 못하는 의미 때문이었다.(萬頃士民聞其解歸 徒步遠來 相餞者五十餘人 盖不忘遺愛之意也)"라는 설명이 붙어 있어서 이 이별의 자리가 자못 남달랐다는 것을 알 수 있다.

수련(首聯)은 회양(淮陽)의 태수로서 누워서도 잘 다스렸다는 한무제(漢武帝) 때의 간신(諫臣) 급암(汲黯)의 관아에 누워 있다가 이제는 율리(栗里)에 은거하였던 도연명(陶淵明)처럼 전원으로 돌아가게 되었음을 밝히고 있다. 함련(頷聯)은 한가로운 마음에 원원사를 거쳐 가게 되었음을 말하면서 이별의 자리인 만큼 자주 술잔을 들게 됨을 지적하고 있으며, 경련(頸聯)은 이 시의 핵심으로서 남아 있는 울산의 사민(士民)들에게 현성(賢聖)을 모범으로 삼고 본원(本源)을 밝히는 공부를 하도록 권유하고 있다. 미련(尾聯)에서는 떠나는 자리에서 격려하는 말이므로 자기가 권유하는 말을 잊지 말고 실천할 것을 부탁하고 있다. 이렇게 울산을 떠남으로써 사실상 울산부사로서의 업무는 끝난 것이지만 그 후에도 권상일은 울산지역과 관련된 생각을 시에 담아 표현하고 있다.

<추후에 만회정의 권남곡 시에 차운하다(追次晩悔亭權南谷韻)>

넓은 강 한 굽이에 풍파는 자잘하고
정자 언덕의 푸른 숲에는 덩굴풀이 자라났네.
나직한 동축산(東竺山)에는 가을달이 좋고
가까운 말릉촌(秣陵村)에는 저녁연기가 자욱하네.
융의(戎衣)는 백성의 옷과 비길 수 없는데
고각(鼓角)은 어부의 노래와 어떠한가?
아직도 한밤중에 임금을 그리는 꿈을 꾸거늘
늙은 신하의 충성과 정성일 뿐 다른 것은 아니리.

滄江一曲小風波 亭畔靑林長薜蘿
東竺山低秋月好 秣陵村近暮煙多
戎衣不比野人服 鼓角何如漁父歌
猶有中宵戀君夢 老臣忠悃性非他

이 시에는 "정자는 태화강 가에 있는데 영장(營將) 박취문(朴就文, 1617~1690)[96]이 지은 것이다.(亭在太和江上 朴營將就文所構)"라는 주석이 붙어 있다. 따라서 이 시는 박취문의 만회정(晩悔亭)을 읊되 남곡(南谷) 권해(權瑎)의 시에서 차운하여 울산부사를 그만둔 뒤에 지은 것이다. 이 시는 정자에서 바라보이는 경관과 정자 건립자인 박취문의 충성심에 비겨 자신의 변함없는 충성심을 표현하고 있다.

96) 박취문(朴就文, 1617~1690)은 인조(仁祖) 22년(1644년)에 무과(武科)에 급제한 해 겨울에 부방(赴防)하고 그 뒤 선전관(宣傳官), 경상좌도(慶尙左道) 병영(兵營)과 수영(水營)의 우후(虞侯), 훈련원부정(訓練院副正)과 지방 수령을 지낸 인물이다. 그의 아버지 박계숙(朴繼叔,1569~1646)과 각기 함경도에 파견되어 근무한 경험을 모은 『부북일기(赴北日記)』를 남긴 인물이기도 하다.

내오산(內鰲山) 만회정(晩悔亭)이 있던 자리의 아래쪽에 있는 관어대(觀魚臺)와 주변 태화강의 모습

내오산(內鰲山)의 관어대(觀魚臺) 옆에 있는 자라(鰲) 각석(刻石)

한편 이 정자는 관어정(觀魚亭)이라고도 불렀다고 하는데 그 위치는 태화강 십리대밭의 북쪽 끝부분의 돌출부였을 것으로 짐작된다. 그 아래쪽 바위에는 지금도 '관어대(觀魚臺)'라고 새겨진 바위와

그 옆에는 자라를 새긴 각석이 남아 있다. 정자의 위치가 이곳이었다는 사실은 권상일이 정리한 『학성지』의 다음 대목과 일치한다는 점에서도 확인된다.

> 내오산(內鰲山)은 태화나루 서쪽 몇 리쯤에 있다. 작은 언덕이 강에 닿아 있는데 경치가 그윽하고 오묘하다. 만회정(晩悔亭)이 있으니 부사 박취문(朴就文)이 지은 것이다. 정자 앞에는 긴 대숲이 있고 아래에는 낚시터가 있는데 관어대(觀魚臺)라는 세 글자를 새겨 놓았다.[97]

이 정자는 나중에 달성(達成) 서씨(徐氏) 문중의 서장성(徐章聲, 1880~1952)에게로 소유권이 넘어갔으며, 서장성은 정자 아래의 바위에 다음과 같은 시를 새겨놓았다.

> 멍정(秼亭) 마을에서 생장하여
> 오산(鰲山)에서 늙어서 생을 마치리.
> 맑은 강은 십리에 뻗치고
> 푸른 대숲은 천년을 가리.
> 무덤은 일무(一畝) 가량이요
> 사는 집은 몇 간(間)이네.
> 세월이 비록 멀리 흐른다 해도
> 입을 통해서 여전히 전해지리.
> 生長秼亭 老終鰲山
> 淸江十里 綠竹千年
> 佳城一畝 精舍數間
> 歲月雖遠 口碑尙傳

97) 內鰲山 在太和津西數里許 小丘臨江 景致幽妙 有晩悔亭 府使朴就文所築 亭前有脩竹數畝 下有釣磯 刻觀魚臺三字.(權相一, 『鶴城誌』, 「形勝」)

내오산(內鰲山) 바위에 새겨져 있는 서장성(徐章聲)의 한시

이 시의 말릉(秣陵)은 현재 울산광역시 중구 태화동의 명정(末亭) 마을을 가리킨다. 이 마을은 권상일의 시에도 말릉(秣陵) 마을이 나오고 이 시에도 말릉정(또는 秣應亭)가 등장하고 있을 뿐 아니라, 박취문이 정리한 『부북일기』 앞부분에도 "말릉 박씨 세전(秣陵朴氏世傳)"이라고 기록되어 있는 것으로 보아 울산 박씨가 세거(世居)한 곳으로 짐작된다.

<구강서원을 추억하다(憶鷗江書院)>
구강서원의 빼어난 경색을 걱정스레 잊기 어려워
꿈속의 넋은 때때로 지선당(止善堂)을 찾네.
이수(二水)가 휩싸여 돌아가니 모래는 희끗희끗하고
삼봉(三峯)이 우뚝 솟아나니 돌은 거뭇거뭇하네.
바람은 갈대와 억새에서 생겨나서 오래도록 얼굴에 불고

달은 넓은 바다에서 솟아나서 황홀하게 곁에 머무네.
이 중에 가장 우뚝한 것은 숭도사(崇道祠)이니
봄가을에 올리는 빈조(蘋藻)[98]에서 향기가 풍기리.
鷗江秀色耿難忘 魂夢時尋止善堂
二水縈回沙皓皓 三峯聳出石蒼蒼
風生蘆荻長吹面 月出滄溟怳在傍
最是巍然崇道廟 春秋蘋藻薦芳香

이 시는 권상일이 울산부사를 그만둔 지 오랜 뒤에 울산의 구강서원을 추억하면서 쓴 작품이다. 자기가 부사로 재직할 때 정비한 정당(正堂)인 지선당과 사당인 숭도사를 그리워하면서 서원에서 바라보이는 이수(二水)와 삼산(三山)의 경치를 추억하노라니 갈대와 억새 사이에서 불어오는 바람과 바다에서 솟아난 달빛을 받고 있는 듯한 착각에 빠지게 됨을 드러내고 있다. 이처럼 권상일은 울산을 떠난 이후에도 늘 마음속으로 울산을 그리워하면서 울산에서 생활하는 도중에 축적해 두었던 추억의 창고 속을 수시로 드나들면서 행복한 상념의 나래를 펼쳤음을 알 수 있다.

98) 빈조(蘋藻)는 물 위에 떠 있는 네가래와 개구리밥이다. 옛날에 흔히 제수(祭需)로 썼기 때문에 제수를 뜻하기도 한다.

정재원·정약용 부자와 울산

— 각종 시문집과 『흠흠신서』의 기록 —

1. 정재원·정약용 부자가 울산과 인연을 맺은 계기

다산(茶山) 정약용(丁若鏞, 1762~1836)은 조선후기의 위대한 실학자이자 철학자·문인으로서 정치·경제·역사·지리·문학·철학·의학·교육학·군사학·자연과학 등의 분야에 걸쳐 500여 권에 달하는 방대한 양의 저술을 남긴 인물이다.

그는 경기도 광주(廣州) 초부(草阜) 마현리(馬峴里) 소내(苕川)에서 출생하여 부친에게서 경사(經史)를 배우고 서울에 올라가서 성호(星湖) 이익(李瀷)의 서적을 통하여 경세치용(經世致用)의 학문에 접하고 이익의 제자 이벽(李蘗)을 통하여 서양 서적을 접촉하기도 하였다. 1789년(정조 13년) 식년문과(式年文科)에 급제하여 지평·수찬 등을 지내고 1794년 경기도 암행어사가 되어 연천현감 서용보(徐龍輔)를 파직시키고 이듬해에는 동부승지·병조참의가 되었으나 청(淸)의 신부 주문모(周文謨)의 잠입 사건에 연루되어 금정도찰방(金井道察訪)으로 좌천되는 등의 역경을 겪었으나 다시 곡산부사·형조참의 등을 역임하였다. 그러다가 1799년 공서파(攻西派)로부터 천주교 신봉 문제로 탄핵을 받아 사직하고 고향으로 돌아갔다가 1801년(순조 1년) 신유박해(辛酉迫害) 때 경상도 장기로 유배되었고, 또 황사영 백서사건(黃嗣永帛書事件)으로 전라도 강진(康津)으로 이배되어 그곳에 18년 동안 머무는 사이에 경학을 탐토(探討)하고 각종 저술에 전념한 일은 널리 알려진 사실이다. 1818년(순조 18년) 이태순(李泰淳)의 상소로 유배에서 풀려나 고향에서 저술활동을 하며 여생을 보냈다.

이런 생애사를 지닌 실학자 정약용이 울산 지역과 일정한 인연을 맺은 사실이 있다는 것을 아는 이는 많지 않다. 그것도 그냥 단순히 한 번쯤 여행 삼아 다녀간 것이 아니라 멀리 떨어져 있으면서도 한때는 이곳에 대한 관심의 끈을 늦추지 않은 시기가 있었다. 그것은 바로 그의 부친 정재원(丁載遠, 1730～1792)이 울산부사로 재임하다가 진주목사로 전임하여 재임 중에 사망하였기 때문이다. 다산은 1789년의 문과에서 갑과(甲科)로 급제하여 초계문신(抄啓文臣)으로 있으면서 때마침 울산으로 부임하는 부친을 모시고 충주(忠州)까지 따라왔다가 고향으로 돌아가면서 쓴 시가 남아 있고, 또 중형(仲兄) 정약전(丁若銓, 1758～1816)과 다산이 각기 부친을 만나러 울산에 온 정황을 알 수 있는 시문이 전하고 있으며, 또 다산이 울산의 선비와 편지를 주고받은 흔적도 남아 있다. 그리고 다산의 생애에서 가장 활발한 저술활동을 한 강진의 유배지에서 저작한 『흠흠신서(欽欽新書)』에는 부친이 울산부사로 재직하던 시절에 발생했던 살인사건의 전말을 수록하고 있다. 이런 점으로 보아 그들 부자와 울산과의 인연의 끈은 결코 미미하다고 할 수 없다. 이런 자료들을 살피면서 그들 부자와 울산 지역과의 친연성에 대해 일별해 보고자 한다.

2. 정재원의 울산부사 부임과 관련한 정약용의 시문

다산의 부친 정재원은 1762년(영조 38년) 생원·진사 양시에 모두 합격하여 참봉(參奉) 등의 여러 관직을 두루 거친 다음, 1780년(정조 4년) 예천군수를 거쳐 1789년에는 울산부사로 부임하여 이듬해에 회갑을 지내고, 1791년 봄에 진주목사로 승진하여 그곳에서 생애를 마친 인물이다. 그러나 정재원은 문집을 남기지 않아서 울산부사로 재임 시기에 저술한 시문을 직접 살필 수는 없고, 다만 아들인 다산이 남긴 시문을 통해서 간접적으로나마 그의 족적을 엿볼 수 있다.

먼저 울산부사로 부임하는 부친을 배웅하면서 지은 다산의 시를 살펴보기로 하겠다.

정약용, <부친을 모시고 나서 소내로 돌아오다(陪家君還苕川)>[99](『여유당전서(與猶堂全書)』 1집 1권, 『시집(詩集)』, 「시」)

도성(都城) 문밖에는 안개 낀 버들이 갠 날씨에 산뜻한데
화개(華蓋)를 나란히 하여 한양 성을 나왔네.
검은 인끈은 먼 지방에서 삼품(三品)의 녹봉을 받으시고
쪽빛 도포는 처음으로 갑과(甲科)의 영예를 둘렀네.
백년토록 뽕나무와 가래나무 심은 고향[100]마을은 예스럽고
천리에 꾀꼬리소리와 꽃 어우러진 나그넷길은 평안하네.
장차 반평생을 던져서 임금 은혜를 갚으리니

99) 이 시에는 '4월이다. 이때 나는 갑과(甲科) 급제하여 각과초계(閣課抄啓)에 뽑혀 역마를 타고 충주로 갔다. 부친께서 울산부사가 되었으므로 마침내 그 행차를 모시고 충주에 이르렀던 것이다.(四月也 時余以甲科 仍被閣課抄啓 乘傳赴忠州 家君爲蔚山府使 遂陪行至忠州)'라는 주석이 붙어 있다.

100) 상재(桑梓)는 뽕나무와 가래나무인데, 상향재리(桑鄕梓里)와 같은 말로 고향을 뜻한다. 『시경(詩經)』 「소아(小雅)」 <소변(小弁)>의 "뽕나무와 가래나무도, 반드시 공경한다.(維桑與梓 必恭敬止)"라는 구절에서 유래한 말인데, 주자(朱子)는 상재는 옛날의 오무지택(五畝之宅)에서 자손에게 의복과 도구를 공급하기 위하여 부모가 심은 것으로 풀이하였다.

늘그막에 돌아와서 흰 갈매기와의 약속을 지키리라.
靑門煙柳媚新晴 華蓋聯翩出漢城
墨綬遙承三品俸 藍袍初帶甲科榮
百年桑梓村墟古 千里鶯花客路平
且放半生酬聖眷 晩來還守白鷗盟

이 시는 화사한 사월의 날씨 속에 울산부사로 부임하는 부친과 문과에서 갑과로 급제한 아들이 나란히 수레를 타고 길을 가는 모습을 보여준 다음, 임금의 은혜를 갚은 뒤에 고향으로 돌아가서 흰 갈매기를 벗하며 은거하겠다는 뜻을 담고 있다.

이 시의 소내(苕川)는 현재 경기도 남양주시 조안면 능내리 마재(馬峴) 마을로 불리는 곳으로 다산의 고향이다. 이곳은 다산이 생장하여 학문을 익히면서 살았던 곳이고 오랜 유배 생활 끝에 돌아가서 만년을 보낸 향리이며 그의 무덤이 있는 땅이기도 하다.

정약용, <금탄(金灘)에 이르러서 삼가 울산으로 부임하시는 부친과 이별하고 가흥(嘉興)으로 돌아와 자다(到金灘奉別家君赴蔚山 還至嘉興宿)>(위와 같음)
장산(薔山)은 아득하고 달천(㺚川)은 깊은데
모래 언덕에 말을 세우니 드리워진 버들은 그늘 짓네.
오색 붓은 내일 아침에 봉각(鳳閣)으로 달려갈 텐데
휘장 친 수레는 어느 날에 계림(雞林)을 지나갈까?
구천(九天)의 궁궐에서는 한밤중에 꿈꾸고
백리의 농작물 밭에서는 늘그막에 마음을 쓰이리.
반드시 가을바람을 기다려서 다시 휴가 얻어 찾아뵈리니
아버님[101]께서는 응당 무성(武城)의 거문고소리[102]를 들으시리.

---

101) 이정(鯉庭)은 『논어(論語)』 「계씨(季氏)」의 "공자께서 일찍이 혼자 서 있으니 (아들인) 이(鯉)가 빠르게 뜰을 지나가거늘(子嘗獨立 鯉趨而過庭)"이라는 구절에 연유한 말로 아들이 아버지의 가르침을 받는 곳을 뜻한다.

102) 무성금(武城琴) 또는 무성현(武城弦)은 공자의 제자 자유(子游)가 무성 고을을

薔山縹緲㺚川深 立馬沙堤垂柳陰
彩筆明朝趨鳳閣 襜帷何日度雞林
九天閶闔中宵夢 百里桑麻老境心
會待秋風重謁告 鯉庭應聽武城琴

이 시도 앞의 시와 같은 시기에 지은 작품인데, 충주 부근의 금탄(金灘)에서 부친을 전별하고 나서 부자가 서로 갈라서서 길을 가게 되지만 가을바람이 계절이 되면 반드시 휴가를 내서 부친이 계신 울산으로 찾아가 뵐 것을 스스로 다짐하면서 그때 울산에 가면 부친의 덕화(德化)로 옛날 무성(武城)의 백성처럼 주민들은 거문고를 타면서 수령의 덕정(德政)을 칭송하게 되리라는 기원을 담고 있다. 또 다산 자신은 내일 대궐 전각으로 들어가서 빼어난 문필력을 발휘하려니와 부친은 어느 때나 계림(경주)을 거쳐 임지인 울산에 도착할는지, 자식으로서 만만치 않은 여정을 염려하는 살가운 마음을 보여주고 있다.

이 시의 장산은 충주 부근에 있는 산이고, 금탄은 월악산에서 발원한 남한강 물이 충주의 탄금대(彈琴臺) 근처에서 달천과 합쳐진 여울이며, 가흥은 충주 북쪽 30리쯤에 있던 역사(驛舍)와 창고가 있던 곳이다.

다산은 이 시에서 한 약속대로 그해 가을에 휴가를 얻어서 울산으로 출발하면서 지은 시가 있다.

정약용, <장차 울산으로 가려고 늦게 출발하여 남한산성에 도착하다 (將赴蔚山 晏發抵南漢城)>[103](위와 같음)

높다란 행궁(行宮)에 임금님 수레가 머문 일을 기억하니

예악으로 다스리자 백성들이 거문고를 연주하였다는 『논어(論語)』「양화(陽貨)」의 고사에서 연유한 말로, 예악(禮樂)으로 교화(敎化)함을 뜻한다.

103) 이 시에는 '8월이다.(八月也)'라는 주석이 붙어 있다.

천년토록 영웅은 눈물이 마르지 않았네.
철갑 기병이 달리는 밤에 삼포(三浦)는 어둡고
항복 깃발이 내걸린 새벽에 만봉(萬峯)은 추웠네.
지금 북쪽 변방에는 하늘이 아득하고
옛날처럼 서쪽 누대에는 달그림자가 둥그네.
아득한 들판의 서글픈 바람에는 전쟁 기운이 남았는데
저녁햇살 속에 한없이 누각에 기대어 바라보네.
行宮迢遞憶停鑾 千古英雄淚未乾
鐵騎宵騰三浦暗 降旛曉出萬峯寒
如今北塞天光迥 依舊西臺月影團
曠野悲風餘戰氣 夕陽無限倚樓看

이 시는 부친을 만나러 팔월에 울산으로 가는 길에 남한산성에 닿아서 이곳이 역사적인 민족의 굴욕 현장임을 확인한 작품이다. 이곳은 병자호란 때 인조 임금이 이곳에 머물며 항전하다가 1637년 1월에 청(淸)나라와 굴욕적인 강화협정을 맺었던 장소이므로, 다시는 그런 일이 없기를 바라는 마음에서 전쟁의 상흔이 아직도 남아 있는 듯한 느낌으로 저녁 햇살 속에서 누각에 기대어 있는 시인의 모습을 보여주고 있다.

이 시의 삼포(三浦)는 한강 상류에 있던 병자호란 때 왕이 굴욕을 당하였던 현장인 삼전도(三田渡) 나루를 가리키고, 만봉(萬峯)은 수많은 산봉우리가 겹친 산을 가리킨다.

이런 과정을 거쳐 다산은 그해 8월에 울산에 도착하여 아버지를 뵙고 남포(南浦)에서 뱃놀이 한 경험을 시와 산문으로 기록하고 있는데, 먼저 시를 살펴보기로 하겠다.

정약용, <남포에서 달밤에 여러 사람과 함께 배를 타다(南浦月夜 同諸君汎舟)>[104](위와 같음)

구름에 잠긴 누대 앞에 바닷물이 불어나더니
깊은 못 하나를 빙 둘러서 남당(南塘)이 되네.
고기가 집채처럼 몰려와서 서로 뒤엉키거늘
그물을 들며 곧 시골 거룻배가 잠기지 않을까 근심하네.
학림(鶴林)의 시골 노인들이 일제히 노를 저으며
나에게 술 마시기를 권하며 한바탕 놀자고 하네.
고기잡이노래로 서로 화답하다가 막 상조(商調)로 바뀌는데
외롭게 떠오른 둥근 달이 머리 위에 도달하네.
沒雲臺前海水長 一泓迂回作南塘
魚來如屋相枕藉 擧網直愁沈野航
鶴林野老齊蕩槳 勸我飮酒一放浪
漁歌互答起商調 明月孤飛到頭上

이 시는 울산의 남쪽 포구에서 밤에 뱃놀이하면서 몰려든 물고기 때문에 배가 가라앉을 것을 걱정할 정도로 많은 고기를 잡은 다음, 함께 배를 탄 울산 지역의 노인들이 고기잡이노래를 주고받다가 한밤중이 되자 그 노래가 처량하게 변하게 되는 모습을 담담한 필치로 그려낸 작품이다.

이 시의 남포와 남당은 모두 뱃놀이를 한 바닷가의 호수를 가리키고, 학림(鶴林)은 옛날에 계변천신(戒邊天神)이 학을 타고 신두산(神頭山)에 내려왔다고 하는 울산의 또 다른 지명인 학성(鶴城)을 뜻하며, 상조(商調)는 악곡(樂曲)에서 그 소리가 애잔하고 구슬프며 원망이 깃들어 있다고 하는 음조(音調)이다.

정약용, <남호에서 배를 탄 기록(南湖汎舟記)>

남호(南湖)란 울산의 남호이다. 남호는 영보정(永保亭)의 동호(東湖)와 같은데, 동호의 물은 조수(潮水)가 물러나면 말라버려서 진흙찌꺼기

104) 이 시에는 '포구는 울산에 있다.(浦在蔚山)'라는 주석이 붙어 있다.

> 색깔이 그 정자를 더럽히고 있다. 남호는 너무 멀리 있어서 그 이름을 알지 못할 뿐이다.
>
> 기유년(정조 13년, 1789년) 가을에 휴가를 얻어서 울산으로 아버님을 뵈러 갔는데 마침 중추(中秋)의 밝은 달밤을 맞아 몇 명의 손님과 함께 배를 띄우고 남호에서 놀았다. 어부에게 그물질을 하라고 하였으나 소득이 없었다. 갑자기 청둥오리 한 떼가 날아와서 수면에 내려앉더니 둥둥 떠서 물을 끌고 다녔다. 조금 있으니 모두 머리를 거꾸로 하고 물속으로 들어갔다. 이윽고 흰 물고기가 물 위로 떠올랐는데 그 숫자가 수십 마리였다. 배 젓는 사람이 "오리가 물고기를 잡으면 그 골을 갉아 먹고는 버리지요."라고 하였다. 건져서 회를 쳤더니 마치 은실 같았다. 이것이 하나의 기이한 일이다. 다만 악기 연주를 감상하는 즐거움이 없어서 장차 취하여 돌아오려고 하였다. 마침 가야금을 들고 지나가는 계림(경주) 사람이 있어서 그에게 술을 주고 가야금을 타 달라고 하였더니 그 사람이 스스로 노래 부르면서 가야금으로 화답(和答)하였다. 부드럽고 고운 소리에 즐거워졌다. 또 하나의 기이한 일이기에 잠시 기록해 본다.105)

이 기문(記文)은 앞의 시에서 언급한 달밤의 뱃놀이를 소재로 한 글이다. 남호는 현재 그 위치가 어디인지는 불분명하지만, 충청도 보령의 영보정(永保亭)을 둘러싼 호수인 동호처럼 밀물이 되면 물이 차고 쓸물이 되면 바닥이 드러나는 호수임을 알 수 있다. 영보정은 그 명성이 전국에 알려져 있지만 울산의 남호는 그런 멋진 호수임에도 불구하고 한양에서 너무 멀리 떨어져 있어서 사람들에게 별로 알려지지 않았다고 하였다. 영보정과 주변의 아름다운 경관

105) 南湖者 蔚山之南湖也 湖如永保亭之東湖 而東湖之水 潮退遂涸 泥滓不潔之色累其亭 若南湖者 特遠而無所知名耳 己酉秋 得告覲于蔚 適値中秋月夜 與數客汎舟游於南湖之上 令漁人擧網無所得 忽有綠鴨一羣飛下水面 汎汎然曳水而行少焉悉翻頭入水 旣而白魚之浮水者數十 榜人之言曰 鴨捕魚 囓其腦 而舍之也取而膾之 若銀絲然 此一奇也 顧無絲竹之娛 將及醉而還 適有雞林客持伽倻琴過者 與之酒 使鼓琴 其人乃自歌自琴以和之 靡曼可悅 又一奇也 聊記之 (정약용, <南湖汎舟記>, 『여유당전서』, 1집 14권, 『문집』, 「기」)

에 대해서는 1795년에 직접 견문한 다음 쓴 <영보정에서 잔치하며 노닌 기문(永保亭宴游記)>이라는 다산의 글이 남아 있다. 영보정은 지금은 터만 남은 정자이지만 이 글을 통하여 간접적으로나마 그 건물의 모습을 짐작해 볼 수 있다. 영보정의 모습을 보여주는 대목을 살펴보면 다음과 같다.

> 산이 육지에 있는 것은 깎아 세운 듯 뾰족하고 잘라 놓은 듯 우뚝하지 않으면 이름이 날 수 없으나, 갑자기 물 가운데로 들어가 섬처럼 되어 있으면 작은 언덕처럼 조그맣게 솟아오른 것이라도 기이하게 보인다. 물이 강하(江河)에서 바다로 흐르는 것은 부득이한 사세이므로 비록 깊은 물이 넘실넘실 흘러가더라도 칭찬하기에 부족하지만 갑자기 바다에서 산 속으로 들어가 호수가 되면, 그 물결치는 흥취는 기대할 수 없지만 그것이 기이한 것임을 알 수 있다. 고마산(姑麻山)이 서쪽으로 몇 십 리를 내달아 꿈틀거리며 바다 가운데에 다다랐는데, 마치 학이 목을 길게 빼고 물을 마시는 것과 같아서 이것이 이른바 갑자기 물 가운데로 들어가 섬처럼 된 것이다. 고마호(姑麻湖)는 동쪽으로 돌아서 수십 리를 흘러나가는데, 여러 산으로 둘러싸여 있어 마치 용이 머리를 들고 여의주를 희롱하는 것과 같아서 이것이 이른바 물이 갑자기 산 속으로 들어가 호수가 된 것이다. 영보정은 이 산에 기대고 이 호수에 닿아 있기 때문에 이 지방의 으뜸이 된다.106)

이처럼 바다 호수에 둘러싸여서 그 명성을 자랑하는 영보정에 비견할 정도로 아름다운 남호에서 중추의 달밤에 뱃놀이를 하면서 경험한 두 가지 기이한 일을 소개하고 있다. 하나는 청둥오리 떼가

106) 山之在平陸者 非尖削峻截 不能爲名 唯突然入水如島 則雖培塿之隆 亦奇也 水之由江河而達于海勢也 雖泓渟演漾不足稱 唯自海突然入山爲湖 則不待波瀾之興而知其奇也 姑麻之山 西馳數十里 蜿蜒赴海中 如鶴之引頸而飮水 此所謂山之突然入水而如島者也 姑麻之湖 東匯數十里 環以諸山 若龍之矯首而戲珠 此所謂水突然入山而爲湖者也 永保之亭 據是山而臨是水 以之爲一路之冠冕.(정약용, <永保亭宴游記>, 위와 같음)

물고기를 잡아먹되 물고기의 골만 빼어먹고 나머지 몸체는 그냥 버리는 것을 목격하고 그것을 건져서 회를 쳐 먹었다는 사실이고, 나머지 하나는 풍악이 없어서 적적하던 차에 마침 가야금을 가지고 지나가는 경주 사람을 만나 함께 어울려서 놀게 되었다는 사실이다. 다산은 이 두 일화를 소개하면서 그날의 놀이가 매우 기억에 남는다는 사실을 강조하고 있다.

이상의 작품 외에도 1790년 9월에 있었던 증광문과(增廣文科) 별시(別試)에서 병과(丙科)로 급제한 정약전이 과거에 급제한 뒤 울산으로 부친을 만나러 가는 것을 전송한 시 <중형이 과거에 급제하여 울산으로 가기에 받들어 시 한 수를 드리다(仲氏登第赴蔚山 奉贈一詩)>라는 작품이 있는 것으로 보아 다산의 형제들은 시간이 허락하는 대로 부친을 뵈러 울산으로 갔던 것으로 보인다.

3. 울산부사 정재원과 울산 선비의 교유

다산의 부친 정재원은 1789년 4월에 울산부사로 부임하여 다음해에 회갑을 지내고 임기가 차서 1791년 봄에 진주목사로 옮겨가기까지 2년 동안 울산에 머물면서 울산의 선비들과 친밀한 교유를 이루었고, 이 사이에 아들 약전과 약용 등이 울산을 다녀간 사실을 앞에서 언급한 바 있다.

정재원이 울산부사로 재임하던 시기에 함께 어울린 울산의 선비로는 학성 이씨의 유학(幼學) 이양오(李養吾, 1737~1811)와 진사(進士) 이준민(李俊民, 1736~1799)을 들 수 있다. 숙질 사이로서 조카인 이준민이 한 살 연상이었던 이들은 향촌 사회를 이끄는 지도적 위치에 있었던 인물들로서 울산에 부임해 온 정재원과도 친밀한 관계를 유지하였던 것으로 보인다. 두 사람의 문집에 남아 있는 시문을 통해서 정재원과 그들의 사귐을 짐작해 볼 수 있다.

먼저 정재원의 회갑을 축하한 작품을 보자.

이양오, <정재원 명부[107]의 회갑 시에 차운하다(次丁明府載遠回甲韻)>
(목판본 『반계집(磻溪集)』 권1)

삼산(三山)의 바닷가에서 다시 생신을 맞으시니
인간세상에서 오래도록 지내심을 축하드리네.
흰 머리카락이 듬성듬성하지만 마땅히 더욱 강건하시고
붉은 마음이 편하지 않아도 위태로움을 잊지 않네.
관아의 매화에서 남쪽으로 내려온 꽃받침을 새로 보고
떠나는 기러기에게 처음으로 북쪽으로 가는 시를 부치네.
저 물소 뿔잔을 일컬으며 술을 올리나니
정녕 장수의 빛을 돌려서 찬란히 드리우시라.
三山海上再庚時 爲祝人間久遠期
白髮蕭蕭當益壯 丹心耿耿不忘危
官梅新見南來萼 征鴈初憑北去詩
稱彼兕觥將進酒 丁躔壽曜爛垂垂

회갑을 맞은 부사 정재원의 장수와 건강을 기원하는 의례적인 내용을 담은 이 시는 (필사본)『반계집』[108] 권2에 <고을 원님 정재원의 회갑 시에 차운하다(次州倅丁載遠回甲韻)>(3수)라는 제목으로 실려 있는데, 위의 시를 제외한 나머지 2수는 다음과 같다.

관아의 매화가 처음 피니 그윽한 향기가 풍기고
동각(東閣)[109]의 시정(詩情)은 한꺼번에 배로 맑아지네.

---

107) 명부(明府)는 중국 한대(漢代) 이후 군수(郡守)·목사(牧使)·현령(縣令) 등 지방 수령(守令)의 별칭이다.

108) 이양오, (필사본)『반계집』, 경인문화사, 1990, 204면.

109) 동각(東閣)은 동쪽의 작은 문이라는 뜻으로, 후한(後漢) 때 승상 공손홍(公孫弘)

흰 새가 떠난 주변에는 가을 물이 맑은데
푸른 산이 끊어진 곳에는 저녁 햇살이 환하네.
성황당 마을에는 멀리 고기잡이배가 돌아오고
절도사 병영에는 한가롭게 수병(戍兵)이 누워 있네.
복원된 종유석[110]과 돌아온 진주[111]가 허튼소리가 아니니
근래에 남쪽 지방은 흥성하고 태평함을 즐거워하네.
官梅初發暗香生 東閣詩情一倍淸
白鳥去邊秋水濶 靑山斷處夕陽明
城隍村遠歸漁棹 節度營閒臥戍兵
乳復珠還非浪語 年來南國樂興平

오마(五馬)[112]는 천리 밖에서 오고
삼산(三山)은 한 성(城)을 감싸네.
매화는 날이 추워서 눈 색깔을 머금고
거문고는 고요해도 봄 소리가 움직이네.
풍월을 읊조리느라고 자주 수염을 꼬고
하늘이 무너질까 걱정스러워서 손으로 받치려 하네.
손님 자리에 끝에 온 것을 부끄러워하면서
두 번 절하며 장수하시기를 축원하네.

이 동각을 열어 빈객을 초대한 일이 있기 때문에 재상이 현사(賢士)를 초빙하는 장소를 가리킨다.

110) 유복(乳復)은 약용으로 쓰이는 종유석(鐘乳石)이 고갈되었다가 다시 나타난 것으로 없어진 것이 다시 회복됨을 비유한다. 유종원(柳宗元)의 <연주군복유혈기(連州郡復乳穴記)>에 나오는 고사로서, 연주(連州)와 소주(韶州)에서 생산되는 석종유의 고갈을 보고한 지 5년이 지나서 그 고을에 배정된 공물을 다른 지방에서 매입하여 조정에 바치고 있었는데 새로운 자사(刺史)인 최공(崔公)이 새로 부임하자 그 석종요가 복구됨으로써 사람들이 상서롭게 여겼다고 했다.

111) 주환(珠還)은 『후한서(後漢書)』 <순리전(循吏傳)>에서 유래한 말로 떠나갔던 사람이 돌아오거나 사물이 주인에게 돌아옴을 비유한다. 합포군(合浦郡)은 진주(眞珠)가 많이 산출되었는데 탐욕스럽고 더러운 수재(守宰)들이 멋대로 끌어모으니 진주가 이웃 교지군(交趾郡)으로 옮겨갔다가, 맹상(孟嘗)이 군수로 와서 폐단을 없애고 백성을 돌보게 되자 되돌아왔으므로 백성들이 다시 진주를 채취했다고 한다.

112) 오마(五馬)는 한대(漢代)에 태수(太守)의 수레를 다섯 필의 말이 끈 데서 유래하여 태수를 비유한다.

五馬來千里 三山擁一城
梅寒含雪色 琴靜動春聲
吟月鬚頻撚 憂天手欲擎
賓筵慙末至 再拜祝長生

앞의 시는 정재원이 울산부사로 재직하는 사이에 주민들은 제대로 된 삶의 터전을 확보하게 되고 경상좌병영은 병란을 걱정하지 않게 되었으며, 온갖 폐단이 없어짐으로써 이 지방의 백성들이 태평성대를 구가하게 되었다고 하여 그의 선정을 칭송한 작품이고, 뒤의 시는 의례적으로 회갑을 맞은 고을 수령의 장수를 축원한 작품이다.

이준민, <정 명부의 회갑 시에 차운하다(次丁明府回甲韻)>(『학고유집(鶴皐遺集)』 권1)
수역(壽域)[113]에 봄이 돌아오니 성군(聖君)이 태어나신 시절인데
거문고 타는 집에서 화갑(花甲)을 맞아 흥성함을 기약하네.
관아의 문서는 끝없어서 남호(南湖)에서 돌아오고
서울의 궁궐은 아득한데 북두칠성이 높네.
올해에 풍수지탄(風樹之嘆)을 어찌 견디랴?
새해 아침에 먼저 생신을 축하하는 시를 짓네.
고을 백성들이 원님의 의자 앞에서 축원을 올리니
온 고을에 화창한 봄날의 상서로운 볕이 드리우리.
壽域春回誕聖時 琴齋花甲會昌期
簿書滾滾南湖廻 京闕迢迢北斗危
此歲那堪風樹感 元朝先賦晬宴詩
州民拜獻榠欐祝 百里陽和瑞景垂

이 시도 앞의 이양오의 작품과 마찬가지로 객지에서 회갑을 맞은 부사의 앞날이 상서롭기를 기원하는 의례적인 내용을 담고 있

113) 수역(壽域)은 사람마다 천수(天壽)를 다할 수 있는 태평성세(太平聖世)를 가리킨다.

다. 이런 의례적이고 공식적인 내용의 작품 이외에, 울산의 선비와 정재원 부사와의 교유를 엿볼 수 있는 것도 있다.

이양오, <고을 원님이 수군을 조련할 때에 파직되었다가 곧 복직하라는 명이 있기에 시로 그에게 하례하다(州倅水操時見罷 俄有復職之命 故以詩賀之)>(필사본 『반계집』 권2)

반학헌(伴鶴軒)[114]은 깊숙하여 저녁 새가 우짖는데
원님께서 나와 정겨운 대화를 나눔을 허락하시네.
가을이 된 남쪽 바다에는 푸른 물결이 일어나고
구름이 떠난 하늘 한가운데에는 흰 해가 환하네.
북새(北塞)의 늙은이는 과연 의복(倚伏)[115]을 알고
봄철의 노파는 대체로 영고(榮枯)를 이해하네.
반계(磻溪)에서 소식이 없더라도 괴이하게 여기지 마시라.
밤에 꿈속에서 심상하게 고을의 성안에 이른다네.
伴鶴軒深夕鳥鳴 使君容我與談情
秋來南海滄波起 雲去中天白日明
北叟果然知倚伏 春婆大抵解枯榮
磻溪莫怪無消息 夜夢尋常到郡城

1790년에 지은 이 시는 정재원이 수군을 조련하는 것을 보다가 생긴 돌발사건을 제재로 한 작품이다. 수군 조련을 잘못하였다는 명목으로 순찰사에게 파직되었다가 금방 복직되는 사건이 생기자 그 자리에서 복직을 축하한다는 명목으로 지은 것이다.

---

114) 반학헌(伴鶴軒)은 울산광역시 중구 북정동 349번지에 있는 울산의 동헌(東軒)의 이름이다. 울산 동헌은 울산이 부·현·도호부 등으로 자격이 승강(昇降)할 때마다 옮기거나 폐쇄하거나 새로 지었다고 한다. 지금 건물은 선조 32년(1599년)에 울산이 부로 승격된 후 숙종 7년(1681년)에 부사 김수오가 지었고, 숙종 21년에 김수오의 아들 김호가 '일학헌(一鶴軒)'이라 명명하였다. 영조 39년(1763년)에 부사 홍익대가 다시 지어서 현판을 '반학헌(伴鶴軒)'이라 고쳐 달았다고 하는데 『증보문헌비고(增補文獻備考)』에서는 영조 36년에 다시 지었다고 하였다.

115) 의복(倚伏)은 화(禍)와 복(福)은 서로 인연(因緣)이 되어 생기고 없어짐을 뜻한다.

이준민, <정재원 명부의 연지(蓮池) 시에 차운하다(次丁明府載遠蓮池韻)>(『학고유집』 권1)

작은 연못에 가을 이슬이 맑아
아침놀 속에 재단한 솜씨가 천하에서 빼어나네.
푸른 일산이 기름 먹인 장막에 기대어 있고
붉은 화장이 거울 면에 열려 있네.
향기는 엉겨서 높은 집에까지 풍기고
꽃이 지니 저녁이 서늘함을 재촉하네.
군자는 마땅히 덕의 향기가 있어야 하리니
서로 불러서 연잎 벽통(碧筒) 잔을 기울이네.

小池秋露淨 雲錦出天裁
翠盖油幢倚 紅粧鏡面開
香凝高閣聞 華入晚凉催
君子宜馨德 相呼倒葉盃

이 시는 관아의 연못에서 가을철에 만나 남아 있는 붉은 연꽃과 푸른 잎을 보면서 벽통배를 만들어 마시는 풍류를 그리고 있다.

벽통(碧筒)이란 연잎을 큰 술잔처럼 오므린 것으로 거기에 술을 담아서 연줄기의 구멍을 통해서 빨아 마시는 것을 벽통음(碧筒飮)이라고 하여 대단한 풍류로 친다는 사실이 단성식(段成式)의 『유양잡조(酉陽雜俎)』에 기록되어 있는데, 이러한 음주법은 중국의 삼국시대에 위(魏)나라의 정각(鄭慤)이 삼복 때마다 빈료(賓僚)들을 역성(歷城)의 사군림(使君林)에 모아서 피서하면서 마신 데서 유래하는 것이다.

이준민, <정재원 명부께 받들어 화답하다(奉和丁明府載遠)>(위와 같음)

문장은 대대로 봉황의 깃털처럼 기이한데
남쪽 지방에서 새로 비단 짜는 실을 바라보게 되었네.
작은 정각(亭閣)에서 거문고를 타니 공무가 끝남이요
빈 뜰에 꽃이 지거늘 한낮의 그늘이 더디네.
악기와 노래는 청대(淸臺)[116] 이후에 처음으로 넘치고 순후와 교화는 한보(漢輔)[117]로부터 옮겨 왔음을 알겠네.
시의 가르침을 저녁에 수레덮개를 기울이며[118] 우러러 흠모하거늘
기거하는 동각(東閣)에서 만날 때를 어기겠는가?
文章奕世鳳毛奇 南國新瞻製錦絲
小閣琴鳴公事退 空庭花落午陰遲
絃歌初溢淸臺後 淳化知從漢輔移
詩訓仰欽傾盖夕 起居東閣敢違時

이 시는 정재원 부사의 삶의 모습을 담담한 어조로 그리고 있다. 정재원 부사의 치적을, 울산 부사로서 백성에게 선정을 펼치고 울산 발전에 크게 기여하였던 청대 권상일(權相一) 이후에 처음으로 맞은 태평한 시절이고 이러한 순후와 교화는 성군으로 소문이 났던 중국 한(漢)나라의 급암(汲黯)을 본받은 것이라고 평가하고 있다. 또 이 시에서는 어진 선비를 높여 대접하는 정재원 부사의 모습을 부각하고 있기도 하다.

다음에는 정재원이 울산부사에서 진주목사로 승진하여 떠날 무렵의 시문을 살펴보기로 하겠다.

이양오, <진주로 전임하는 고을 원님께 드리다(贈州倅移任之晉州)>(필사본 『반계집』 권2)
신학성(神鶴城)[119] 머리에는 맑은 기운이 열리고

116) 청대(淸臺)는 권상일(權相一, 1679~1759)의 호이다. 1734년(영조 10년) 울산부사가 되어 구강서원(鷗江書院)을 중수하여 학문을 진흥시켰고 『학성지(鶴城誌)』를 편찬하였다.
117) 한보(漢輔)는 한(漢)나라의 보신(輔臣)으로 전한(前漢) 무제(武帝) 때의 간신(諫臣)인 급암(汲黯, ?~B.C.112)을 가리킨다. 성정이 엄격하고 직간을 잘하여 무제로부터 '사직(社稷)의 신하'라는 말을 들었다.
118) 경개(傾盖)는 길을 가다가 만나 서로 거개(車盖)를 기울이고서 이야기한다는 뜻으로, 길 가는 도중에 만나 서로 정지하고 친밀하게 이야기함을 가리킨다.
119) 신학성(神鶴城)은 울산성을 가리킨다. 울산은 옛날에 계변천신(戒邊天神)이 학을 타고 신두산(神頭山)에 내려와서 고을 사람들의 생명과 재산을 관리하였다

날아가는 신선의 그림자 아래에는 은혜로운 바람이 돌아오네.
손님 자리에서는 자주 천일주(千日酒)를 기울이고
관아(官衙) 집에서는 거듭 두 해에 걸쳐 핀 매화를 보네.
따스한 봄은 다리가 있어서 강의 서쪽으로 가 버리고
시인의 달은 정이 많아서 바다 위에서 오네.
이번 이별은 다시 만나기 어려움을 분명히 알기에
보배로운 서신을 혹시 석계(石溪) 굽이에서 부쳐도 될는지요.
神鶴城頭淑氣催 仙鳧影下惠風廻
客榻頻傾千日酒 衙軒再見二年梅
陽春有脚江西去 詩月多情海上來
此別定知難再合 珍緘倘寄石溪隈

이 시는 울산에서의 직무를 마치고 진주목사로 떠나는 정재원을 전송하면서 쓴 것이다. 이별의 안타까운 마음을 드러내기 위해 재임 시기에 만나 술을 주고받았던 사실을 소재로 삼기도 하였다.

이 시에 나오는 천일주(千日酒)는 중산(中山) 지방에 사는 적희(狄希)라는 사람이 천일 동안 빚었다는 전설상의 술로, 이 술에 취하면 천일이 지나야 깨어난다고 한다. 진(晋)나라 장화(張華)의 『박물지(博物志)』에 실린 다음과 같은 일화, 즉 옛날에 유현석(劉玄石)이라는 사람이 중산의 술집에서 천일주를 사서 마신 뒤에 깨어나지 않기에 가족들이 장사를 치렀는데, 술집 주인이 나중에야 천일주에 대한 절도(節度)를 말하지 않았음을 깨닫고 가족과 함께 가서 묘를 파 보았더니 꼭 천일이 되자 깨어났다고 한다.

마지막 부분에서는 다시 재회하기 어려운 안타까운 이별을 맞아 자기가 사는 울산의 석계에서 앞으로 서신을 통해서나마 교유를 지속하겠다는 뜻을 드러내고 있다.

한편 이준민은 정재원이 울산을 떠날 무렵에 그의 덕정을 칭송

고 전해지기 때문에 불리는 이름이다.

한 글을 지었으니 그 전문을 보면 다음과 같다.

이준민, <진주로 이임하는 정재원 명부를 전송하는 글(送丁明府載遠移任晉州序)>

울산은 다스리기 어려운 고을이다. 땅은 바닷가이고 홍수와 가뭄, 벌레와 태풍의 재해가 겹치고 풍속이 경박하여 부서(薄書)와 사송(詞訟)이 매우 번잡하며, 기근(饑饉)이 들어 포흠(逋欠)이 쌓여서 떠돌아다니며 거처를 잃은 자가 이 몇 년 사이에 극(極)에 이르렀다. 주사(舟師, 수군)·송정(松政)·힐융(詰戎)의 임무에 조금이라도 다하지 못함이 있으면 헐뜯음과 책망이 사방에서 이르기 때문에 관리가 1년에 한 번 바뀌고 어떤 경우에는 1년에 두세 번 바뀌어서 1년을 넘기는 일이 드물다. 5년 사이에 환영하고 전송한 관리가 모두 8명이나 되었으니 이런 까닭에 조정에서는 울주 지역 관리의 선임(選任)에 더욱 어렵게 여기고 신중하게 한다.

기유년(1789년) 여름 4월에 명부(明府) 정공(丁公)이 전조(銓曹)[120]의 지극한 선택으로 울산 수령의 특명을 받아서 제재와 처벌[121]의 방식을 이어받은 것 외에 안정시키고 어루만져 달래는[122] 도리를 활용하였으니, 제(齊)나라와 노(魯)나라처럼 되기를 기다리게 되어[123] 은혜와 위엄이 모두 갖추어지게 되고, 청렴과 근검(勤儉)으로 정사(政事)를 다스리니 문아(文雅)로 꾸미게 되었다. 본보기가 되는 제도와 틀은 간소함을 따르지만 척도(尺度)는 매우 엄숙하게 되어, 성신(誠信)은 돼지와 물고기처럼 미쁘게 되고 강단(剛斷)은 양자강과 황하가 터진 듯이 되었다. 이듬해에는 나라가 태평하고 풍년이 들어 집집마다 먹고 사는 것에 부족함이 없게 되니, 헤어져 흩어졌던 사람이 돌아오고 신음하던 사람들이 소생하게 되었다. 눈살을 찌푸리던 사람은 만족스러워 기뻐하고 허

120) 전조(銓曹)는 관리의 인사를 담당하는 부서. 즉 이조(吏曹)와 병조(兵曹)를 함께 이르는 말이다.

121) 승치(繩治)는 제재와 처벌을 뜻한다.

122) 진안(鎭安)은 안정시키고 어루만져 달램이다.

123) 제로(齊魯)는 중국 제(齊)나라와 노(魯)나라로서 제대로 된 도의와 법도가 갖추어진 나라를 가리킨다.『논어(論語)』「옹야(雍也)」에서 공자(孔子)는 "제나라의 습속이 한 번 변하면 노나라에 이를 것이요, 노나라의 습속이 한 번 변하면 도(道)에 이를 것이다.(子曰 齊一變 至於魯 魯一變 至於道)"라고 하였다.

리가 굽은 사람도 기분이 좋아 춤을 추게 되었으며, 늙은이는 편안하고 젊은이는 품어 주게 되었다. 아, 아름답도다. 누가 울산은 다스리기 어렵다고 하였는가?

처음에는 울산의 폐단 중에 환곡[124]보다 더 심한 것이 없었는데 이제는 환곡이 공평하게 되어 이웃과 친족간(親族間)에 소요(騷擾)가 없게 되었다. 처음에는 울산의 풍속이 서로 뒤집고 삐걱거렸는데 이제는 분쟁과 다툼이 절로 잦아들어 겸손한 태도로 점점 나아가고 있다. 문장은 두 학사(學士)가 부모님의 가르침을 받아서 그 대가(大家)다운 규범과 법도를 얻어 엿볼 수 있게 되었고, 과거 급제는 200년 동안 적막하던 땅에서 처음으로 나타나게 되었으니 또한 그 권장하던 본뜻을 이룬 것이다. 마침내 한 지역에서 스스로 금제(禁制)되어 있던 선비들로 하여금 거의 집집마다 학문을 닦고 교양을 쌓도록 하였으니, 교화를 거치고 보고 느낀 효용(效用)이 아니라면 이와 같을 수 있겠는가? 그렇다면 옛날에 다스리기 어렵다고 한 것은 울산을 다스리기 어렵다는 것이 아니라 다스림에 마땅한 사람을 얻지 못함이 아니겠는가?

아, 지금의 울산이 곧 옛날의 울산이다. 흥려(興麗)라는 이름이 드러나고 우풍(虞風)이라고 불리기도 하였다. 가정(稼亭)[125]은 그 순박(淳朴)함을 노래하였으니 추로(鄒魯)[126] 중의 한 고을이 되기에 부끄러움이 없다. 사가(四佳)[127]는 형승(形勝)을 읊었으니 형양(荊楊)[128] 사이의 아름다운 풍속이라 하여도 무방하다. 참으로 명부께서 6년 동안을 이곳에서 다 마칠 수 있다면 그 점차 옮겨가는 방도가 어떠할 것인가? 한 번 변하여 노(魯)나라의 수준에 이를 것인가?

이제 장차 진주로 관직을 옮겨감에 숙도(叔度)[129]가 찾아옴이 이렇게 더딘가 할 것이니 이곳에 머물기를 바라는 뜻[130]을 이룰 수는 없다.

---

124) 조적(糶糴)은 환곡을 꾸어 주거나 거두어들이던 일이다.

125) 가정(稼亭)은 고려 말기의 문신 이곡(李穀, 1298～1351)의 호이다.

126) 추로(鄒魯)는 공자(孔子)와 맹자(孟子)를 아울러 이르는데, 추는 맹자가 태어난 땅 이름이고 노는 공자가 태어난 나라 이름이다.

127) 사가(四佳)는 조선 초기의 문신 서거정(徐居正, 1420~1488)의 호이다.

128) 형양(荊楊)은 중국 양자강 유역의 형주와 양주로서, 양자강의 중류와 하류 지역을 두루 일컫는 말이다.

129) 숙도(叔度)는 후한(後漢) 황헌(黃憲)의 자(字)인데, 그의 도량이 매우 커서 숙도피호(叔度陂湖, 숙도의 도량이 호수와 같다)라고 불린다.

130) 차구(借寇)는 지방관의 유임을 바라는 말이다. 후한(後漢)의 구순(寇恂)이 선정

바야흐로 지금은 임금님의 교화가 동쪽으로 펴져서 우로(雨露)의 은혜가 고루 베풀어지는데, 공으로 하여금 울산에서 2년 동안 있도록 한 것도 다행이다. 영남지방의 고을 중 다스리기 어려운 것이 몇 개의 울산이 있는지 모르는데, 다만 울산에서만 6년에다가 몇 달을 더하고자 하는 것은 골고루 은택을 받지 못하도록 함이니 다른 사람의 불행을 다행으로 여김이고, 다른 사람의 행운이 되는 것을 불행으로 여김이 아니겠는가?

내가 말하기를, "그렇지 않다. 임무를 오로지 하면 책임이 이루어지나니, 비록 이것이 앞 시대의 아름다운 법규이지만 어진 일을 할 때에는 양보하지 않는다는 옛 가르침이 있으니, 내가 명부에게 6년을 바라는 것 또한 가능하지 않은가? 어느 겨를에 남의 행운을 다행으로 여기겠는가? 다만 공(公)에게 행운이 되는 것은 또한 어쩔 수 없이 그를 취한 행운인 것이다. 공은 영남 고을에서 세 번을 전직하여 고을의 목사가 되었는데, 진주 고을 또한 다스리기 어렵다고 한다. 공은 우리 고을의 방법을 헤아려서 진주로 옮겨간다면 거의 잘 다스리게 될 것이다. 이로운 재주가 깊이 뿌리박고 있고 천리마의 걸음을 조금만 펼치더라도 강우(江右)[131] 지역이 보장될 것이므로 이제부터 더욱 굳어질 것이다. 이것은 공을 위하여 축하할 만하고 또 국가를 위하여 축하할 만하다. 내가 어찌 울산 지역을 위한 사사로움으로써 공을 위하여 축하하지 않을 것이며 국가를 위하여 축하하지 않겠는가?

마침내 이를 위하여 축원하노라.
태화강의 물이 맑디맑으니
공의 은택은 그것과 함께 이어지리.
동태산(東泰山)은 높디높으니
공의 수명은 그것과 함께 높아지리.
공은 바삐 달림이 없고 또 천천하니
우리 백성들은 공을 바라보기를 아침에 허기진 듯이 하리라.[132][133]

을 베풀다 떠나자, 주민들이 광무제(光武帝)에게 그의 유임을 청원한 데서 유래한다.

131) 강우(江右)는 낙동강의 서쪽 지역이다.

132) 조기(調飢)는 아침의 공복 상태에서 느끼는 허기로, 어떤 사람이나 일을 간절

이 인용문은 정재원이 울산부사로 재임하던 시기에 울산의 민심과 풍속이 많이 안정되었다는 사실을 강조하고 있는데, 실상이 그러하였는지 아니면 그야말로 가는 사람에 대한 인정상 칭찬을 해주고 마지막에 그의 공적을 기리는 축원을 남겼는지는 확인하기 어렵다. 이런 종류의 글은 대개 오늘날의 퇴임 하례사나 혼인 주례사처럼 대상자의 장점을 부각시키는 데 초점이 놓이기 때문에 글에서 언급한 사실의 진실성 여부를 따지는 것은 사실상 무의미하다고 할 것이다.

한편 이양오는 앞에서 살펴본 정재원의 전송시에서 언급한 바와 같이, 정재원이 진주목사로 전임한 이후에 서신을 통해 편지를 보냄으로써 그 약속을 실행하고 있다.

히 바라는 것을 비유한다.

133) 蔚山難治邑也 地濱海 水旱蟲風之荐災 俗澆薄 薄書詞訟之劇煩 饑饉積逋 流離失居者 比歲極矣 以舟師松政詰戎之務 少有不盡 毁責四至 爲官者歲一遞 或一年二三易 罕有踰年 五年之間 迎送凡八官 是以朝家 於蔚州選吏也 尤難愼焉 己酉夏四月 明府丁公 自銓曹極掄 特宰蔚山 承治繩之餘 用鎭安之道 齊魯以待 恩威兩全 淸勤爲政 文雅以餙 規模從間 尺度甚嚴 誠信孚豚魚 剛斷決江河 越明年 時和年豐 家給人足 離散者還 呻吟者蘇 蹙頞者 欣欣有喜 癃疾者 洋洋蹈舞 老者安 少者懷 於休美哉 孰謂蔚之難治也 始也 蔚之爲弊 莫甚糶糴 今則糶糴公平 隣族無擾 始也 蔚之爲俗 互相傾軋 今則紛競自息 揖讓有漸 文章 則有得於兩學士趍庭之敎 獲窺其大家軌範 科第 則創出於二百年寥寂之地 亦遂其勸奬之本意 遂使一境自晝之士 幾至於家絃戶誦 非過化觀感之效 能如是乎 然則昔之難治者 非蔚之難治也 得無治之無其人耶 噫 今之蔚山卽古之蔚山也 興麗著號 虞風有穪 稼亭詠其淳朴 則無愧爲鄒魯中一邑 四佳題之形勝 則不害爲荊楊間美俗也 苟得明府六年於此得盡 其漸摩轉移之方 則何有乎 一變而至魯歟 今將移官晉州 叔度之來何暮 而借寇之願 莫遂矣 方今聖化東漸 雨露均施 使公二年於蔚 亦已幸矣 嶺邑難治者 不知幾箇蔚山 則獨於蔚山 欲其六年而加朔 使不得均霑之澤者 無乃幸人之不幸 不幸人之所幸耶 余曰 否 專任責成 雖是前代美規 當仁不讓 古訓有在 則余於明府 望其六年者 不亦可乎 何暇幸人之幸 但幸於公者 亦不得不爲之幸也 公於嶺邑 三轉至州牧 而晉之爲州 亦云難治 公以理吾州之方 移之於晉 則庶幾 利器盤錯 驥步少展 而江右保障 自此益固矣 是可爲公賀矣 亦國家之賀也 余何以蔚之私 而不爲公賀也 不爲國家賀也 遂爲之祝曰 太和之水湛湛 公澤與之涂 東泰之山嵬嵬 公壽與之高 公無疾驅且徐徐 吾民望公兮調飢如.(이준민, <送丁明府載遠移任晉州序>, 『학고유집』 권2)

이양오, <정재원 진주목사에게 받들어 부치다(奉寄丁晉州載遠)>(필사본 『반계집』 권3)

천척(千尺)은 누각 높이요 백척(百尺)은 못 깊이인데
삼푼(三分)은 자사(刺史)요 칠푼(七分)은 신선이네.
양주학(楊州鶴)[134]은 본디 천하에 없지만
방장산(方丈山)[135]은 이제 책상 앞에 있으리.
푸른 구름 속 어디에서 옥피리 소리가 날아오는가?
밝은 달빛 아래 관아에서는 거문고를 연주하리.
평소 바닷가에서 자라를 낚는 사람인데
어찌하면 서로 어울려 장쾌한 기운을 펼쳐낼 수 있을까?

千尺高樓百尺淵 三分刺史七分仙
楊州鶴本無天下 方丈山今在案前
何處碧雲飛玉笛 衙軒明月秦[136]桐絃
平生海上釣鼇客 安得相從壯氣宣

이 시는 진주목사로 있는 정재원이 높은 촉석루에 올라서 신선처럼 살아가고 있으리라는 생각을 바탕으로 진주에서의 삶을 상상해 보고, 바닷가에서 자란 시인과 함께 어울려서 신바람 나게 한바탕 놀아보고 싶다는 소망을 드러내고 있다. 그러나 정재원은 진주목사로 전임해 간 이듬해에 사망하였기 때문에 그들이 재회하지는 못한 것으로 보인다.

이 밖에도 진주목사로 재직하던 정재원이 사망한 뒤에 그 안타까운 마음을 담아 아들인 다산을 위로하는 이준민의 편지가 그의 문집에 남아 있기도 하다.

---

134) 양주학(楊州鶴) · 양주가학(楊州駕鶴)은 소식(蘇軾)의 『녹균헌시주(綠筠軒詩註)』에 나오는 고사에서 유래하여 모든 세속적 욕망을 한 몸에 다 지님을 비유한다. 옛날에 사람들이 모여 각각 뜻을 말할 때에, 양주자사(揚州刺史·楊州刺史)·부자(富者)·신선(神仙)이 되기를 바라는 사람들의 이야기를 들은 어떤 이가 허리에 돈 십만 관을 묶고, 학을 타고 양주로 올라가겠다고 하였다고 한다.
135) 방장산(方丈山)은 삼신산(三神山)의 하나로, 지리산(智異山)의 별칭이기도 하다.
136) '奏'의 잘못. (필사본)『반계집』에는 제대로 되어 있음.

4. 울산의 남매 살인사건에 대한 다산의 기록

다산은 울산을 다녀가고 난 10여 년 뒤에 기나긴 유배생활을 시작하게 되는데, 가장 오랜 세월을 보낸 곳은 바로 전라도의 강진 땅이었다. 오늘날 흔히 '다산초당(茶山草堂)'으로 불리는 곳에서 그는 수많은 저작활동을 영위하였는데, 그 중의 하나가 1819년에 저술한 『흠흠신서(欽欽新書)』이다. 이 책은 조선시대의 형옥(刑獄)과 관련한 법정(法政) 분야의 저술로서 조선의 기본 법전인 『경국대전(經國大典)』과 중국 명나라의 기본 법전인 『대명률(大明律)』에 기초한 양국의 범죄 사례를 분석한 것인데, 그 가운데 울산에서 발생하였던 한 살인사건을 자세히 분석하고 있다. 사건의 제목은 「울산 백성 견성민(堅聖民)이 그 여동생 견 소사(召史)[137]를 살해하였다(蔚山民堅聖民 殺其妹堅召史)」이다. 그 사건에 대한 보고서를 차례대로 살펴보기로 하겠다.

○ 초검(初檢)하여 보고한 문서에 다음과 같이 기록되어 있다. 이번 달 초하룻날 우리 부(府) 내의 태화강 나룻배 사공[138] 문순삼(文順三)이 고(告)하기를, "저는 집이 나루에 있는데, 앉아서 아침밥을 먹다가 나루터를 바라보았더니 어떤 사내와 아낙이 있었는데, 사내는 검은 삿갓을 쓰고 아낙은 흰옷을 입고 있었습니다. 사공을 부르지도 않고 스스로 건너다가 강 한가운데를 지나서 남쪽 언덕에 닿기 전에 그 아낙이 갑자기 물로 뛰어들었습니다. 이 사내는 구원하지 않고 언덕에 이르러 배를 대더니 급하게 도망갔습니다. 저는 놀라움을 이기지 못하고 급히 다른 배를 저어서 그곳에 이르러서 쫓았으나 간 곳을 알지 못하였습니다. 두 사람의 자취를 물을 곳이 없었사오며, 푸른 베로 만든 작은 보자기로 삼십 문(文)을 싼 보따리,

137) 소사(召史)는 성(姓)을 나타내는 명사 뒤에 붙어서 '과부'의 뜻을 나타내는 말이다.

138) 진부(津夫)는 고려·조선 시대에 관아에 속하여 있던 나룻배의 사공이다.

흰 모시 베 다섯 자, 다리 채 세 가닥, 겹저고리 한 벌, 해진 버선 한 켤레가 배 속에 떨어져 있었기에 이것을 아울러 바칩니다.” 하였다.[139]

이 인용문은 울산 주민 견성민이라는 사내가 누이동생인 견 소사를 살해한 사건을 요약한 것이다. 태화나루의 사공 문순삼이 목격한 바에 따르면, 어느 해 초하룻날 아침을 먹다 보니 어떤 사내와 아낙이 배를 저어서 태화강을 건너다가 갑자기 아낙이 배에서 떨어져 물에 빠졌는데도 사내는 구원하지 않고 그냥 강을 건너서 도망갔는데 나중에 가서 보니 배에는 ‘푸른 베로 만든 작은 보자기로 삼십 문(文)을 싼 보따리, 흰 모시 베 다섯 자, 다리 채 세 가닥, 겹저고리 한 벌, 해진 버선 한 켤레’가 남아 있음을 고발해 왔다는 내용이다.

발사(跋詞)[140]에는 다음과 같이 기록되어 있다

지금 이 견 소사의 시신은 일곱 길 깊이의 물속에 떨어져 있었는데, 건져내어 북쪽 언덕에 옮겨놓았다. 온 몸을 살폈으나 외상이나 손상이 전혀 없고 손톱에는 모래와 진흙이 끼어 있어서 익사가 분명하다. 피부와 살이 새하얗고 배가 잔뜩 팽창한 것이 모두 법문(法文)과 일치하고 나룻배 사공이 바라본 것 또한 보고 증명하고 있기에 진짜 사인을 물에 빠져 죽은 것으로 장부에 기록하며, 곽임택(郭臨澤, 견 소사의 다음 남편)과 이영신(李永愼)을 모두 불러서 보도록 하였다. 견 소사는 평일에 사납고 독하였음이 결코 거짓말이 아니다. 고부간(姑婦間)에 싸우고 부부

139) ○初檢報狀曰 今月初一日 本府內太和江津夫文順三進告云 矣身家在津頭 坐喫朝飯 望見津口 有一男一婦 男著黑笠 女著白衣 不招艄工 划般(船의 잘못)自渡是如可 旣過中流 未及南岸 那婦人忽然投水 這男子不相援救 到岸艤船 急急走了 矣身不勝驚駭 急乘他 般(船의 잘못) 到彼跟追 不知去處 兩箇蹤跡 末由採問是乎旀 船中遺落 青布小袱 裹錢三十文 白苧布五尺 髢髮三條 襦袷一事 弊襪一雙 幷此現納是白齊.(정약용, 『여유당전서』 5집 37권, 『흠흠신서』 권8, 『祥刑追議』 12, 「彝倫之殘」 4, 「嫁妹被遣 胞兄推溺 根由羞淫 實因被溺」)

140) 발사(跋詞)는 검시관이 살인의 원인과 경과 따위를 조사하여 조사서에 적어 넣는 의견서이다.

간(夫婦間)에 반목하여 효도를 하지 않고 공손하지 못하여 끝내 쫓겨나고 말았다. 마을 사람들이 모두 모여서 책임을 따지는 지경이었다고 하는데 이미 남편 집에서 쫓겨나고 또 형제들에게서도 편하지 못하여 문득 갔다가는 곧 돌아오고, 도망했다가는 또 돌아왔으니, 길에서 방황하다가 궁색하게 되어도 돌아갈 곳이 없었다. 그러므로 그 좁은 성품과 경홀한 처지에서 물에 투신하였다고 해도 괴이함이 없으나 삼년을 같은 집에서 살았으니 이미 화합하고 좋아하는 정이 있었을 것이므로 본집으로 돌아갔더라면 이렇게 옹색한 지경에 있지는 않았을 것이다. 그렇다면 또 견 여인이 익사한 것을 어찌 아는가? 반드시 곽임택에게 소박맞은 데에 말미암은 것인가? 가장 의심스러운 사람은 견성민인데, 종적에도 의심스러운 것이 많고 마음도 헤아릴 수 없다. 그 여동생의 그믐날 행적을 비록 고하지 않았다고 하지만 몰래 와서 종적을 쫓아서 기미를 알았던 듯하거늘, 버려두었던 갓난아이를 마침 데리러 왔다고 하면서 푸른 보자기를 널리 보라고 하니 사건을 온통 분별하기 어렵게 되어 버렸다. 단서를 헤아릴 수 없게 되고 광기를 내어 말하고 악행을 드러내어 떠들어 대니 또 무엇을 생각하랴? 언양현감(彦陽縣監)의 이야기 중에 참으로 옳은 바가 있다. 같은 방에 사는 남편이 어찌 모를 리가 있겠는가? 설령 그 말과 같다고 하더라도 땅을 경유하는 곧은길을 버려두고 반드시 강을 건너는 우회로를 따라간 것은 또 무슨 까닭인가? 나룻배 사공을 부르지 않고 홀로 강배를 저었고, 눈으로 그 물에 빠진 것을 보고도 당황하거나 놀라지 않았다. 바쁜 손으로 스스로 구원하려고 하지 않았을 뿐 아니라, 또 급한 소리로 구원을 청하지도 않았다. 조용하게 땅에 내려서 걸어가면서 돌아보지도 않았다. 이것이 어찌 오누이 사이의 떳떳한 인정이겠는가? 나룻배 사공이 급하게 달려갔으나 미치지 못하였고 두 여인은 장차 잡히면 꾸지람을 당하게 될 터라서 마침내 그 종적을 감추어서 간 곳을 알지 못하게 되었는데, 천하에 그 어찌 이런 일이 있는가? 만약에 오누이가 상의하여 제 생각대로 스스로 물에 빠졌다고 한다면 푸른 보자기로 싼 돈 보따리, 흰 모시, 다리, 옷과 버선을 또 어찌하여 가지고 배 속에까지 이르렀는가? 마음속으로 한 줄기 목숨을 끊으려고 몸이 만경의 물결에 나아가면서 또 어찌 남은 연민이 있어서 이 재물과 비단을 가지고 갔는가? 이렇게 보건대 견 여인의 죽음은 물에 빠져서 죽되 그 스스로 빠진 것은 아님이 또 명백하다. 대개 이러한 골육간(骨肉間)의 죽임은 반드시 아침저녁 사이에 생겨난 연고가 아니고 어린 시절의 성품과 행동에서 이미 동기간(同氣間)의 정이 상했던 것이다. 과부가 된 뒤에 수치스럽고 분하게 여긴 것은 또 정절을 잃었기 때문인데 남편 집에서 용납되지 못하자 본가로 돌아갔다. 그래서 한 집안의 우환을 일으킨다고 봄으로써 마침내 오늘의 변괴를 빚게 되었다. 강 한가운데에서 사방을 돌아보고 힘을 다하여 한 번 미니 약한 누이동생은 이에 물에 떨어졌다.

성민이 비록 살해당한 사람의 친척이라고는 하지만 정범(正犯)으로 장부에 기록하오며, 검사를 행하는 날에 즉시 기포(譏捕)[141]하라고 하였다. 초이튿날 미시(未時) 무렵에 홀연히 스스로 나타나서 그 행해진 말은 온통 숨기고 꾸며진 것들이라고 하였다. 어떤 사람은 집안에 늙은 아비가 있는데 그 화가 옮겨질 것을 염려하기 때문이라고 하고, 어떤 사람은 이웃 마을의 족당(族黨)들이 가라고 권하지 않음이 없었기 때문이라고 하였다. 그러나 밀어서 빠뜨렸다고 하는 한 마디는 절대로 인정하지 않고[142], 스스로 빠졌다고 돌리고 있다. 형구를 쓰지 않은 심문[143]에서는 결코 진실한 마음을 드러내지 않으며, 시신을 다시 검사하는[144] 관원은 언양현감으로 해 주기를 이문(移文)[145]으로 청하여 왔다.[146]

---

141) 기포(譏捕)는 조선 시대에 강도나 절도를 탐색하여 체포하던 일이다.
142) 저뢰(抵賴)는 변명을 하며 신문(訊問)에 복종하지 아니함이다.
143) 평문(平問)은 조선 시대에 형구(刑具)를 쓰지 않고 죄인을 신문하거나 그렇게 하게 하던 일이다.
144) 복검(覆檢)은 조선 시대에 한 시체를 두 번째 검증하던 일이다.
145) 이문(移文)은 옛날 같은 등급의 관아 사이에 주고받던 공문서이다.
146) 跋詞曰 今此堅召史屍身 落在水中 其深七丈 拯而出之 移置北岸 審得渾身 都無傷損 爪甲沙泥 明係渰死 皮肉純白 肚腹徹脹 皆合法文是乎遣 津夫望見 亦有看證乙仍于 實因段 以溺水致死懸錄爲乎旀 以郭臨澤, 李永愼諸招觀之 堅召史之平日悍毒 決非誣語 婦姑勃谿 夫妻反目 不孝不恭 終至被逐 里民齊會 至有論責是如乎 旣見逐於夫家 又不安於兄弟 乍去旋來 旣逃又還 彷徨道路 窮無所歸 則以其褊性忽地 投水容或無怪是乎乃 三年同室 旣有和好之情 本家遣歸 殊非迫阨之境 則亦何知堅女之渰溺 必由於臨澤之疏薄乎 最是堅聖民者 跡多可疑 心又不測 其妹晦日之行 渠雖曰不告 而潛來追後躡蹤 有若知幾是去乙 遺棄赤子 謂之適然攜來 靑袱稱以汎看 專事漫漶 莫測端緖是遣 狂氣之盛言 惡行之彰說 又何意思 彦陽之說 誠有是也 同房之郎 豈有不知之理 設如其言 不取由陸之直道 必從渡江之迂路者 抑又何故 不喚津夫 獨挐江舟 目見其溺 不慌不驚 旣不忙手而自援 又不疾聲而請救 恬然下陸 走而不顧 斯豈兄妹之常情乎 津夫急追而不及 兩女將執而被喝 遂沒其蹤 莫知去處 天下其有是乎 若云兄妹相議

이 기록은 사건을 조사해 보았더니 견 소사는 익사는 분명하지만 그것이 자살인지 타살인지 불분명함을 말한 다음, 정황으로 보아 오빠인 견성민이 살해한 것으로 짐작되지만 본인이 그것을 인정하지 않으므로 아무래도 형구를 사용하여 심문의 필요성이 요청됨을 보고하고 있다.

> ○ 이것을 살피건대 건륭(乾隆) 경술년(1790년) 4월 2일 선친께서 울산부에 있을 때 조사하여 보고한 것이다. 끝내 사실대로 말하고 말았음은 기록한 글이 없어도 알 수 있다. 그리고 그 사람이 빠뜨림을 당하였음에는 의심의 여지가 없다. 가령 견 여인이 시어머니에게 불효하고 그 지아비에게 공손치 못하며 과부로서 행동이 음란하여 온갖 악행을 갖추었다고 하더라도, 집안사람이 함부로 죽일 수는 없다. 비록 부모가 계시더라도 오히려 마땅히 죄가 있거늘, 하물며 오라비로서 누이동생을 살해하였음에랴? 과부가 수절하지 못함은 본래 죽어 마땅한 죄가 아니다. 죽을죄가 아닌데도 그 사람을 죽였으니 어찌 저촉되지 않으랴?[147]

이 인용문은 이 사건에 대한 다산의 견해를 보여주는 부분으로서, 선친이 수령으로 있을 당시에 처리한 사건에 대한 종합적 판단과 사건의 성격을 보여주는 대목이다. 비록 시집에서 시어머니에

任其自溺 則靑錢白苧髢髮衣襪 又何以携至船中乎 心判一縷之命 身赴萬頃之波 又何餘戀 携此財帛 由是觀之 堅女之死 由於投溺 而非其自溺 又明矣 蓋此骨肉之殘 必非朝夕之故 兒時性行 已傷同氣之情 孀後羞憤 又緣失節之故 而不容於夫家 還歸於本家 則看作一室之憂患 遂釀今日之變怪 中流四顧 盡力一推 而弱妹於是乎落水矣 聖民雖曰屍親 以正犯懸錄爲乎旀 行檢之日 卽行譏捕 至初二日未時量 忽自來現 其所爲言 專事粧撰 或云 家有老父 慮其移禍 或云 鄰里族黨 無不勸送 而至於投溺一節 抵賴不服 歸之自溺 平問之下 決不輸款是乎旀 覆檢官段 以彦陽縣監 移文請來.(정약용, 앞의 글과 같음)

147) ○案此乾隆庚戌四月二日 先考在蔚山府所檢報也 究竟取服 無文可知 而其爲被溺無疑矣 藉使堅女不孝其姑 不順其夫 孀而行淫 百惡具備 家人不可擅殺 雖在父母 猶當有罪 況以兄而殺妹乎 孀不守節 本非死罪 非死罪而殺之 庸得不抵乎.(정약용, 위와 같음)

게 불효하고 남편에게 공손치 못하였으며 행실이 음란하였다고 하더라도 그것을 고치지 않고 집안사람인 오라비가 사사로이 살해한 것은 엄청난 잘못이라는 입장을 표명하고 있다.

이상의 사건은 『흠흠신서』에서 다루고 있는 수많은 범죄 중의 하나이지만 다산은 선친이 재직하던 울산에서 일어난 사건이므로 다른 사건보다는 좀 더 관심을 가지고 접근했다는 것을 충분히 짐작할 수 있다.

원적산 유람의 풍류와 여유
— 반계 이양오의 「중유원적산기」 삽입 한시 —

1. 울산의 유산기(遊山記)와 이양오의 『중유원적산기(重遊圓寂山記)』148)

울산지방에는 서북쪽으로 경남 밀양과 경북 청도 사이를 경계 짓는 고봉준령이 열을 짓고 있어서 영남알프스라고 불리는 산들이 빼어난 형세와 아름다운 풍광을 자랑하고 있다. 그래서 얼핏 생각하기에는 옛날에 그곳을 찾아 올라갔던 족적을 기록한, 전국 각지 출신 선비의 탕유(宕遊) 기록이나 울산지방 선비의 유산록(遊山錄), 유람기(遊覽記), 산수유기(山水遊記) 등이 많이 전해질 것으로 생각하기 마련이다. 그러나 이상한 말로 들릴지 모르겠지만 울산지방에는 남아 있는 그런 기록이 영성한 것이 사실인데, 다만 원적산(圓

148) 이양오(李養吾)의 필사본 『반계집(磻溪集)』(이 책은 『반계선생문집(磻溪先生文集)』이라는 제목으로 경인문화사에서 한국역대문집총서 350으로 1990년에 영인 간행함) 권4에 실린 것으로, 목판본 『반계선생문집(磻溪先生文集)』 권5에는 「중유원적산록(重遊圓寂山錄)」이라는 제목으로 실려 있고 여기에는 필사본 『반계집』에 수록된 한시들이 모두 빠져 있고 부분적으로 차이가 있는 곳이 다수 있다. 필사본은 목판본보다 수록 작품이 많고, 한시들이 대개 창작 연대순으로 정리되어 있어서 작가의 생평과 관련하여 해석하기 편한 측면이 있기 때문에 본고에서는 이 자료를 이용하기로 하겠다.

寂山) 유람 기록이 몇 편 남아 있어서 그나마 아쉬움을 달래주는 형편이다.149)

원적산은 천성산(千聖山)이라고도 하는데, 경남 양산시 웅상읍과 하북면의 경계에 위치하고 있는 산으로 해발 922m의 제일봉[원효산]과 812m의 제이봉[천성산]이 있다. 천성산의 명칭은 신라의 승려 원효(元曉)가 당나라에서 온 1,000명의 승려를 『화엄경』으로 교화하여 성인이 되게 하였다는 전설에서 유래한 것으로서, 지금도 이 산에는 화엄벌이라는 이름의 능선이 존재하고 있다. 이 산은 예전에 울산과 양산의 경계를 이루고 있었고, 이 주변은 고종(高宗) 광무(光武) 10년(1906년) 행정구역의 개편으로 울산군 웅상면이 양산군으로 이속(移屬)되기 전까지는 면의 남단(南端)인 덕계리와 평산리까지(즉 현재의 웅상읍 전역) 울산 권역에 속했던 지역이었다.

이 산의 유람기 가운데 울산 선비 이양오(李養吾, 1737~1811)와 경주 출신으로 문과에 급제하여 관료로 생활하였던 남경희(南景羲, 1758~1812)의 글은 1800년 윤4월 10일 웅촌의 석계(石溪) 강당에서 만나 백일장을 심사하고, 이튿날(11일)에 그곳을 출발하여 14일에 다시 돌아오기까지의 일정을 기록한 것이다. 그 중 이양오의 글은 도중에 일행이 주고받은 한시들까지 같이 기록하여 주변 경관과 일행의 건강 상태 등 신상정보까지 알 수 있도록 해 주기 때문에 200년이 지난 지금도 그때의 여행 일정을 입체적으로 조망할 수 있다. 이양오와 남경희는 원장(院長) 임만제(任萬濟)150)와 함께 백일장

149) 이양오의 원적산 유람기는 여기에서 다루는 「중유원적산기」뿐만 아니라 이미 1791년(정조 15년) 음력 4월 20일부터 27일까지 2명의 벗과 함께 원적산 일대를 거쳐 동래 지역까지 유람하고 나서 쓴 「산해유록(山海遊錄)」이라는 글이 있다. 그러나 이 글은 문집이 편찬될 때 빠지고, 다만 초고본으로 반계의 후손댁에 소장되어 있다.

150) 임만제(任萬濟)는 생평이 자세하지 않으나, 목판본 『반계선생문집』 권1의 <무옹 지국 임만제가 시로 화답을 구하므로 추후에 운을 밟아 회포를 부치다(任

고관(考官)으로 참여하였으며, 이 산행에는 3인의 고관 이외에 박회석(朴晦錫)[151], 윤현(尹俔) 등도 참가하였는데, 그들의 4박 5일 일정을 정리하면 다음과 같다.

4월 10일: 석계 강당에서 백전(白戰) 심사하고 숙박.
4월 11일: (고야촌), 운흥사, 간향각, 사자암 숙박.
4월 12일: 조계암, 안적암, 대둔점, 불지, 성불암 숙박.
4월 13일: 원적암, (견성암), 내원사, 미타암 숙박.
4월 14일: 미타굴, 적수암 옛터, 직연, (백명, 서창, 용당, 강당으로 귀환).

이런 일정에 따라 그들은 원적산 일대를 여행하면서 아름다운 경관이나 사찰을 만나면 붓을 들어 시를 지어서 수답(酬答)하였다. 그들이 주고받은 한시를 수록한 이양오의 「중유원적산기」가 현존하기 때문에, 우리는 이 산의 아름다운 풍광뿐 아니라 여행하는 길목의 경승에서 느낀 시인의 감회까지 감상할 수 있다.

여기에서는 이양오의 기행문에 실려 있는 원적산의 경승인 운흥사(雲興寺), 불지(佛池), 내원암(內院庵), 미타굴(彌陀窟), 적수암(滴水庵) 옛터에서 읊은 한시를 살펴보되, 필요한 경우에는 일행 이외의 다른 작가나 다른 곳의 풍광을 다룬 한시도 함께 다루기로 하겠다.

2. 원적산 유람 한시의 세계

霧翁持國萬濟 以詩求和 追步寄懷)>라는 시 제목으로 보아 반계와는 매우 친밀한 관계였음을 알 수 있고, 호(號)는 무옹(霧翁), 자(字)는 지국(持國)이었다.

151) 박회석(朴晦錫)은 생평이 자세하지 않으나, 목판본 『반계집』 권1에 <문응 박회석의 애련당 시에 차운하다(次朴文應晦錫愛蓮堂韻)>라는 시 제목으로 보아 이양오와 매우 친밀한 사이였고, 자(字)가 문응(文應)임을 알 수 있다. 또 그는 노래를 잘 불렀다는 사실을 알 수 있다.

1) 운흥사(雲興寺)

운흥사지 부도. 운흥사 옛터에 남아 있는 부도와 설명문.

운흥사는 원적산의 북북동쪽에 위치하고 있는 솥발산(일명 鼎足山, 해발 748.1m)의 남쪽 기슭에 있던 사찰로서 신라의 원효(元曉)가 창건하였다고 전해진다. 고려 말에 지공(指空)이 중창하였으나 임진왜란 때 화재로 소진되고, 광해군 6년(1614년)에 대희(大熙)가 다시 세웠다가 폐사되었으나 그 연대는 분명하지 않은 실정이다. 정조 10년(1786년)본 읍지에서는 이미 폐사되었다 하였고, 순조 31년(1831년)본 읍지는 원적산에 있다고 하였으며, 고종 31년(1894년)본 읍지에서는 사찰 이름도 등재되지 않고 있으므로, 이 절이 폐사한 것은 1831년 이후일 것으로 짐작된다. 이 절에서는 불서(佛書) 개간(開刊) 사업이 매우 활발하였는데 폐사된 뒤에는 그 판목(板木)을 통도사로 옮겨 소장하고 있다고 한다.152)

152) 운흥사의 내력에 대한 이상의 사실에 대해서는 울산대학교박물관 홈페이지, 「울산의 문화재」 참조.

이런 절이었던 만큼 그들이 이곳을 찾았을 때에도 이미 건물은 퇴락하고 승려도 몇 명 남아 있지 않았던 정황을 이양오의 시를 통해서 확인할 수 있다.

어디가 운흥사인가?
고목(古木) 사이로 찾아가네.
좋은 손님을 맞는 승려는 없는데
빈 산을 지키는 부처는 남아 있네.
새 자취는 섬돌에 두루 오르고
달팽이 점액은 벽에 꾸불꾸불 올라가네.
지난날의 벗들을 추억하나니
이곳에서 함께 단란하였네.
何處雲興寺 行尋古樹間
無僧迎好客 餘佛守空山
鳥跡登階徧 蝸涎上壁盤
憶曾諸士友 於此共團欒153)

우리는 이 시를 통해서 이미 1800년 무렵에 운흥사는 퇴락할 대로 퇴락하여 승려가 살지 않고, 요사채는 사람의 손길이 닿지 않아 새와 달팽이의 차지가 되었음을 알 수 있다. 그렇지만 이양오 자신은 이곳이 젊은 시절에 벗들과 찾아와서 단란하게 어울렸던 추억의 장소였기에 지난 시절을 그리워하는 심사를 드러내고 있다. 이 시에 차운한 임만제의 작품도 황폐한 운흥사를 보면서 느낀 스산한 분위기를 그려내고 있다.

황폐한 지 오래 된 운흥사에는

153) 출전 표시가 없는 작품은 모두 이양오의 「중유원적산기」에 실린 것이다.(이하 같음)

소나무와 삼나무가 물과 대나무의 사이에 있네.
탑은 외로이 늙은 나무에 기대어 있고
요사는 고요히 빈 산에 갇혀 있네.
승려들의 흩어짐을 탄식할 만하고
불상의 벗겨짐을 또 슬퍼하네.
가을에 다시 올 것을 약속하건만
어느 날에 다시 단란해지랴?
久廢雲興寺 松杉水竹間
塔孤依古木 寮靜鎖空山
可歎緇徒迸 旋悲佛像盤
重尋秋後約 何日更團圞

이 시는 황폐한 운흥사에는 탑과 요사가 쓸쓸하게 남아 있음을 묘사한 다음, 승려들이 흩어져서 텅 빈 절이 되었음을 탄식하고 불상은 겉면과 채색이 벗겨져 있음을 슬퍼하는 마음을 남고 있다. 가을에 다시 이곳을 찾아오자고 약속을 해 보지만 함께 한 일행이 오늘처럼 다시 모여서 즐거운 시간을 갖기는 어려우리라는 아쉬움을 담고 있다. 황폐한 절간을 보면서 늘그막에 모여서 산행하는 사람들이 인생도 그것과 다르지 않다는 삶의 성찰을 담고 있다.

이양오의 기행문에는 수록되어 있지 않지만 함께 간 남경희도 운흥사에서 지은 한시를 문집에 남기고 있다.

큰 사찰은 이미 천년이 지났는데
빈 법당이 이제 몇 칸(間)뿐이네.
거친 누대에서 사람은 지팡이에 기대는데
떨어지는 햇살에 새는 산으로 돌아가네.
삼신(三身)[154]의 법좌(法座)는 쓸쓸하고

154) 삼신(三身)은 부처의 세 가지 몸으로 법신·보신·응신, 또는 자성신·수용신·변화신을 가리킨다.

팔각(八角)의 쟁반(錚盤)은 비어 있네.
그래서 호수(濠水) 가의 노인[155]이 생각나는데
문인들의 모임이 여기에서 단란하였네.
巨刹曾千載 空堂今數間
荒臺人倚杖 落日鳥歸山
冷落三身座 蒼茫八角盤
因思濠上老 文會此團欒 (남경희, <重過雲興寺有感>, 『癡庵集』 권3)

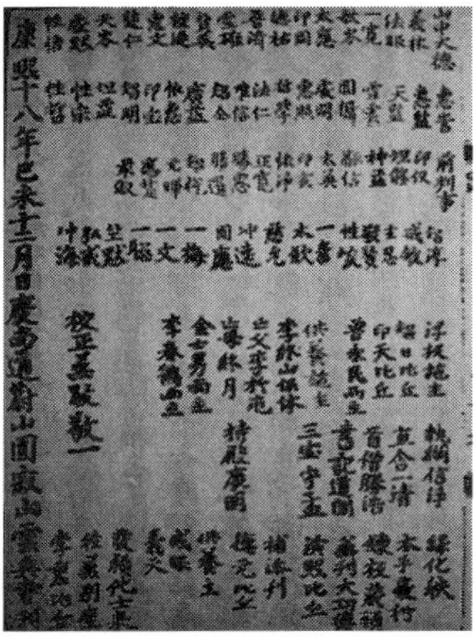
康熙十八年己未十二月日慶尚道蔚山圓寂山雲興寺刊

경상도 울산 운흥사 개판 금강경오가해 刊記. ‘강희 18년(숙종 5년, 1679년) 기미 경상도 울산 원적산 운흥사 간’으로 기록되어 있다.

이 시는 다시 운흥사를 지나면서 느낀 감회가 있어서 지은 것이라는 제목의 의미대로, 그는 이번 산행이 두 번째의 원적산 등반이었다. 그가 쓴 「재유원적산기(再遊圓寂山記)」에 따르면, 그는 이 산행이 있기 8년 전인 1792년에 그보다 10년 연상인 이헌전(李憲銓,

155) 호상로(濠上老)는 호수(濠水) 가에서 만난 장자(莊子)와 혜자(惠子)를 가리킨다. 『장자』 「추수(秋水)」에 장자와 혜자가 호량(濠梁)에서 노닐다가 장자가 물고기의 즐거움을 말하자 혜자가 물고기도 아니면서 어떻게 물고기의 즐거움을 아느냐고 물었던 고사에서 유래한 말이다. 이로 인하여 후대에 호상(濠上) 또는 호상로는 특별히 마음에 드는 일이 있어서 즐길 수 있는 곳을 비유한다.

17481～824)[156]과 함께 2박 3일 동안 원적산의 여러 암자들을 살펴보면서 내원암(內院庵)과 금봉암(金鳳庵)에서 숙박하고 원적암(圓寂庵)·성불암(成佛庵)·서암(西庵)을 관람하였다고 한다.[157] 그래서 그는 이 시의 제목에서 다시 운흥사를 찾았다고 하였는데, 시의 내용은 역시 황폐한 운흥사에서 느끼는 서글픈 심회를 표현한 다음, 지난날에 함께 이곳을 찾았던 이헌전과의 관계를 호상(濠上)에서 만나 대화를 나누었던 장자(莊子)와 혜자(惠子)에 비겨 그들의 단란했던 지난날을 추억하고 있다.

한편, 이양오는 평소에 원적산뿐 아니라 거주지인 돌내(石川)에서 멀지 않은 운흥사를 자주 찾았던 사실을 문집을 통하여 확인할 수 있다. 즉 그는 1785년에는 <운흥사에서 옛날을 생각하며 관민상인에게 주다(雲興懷古 贈寬旻上人)>(『반계집』 권2, 경인문화사, 186면)를 짓고, 1789년에는 <운흥사에 올라가서 느낌이 있기에 두보의 시에 차운하다(上雲興寺有感 次老杜韻)>(권2, 197면)를 지었으며, 1800년의 원적산 기행 이후에도 1802년에는 <「중유원적산기」를 살피다가 다시 내원암 편액의 시에 차운하다(閱重遊圓寂山記 更次內院板上韻)>(권3, 307면)를 짓고 1809년에는 <운흥사의 열두 가지를 읊다(雲興寺十二詠)>(권3, 371면)라는 7절 12수를 지었을 뿐 아니라 그의 1811년에도 <황폐한 운흥사(雲興廢寺)>(권3, 385면)라는 작품을 지었을 정도로 운흥사에 대한 그의 관심은 깊었다. 그 중 몇 수를 살펴보기로 하겠다.

---

156) 이헌전(李憲銓)은 남경희의 <만소봉이자형(挽小峯李公子衡)>(『치암집(癡庵集)』 권3)에 따르면 자가 자형(子衡)이고 호가 소봉(小峯)이다. 생몰년에 대해서는 이 시를 통하여 남경희보다 10살 연상이고 67세에 사망했음을 알 수 있다.

157) 남경희(南景羲), 「재유원적산기(再遊圓寂山記)」(『치암집(癡庵集)』, 권6) 참조. 『치암집』 권3에는 1792년에 원적산을 유람하면서 지은 한시들이 수록되어 있다.

새로 건립한 운흥사의 모습

바다도 밭이 되거늘 하물며 절간이겠는가?
지난해의 온갖 일들은 이미 묵은 것이 되었네.
법운전(法雲殿) 없어진 자리는 거미줄이 갇히고
백월당(白月堂) 남은 터는 사슴 먼지로 가려졌네.
그 속에 외로운 등불은 푸르게 꺼지지 않았건만
귀의하려는 여러 부처들은 찡그린 듯 말이 없네.
들리는 몇 가닥 옥경(玉磬) 소리만 매우 맑을 뿐인데
수풀 아래에서 나는 아직도 한 사람을 보네.
海亦爲田況爾寺 前年萬事已成陳
法雲殿廢封蛛網 白月堂墟漲鹿塵
中有孤燈靑不滅 南無諸佛嘿如顰
數聲玉磬偏淸耳 林下吾猶見一人 (이양오, <雲興懷古 贈寬旻上人>, 『반계집』 권2)

동남쪽의 형승은 운흥사가 으뜸인데
천년 묵은 유명한 가람이 하루저녁에 무너졌네.
산 그림자 속에 스물네 개의 다리 위로
두세 명 승려가 때대로 왕래하네.
東南形勝最雲興 千古名藍一夕崩
二十四橋山影裏 時時來往數三僧 (이양오, <雲興廢寺>, 『반계집』 권3)

이 두 작품은 융성하던 운흥사가 황폐화된 데 대한 안타까운 마음을 드러내고 있다. 앞의 시에서 운흥사에는 법운전과 백월당이 있었음을 알 수 있고, 뒤의 시에서는 황폐해진 뒤에도 운흥사에는 두어 명의 승려가 남아서 빈 절을 지키고 있었음을 알 수 있다.

이 지역 출신이 아닌 인물로서 운흥사 경승을 읊은 인물로는 이만부(李萬敷, 1664～1732)를 들 수 있다. 그는 1727년 겨울에 동해 바닷가인 울산에 머물면서 반구대(盤龜臺), 동축사(東竺寺), 통도사(通度寺), (원적산) 대둔사(大芚寺)와 금수굴(金水窟), 운흥사를 탐방한 기록을 남기고 있다.[158] 그 중 운흥사를 찾아서 지은 작품은 다음과 같다.

원적산을 지나니 그 사이가 평탄하다가 또 고개이더니
불현듯이 동쪽에 운흥사가 있네.
무지개 같은 다리는 날아서 골짜기 길로 통하고
소라껍데기 같은 산들은 모여서 절을 호위하네.
수레 주변에는 구름기운이 아득하고
소매 속에서는 바람이 제멋대로 일어나네.
고요한 밤에 편안히 쉬고 나니
밝은 달빛 속에 승려 같은 기분이 도네.
圓寂間而峙 雲興據有東
虹飛通澗道 螺簇衛禪宮
漠漠輿邊靄 揚揚袖裏風
靜宵安歇後 僧氣月明中 (이만부, <轉訪雲興寺>, 2수 중 둘째 수)

이 시는 원적산의 동쪽 자락에 자리 잡고 있는 운흥사의 위치와, 절간 앞의 골짜기 길과 절을 둘러싸고 있는 산들의 형세를 말한 뒤

158) 이만부(李萬敷), 『식산집(息山集)』『별집(別集)』 권3, 「지행록(地行錄) 9」 참조. 여기에는 기문(記文) 1편, 잡시(雜詩) 20수가 기록되어 있다.

에 시인이 느끼는 탈속한 느낌을 나타내고 있다. 수레 주변의 아득한 구름기운과 소매를 떨치는 신명난 바람은 운흥사에서 맛보는 또 다른 재미이기도 하지만 고요한 달밤에 편히 쉬고 난 다음에 느껴지는 승기(僧氣)는 이곳이 탈속한 세계임을 말해주고 있다. 마치 승려가 된 듯이 느끼는 기분은 속세의 모든 욕심과 명리에서 벗어난 사찰 공간에서 얻을 수 있는 최상의 소득이라고 하겠다.

2) 불지(佛池)

불지는 금수굴(金水窟)이라고도 불리는 원적산 명소 가운데 하나이다. 『울산읍지』에 "(금수는) 원적산에 있는데 불지라고도 부른다. 물이 가물어도 차거나 줄어들지 않는데, 황금색이 물의 표면에 뜨고 오랫동안 마시면 습기를 고칠 수 있다."고[159] 설명하고 있다. 이곳은 예로부터 기이하다고 전국적인 명성을 얻고 있었다.

이만부는 <금수굴(金水窟)> 시의 서문에서 "대둔사에서 동쪽으로 원적봉을 올라가면 돌구멍이 있는데, 물이 구멍에 가득하고 가물거나 장마에도 늘어나거나 줄어듦이 없으며 수면은 금빛으로 덮여 있다. 일명 불지라고도 하며 그 옆에 작은 암자가 있다."고[160] 하고 다음과 같이 읊었다.

깎아지른 벼랑을 거쳐 하늘로 올라가서
깊숙한 구역을 마음대로 찾아보네.
문득 옥 같이 빼어난 모습에 기댈 수 있거늘
금빛 빛깔이 뜬 물을 보아서 무엇하리요?

---

159) 在圓寂山 一名佛池 水旱不能盈縮 金色浮水面 久飮能治濕.(『울산읍지(蔚山邑誌)』 1934년본, 권1, 「고적(古跡)」, '금수(金水)')

160) 大屯東上圓寂峰 有石穴 水滿穴 旱潦無加減 水面被金色 一名曰佛池 傍有小庵.(이만부, 앞의 책, 같은 곳)

안개를 불러내면 깊은 숨은 용이 일어나고
바위를 타넘으면 엎드린 귀신이 근심하리.
내 몸이 얼마나 높은 곳에 있기에
나막신 아래로 얼어붙은 구름이 흐르는가?
絶巘攀天上 幽區恣意搜
忽能憑玉立 何有窺金浮
喝霧深龍起 跨巖伏鬼愁
吾身高幾許 屐底凍雲流

이 시에서 이만부는 금수굴이 매우 높은 바위산의 정상 부분에 위치하고 있음을 그려낸 다음, 자기의 발 아래로 얼어붙은 듯한 구름이 흘러가는 모습에 경탄하고 있다. 또 거대한 바위 굴 속에 고인 금빛 샘물에서 느낀 자연의 경이감을 표현하고 있다.

또 이양오보다 후배이기는 하지만, 실사구시(實事求是)의 정신을 바탕으로 우리나라 금석학(金石學)의 초석을 마련했던 김정희(金正喜, 1786~1859)는 전국의 유명한 샘을 대상으로 한 <자오천(子午泉)> 시에서 불지 샘을 이품(異品)이라고 극찬하였다.

우리나라는 구주(九州) 바깥에 있지만
기이한 승경(勝景)을 누구에게 양보하랴?
열양(洌陽, 한양)과 한(馯, 東夷)의 지역에는
샘 또한 형상이 다양하다네.
불지는 기이한 물품이 솟아서
금설천(金屑泉)과 같은 등급이네.
吾邦九州外 奇勝誰與讓
洌陽及馯域 於泉亦多狀
佛池湧異品 金屑相儕行 (下略) (김정희, <子午泉>, 『阮堂集』 권9)

이 시에서 김정희는 우리나라의 샘이 중국의 그것에 결코 뒤지지 않는데, 그 중에서도 불지는 기이한 물품이 솟아서 중국 섬서성 남전현(藍田縣)에 있는 망천(輞川)의 '금설천(金屑泉, 금가루 샘)'과 같은 등급이라고 극찬하고 있다. 그는 자주(自註)에서, "양산의 원적산에는 불지가 있는데 다른 이름은 금수굴이라고 한다. 굴속이 모두 금가루여서 저 망천(輞川)의 금설천과 서로 같은 것 같다."고 밝히고 있다.

이처럼 불지는 아름답고 기이하기로 소문난 곳이었던 만큼, 이곳을 유람한 이양오 일행이 그냥 지나치지 못하고 들렀을 것임을 쉽게 짐작할 수 있다. 이양오와 남경희는 기행문에서 각기 불지에 대해 다음과 같이 기술하고 있다.

> 모두 "불지의 청신한 감상에 흥을 돋울 것이 없어서는 안 된다."라고 하기에, 승려를 불러 술병을 가지고 앞서 가게 하였다. 그 산은 깎아지른 듯 선 것이 천 자나 되는데 실제로는 하나의 큰 바위이다. 못도 바위 속의 물인데, 그 빛깔은 아래가 옥색이고 위가 금빛이다. 그 근원은 솟아나지 않고 저절로 떨어지는데 마시면 매우 맑고 차며, 물은 가물어도 넘치거나 줄어들지 않는다. 바위 속에 쇠가 있고 쇠 속에 액체가 있으며, 액체가 쌓여서 못이 된 것으로 생각되었다. 못의 물에 금빛이 있게 되었으니 이치가 참으로 그런 것이다. 승려가 술을 권하기에 바위 위에 모여 앉아 잔을 주고받으며 다 마시고 전복을 찢어서 씹었다. 또 문응에게 노래 부르기를 청하니 그 소리가 솔바람과 서로 높았다 낮았다 하니 족히 관악기나 현악기인 듯하였다. 중은이 나를 돌아보며, "이처럼 아름다운 곳에서 시가 없어서야 되겠습니까?"라고 하기에, 나는 "좋지요."라고 대답하였다.161)

---

161) 咸曰 佛池淸賞 不可無助興者 呼僧持壺前行 越溪仰嶺 嶺峻當面而立 十步一休 旣踰 南下西迤 至佛池 其山削立千尺 而實一大石 池亦石中水 其色下玉而上金 其源不涌而自滴 飮之極淸冽 水旱無盈縮 意者石中有鐵 鐵中有液 液積而爲池 池水之有金色 理所固然 僧進酒 聚坐石上 酬酌而盡 裂鰒而嚼 又請文應歌之 其聲與松風相上下 足當管絃 仲殷顧余曰 如此佳處 可無詩乎 余曰 諾.(李養吾, 「重遊圓寂山記」)

> 어떤 사람이, "불지의 청신한 감상에 술이 없으면 안 되지요."라고 하여, 승려에게 술병을 가지고 앞서 가게 하였다. 남쪽으로 높은 고개를 넘으니 서쪽에 천척(千尺)의 깎아지른 절벽이 보였는데, 높다란 모양이 마치 서로 알아보는 듯하였다. 그 구멍에는 물이 있는데, 고여 있지도 않고 흐르지도 않았다. 다만 방울방울 아래로 떨어지는 것이 보였는데, 이른바 불지였다. 땅에 가득하게 누런 금이 깔린 듯하여 매우 괴이하였다. 용회[이양오의 字]가 "돌 속에 있는 쇠가 녹은 듯한데 이치가 혹시 그렇습니까?"라고 하였다. 승려가 술을 따르고, 문응이 노래 몇 곡을 부르다 보니 해가 저녁이 되었다.162)

이 두 인용문을 통해서 보면, 산행에 참가하였던 모든 이들이 불지의 빼어나고 신기한 모습에 감탄한 나머지 다들 술을 마시면서 노래에 능한 사람의 노래를 듣고, 또 시를 지어서 기이한 승경을 본 뒤의 마음속의 환희를 표현하였다. 이때의 감격을 잊지 못하고 이양오는 뒷날 「금수해(金水解)」라는 글을 짓기도 하였다.

이제부터는 이처럼 기이한 모습을 보여준 불지에서 지은 시를 살펴보기로 하겠다. 먼저 이양오의 작품을 보자.

> 깊은 산의 빼어난 경치를 찾아
> 가고 또 가서 골짜기로 들어가네.
> 구름을 헤쳐 바위 길을 찾아내고
> 구멍을 살펴 황금 샘물을 마시네.
> 시골 주점에서 술을 시켜 마시고
> 사찰 집에서 평상을 빌려 자네.
> 줄을 지어서 누런 대추나무 지팡이를 짚고
> 푸른 나무그늘 가에서 시를 주고받네.
> 獵景山深處 行行入洞天

162) 或曰 佛池淸賞 不可無酒 命僧携壺前行 南踰峻嶺 西見千尺削石 偃蹇如相識 其竇有水 不源不流 但見滴滴下墜 所謂佛池也 滿地黃金 甚怪 用晦曰 石中鐵液 理或然歟 僧酌酒 文應歌數闋 日且夕矣.(南景羲, 「再遊圓寂山記」)

披雲尋石徑 窺竇嗽金泉
邨店呼罇飮 僧房借榻眠
聯翩黃棘杖 酬唱綠陰邊

이 시는 일행이 원적산의 빼어난 경치를 찾아 길을 떠난 이래의 그들의 행적과 일정을 소개하고 있다. 구름을 헤치면서 길을 찾는 과정과 굴지에서 황금 샘물을 마신 일은 방금 일어난 것이지만, 시골 주점 곧 대둔점(大芚店)에서 술을 사서 마신 일과 절간에서 평상을 빌려서 잔 것은 이미 지난 일정이었다 그런 와중에서도 일행은 즐겁게 푸른 숲속의 그늘 아래서 시를 주고받고 있음을 드러내고 있다. 산길을 여행하는 고달픈 일정 중에도 즐거움이 있음을 마치 처음 소풍을 나온 어린 학생처럼 표현하고 있다. 그는 이 여행보다 11년 전인 1789년 4월에도 이 산을 여행하면서 쓴 시 <원적산을 유람하다(遊圓寂山)>163)를 남기기도 하였다.

다음에는 이때 함께 지은 작품들을 살펴보기로 하겠다.

맑고 화창하여 좋은 시절에
손을 잡고 별천지로 들어가네.
자주 앉음은 바위를 만나기 때문이요
천천히 감은 샘물소리를 들으려 함이네.
바람에 불리는 옷깃은 돋은 날개 같은데
소리 나는 그림은 잠든 용과 흡사하네.
해질 녘에 오르기를 그만두고
산 속 언저리에서 승려를 찾네.

---

163) 원적산에서 나그네는 진원(眞源)을 찾는데, 청화(淸和)한 4월의 날씨라네. 대지팡이로 나무 그늘을 뚫고, 나뭇잎으로 산의 샘물을 마시네. 바위 위에서는 누런 날다람쥐가 달아나고, 소나무 사이에서는 흰 두루미가 졸고 있네. 중을 만나 앞길을 물어보니, 멀리 푸른 구름 가를 가리키네.(圓寂尋眞客 淸和四月天 竹節穿樹影 木葉飮山泉 巖上黃鼯走 松間白鶴眠 逢僧問前路 遙指綠雲邊: 李養吾, <遊圓寂山>, 『磻溪集』 권3, 200면)

清和好時節 攜手入壺天
屢坐因逢石 徐行爲聽泉
風襟如羽化 聲畫逼龍眠
落日登臨罷 尋僧紫翠邊 (남경희)

남경희의 시는 원적산 절경을 호중천(壺中天), 즉 후한 때의 여남(汝南)의 저자에서 약을 팔면서 지붕 위에 걸어 둔 항아리 속에 들어가서 쉬었다고 하는 두고 저자가 파하면 뛰어서 그 항아리 속으로 들어갔다고 하는 호공의 고사를 이끌어 와서 별천지에 비기고 있다.

바위가 좋아서 자주 앉아서 쉬고 샘물소리를 들으려고 천천히 가는 일행의 거동 묘사뿐 아니라, 신선의 날개처럼 펄럭이는 옷깃과 잠든 용과 흡사한 아름다운 산천의 모습을 소개한 다음, 날이 저물면 절간을 찾아 쉬어가는 그들의 느긋한 산유(山遊)를 드려내고 있다.

진원(眞源)을 찾는 늙은 나그네는
원적산 골짜기에 있네.
빽빽한 숲에는 다투어 새가 울고
열린 바위에는 또 샘물이 솟네.
술집에서는 술을 사서 마시고
절간에서는 등불을 짝하여 자네.
바다와 그다지 멀리 떨어지지 않아
삼신산 주변이 아득하고 어렴풋하네.
尋眞遲暮客 圓寂洞中天
林密爭號鳥 巖開又湧泉
杏村沽酒飲 蓮社伴燈眠
去海無多地 三山縹緲邊 (임만제)

임만제의 시는 원적산의 진원(眞源)을 찾아 나선 늙은이들의 눈에 비친 모습과 그들의 행동을 소개하고 있다. 새가 다투어 우는 빽빽한 숲과 샘물이 솟는 열린 바위는 자연의 승경이고, 술을 마시는 술집과 등불을 짝하여 자는 절간은 그 속에 있는 인공물이다. 게다가 이곳은 동해와 멀지 않은 곳이기 때문에 아득히 삼신산이 보인다고 하여, 이곳이 선경임을 또 한 번 강조하면서 시를 마무리하고 있다.

나는 인간세계에서 왔는데
산 속에 별천지가 있네.
봉우리마다 흰 옥으로 꾸미고
골짜기마다 맑은 샘물을 걸어 놓았네.
동틀 무렵에 금수에서 물 마시고
땅거미 질 때쯤 미타암에서 잠자리.
동남쪽의 명승지를
아득히 한 길 몸 주위에 부치네.
我自人間至 山中別有天
峯峯糚白玉 谷谷掛淸泉
金水平明飮 彌陁薄暮眠
東南名勝地 謾付丈身邊 (윤현)

윤현의 시는 인간세계와 떨어진 별천지 같은 원적산 절경 속을 여행하는 시인의 감회를 그려내고 있다. 흰 구슬로 꾸며진 하얀 옥으로 꾸며진 봉우리와 폭포수로 장식한 골짜기로 대표되는 원적산의 전체적 모습에다가, 이른 아침에 금수에서 물을 마시고 저녁 무렵에는 미타암에서 잠잘 것이라는 전망을 담고 있다. 조선 전역의 동남방에서 아름답기고 소문난 이곳의 절경을 아득히 자기 한 몸 주위에 늘어놓은 듯한 데서 오는 장쾌한 감회를 드러내고 있다.

이처럼 불지 주변의 경치는 원적산 유람의 핵심이면서 또 지리적으로도 원적산의 중심부에 위치하고 있다는 점을 중시하여, 유람객들은 대개 이곳의 경치를 원적산의 경치를 대표하는 것으로 이것들을 동일시하는 경향을 보여주고 있다.

3) 내원암(內院庵)

내원암은 경남 양산시 하북면 천성산의 자락에 위치하고 있는 절로서 신라 문무왕 때 원효가 창건하였다고 한다. 조선 인조(仁祖) 24년(1646년)에 의천(義天)이 중건하고, 1898년에는 유성(有性)이 수선사(修禪社)를 창설하고 내원사로 개칭한 뒤 선찰(禪刹)로 남아 있다. 한국전쟁 때 소실된 뒤 1955년에 비구니 수옥(守玉)이 재건하여 현재는 비구니 수도선원으로 알려져 있다.

내원사 앞에 세워진 '천성산 내원사 일원(千聖山 內院寺 一圓)'에 대한 안내판에는 다음과 같이 기록되어 있다.

> 시원한 계곡과 아름다운 산세를 자랑하는 이곳 천성산(千聖山)은 뛰어난 자연 경관만큼이나 많은 유적과 재미있는 전설을 간직하고 있다.
> 673년(신라 문무왕 13)에 원효대사(元曉大師, 617~686)가 참선(參禪)에 들어가 중국 대륙을 바라다보았다. 그런데 당나라 태화사(太和寺)라는 절의 1천 대중이 장마로 무너져 내린 흙더미에 묻힐 순간에 있었다. 대사는 그것을 보고 판자를 던졌다. 그곳 대중들이 공중에 떠있는 이상한 판자를 보고 신기하게 여겨 법당에서 뛰어나오자, 뒷산이 무너져 내렸다. 그런데 판자에는 '원효가 판자를 던져 대중을 구하다'(曉擲板救衆)라고 적혀 있었다. 그리하여 1천명의 대중이 원효를 찾아와 제자가 되었다. 원효가 그들이 머물 곳을 찾아 내원사 부근에 이르자, 산신이 마중 나와 지금의 산신각(山神閣) 자리에 이르러 사라져버렸다. 이에 원효는 이 일대에 내원사를 비롯한 89암자를 지어 1천명의 제자를 머물게 하였다. 그리고 천성산 정상 부근에 큰 북을 달아놓고 북을 쳐 산 내의 제자들을

불러모아 설법을 열고, 제자들에게 화엄경(華嚴經)을 강론(講論)하였다. 이때 화엄경을 가르친 자리를 '화엄벌'이라 하며, 북을 친 곳을 '집북봉'이라고 한다. 또 산을 오르던 중생들이 칡넝쿨에 걸려 넘어지는 일이 잦자, 원효는 산신령을 불러 칡넝쿨을 없애게 하였다. 그래서 오늘날에도 천성산에는 칡넝쿨이 없다고 한다. 이후 원효 밑에서 수도한 1천의 제자들은 모두 성인이 되었다고 한다. 때문에 산 이름도 '천성산'이 되었다고 한다.

지금도 이곳 천성산 일대에는 내원사를 비롯해 원효가 세웠다는 안적암(安寂庵), 노전암(爐殿庵) 등 여러 암자가 흩어져 있다.

내원암이 내원사로 개명된 현재의 모습. 좌측으로 선해일륜(禪海一輪)이라는 현판이 보인다.

이처럼 연원이 깊은 사찰인 만큼 이 암자는 예로부터 많은 시인 묵객들이 찾아와서 쉬어가던 곳이었음은 미루어 짐작할 수 있다. 일행 중 한 사람인 남경희는 이미 1792년에 이곳에서 시 2수를 지었는데 그 중 한 수를 보면 다음과 같다.

개 이빨처럼 교차된 골짜기는 형세가 이어진 듯한데
뚫고 오니 골짜기 속에 별천지가 있네.
암자가 끊어진 봉우리에 의지하니 구름은 응당 잘 테고
길이 높은 벼랑에서 굽어 있으니 말은 앞으로 가지 못하네.
많은 나무들이 담장을 둘러서 깊숙함을 더하고
층진 바위가 출입구에 닿아서 높고 견고함을 깨닫네.
산에 가득한 바람과 눈에 뜻이 은근하지만
다만 은거지로 취하고 싶을 뿐 어찌 선(禪)을 사랑함이랴?
亂峽交牙勢若連 穿來別是洞中天
庵依絶巘雲應宿 路轉危崖馬不前
衆樹圍墻添邃密 層巖當戶覺高堅
滿山風雪慇懃意 只取冥棲豈愛禪
(남경희, <與小峯李公子衡憲銓遊千聖山 到內院呼韻>, 『치암집』 권3)

이 시에서 남경희는 내원암 주변 산수의 절속한 분위기에 심취하여 이 주변을 은거지로 생각한 적도 있음을 밝힐 만큼 이곳은 산세가 깊고 아름다운 곳이었다.

그들 일행이 내원암에서 지은 시는 자신들의 감상을 즉흥적으로 드러낸 작품과 누각 위에 걸린 편액(扁額)의 시에 차운한 것으로 나누어지는데, 먼저 전자(前者)를 살펴보기로 하겠다.

길은 바위틈으로 들어가는데
사람은 그림 속에서 걸어가네.
묵은 안개는 봉우리마다 개고
때를 만난 새는 곳곳에서 우네.
중은(仲殷)의 글 솜씨는 산을 흔들고
문응(文應)의 노래 소리는 구름을 멈추네.
걸음마다 기이한 경치를 즐기고
흐르는 물에 나아가 속세의 마음을 씻네.
路從巖罅入 人在畫中行

宿霧峯峯歇 時禽處處鳴
仲殷搖嶽筆 文應遏雲聲
步步耽奇勝 臨流浣世情 (이양오)

이양오는 이 시에서 아름다운 자연의 경치와 홍취뿐 아니라 일행의 장기(長技)가 함께 어우러짐으로써 더욱 멋진 여행이 되고 이곳의 풍취가 의미를 지니게 되었음을 표명하고 있다. 즉 남경희의 글 솜씨와 박회석의 노래 솜씨는 산을 멈추고 구름을 흔들 만큼 빼어나기 때문에 아름다운 자연과 어울려 더욱 멋진 풍류가 됨을 지적하고 있다. 그렇기 때문에 그들 일행은 걸음마다 기이한 경치를 즐기면서 계곡에 흐르는 물에 나아가서 세속에 찌는 마음을 씻어낸다고 하였다.

벼랑을 오르거나 골짜기를 건너서
거닐며 쉬다가 또 한가로이 가네.
숲이 빽빽한데 절은 어디 있는가?
날이 더딘데 종은 울리지 않네.
구름 근처에서 사슴 자취를 알고
잎새 너머에서 꾀꼬리소리를 듣네.
특별히 은거하겠다는 기약을 거듭하나니
안개와 놀은 정감이 있는 듯하네.
緣崖或度谷 流憩復閒行
林密寺何在 日遲鐘未鳴
近雲知鹿跡 隔葉得鶯聲
特地幽期再 煙霞若有情 (남경희)

남경희는 이 시에서 일행의 느릿한 일정을 소개한 다음 자연 속에서 찾을 수 있는 사슴 자취와 꾀꼬리소리 등 속세에서 벗어난 듯한 정감을 느낄 수 있는 제재를 동원하여 이곳이 특히 자기의 마음에 맞는다는 사실을 표명하고 있다. 결국 미련(尾聯)에서는 8년 전에 이곳을 찾아 표명했던 은거하고 싶은 마음 것이 지금까지 변하지 않고 있다는 사실을 강조하고, 그렇기 때문에 무심한 안개와 놀조차도 마치 정이 있는 듯이 느껴진다고 하였다.

어제 운흥사 골짜기에서 자고
서쪽으로 십 리를 올라왔네.
연기는 흩어지는 새벽의 푸른 산빛을 따르고
바람은 울리는 한낮의 종소리를 보내네.
푸른 잎은 맑게 감상할 만한데
노란 꾀꼬리는 또 좋은 소리를 내네.
꽃과 강물 속에서 돌아가는 나그네는
헤어지며 마치 정감을 표하는 듯이 하네.
昨宿雲輿洞 西登十里行
煙隨曉翠散 風送午鍾鳴
綠葉堪淸賞 黃鸝又好聲
花江歸去客 臨別若爲情 (임만제)

임만제는 이 시에서 어제 출발하여 운흥사에서 자고 다시 서쪽으로 원적산을 십 리 가량 올라와 있는 현재의 상황을 이야기 한 다음 흩어지는 연기와 종소리를 실어 오는 바람, 산에 펼쳐진 푸른 잎과 듣기 좋은 꾀꼬리 울음소리 등이 산행 중에 보고 들은 것임을 말하고 있다. 꽃과 강물 속에서 노닐던 사람들은 다시 속된 세상으로 돌아가면서 마치 정감을 표하는 듯 아쉬워하고 있다고 하여 이곳을 떠나면서 느끼는 아쉬움을 표현내고 있다.

다음에는 내원사의 누각에 걸린 편액 속의 시에 차운한 작품을 보기로 하겠다.

골짜기를 걸을 때는 한창 뜨겁더니
누각에 앉아서 나그네는 돌아감을 잊네.
구불구불한 개울은 소리 내는 거문고요
겹치고 겹친 산은 살아 있는 그림이네.
시를 읊노라니 흰 머리카락이 부끄러워
술을 따라서 붉은 얼굴을 빌리네.
곳곳이 모두 아름다운 경치인데
푸른 수풀 사이에 그늘이 깨끗하네.
谷行時正熱 樓坐客忘還
曲曲鳴琴澗 重重活畫山
吟詩慙白髮 酌酒借朱顔
到處皆佳境 淸陰綠樹間 (이양오)

이양오의 이 시는 뜨거운 윤사월의 햇살과는 달리 누각 속의 분위기는 매우 상쾌함을 드러낸 다음, 거문고처럼 자연의 소리를 내는 개울과 살아 움직이는 그림처럼 아름다운 산의 모습을 그려 내었다. 시를 짓는 자신의 모습이 늙었음을 부끄러워하면서 그것을 숨기기 위해 술을 마신다고 하면서 이 아름다운 자연 속에서도 더욱 청신한 곳은 바로 나무숲 그늘이라고 밝히고 있다.

이 시를 짓고 난 다음해에 이양오는 자기의 기행문을 살펴보다가 다시 이 시에 차운한 작품을 지었는데 그 시의 전문은 다음과 같다.

신선의 골짜기는 겹겹이 먼데
봄빛은 곳곳에 돌아오네.
별천지에서 아름다운 시 구절을 얻고
소매 속에는 이름난 산이 있네.
새소리를 들으니 새로운 말이 많은데
승려를 만나도 아는 얼굴이 적네.
속된 일을 잊은 그대를 부러워하나니

흰 구름 사이에 높이 누워 있다네.
洞府重重闢 春光處處還
壺中得佳句 袖裏有名山
聽鳥多新語 逢僧少舊顔
羡君忘俗物 高臥白雲間
(이양오, <閱重遊圓寂山記 更次內院板上韻>, 『반계집』 권3)

이 시는 깊은 산 속에 있는 내원암에 찾아왔을 봄의 정취를 상상하면서 별천지 같은 그곳에서 시를 짓고 아름다운 풍광을 즐겼던 일과, 신선한 새소리에 비해 낯선 승려들의 얼굴을 떠올리면서 지은 작품이다. 그러면서 지은이는 속된 일을 잊고 흰 구름 사이에 제멋대로 누워서 사는 그곳의 은자의 삶이 세속에서 부대끼며 사는 자기보다 훨씬 낫다고 생각하며 부러워하는 마음을 드러내고 있다.

내원암은 갇힌 듯이 깊숙한데
한가로운 구름이 절로 오고가네.
작은 누각은 이른 더위를 물리치고
이웃한 풍경은 앞의 산에 걸려 있네.
대지팡이의 나그네는 낯설지 않고
바위 벼랑의 모습은 아직 그대로이네.
어찌하면 시내 한 굽이를 나누어서
세 칸 집을 덧붙여 지으랴?
內院深如鎖 閒雲自往還
小樓排早熱 隣磬掛前山
竹杖非生客 巖屛尙舊顔
那分溪一曲 添置屋三間 (남경희)

남경희의 이 시는 산에 둘러싸인 내원암의 하늘에는 구름이 오가는데 누각은 이른 더위에도 시원하고 옆 건물의 풍경이 앞산에 걸려 있음을 그려내고 있다. 대지팡이 짚은 나그네의 모습은 낯설지 않고 벼랑의 모습도 옛날에 보았던 모습 그대로라는 사실을 내세워서, 이 계곡 한 모퉁이에 세 칸짜리 작은 집을 짓고 은거하고 싶은 마음이 있음을 재삼 확인하고 있다. 기행문에 실린 이 시 외에도 그의 문집에는 이때 지은 작품 한 수를 더 수록하고 있는데, 그 시는 앞에서 살펴본 이양오의 작품과 표현 및 내용의 양 측면에서 매우 흡사한 것을 알 수 있다. 이것은 아마 이 산행 중 자기의 시와 함께 이양오의 작품 초고를 기록해 놓았다가 나중에 그것을 자기의 작품으로 착각하여 수정해 놓은 것을 그 뒤 문집의 원고 속에 잘못 편입한 것으로 보인다.[164]

금수굴의 기이한 경관을 본 뒤
견성암(見性庵)을 찾아갔다가 돌아오네.
이리저리 파란 개울을 올라가고
멀리멀리 푸른 산을 넘네.
새는 시인의 흥취를 불러일으키고
봄은 취한 사람의 얼굴에 머무네.
어디쯤이 내원암인가?
흰 구름 사이에 있음을 아네.
金水奇觀後 因尋見性還
徘徊緣碧澗 迢遰越蒼山
鳥喚詩人興 春留醉客顔
那邊內院是 知在白雲間 (임만제)

164) 두 작품의 비교를 위하여 이 시의 번역문과 원문을 제시하면 다음과 같다. 산길을 갈 때는 한창 더웠는데, 누각에 앉으니 나그네는 돌아감을 잊네. 굽은 것은 다 천 바퀴 도는 물이요, 푸른 것은 모두 사면의 산이네. 시를 읊노라니 흰 머리카락이 부끄러워, 술을 따라서 붉은 얼굴을 빌리네. 가고 갈수록 점점 경치가 좋아지니, 푸른 수풀 사이에 그늘이 깨끗하네.(山行時正熱 樓坐客忘還 曲曲千回水 蒼蒼四面山 吟詩慚白髮 酌酒借朱顔 去去逾佳境 淸陰綠水間, 남경희, <內院庵 次板上韻>, 2수 중 첫째 수, 『癡庵集』 권3)

임만제의 이 시는 내원암을 찾아오기까지의 경로에 초점을 맞추고 있다. 금수굴을 구경하고 견성암을 거쳐 온 과정을 소개하고, 그 사이사이에 있는 개울과 산 능선을 넘다보니 그곳에는 시흥을 불러일으키는 산새와 취한 얼굴처럼 붉게 빛나는 봄꽃이 강한 인상으로 남아 있음을 보여주고 있다. 그런 과정을 거쳐서 오니 내원암이 흰 구름 사이에 숨어 있다고 함으로써, 행인에게 쉽게 진면목을 드러내지 않고 숨은 듯이 보임을 말하고 있다.

4) 미타암(彌陀菴)과 미타굴(彌陀窟)

미타굴은 경남 양산시 웅상읍 소주리 소재 미타암의 동북쪽 벼랑 밑에 있는 암굴이다. 여기에는 보물 제998호로 지정된 아미타불입상이 봉안되어 있는데, '양산 미타암석아미타불입상(梁山 彌陀菴 石阿彌陀佛立像)' 안내판에는 다음과 같이 기록되어 있다.

미타암의 현재 모습. 좌측에 미타암 현판이 있고, 중앙의 건물은 대웅보전이다.

원효대사가 창건하였다는 미타암(彌陀菴)의 석굴사원에 모셔져 있는 통일신라의 불상이다.

머리는 소라모양 머리카락의 나발(螺髮)과 상투모양의 큼직한 육계(肉髻)로 표현되었다. 어깨까지 내려온 귀는 여유롭고 편안한 인상을 준다. 왼손은 무슨 소원이든 들어주겠다는 여원인(與願印)을 취하였고, 오른손을 법을 깨달은 전륜법인(前輪法印)을 취하였다. 둥근 어깨와 평평한 가슴에 부드러운 주름의 법의(法衣)는 가슴 아래부터 U자형으로 발목까지 흘러내렸다. 둥글고 간단한 대좌 위에 곧게 선 자세이다. 부처의 빛을 나타낸 광배(光背)는 위가 뾰족한 배 모양으로 2줄의 굵은 선으로 머리의 빛[頭光]을 나누었다. 두 줄 사이에는 좌우대칭의 꽃무늬를 배치하고, 테두리에는 불꽃무늬를 새겼다. 둥근 대좌에는 아름다운 연꽃무늬가 새겨져 있다.

불상의 모습은 799년에 만들어진 감산사 석조아미타불입상과 전체적으로 잘 닮아 있어, 통일신라시대의 작품으로 추정되고 있다.

불상이 모셔진 석굴은 수도하던 다섯의 비구(比丘)가 서방의 극락세계로 날아갔다고 삼국유사(三國遺事)에 기록된 곳이라고 한다. 자연동굴에 인공을 가한 흔적이 뚜렷하여 8세기 경의 통일신라에서 아미타사상의 전개과정과 함께 석굴사원의 모습을 살펴 볼 수 있는 곳이다.

이런 연원이 깊은 굴사(窟寺)를 찾았으니 그곳을 찾은 일행은 각기 미타굴에서 느낀 감회를 다음과 같이 표현하고 있다.

나그네가 천년 된 굴사를 찾는데
시절은 때마침 사월이네.
멀리 넓은 바다 밖을 바라보고
높이 흰 구름 가에 앉네.
가운데에는 아미타불이 서 있고
옆쪽은 날개가 돋은 신선과 통하네.
모두 우혈(禹穴)을 찾는다고 의심하는데
억지로 이별하고 어둑한 연기 속을 내려오네.
客訪千年窟 時當四月天
遠望滄海外 高坐白雲邊
中立阿彌佛 傍通羽化仙

渾疑探禹穴 强別下蒼煙 (이양오)

이양오의 시는 천년 전에 만들어진 굴사를 찾아서 그 굴의 바깥과 안쪽의 모습을 묘사한 다음 사찰을 내려오는 모습을 담담하게 그려낸 작품이다. 이곳은 멀리 동해가 바라보이는 우뚝한 산인 만큼 흰 구름이 주변에 있는 고지임을 확인하고, 굴 가운데의 아미타불상과 주변에 있는 날아다니는 신선과도 잘 아울릴 만하다고 하였다. 이 굴은 옛날 중국 하(夏)나라의 우(禹)임금이 강한(江漢)의 홍수를 다스릴 때 거처하던 우혈(禹穴)에 비견할 수 있다는 생각을 아울러 담고 있다.

미타굴의 내부 모습. 가운데 석불이 아미타불 입상이다.

바위 앞에는 지은 집이 안온한데
바위 꼭대기에서는 하늘을 오를 수 있네.
오솔길은 구름이 다니는 길이요
먼 산은 해가 솟는 주변이네.
그윽이 찾아서 옛 부처를 엿보고
청아하게 앉아서 날아다니는 신선에게 읍(揖)하네.

인간세상의 저녁을 굽어보니
흐릿하게 연기가 빠르게 지나가네.
巖前牢置屋 巖頂可攀天
細路雲行處 遙山日出邊
冥探窺古佛 淸坐揖飛仙
俯視人間夕 依依驀之煙 (남경희)

남경희의 시는 미타암과 미타굴의 험준한 지형에 초점이 맞추어진 작품이다. 바위 앞의 작은 암자는 안온하지만 뒤쪽 바위는 하늘을 오를 듯이 우뚝하고, 그 주변의 오솔길은 구름이 다니는 길이고 먼 산은 해가 솟는 동쪽에 있으며, 굴속에 들어가서 부처를 찾을 수 있을 뿐 아니라 날아다니는 신선에게 인사할 수 있는 영험한 곳임을 밝히고 있다. 이런 곳에서 저녁 무렵의 인간세상을 내려다보니 세상을 가리는 흐릿한 연기가 빠르게 지나간다고 함으로써 이곳이 바로 속세와 격리된 신성공간으로 인식됨을 나타내고 있다.

수없이 꺾어지며 험한 길을 다 오르니
몸은 푸른 하늘에 오른 듯하네.
취서산(鷲棲山)은 손으로 가리키는 지점의 바깥이고
대마도(對馬島)는 아득한 곳의 주변이네.
어느 시대의 부처가 돌에서 늙어 있고
어느 곳의 신선이 바위에서 노니는가?
세상을 잊으려는 뜻은 가볍게 나부끼는데
먼 마을의 연기를 굽어보네.
萬轉崎嶇盡 身如上碧天
鷲栖指點外 馬島渺茫邊
石老何時佛 巖遊底處仙
飄飄遺世志 俯視遠村煙 (임만제)

임만제의 시는 미타굴이 험한 산의 꼭대기 근처에 위치해 있으므로 하늘에 오르듯이 험한 여정임을 나타낸 뒤 이곳에서 바라보면 아득히 취서산과 대마도가 보일 정도로 높은 곳임을 말해 주고 있다. 또 굴속에 있는 부처는 어느 시대의 것이며, 바위에서 노니는 신선은 어디에서 온 것인지를 물으면서, 시인도 그 부처와 신선처럼 세상을 벗어나고 싶은 마음으로 자기가 떠나온 (또는 다시 돌아가야 할) 마을의 연기를 굽어본다고 하였다. 이 시의 작자는 잠시 속세를 벗어나 있지만 그곳은 다시 돌아가야 할 현실이기에 그곳에 대한 미련을 떨치지 못하는 생활인의 모습을 보여주고 있다.

5) 적수암(滴水庵) 옛터

적수암은 미타암 앞쪽의 절벽 아래 있던 암자였으나 이양오 일행이 원적산을 여행하던 시기에 이미 없어지고 그 터만 남아 있었다고 하는데, 현재는 그 자리에 법수원(法水源)이라는 암자가 들어서 있다. 암자 주변 일대는 바위와 계곡이 조화롭게 어우러져서 예로부터 풍광이 빼어난 곳으로 소문이 나 있었던 곳이다. 이양오는 이곳의 풍광을 다음과 같이 묘사하고 있다.

> 대개 병풍 바위 아래 조금 흘러온 줄기가 서리고 엎어져서 흙으로 된 돈대가 있는데, 동쪽을 향해 열려 있어 북쪽 절벽을 마주하면 마치 날개처럼 둥글게 끌어안고 있다. 위에는 사람처럼 선 세 바위가 있고, 절벽 남쪽과 돈대의 북쪽 사이에는 만 길 폭포165)가 있어서 우레가 되고 눈이 되며, 주렴이 되고 비단이 된다. 돈대 앞 백 보쯤 되는 곳의 폭포 너머에는 바위 하나가 우뚝한데, 돈대를 향해 머리를 숙인 것이 마치 여기서 입으로 밝혀야 할 것이 있는 듯하다. 돈대의 남쪽은 미타굴의

---

165) 현재 법수원 뒤쪽에 있는 폭포를 마을 사람들은 혈류폭포, 또는 혈수폭포라고 부른다.

> 아래쪽 산기슭인데 먼 곳을 감싸서 보호하고, 앞에는 큰 들판이 열리니 넓고 환하여 기뻐할 만하다. 중은이 말하기를, "빼어난 곳이고, 빼어난 곳이로다. 불지와 미타굴이 비록 빼어난 곳이기는 하지만 승려와 도사가 사는 곳에 지나지 않는데, 이곳은 곧 이른바 '맑고 깨끗하여 깊은 곳을 마주하여 있고, 비고 투명하여 먼 데를 향해 열려 있다.'라고 하는 것이다. 만약 그 위에 삼간의 집을 지어 세상의 걱정을 풀어 버린다면 그 빼어난 경치가 무엇과 같은가? 다만 이 산에서 으뜸이 되는 데 그치지 않고 또한 마땅히 옥산(玉山)이나 반구대에 양보하지 않을 것이다. 바라건대 선생께서는 조속히 도모하십시오. 그렇지 않으면 승려에게 잃게 될까 두렵습니다."라고 하기에 나는, "비록 그렇다고 하더라도 여기에도 운수가 있는데 어찌 쉽게 경영할 수 있겠소? 소년시절에 한 번 이곳에 왔었지만 별다른 관심 없이 지나쳤고, 암자 터가 정밀하고 묘함을 깨닫지 못하고 여기까지 이르게 된 것이지요."라고 하였다.[166]

이런 대화가 진행된 것으로 보아 실제로 이양오는 경치가 매우 아름다운 이곳에 집을 지어서 은거하고 싶은 마음이 있었음을, 이 산행이 끝난 뒤 얼마 지나지 않아서 지은 시에서 확인할 수 있다. <원적산 동쪽 기슭에 띠를 베어내고 집을 지으려는 계획이 있었으나 아직 이루지 못하고 있어서 마침내 무민[167] 노인의 시에 차운하여 그것을 기록하다(圓寂東畔 有誅茅之計 而尙未成 遂次无悶翁韻以志之)>[168]라고 된 작품을 보자.

---

166) 盖石屛之下 稍有來脉 蟠伏爲土臺 東向開 面北壁 環擁如翼 上有人立三巖 壁南臺北間 有萬丈飛瀑 爲雷爲雪 爲簾爲練 臺前百步許越瀑 一石特立 向臺俯首 如有所辟咡焉 臺南則彌陁下麓 遠抱回護 前開大野 曠朗可喜 仲殷曰 勝地勝地 佛池彌陁雖勝 不過爲緇徒丹士之所居 而此地則所謂淸淨當深處 虛明向遠開者也 若置三間屋於其上 而消遣世慮 則其爲勝地何如也 不但爲此山第一 亦當不讓於玉山盤龜 願君早圖之 恐見失於苾蒭也 余曰 雖然 此亦有數 豈能容易經營 少年時 一過此地 泛然看過 不悟菴基之精妙 至於此也.(이양오, 「중유원적산기」)

167) 무민(无悶)은 울산 출신 문인 李汝圭(1689~1748)의 호이다.

168) 목판본 『반계선생문집』 권3에는 <滴水洞營屋未就>라는 제목으로 수록되어 있다.

적수암 옛터에 새로 들어선 법수원과 그 주변의 기암괴석

산은 이미 환하고
물은 또 맑네.
집을 짓지 않았어도
시를 먼저 이루었네.
소나무 아래에 있는 아이와 함께 하기를 바라고
시렁 위에 있는 옛 경전을 강론하고 싶네.
누가 외딴 암자가 고요하고 쓸쓸하다고 하는가?
고요히 온갖 사물이 끊임없이 생겨남을 관찰하네.
꿈속에 화서씨(華胥氏)의 나라에 갔는데[169)]
산새가 한 마디 울음소리로 불러서 깨어나네.
山旣明 水亦淸
屋未就 詩先成
願與松下童子 講論架上古經
誰謂孤庵寂寂 靜觀萬物生生
夢遊華胥氏國 山鳥一聲喚醒

이양오는 이처럼 아름다운 곳에 집을 짓고 싶지만 아직 그것을

---

169) 화서지몽(華胥之夢)은 『열자(列子)』「황제(黃帝)」에 나오는 것으로, 황제가 낮잠을 자다가 꿈에 화서국에 가서 그 나라의 태평한 모양을 보았다는 내용이다.

실천으로 옮기지 못하였기에 때문에 우선 시를 지어서 그 뜻을 나타내고 싶다고 하였다. 집이 이루어지면 누리게 될 청아한 복록을 마음껏 상상함으로써 스스로를 위로하는 모습을 보여주고 있다. 그는 또 이곳에 집을 짓고 싶은 미련을 버리지 못하고 1803년에도 <적수암 골짜기(滴水洞)>라는 시를 두 수 더 지었지만 끝내 이곳에 집을 짓지 못했던 것으로 보인다.

이처럼 적수암의 옛터가 있는 곳은 주변에 아름다운 경관이 갖추어져 있었기에 원적산을 유람하던 일행은 각기 시를 지어서 감회를 표명하고 있다.

땅이 궁벽하여 안개와 놀은 늙어 있는데
암자 터에는 세월이 느긋하네.
푸른 하늘에는 숫돌 기둥이 우뚝하고
굽은 골짜기에는 바위 병풍이 그윽하네.
폭포소리를 듣느라 발걸음 돌릴 것을 잊고
산을 사랑하여 누각을 세우려고 하네.
오늘 별천지에서 즐거워하니
세상의 시름이 다 없어지네.
境僻煙霞老 菴墟歲月悠
蒼蒼砥柱屹 曲曲石屛幽
聽瀑忘回屐 憐山欲起樓
別區今日樂 消盡世間愁

산허리는 원숭이가 다니는 길이고
지팡이 꼭대기에는 적수암이 있네.
대가 거칠어져 승려는 살지 않는데
땅이 빼어나니 나그네는 찾아서 오네.
천 층 폭포가 하얗게 걸려 있고
만 길 이내는 푸르게 떠 있네.

집을 짓는 데 바야흐로 뜻이 있는데
수풀 사이에서 혹시라도 부끄러움이 없으리요?
山腹通猿路 杖頭滴水菴
臺荒僧不住 地勝客來探
白掛千層瀑 蒼浮萬丈嵐
誅茅方有意 林間倘無慚 (이양오)

이양오는 앞의 작품에서 아름다운 자연 경관 속에서 세속의 시름이 사라진다는 느낌을 그려내었고, 뒤의 작품에서는 활량해진 적수암의 주위에 있는 폭포와 산자락의 아름다움을 묘사한 뒤 이곳에 집을 짓고 싶은 생각이 있음을 밝히고 있다. 이 두 작품은 사용한 운자(韻字)가 달랐기에 남경희는 앞의 시에 차운한 작품을 짓고, 임만제는 두 작품 모두에 차운한 작품을 지었다.

높은 산꼭대기에서 깨어진 기와를 찾는데
어느 시대에 외로운 암자가 붙어 있었는가?
폭포수를 마셔서 마음을 먼저 씻고
놀에 올라서 손으로 만지고 싶네.
바위의 모습은 모두 가파른 벼랑이요
허공의 푸른빛은 곧 흐릿한 이내이네.
높이 나는 새가 아름다운 곳을 독차지하니
품은 마음이 나를 부끄럽게 함을 깨닫네.
危巓尋破瓦 何代寄孤菴
嗽瀑心先濯 凌霞手欲探
巖姿皆峭壁 空翠是微嵐
高鳥專佳境 含情覺我慚 (남경희)

남경희는 이 작품에서 기와 조각만 남은 암자 터에서 옛날에 있었을 암자와 주변의 폭포와 놀·바위 절벽·푸른 하늘 등을 바라보면서, 이 모든 것을 독차지하는 산새에 비해서 세속의 명리를 추구하는 자기 스스로를 부끄러워하는 마음이 든다고 고백하고 있다. 세속의 명리를 초월하고 싶은 마음이 들 정도로 이곳의 아름다운 산수가 시인을 감동시키고 있음을 보여주고 있다.

지금을 슬퍼하며 옛 땅을 굽어보니
구름과 만물이 모두 느긋하네.
기원(祇園)[170]의 나무는 봄에 덧없이 늙는데
감실(龕室)[171]의 꽃은 저녁에 더욱 그윽하네.
고상하게 세상을 벗어남이 있는 듯한데
어찌 반드시 억지로 누각에 오르랴?
산을 내려가는 길이 비스듬하게 이어지는데
평평한 들판은 눈길이 미치는 데까지 시름이네.
傷今俯古地 雲物摠悠悠
秖樹春空老 龕花晩更幽
有如高出世 何必强登樓
迤邐下山路 平原極目愁 (임만제)

세찬 폭포와 기이한 바위 아래
가시나무를 헤치니 옛 암자가 있었다네.
터는 남았어도 승려가 떠나 황폐한데
경치가 유명하니 나그네는 와서 찾네.
들은 넓어 흐릿하게 숲을 나누고
산은 높아 멀리 남기를 마주하네.
반계 노인은 시구가 씩씩한데
호리병을 본떠 그린 것이 부끄럽네.
激瀑奇巖下 披荊得古菴

170) 기원(祇園, 秖園)은 석가(釋迦)가 설법하였던 정사(精舍) 이름으로 기수급고독원(祇樹給孤獨園)의 약어(略語)인데, 여기에서는 절을 뜻한다.

171) 감실(龕室)은 불상(佛像)·신주(神主) 등을 안치시키기 위하여 만든 공간으로, 감(龕)이라고도 한다.

遺墟僧去廢 名勝客來探
野曠微分樹 山高遠對嵐
磻翁詩句健 依樣畫葫慚 (임만제)

임만제의 앞의 시는 절간의 나무와 감실의 꽃을 바라보고, 자기가 서 있는 곳이 높은 곳이어서 굳이 더 높은 누각에 오를 필요가 없다는 사실을 확인하면서 이제 다시 돌아가야 할 인세의 들판은 눈길이 미치는 곳은 모두 시름이라고 하여 이곳을 떠나고 싶지 않은 마음을 표현한 것이고, 뒤의 시는 암자가 있던 곳이 황폐하였음에도 불구하고 워낙 유명한 경치여서 나그네가 자주 찾아온다는 사실을 적시한 다음에 나이 많은 반계 노인의 시를 흉내 내고 있는 자신을 부끄러워하는 마음을 드러내고 있다. 결국 이 시를 통해서 자연의 아름다움뿐 아니라 함께 여행에 참여했던 사람들과의 교정(交情)이 깊어지게 되었고, 이 여행은 뒷날 아름다운 추억이 될 것이라고 마무리하고 있다.

3. 맺음말

이상에서 1800년 윤4월에 이양오, 남경희, 임만제 등이 웅촌의 석계 강당을 출발하여 원적산을 유람하고 다시 그곳으로 돌아오기까지 3박 4일 동안의 산행 일정을 기록한 이양오의 「중유원적산기」에 수록된 작품을 중심으로 원적산 명승과 관련된 한시들을 일별해 보았다. 지금부터 200여 년 전 신록이 무르녹은 원적산의 아름다운 경승과 거기에서 오는 감회를 다룬 작품들을 중심으로 울산 주변 명산 여행의 한 장면을 포착해 봄으로써 당시의 유람객들이 산행에서 느꼈을 감정의 일단이나마 공유해 보고자 하였다.

여기에서 다룬 한시는 운흥사, 불지, 내원암, 미타굴, 적수암 옛 터의 다섯 곳을 제재로 한 것들로 제한하고 말았지만 원적산을 읊은 작품이 이것들만 있는 것은 물론 아니다. 그렇지만 앞에서 살펴본 작품들이 원적산의 빼어난 경승을 대상으로 한 작품들을 대표하는 것이라고 해도 무방할 것이다. 원적산은 그들 일행이 여행한 지 200년이 지난 오늘날에는 휴일마다 수많은 등산객들이 찾아오는 산행의 명소인 만큼, 이 글의 독자 중에 혹여 이 산을 찾을 기회가 있다면 앞에서 다룬 한시들 가운데에서 한 구절이라도 마음속으로 읊조려 보면서 옛 사람이 느꼈을 탈속한 분위기에 한 번쯤 젖어보는 것도 좋을 것이다.

마지막으로 「중유원적산기」를 쓴 이양오가 1803년에 지은 것으로 보이는 <적수암 골짜기(滴水洞)> 시 2수를 감상하기로 하겠다.

흰 구름 깊은 곳에 붉은 놀이 깊은데
돌길에는 지나가는 사람의 대지팡이 소리가 나네.
그윽한 곳의 새가 어울려 우니 피리소리인 듯하고
기이한 바위가 다투어 빼어나니 연꽃을 배운 듯하네.
광대한 것이 쪼개어 갈라지니 구슬의 골짜기가 푸르고
구불구불한 것이 날아서 나오니 옥으로 된 용이 희네.
소금강(小金剛)이라는 이름이 헛된 말이 아니니
일만 이천 봉우리와 비슷하다네.
白雲深處紫霞濃 石逕行人響竹筇
幽鳥和鳴疑管籥 奇巖競秀學芙蓉
劈開磅礴青瑤峽 飛出蜿蜒白玉龍
號小金剛非浪語 依俙一萬二千峯

돌을 돌고 숲을 뚫으니 길 하나가 희미한데
솔가지 끝에서는 이슬이 떨어지고 약초 싹은 도톰하네.

날다람쥐는 나막신 소리에 놀라 동서로 달아나고
새는 큰 나무 그늘을 기꺼워하여 위아래로 나네.
꽃이 떨어지니 그윽한 향기를 찾을 곳이 없는데
산이 깊으니 수목(樹木) 기운에 옷이 젖으려 하네.
오늘 한평생의 속된 생각이 사라지는데
대여섯 명의 어른과 아이들이 함께 읊조리며 돌아오네.
繞石穿林一路微 松梢露滴藥苗肥
鼯驚屐響東西走 鳥喜喬陰上下飛
花落暗香無覓處 山深空翠欲沾衣
百年今日消塵慮 五六冠童共詠歸 (이양오, <滴水洞>, 『반계집』 권3)

적수암이 있던 골짜기는 이양오가 집을 지어 은거하고 싶은 마음을 가졌던 곳인 만큼 주변 경관이 아름답고 그곳에서의 전망이 매우 빼어난 장소이다. 앞의 시에서 이양오는 소금강(小金剛)이라고 불리기도 하는 이곳의 경치가 그 이름에 손색이 없다는 점을 분명히 하고 있고, 뒤의 시에서는 속된 생각이 사라질 정도의 선경을 자랑하는 이곳 유람의 멋들어진 풍류를 증점(曾點)의 고사를 끌어와서 표현하고 있다.

증점은 공자의 제자로서 광견(狂狷)한 사람이었지만, 공자가 너를 알아주면 어떻게 하겠느냐고 묻자 "늦은 봄에 봄옷이 이루어지면 갓을 쓴 사람 대여섯 사람과 동자 예닐곱 명과 함께 기수(沂水)에 가서 목욕하고 무우(舞雩)에 가서 바람 쐬고 읊조리면서 돌아오겠습니다.(莫春者 春服既成 冠者五六人 童子六七人 浴乎沂 風乎舞雩 詠而歸)"라고 대답하였던 인물이다. 공자도 증점처럼 하고 싶다는 뜻을 밝힌 고사가 『논어(論語)』 「선진(先進)」 편에 전하고 있다. 증점의 말처럼 이양오는 갓 쓴 어른과 아이가 함께 한 일행과 어울려서 시와 노래를 읊조리며 즐긴 자연 속의 풍류를 원적산에서 마음껏 즐겼다고 하겠다.

울산 선비의 조선후기 사회비판

— 반계 이양오의 「감회」 —

이양오(李養吾, 1737~1811)는 울산에서 태어나서 평생 향리에서 살았던 조선후기의 선비였다. 그는 여러 번의 응시에도 불구하고 과거(科擧)에는 사마시(司馬試)마저 합격하지 못하였으나 문학적 재능은 탁월했던 것으로 평가되는 인물이다.

그는 자가 용호(用浩)이고 호가 반계(磻溪)이며, 본관이 학성(鶴城)으로 중추원사(中樞院使) 이예(李藝, 1373~1445)의 후손이고 의채(宜埰)의 아들이다. 그는 울산부의 남쪽[현재의 울주군 온양면] 신경리(新庚里)에서 출생하여 가난 때문에 널리 배우지는 못하였으나 동도[(東都), 경주]의 인사들과 많은 교유를 맺었다. 40세(1776년)에 부친상을 당하고 50세(1786년)에 모친상을 당한 뒤에는 벼슬에 나갈 생각을 끊고 경전을 궁구하고 사서(史書)를 읽었으며, 『주자대전(朱子大全)』·『주자어류(朱子語類)』 등에서 초록한 글을 뽑아 한 질로 꾸미고, 예론가(禮論家)의 일정한 전범과 변화에 관심을 두어 경전을 살피고 의심스러운 것을 고찰하여 즉석에서 기록하였다. 그는 젊은 시절부터 『장자(莊子)』·『이소(離騷)』·『한서(漢書)』·사마천(司馬遷)의 『사기(史記)』·『당송팔가문(唐宋八家文)』 등을 여러 번 읽었고, 늘 그막에도 글을 독송하여 음양서(陰陽書)·병서(兵書)·농서(農書)와 산경지지(山經地志) 등의 서적을 모두 읽고 그 잘못된 점을 바로잡을 정도였다고 한다.

반계 이양오 선생 문학비: 2003년 9월에 건립. 울산광역시 울주군 웅촌면 석계리 석계서원 옆에 있다.

치암(癡庵) 남경희(南景羲, 1748～1812)와 친분이 두터웠고 사종제(四從弟)이면서 문하생(門下生)으로서 문과(文科)에 급제하여 사헌부지평(司憲府持平)에 제수되었던 죽오(竹塢) 이근오(李覲吾, 1760～1834)는 그를 '우리 가문의 선생(吾家先生)'이라고 일컬으며 그의 작품을 중당(中唐)·만당(晩唐)의 시와 비겨도 부끄럽지 않다고 칭송하였다고 한다.172)

그의 문집에 실린 수많은 한시와 기행문 등의 다양한 문필활동의 결과는 강한 향토애를 바탕으로 한 작품이라는 본질적 의미를

172) 이상의 내용은 김유헌(金裕憲), <행장(行狀)>(『반계집』(목판본) 권7) 참조.

지니지만, 72세의 고령에도 불구하고 나름의 독특한 시각으로 자기가 속한 사회와 시대의 불합리한 현상에 대해 조목별로 비판한 「감회(感懷)」(1808년 제작) 시는 울산에서 평생을 살아 온 한 선비가 진단한 19세기 초 조선사회의 모순점과 지향점을 동시에 보여주는 장편의 오언고시(五言古詩)로서 당시의 시대상황을 고발한 것이라는 평가를 받았다.173) 한편 2003년 9월에는 한국문학비건립동호회에서는 그가 살았던 울주군 웅촌면 석계리 석계서원(石溪書院) 옆에 '반계 이양오 선생 문학비'를 건립한 바 있다.

반계 이양오 선생 문학비의 앞면 내용

『반계집(磻溪集)』(목판본) 권3에 실린 17수짜리 「감회」의 소제목을 보면 1수: 거짓된 학문의 배척(斥僞學), 2수: 문장 숭상의 말폐(尙文末弊), 3수: 조세 이외의 징수에 대한 탄식(歎租外徵), 4수: 환향174)의 폐단(還餉爲弊), 5수: 되와 말과 저울의 불일치(斗升權衡不一), 6수:

173) 이수봉(李樹鳳), 「반계 이양오의 세평시(世評詩)」, 『반계 이양오 문학연구』, 울산: 디자인워크, 2003, 89면.

174) 환향(還餉)은 환곡(還穀)과 양향(糧餉)을 아울러 일컫는 말이다.

형법의 해이(刑法解弛), 7수: 전쟁 대비의 소홀(武備不修), 8수: 『연기신편』의 불이행(不行演機新篇), 9수: 좌병영의 지세로 인한 폐단(左營地勢 營還爲弊), 10수: 뇌물 풍조의 성행(貪贓成風), 11수: 등짐장수 금지(負賈宜禁), 12수: 과거의 불공정(科擧不公), 13수: 초야에 버려진 인재(草野遺賢), 14수: 문체의 고문 숭상(文體尙古), 15수: 향교와 서원의 말폐(校院末弊), 16수: 소학과 대학의 도(小學大學之道), 17수: 스스로의 진술(自敍)로 되어 있다.

이 작품에서 다룬 문제는 상호 중복되는 범주의 것도 있지만, 대개 개선이 필요한 사회·문화·정치적 현실에 대한 시인의 견해를 제시한 것으로 볼 수 있다. 그러나 『반계유고(磻溪遺稿)』(필사본) 1책에는 이 작품이 20수로 되어 있고, 원고의 편집과 정리 과정에서 표시한 것으로 보이는 "刪"字가 3수에 표시되어 있는데, 결국 그것들은 『반계집』(목판본, 필사본)에서 삭제됨으로써 작품은 모두 17수가 되고 말았다. 삭제된 세 작품은 20수로 된 「감회」의 순서로 볼 때 <3. 천주학이 노자나 불교보다 폐해가 심함(其三天學甚於老佛)>, <13. 붕당의 앙화(其十三 朋黨禍)>, <15. 남행[175]의 폐단(其十五 南行爲弊)>인데, 제목에서 알 수 있듯이 당시에 심각한 사회문제였던 천주학의 유행과 붕당의 심화, 과다한 남행의 유행 등은 매우 민감한 사안이었기 때문에 편집자의 판단으로 삭제시킨 것으로 이해된다. 또 어떤 경우에는 삭제된 3수의 작품과 동일한 이유에서 특정 부분을 삭제한 것도 있는데, 목판본의 <其十五 校院末弊>은 『반계유고』 및 『반계집』(필사본)에 실린 작품에서 뒷부분 8구가 삭제되어 수록된 경우를 예로 들 수 있다.

여기에서는 『반계집』(필사본, 목판본)에서 삭제된 3수의 작품을

175) 남행(南行)은 과거(科擧)에 의하지 않고 부조(父祖)의 공에 힘입어서 하는 벼슬, 즉 음직(蔭職)을 가리킨다.

먼저 살펴본 다음, 『반계집』에 수록된 17수 중에서 몇 작품의 세계를 탐토해 보고, 마지막에는 이 시의 결론에 해당하는 작품 <자서(自敍)>를 살피기로 하겠다.

<천주학이 노자나 불교보다 폐해가 심함(其三 天學甚於老佛)>
중원(中原)에서는 백양(伯陽)[176]이 나오고
서역(西域)에서는 능인(能仁)[177]이 출생하였네.
두 사람은 인의를 막아
천년 동안 백성을 미혹하였네.
사문(斯文)이 이단으로 변화되니
그 해(害)는 한계가 없네.
하물며 이제 천주학(天主學)이 일어나서
다시 서양에서 모여드네.
이미 남녀의 분별이 없으니
따라서 부자의 친애가 없어지네.
부적으로 질병을 치료하고
환술(幻術)로 금은을 모으네.
도리어 자비(慈悲)의 무리보다 아랫자리에 있지만
청정(淸淨)의 무리와는 함께 어울리지도 않네.
차마 의관을 제대로 차리는 풍속으로
저 개와 양과 같은 이들의 글을 배우겠는가?
죽여서 그 뿌리를 없애는 일은
우리의 임금님께 힘입기를 바라네.
백년 뒤에도 이천(伊川)[178]은
좌임(左衽)[179]의 사람이 됨을 면할 수 있으리.
中原出伯陽 西域生能仁

176) 백양(伯陽)은 노자(老子)의 자(字)이다.
177) 능인(能仁)은 석가모니의 의역(意譯)이다.
178) 이천(伊川)은 북송(北宋)의 성리학자 정이(程頤, 1033~1107)의 별호(別號)이며, 소옹(邵雍)의 별호이기도 하다.
179) 좌임(左衽)은 옷깃을 왼쪽으로 여미는 것으로 (피발被髮)좌임(左衽)이라고 하여 오랑캐를 비유한다.

二家塞仁義 千載迷黔民
斯文化異端 其害無涯津
況今天學起 復自西洋臻
旣無男女別 仍滅父子親
符籙療疾病 幻術致金銀
反在慈悲下 莫與淸淨倫
忍以衣冠俗 學彼犬羊文
誅戮絶其根 幸賴吾聖君
伊川百年後 庶免左衽人

이 시는 과거에 유학자들이 이단이라고 배척했던 도교(道教)와 불교(佛教)보다도 서양에서 들어온 천주학의 폐단이 훨씬 크다는 점을 강조하고 있다. 이 시에 나오는 "이미 남녀의 분별이 없으니, 따라서 부자의 친애가 없어지네. 부적으로 질병을 치료하고, 환술(幻術)로 금은을 모으네."라고 파악한 대목이 이양오의 천주학에 대한 인식이었다. 즉 그는 남녀의 분별과 부자의 친애라는 윤리가 무너지고, 부적으로 질병을 치료하며 환술로 재물을 모은다고 천주교도들을 비판하고 있다. 그리고 의관지족(衣冠之族)으로 견양(犬羊)의 글을 배울 수 없으니 "죽여서 그 뿌리를 없애는 일은, 우리의 임금님께 힘입기를 바라네."라고 한 그 구절이 문집 편집 시에 문제가 되어 삭제되었을 것으로 짐작된다. 실제로 울산의 언양읍 주변에는 수많은 천주교도들이 순교한 곳이 산재해 있었던 만큼 그러한 구절이 문제가 될 소지가 있는 것으로 판단하였을 것이다.

<붕당의 앙화(其十三 朋黨禍)>
아, 붕당의 화는
멀리 당·송(唐·宋) 시대부터 시작되었네.
하북(河北)의 도적보다 몰아내기 어렵고

해로움도 헤아릴 수 없었네.
지금의 조정과 같지는 않았으니
시절의 모습이 위태롭기 그지없네.
동서남북의 당색(黨色)은
세 번 변하여 모두 갈래가 나누어졌네.
뒤집고 빼앗으며 서로 죽이니
헐뜯음과 명예가 서로 뒤바뀌네.
큰 악한이 성인처럼 존숭되고
큰 선비가 오랑캐처럼 폄하되네.
모든 것에 공론이 없고
되풀이됨에 일정한 기한이 없네.
이런 무리가 대정(大政)을 장악하니
무슨 연유로 잘 다스릴 수 있으랴?
그 가운데 반드시 어진 이도 있지만
누가 까마귀의 암수를 구별하랴?
구양수(歐陽脩)의 <붕당론(朋黨論)> 한 편이
마땅히 천고의 의문을 깨쳐주리.
나는 바라노라, 임금의 마음이
천지처럼 사사로움이 없기를.
噫噫朋黨禍 遠自唐宋時
難於河北賊 爲害亦不訾
未若今朝廷 時象岌岌危
東西南北色 三變皆分歧
傾奪互厮殺 毁譽相反之
大慝尊爲聖 鴻儒貶如夷
一切無公論 反復無定期
此輩秉大政 何由做善治
其中必有賢 誰知烏雄雌
歐陽一篇論 宜破千古疑
我願君王心 如天地無私

이 시는 당파(黨派)의 대립으로 인한 피해를 논의하고 그것을 혁파(革罷)해야 한다는 당위성을 말하고 있다. 이 시에서 언급한 구양수의 <붕당론>은 제왕이 군자와 소인을 구별하여 봉록과 재물·금전 등의 이익을 탐하는 소인의 무리를 배척하고, 도의를 지키고 정성과 신의를 행하며 명예와 절조를 아끼는 등 도(道)를 함께 하고자 무리 짓는 군자를 등용해야 한다는 점을 강조한 글이다. 그런데 당색이 짙은 관료들이 섣달의 인사 행정인 도목정사(都目政事), 즉 대정(大政)을 장악하여 문무 관료들의 인사 고과(考課)를 좌지우지하고 있다는 지적과, 탕평책(蕩平策)과 사회 개혁을 추진한 영·정조(英·正祖)의 시대를 거쳐 도달한 순조(純祖) 시대에 임금의 마음이 천지처럼 사사로움이 없기를 바란다는 내용을 담은 이 시는 향촌 선비인 이양오가 감당하기에는 어려운 점이 있다고 판단하여 문집에서 삭제하였을 것이다.

<남행의 폐단(其十五 南行爲弊)>

대개 듣자니 문과(文科)와 무과(武科)는
나뉘어져 동반(東班)과 서반(西班)이 되네.
반열에 오름이 이미 괴롭고
관리가 되는 것도 어렵다네.
문관 중에는 늘그막에도 전적(典籍)이 많고
무관 중에는 죽을 때까지 문지기를 하는 이도 있네.
문관도 아니고 또 무관도 아닌데
남행(南行)은 무슨 관리인가?
도리어 용호방(龍虎榜)을 비웃으며
주(州)와 목(牧)에서 제멋대로 행동하네.
세력을 끼고 제멋대로 탐내는데도
방백(方伯)은 팔짱을 끼고 바라보네.
낮은 지위에 있다고 대체 무슨 허물이 있는가?

백리 안의 사람들이 모두 편안하지 못하네.
명제(明帝) 때에는 사공(謝公)[180]이 주도하여
한 낭관(郎官)의 간섭도 허용하지 않았네.
만약 그 사람을 비난하도록 하면
다만 우리 백성이 해를 당할까 두렵네.
붉은 대문 집에서 사는 얼굴 하얀 사람이
어찌 어려운 백성의 일을 알리요?
다만 한 관원의 형편만을 위하고
만 사람을 추위에서 구제하지 않네.
생각건대 저 대대로 녹봉을 받아 사는 사람들은
누구인들 놀며 먹지 않으리요?
관리를 선택함은 공평함이 으뜸인데
공평하지 못하니 진실로 한탄할 만하네.
盖聞文武科 分作東西班
登班旣辛苦 做官亦艱難
文多老典籍 武或終抱關
非文亦非武 南行是何官
反笑龍虎榜 橫行州牧間
挾勢恣貪婪 方伯袖手觀
有庫獨奚罪 百里皆不安
明帝謝公主 不許一郎干
若使非其人 惟恐吾民殘
朱門白面郎 豈知民事艱
只爲一官況 不恤萬人寒
惟彼世祿家 何人不素餐
擇官莫如公 不公良可歎

이 시는 남행(南行)의 폐단을 다루고 있다. 남행이란 조상의 음덕(蔭德)으로 과거를 거치지 않고 관직에 나아가거나 높은 학행(學行)

180) 사공(謝公)은 중국 남조(南朝) 제(齊)나라 사람으로 자(字)가 현휘(玄暉)인 사조(謝朓, 464～499)를 가리킨다.

으로 천거되어 관직에 오르는 것을 뜻하는 말이다. 이들은 흔히 남행관(南行官)으로 총칭되는데 무과시험을 거치지 않고 부장이 된 사람을 남행부장(南行部將)이라 하고, 선전관(宣傳官)이 된 사람을 남행선천(南行宣薦)이라 부르기도 하였다.[181]

역사를 살펴보건대 과거를 통해서 관직에 오르지도 않은 사람들이 가문의 위세를 등에 업고 저지르는 남행의 횡포가 보통이 아니었다. 남행 출신들로 인한 폐해가 엄청나게 컸다는 사실을 몸으로 실감한 이양오는 그들의 만행을 고발하여 그 폐단의 시정을 바라는 마음으로 이 문제를 거론하였을 것으로 짐작되지만, 대대로 녹봉을 받으며 사는 벌열(閥閱) 출신의 인사들을 시위소찬(尸位素餐)한다고 하고 또 관직의 임용 전체를 불공평하다고 주장한 내용을 부담스럽게 여겨서 이 시를 문집에서 산거(刪去)한 것으로 판단된다.

이상에서 살펴본 3수의 한시는 『반계집』(필사본, 목판본)에서 결국 삭제되고 말았지만, 반계는 「감회」를 통해서 당대 사회의 부조리와 모순들을 직설적인 필치로 형상화함으로써 향촌사회의 지식인으로서의 임무를 충실히 수행하고 있다고 하겠다. 다음에는 문집에 수록된 17수의 「감회」 가운데서 몇 수의 시를 골라서 검토해 보기로 하겠다.

<거짓된 학문의 배척(其一 斥僞學)>
내가 옛 성인에게서 듣자니
학문에는 선후(先後)가 있다고 하네.
수신(修身)은 타인에게 효력이 미쳐야 하니
나라를 다스리매 아내에게 모범을 보여야 하네.
치지(致知)는 반드시 실천이 있어야 하니
말한 것을 마땅히 저버리지 말아야 하네.

181) 『한국고전용어사전』 1, 세종대왕기념사업회, 2001, 1036~1037면, 참조.

어찌하여 오늘날의 학문은
도(道)를 담론하면서 한갓 말만을 숭상하는가?
그 말은 진실로 능숙하게 말할 뿐이니
그 속마음이 반드시 있다고 할 수는 없으리.
비록 널리 견문한 선비가 있다고 할지라도
본디 세상을 경륜(經綸)하는 솜씨를 지닌 인물은 아니네.
임금을 섬겨도 성군(聖君)이 되게 하지 못하고
관리가 되어도 관리의 직분을 수행하지 못하네.
명분과 실질이 서로 부응(副應)하지 못하는데도
선비의 관(冠)을 쓴 사람이 얼굴도 두껍다네.
이단(異端)을 믿는 사람과 무엇이 다르랴?
이것은 더욱 다스리기 어려울 듯하네.
앞으로 입을 다물고 말하지 아니하며
해마다 우리 집의 논밭이나 갈아야 하리.
吾聞古聖人 爲學有先後
修身及於人 御邦刑于婦
致知必有踐 所言當不負
柰何今之學 談道惟尙口
其口固能言 其中未必有
雖有博聞士 本非經綸手
事君君未致 爲官官不守
名實不相副 儒冠顔亦厚
何異異端人 似是尤難剖
且將默無言 年年耕吾畝

이 시는 학문의 바른 도리를 지키지 못하는 사람들이 판을 치는 현실을 개탄하고 있다. 정학(正學)은 어디로 갔는지 찾기 어렵고 거짓된 학문만이 횡행하는 사회에 대한 비판과, 선비라고 하는 사람들이 후안무치(厚顔無恥)한 행위를 일삼는 현실에 대한 환멸을 드러내고 있다. 수신(修身)과 치지(致知)의 학문에는 합당한 실천이 수

반되어야 마땅한데도 현실은 그렇지 못하여 말만 앞세우고, 경국제민(經國濟民)에 대한 경륜(經綸)의 솜씨를 지닌 인물이 없어서 자기가 섬기는 왕을 보좌하여 성군(聖君)으로 만들지 못할 뿐 아니라 맡은 관직의 책무마저 완수하지 못하는 상태임을 고발하고 있다. 게다가 명실(名實)이 서로 부응하지 못하는데도 선비들은 낯 두꺼운 줄 모르고 뻔뻔하게 행동하는 현실에 대한 환멸감에서, 시인은 앞으로 입 다물고 있으면서 농사나 짓겠다는 자세를 보여주고 있다.

<조세 이외의 징수에 대한 탄식(其三 歎租外徵)>

하(夏)나라의 공법(貢法)[182]과 은(殷)나라의 조법(助法)[183]을
주(周)나라 사람들은 이에 철법(徹法)[184]으로 삼았네.
삼대(三代)가 비록 같지는 않지만
모두 구분(九分)의 일(一)이었네.
그것에 미치지 못하는 것이 맥족(貊族)[185]이고
그것보다 지나친 것이 또 걸(桀)[186]임금이었네.
상앙(商鞅)[187]이 정전법(井田法)을 폐지하니
겸병(兼幷)은 이 날부터 시작되었네.
한(漢)나라는 세금이 삼십분(三十分)의 일(一)이어서

---

182) 하공(夏貢)은 하(夏)나라에서 우(禹)임금이 처음으로 중국 천하의 토지에 공부(貢賦)의 차등을 정하여 부세한 공법(貢法) 제도이다.

183) 은조(殷助)는 은(殷)나라에서 시행했던 조법(助法)으로, 정(井)자형으로 9등분한 1정(井)의 토지 중 팔백 무(畝)는 여덟 가구의 농가가 사전(私田)으로 분배하여 경작·수확하고 조세(租稅)를 걷지 않는 대신에 중앙의 공전(公田)을 공동경작하게 한 제도이다.

184) 주철(周徹)은 주(周)나라에서 시행했던 철법(徹法)으로, 하(夏)의 공법(貢法)과 은(殷)의 조법(助法)을 통용(通用)한 것이라고 한다.

185) 맥족(貊族)은 한민족의 근간이 되는 고대 종족의 명칭이다.

186) 걸(桀)은 중국 고대의 전설적인 하(夏)왕조의 마지막 황제로서 폭군으로 알려져 있다.

187) 상앙(商鞅, ?~BC. 338)은 중국 전국시대(戰國時代) 진(秦)나라의 법가(法家) 사상을 내세운 정치가이다.

백성은 부유하여 도리어 교만이 넘치게 되었네.
오늘날의 세상에는 일정하게 내야 할 세목(稅目)이 있는데도
잡다한 세금은 또 절제(節制)가 없네.
비록 십분(十分)의 일(一)이 법제라고 말하지만
그 실제는 십분의 칠(七)이 넘네.
부유한 사람이라면 오히려 좋아할는지 모르지만
죽어가는 백성은 어떻게 살겠는가?
오직 바람은 백성의 전지(田地)를 제한하여
너무 좁지도 않고 또 너무 넓지도 않도록 함이네.
인하여 조세 이외의 징수를 혁파(革罷)하여
백성을 편안히 살도록 하라.
夏貢而殷助 周人乃爲徹
三代雖不同 皆是九之一
不及則爲貊 過之亦爲桀
商鞅廢井田 兼并自此日
漢稅三十一 民富反驕溢
今世有常供 雜稅又無節
雖曰什一法 其實什過七
富人猶哿矣 殘氓何以活
惟願限民田 無狹又無闊
仍罷租外徵 使民以寧逸

이 시는 백성에게 수많은 명목의 세금을 징수하는 현실에 대한 개탄의 마음을 담고 있다. 중국의 이른바 삼대(三代)라고 일컬어지는 하·은·주(夏·殷·周)의 조세 제도를 모범으로 생각하면서 그 때의 세율은 모두 소출의 9분의 1에 지나지 않았고, 한(漢)나라 때는 30분의 1에 지나지 않아서 오히려 백성이 교만해질 지경이었다고 한 다음, 조선의 현실은 그렇지 못함을 비판하고 있다. 일정한 세금이 있음에도 불구하고 시도 때도 없이 부과되는 잡세(雜稅)는 절제가 없음을 지적하고 있는데, 농민의 세금이 법적으로는 소출의 10

분의 1이라고 하지만 실제로는 10분의 7이 넘는다고 하여 세금 부담이 얼마나 가혹한지를 증언하고 있다. 이러한 현실에서 그 대안으로 제시하고 있는 것이 백성의 전지(田地) 제한과, 조세 이외 징수의 혁파이다. 그는 그렇게 하는 것만이 죽어가는 백성을 살리는 길이라고 주장하고 있다.

<환향의 폐단(其四 還餉爲弊)>
국가에 환향(還餉)이 있는 것은
굶주리는 백성을 구휼하고자 함이네.
풍년이 들면 거두어들이고
흉년이 들면 흩어서 주네.
차츰 쇠락해져서 오늘날에 이르렀는데
그 폐단은 날로 더욱 심해지네.
도리어 권병(權柄)을 교묘하게 이용하여 희롱하고
늘 장사꾼의 밑천이 되기 십상이네.
가을에는 껍데기가 없는 정곡(精穀)을 바치는데
봄에는 까끄라기가 섞여 있는 벼를 나누어주네.
하물며 큰 흉년을 당하게 되면
죽어가는 사람을 구제함에 치료가 어려울까 두렵네.
이 곡식을 이 가운데서 찾는데
어떤 물건을 실어 와서 바쳐야 하는가?
모진 관리와 사나운 아전이 와서
꾸짖느라고 쉴 때가 없네.
인척과 이웃들까지
덩굴처럼 엮여서 살갗이 벗겨지네.
마을마다 울음소리가 코를 시큰거리게 하고
곳곳에 떠돌며 이산(離散)한 사람이 많네.
휑하니 비어서 물건 하나 없는데
무엇으로 남은 외톨이를 보존하리요?
가령 이 곡식이 없어진다면
살길을 찾아 각자(各自) 갈라서게 되리.

상평창(常平倉) 만한 것이 없을지니
편의(便宜)를 내세워서 백성을 이롭게 하였네.
國家有還餉 所以恤民飢
樂歲則斂之 凶年則散之
陵夷至今日 其弊日益滋
反作幻弄柄 例爲善賈資
秋納精無殼 春分稻有秕
況當大無年 救死恐難醫
此穀此中索 何物輸納爲
獰吏猛胥至 督責無休時
姻族與比隣 蔓延剝膚皮
村村哭聲酸 處處多流離
蕩然無一物 何以保孑遺
假令無此穀 謀生各自支
莫如常平倉 利民稱便宜

이 시는 환향(還餉) 때문에 고통 받는 농민들의 안타까운 마음을 대변하고 있다. 원래 환곡은 굶주리는 백성을 살리기 위한 방편으로 시작된 것이지만 그것이 나중에는 권병(權柄)을 잡은 이와 장사꾼들의 치부(致富) 수단으로 전락하여 오히려 백성의 목을 옥죄는 족쇄로 작용하고 있음을 증언하고 있다. 가을에 관아에서 곡식을 거둘 때는 정곡(精穀)을 바쳤는데 봄에 나누어줄 때는 까끄라기 등의 잡물(雜物)이 섞인 것으로 바뀌어 있을 뿐 아니라, 상환을 독촉하는 관리와 아전들의 등쌀이 이루 형언하기 어려울 정도로 가혹하다는 실정을 보여주고 있다. 게다가 빌린 곡식을 제 때에 갚지 못하게 되면 관아에서는 환향을 사용한 사람의 인척과 이웃들까지 굴비 엮듯이 붙잡아서 닦달하기 때문에 그 고통을 견디지 못하여 마을마다 곡성이 진동하고 곳곳에 유리(流離)하는 백성이 넘쳐난다고 하였다. 이 안타까운 현실을 타개할 수 있는 방법은 오직 제대로 된 상평창(常平倉)을 운용하는 길밖에 없다는 점을 강조하고 있다. 그러나 이 시에서 내세우는 해결책은 현실의 간난(艱難)과 모순을 해결할 보다 근원적인 제도의 개혁이나 전망의 제시에는 아직 그 수준이 미치지 못하고 있다.

<좌병영의 지세로 인한 폐단(其九 左營地勢 營還爲弊)>

울주(蔚州)의 좌병영(左兵營)을 안타까워할 만하니
땅의 형세가 자연스럽게 이루어진 게 아니네.
성(城)의 높이는 몇 길이 되지 못하여
장사(壯士)들이 쉽게 침범할 수 있네.
나무는 무더기를 지어 자라지 않고
샘은 콸콸하고 소리를 내어 울지 않네.
도적이 사흘만 에워싼다면
굶주림과 목마름으로 살 수가 없네.
예전에 망우당(忘憂堂)[188]은
화산성(華山城)[189]으로 이전할 것을 청하였네.
이 노인은 병법을 안다고 일컬어지니
일을 헤아리건대 현명했다고 하지 않을 수 없네.
이제 삼백년이 지났건만
다시 주선(周旋)하는 사람이 없네.
도리어 경계(境界) 밖으로 창고를 옮겨서
다만 성중(城中)의 백성만 살찌우네.
늘 추봉(秋捧)[190] 때가 되면
병화(兵火)를 거친 정도에 그치지 않네.
꾸짖으며 병영의 위세를 부리니
마을의 후미진 길에는 울음소리가 낭자하네.

---

188) 망우당(忘憂堂)은 곽재우(郭再祐, 1552~1617)의 아호(雅號)이다.

189) 화산성(華山城)은 경상도 영천(永川) 북쪽의 화산(華山)에 소재한 산성(山城)이다.

190) 추봉(秋捧)은 가을에 토지세인 결세(結稅) 및 기타의 잡세(雜稅)를 거두어들이는 것이다.

전란(戰亂) 때에는 식량을 도적질해 가더니
평시(平時)에는 백성의 마음을 뒤흔드네.
비록 좋은 성지(城池)가 있다고 한들
누가 북소리와 징소리를 즐겨 듣겠는가?
내가 옛 사람의 말을 듣자하니
백성의 안녕(安寧)이 곧 갑병(甲兵)이라고 하였네.
可惜蔚州營 地勢非天成
城高不數仞 壯士容易嬰
木無林林茁 泉不滮滮鳴
賊若圍三日 飢渴不得生
曩時忘憂堂 請移華山城
此老號知兵 料事非不明
至今三百年 無人復經營
反移境外倉 徒肥城中氓
每當秋捧時 不翅兵火經
督責挾營威 村巷偏哭聲
亂時齎盜糧 平時擾民情
雖有好城池 誰肯聽鼓鉦
吾聞古人語 民安是甲兵

이 시는 울산에 위치해 있던 경상좌병영의 폐해를 고발하고 있다. 좌병영은 애초부터 제대로 된 지세를 갖추지 못한 곳임을 언급한 다음 그 이유로써 성의 높이가 낮아서 장정들이 쉽게 넘어갈 수 있을 뿐 아니라 제대로 된 숲과 샘물도 갖추지 못하고 있음을 지적하고 있다. 그래서 장기전을 치르기 어려운 형편이므로 이미 300년 전에 망우당(忘憂堂) 곽재우(郭再祐) 장군이 영천(永川)의 화산성(華山城)으로 이전할 것을 건의한 바 있으나 이양오가 살던 당대에는 아무도 이전을 주장하는 사람이 없을 뿐 아니라 도리어 경계 바깥으로 창고를 옮겨서 성중(城中)에 사는 백성의 배만 불리고 있는데,

특히 가을의 수납(收納) 때에는 그 횡포가 극에 달한다고 하였다. 그 위세 때문에 백성은 통곡을 그치지 않아 민폐가 대단함을 고발하고 있으니, "전란 때에는 식량을 도적질해 가더니, 평시에는 백성의 마음을 뒤흔드네."라고 한 대목이 그것이다. "백성의 안녕이 곧 갑병(甲兵)"이라는 말로 마무리되고 있는 이 시는, 병영의 존재가 울산의 거주민들에게는 오히려 크나큰 폐해의 온상임을 고발하고 있다.

<과거의 불공정(其十二 科擧不公)>
지난 고려(高麗) 시대에
쌍기(雙冀)[191]가 과거제도(科擧制度)를 시작하였네.
명경과(明經科)와 제술과(製述科)는
뽑음에 각기 차이가 있었네.
옛날에 지공거(知貢擧)는
문장으로 많은 사람을 뽑았네.
근세에는 명감(明鑑)이 부족하여
생각이 어떤지를 살피지 못하네.
다만 일찌감치 시권(試券)을 보이면 뽑을 뿐인데
어찌 이름난 사람을 얻을 길이 있으랴?
문장은 나날이 경박해지고
선비의 습속은 더욱 부과(浮夸)해지네.
하물며 또 법이 엄하지 못하니
어디엔들 사사로움이 없으랴?
동한(東漢)에서는 효렴(孝廉)[192]을 천거하면서
마흔 살이 넘어야 된다고 나이를 제한하였네.
어진 이를 추천하면 높은 은상(恩賞)의 혜택을 입고

191) 쌍기(雙冀)는 중국의 후주(後周)에서 귀화하여 고려 광종 9년(958년)에 당나라를 본받아 과거제탁의 실시를 건의하여 실행한 인물이다.

192) 효렴(孝廉)은 중국 전한(前漢) 때부터 치르던 관리 임용 과목, 또는 그 과(科)에 뽑힌 사람을 가리킨다.

추천을 잘못하면 무거운 질책을 받았네.
이 때 거인(擧人)을 뽑는 데는
사람마다 생각에 사악함이 없었네.
지금 세상에는 좌웅(左雄)[193]이 없으니
또 어찌 밝게 핵실(覈實)하겠는가?
往在勝國時 雙冀始制科
明經與製述 取之各有差
曩時知貢擧 以文得人多
近世鑑不明 莫察意如何
徒取早呈劵 何由得名家
文章日輕薄 士習益浮夸
況且法不嚴 何處無私阿
東漢擧孝廉 限年四十過
進賢蒙上賞 誤薦受重訶
是時選擧人 箇箇思無邪
今世無左雄 亦豈明覈耶

이 시는 과거제도의 불공정에 대해 강하게 비판하고 있다. 이양오 스스로가 여러 번 과거에 응시한 바 있지만, 결국 사마시마저 합격하지 못한 처지에서 보면 과거제도의 불공정성에 대한 불만이 보통이 아닐 정도로 쌓여 있었음을 짐작할 수 있다. 먼저 고려시대에 시작된 과거제도는 여러 가지 장점을 지닌 제도로서 존속해 왔지만, 조선후기에 이르게 되면 시험을 관장하는 고시관의 명감(明鑑)이 부족하여 제대로 된 인사를 뽑지 못한다고 하였다. 그래서 경박해지는 문장과 부과(浮夸)한 사습(士習), 엄하지 못한 법령 때문에 사사로움이 작용될 수밖에 없음을 지적하면서, 한(漢)나라에서 실시하였던 효렴제(孝廉制)를 예거(例擧)하여 과거제도에서의 공정성

193) 좌웅(左雄)은 전한(前恨) 순제(順帝) 때의 정치가로 기탄없이 탐관오리를 탄핵했던 인물이다.

을 담보할 수 있는 길을 모색하고자 하였다. 그러나 자기가 살고 있는 시대에는 좌웅(左雄)과 같은 올곧은 선비가 없기 때문에 과거 제도의 부정과 모순을 핵실(覈實)하기 어려움을 토로하고 있을 뿐이다.

<향교와 서원의 말폐(其十五 校院末弊)>

여러 고을에서 학교를 설치함은
인재를 기르고자 함이네.
모든 곳에는 교수관(敎授官)을 두어
지난날을 계승하고 미래를 개척하고자 하네.
다만 영재를 육성할 뿐만 아니라
또한 광간(狂簡)[194]을 잘라내어야 하네.
강습하는 무리와 글 짓는 사람들은
과거에 응시하여 황괴(黃槐)[195]를 좇네.
옷을 걷으면 모두 아름답고
재주를 시험하면 또한 광대하네.
지금 세상에는 향교와 서원 속에서는
다시 문운(文運)이 돌아오게 할 수는 없네.
시서(詩書)를 읽는 것을 볼 수 없고
다만 농담을 좋아한다는 소문이 들리네.
재임(齋任)[196]은 담장을 마주하여 앉아 있고
향례(享禮)[197]에는 술그릇이 뒤섞이네.
이런 무리들이 늘 주인이 되니
문사(文士)들은 도리어 시기를 받네.
당파(黨派)가 나뉘어 서로 앞 다투어 빼앗으니
문서를 범람(汎濫)하여 재화(財貨)를 훔치네.

---

194) 광간(狂簡)은 뜻은 크지만 실천이 없이 소홀하고 거친 것이다.
195) 황괴(黃槐)는 황비(黃扉)와 삼괴(三槐)의 준말로, 정승의 집과 삼정승을 가리킨다.
196) 재임(齋任)은 성균관(成均館)·사학(四學)·향교(鄕校) 등의 거재유생(居齋儒生)의 임원 명칭이다.
197) 향례(享禮)는 대제(大祭)를 지내는 예법이다.

[지주(地主)[198]는 애증(愛憎)에 치우쳐 있어서
오직 당색(黨色)으로 매개를 삼네.
가련하구나, 예의로써 사양해야 하는 곳을
도철(饕餮)[199]의 우두머리에게 맡기고 있으니.
말단의 폐해가 이 지경에 이르렀으니
일을 하나하나 들어서 말할 수 없네.
국학(國學)도 이와 같아서
부질없이 어진 이를 기르는 재목만 허비하네.]
어떻게 하면 뭇 어르신들을 모이도록 하여
서생(書生)들과 함께 배회하도록 할 수 있을까?
列邑設庠序 所以養人才
皆有敎授官 繼往而開來
非但英才育 亦當狂簡裁
講徒及詞客 赴擧趂黃槐
摳衣皆濟濟 試才亦恢恢
今世校院中 不復文運廻
不見讀詩書 但聞好該詼
齋任坐面牆 享禮錯罇罍
此輩常爲主 文士反見猜
分黨相傾奪 濫簿偸貨財
[地主偏愛憎 惟色以爲媒
可惜禮讓所 付與饕餮魁
末弊至於斯 事事不可枚
國學亦如是 空費養賢材]
安得集衆髦 靑衿共徘徊

이 시는 교육기관인 서원과 향교의 말단적인 폐단을 지적하고 있다. 원래 교육기관이 설립된 목적은 인재를 육성함에 있고 동시

198) 지주(地主)는 고을의 수령의 별칭으로 성주(城主)라고도 한다.
199) 도철(饕餮)은 중국 전설상의 악한 짐승으로 탐욕이 많고 사람을 잡아먹는 잔인한 존재이다.

에 그들의 광간(狂簡)을 제거해 주어야 함에도 불구하고, 현실은 그렇지 못하여 강습자(講習者)나 시인(詩人) 할 것 없이 모두가 과거에 급제하여 고관대작이 되기를 희구하며 권병(權柄)을 잡은 사람들을 좇고 있다고 하였다. 또 학생들의 재주는 빼어나기 그지없지만 문운(文運)을 회복하기는 불가능하다는 점을 지적하고 있는데, 그것은 서원이나 향교에서 일어나고 있는 부정적인 현상을 보면 알 수 있다고 했다. 즉 "시서를 읽는 것을 볼 수 없고, 다만 농담을 좋아한다는 소문이 들리네. 재임은 담장을 마주하여 앉아 있고, 향례에는 술그릇이 뒤섞이네. 이런 무리들이 늘 주인이 되니, 문사들은 도리어 시기를 받네. 당파가 나뉘어 서로 앞 다투어 빼앗으니, 문서를 범람하여 재화를 훔치네."라고 하는 서원과 향교에서 일어나는 부정적인 현상들을 통해서 볼 때 문운의 회복은 요원하다고 판단할 수밖에 없다는 것이다. 이 시는 결론적으로 노숙(老熟)한 존장(尊長)들을 모셔서 젊은이들과 어울리도록 하여 그들에게 제대로 된 교육과 문장의 모범을 보여줌이 좋을 것이라고 하였다.

이상에서 조선후기 사회의 다양한 문제점에 대한 이양오의 비판적인 자세를 보여주는 연작 장편시 「감회」 중에서 뽑은 일부 작품을 살펴보았다. 당대의 사회문제를 외면하지 않고 그는 일흔 살이 넘은 고령임에도 불구하고 능동적인 자세로 현실에 대한 진단과 미래에 대한 희망을 포기하지 않았음을 알 수 있다. 마지막으로 이 작품의 종결(終結)에 해당하는 것을 살펴보기로 하겠다.

<스스로의 진술(其十七 自敍)>
나는 본디 재주가 없는 사람으로
담백하여 화려한 꾸밈이 없네.
호걸(豪傑)과 사귀지 못하고
공명(功名)을 잡지 못하였네.

하늘이 산과 물 사이로 내치기에
한가롭게 초가에 드러누워 있네.
일어나면 모였다가 펴지는 구름을 바라보고
앉으면 피었다가 지는 꽃을 마주하네.
늙어 가면서 수레와 말을 사양하고
흥이 일면 뽕나무와 삼을 읊조리네.
마음대로 살아감이 내 분수를 따름일진대
가난하고 구차함을 어찌 족히 탄식하랴?
만사가 모두 영락(零落)하니
시비(是非)가 나에게 더해지지 않네.
다만 태평한 세상을 보고 싶을 뿐인데
법(法)이 오래되어 폐단이 도리어 많네.
강개(慷慨)하면 울음소리를 내고
바람을 만나면 크게 노래하네.
말을 해도 도움 될 것이 없는데
어찌 반드시 변화(卞和)[200]를 배우랴?
바라건대 수련(修鍊)하는 도사를 좇아
단전(丹田)에서 백아(白鴉)[201]를 기르고 싶네.
我本不才人 澹泊無芬華
豪傑不可交 功名不可拏
天放山水間 閒臥茅茨家
起看卷舒雲 坐對開落花
老去謝車馬 興來詠桑麻
飮啄隨吾分 貧窶何足嗟
萬事皆零落 是非莫我加
但見太平世 法久弊還多
慷慨發之鳴 臨風浩浩歌

200) 변화(卞和)는 화씨벽(和氏璧)의 고사에 나오는 초(楚)나라 사람으로, 형산(荊山) 아래에서 옥 덩이를 얻어서 왕에게 바쳤으나 인정받지 못하고 도리어 왕을 속였다는 죄명으로 좌우(左右) 월형(刖刑)을 당하였으나 결국 그 진가를 인정받도록 하였다.

201) 백아(白鴉)는 몸집이 작고 배 아랫부분이 흰 까마귀로, 보통 까마귀와 달리 부모에게 먹이를 토해서 먹이지 않는 새(不反哺者)라고 한다.

言之亦無補 何必學卞和
願從修鍊士 丹田養白鴉

이 시는 제목에서 보이듯이 스스로의 속마음을 드러내고 있는 것으로, 자기가 살아 온 한평생을 돌이켜 보고 여생에서 추구할 바를 제시하고 있다. 앞부분에서 시인은 스스로를 재주 없는 사람으로 규정하고 융통성과 사교성이 없어서 호걸과 사귀지도 못하며, 하늘이 산수(山水) 사이로 내치기에 시골의 초가집에서 한가롭게 살고 있다고 하여, 관운(官運)이 없었던 자기의 삶을 담담하게 관조하고 있다. 그러나 전원의 삶도 의미가 없지는 않음을 인정하고 있음을 보여주고 있다.

그는 태평한 시대를 보고 싶은 욕심이 있지만 "법이 오래되어 폐단이 도리어 많네."라는 지적처럼 조선이 건국된 지 오랜 세월이 지난 탓으로 생겨나는 많은 폐단 때문에 태평성대를 구현하기 어려운 시대임을 절감하고 있다. 그래서 그는 변화(卞和)처럼 자기의 본성을 끝까지 지켜 그 진정한 실체를 인정받기보다 차라리 그런 문제를 도외시하고, 자기의 완성을 위해 수련하는 도사처럼 "단전(丹田)에서 백아(白鴉)를 기르"는 수련을 하고 싶다는 염원을 드러내는 것으로 시를 마무리하고 있다.

결국 그는 「감회」를 통해 조선후기 사회의 다양한 문제점들을 지적하고 나름의 개선 방안을 제시하고는 있지만 그것이 사회를 개혁하는 실질적 방안이 되지 못한다는 사실을 누구보다도 더 잘 알고 있었음을 확인할 수 있다. 그래서 반계 이양오는 도교적인 수련법을 통하여 개인적 차원의 수양을 완성하는 쪽으로 방향을 선회하려는 염원을 지니고 있음을 보여주고 있다.

구곡원림과 울산의 구곡제영

— 도와 최남복의 「백련구곡도가」와 천사 송찬규의 「반계구곡음」 —

1. 구곡원림 경영 풍조의 기원과 유행

구곡원림은 자연 속에 위치한 아홉 굽이의 계곡에 있는 수풀로서 그 기원은 중국 남송(南宋)의 유학자 주희[朱熹, 1130~1200, 흔히 '주자(朱子)'로 불림]가 경영하였던 복건성(福建省) 소재 무이산(武夷山)의 아홉 굽이를 일컫는 무이구곡(武夷九曲)에까지 거슬러 올라간다. 우리나라에서는 고려 말에 신유학(新儒學)이 도입된 이후 선비들 사이에서 주희의 학문과 삶에 대한 관심이 증폭되었고, 조선시대에 이르게 되면 정사(精舍) 원림이라고 할 안평대군(安平大君, 1418~1453)의 무계정사[武溪精舍, 무이정사(武夷精舍)라고도 함]와 담담정(淡淡亭) 원림, 회재(晦齋) 이언적(李彦迪, 1491~1553)의 자옥산정사(紫玉山精舍) 원림 등을 거쳐서 구곡원림을 경영하는 단계로 접어들었다. 퇴계(退溪) 이황(李滉, 1501~1570)이 경상도 안동에서 경영한 도산서당(陶山書堂)과 도산구곡(陶山九曲), 율곡(栗谷) 이이(李珥, 1536~1584)가 황해도 해주의 고산(高山)에서 경영한 석담구곡(石潭九曲), 한강(寒岡) 정구(鄭逑, 1543~1620)가 경상도 성주에서 경영한 무흘정사(武屹精舍)와 무흘구곡(武屹九曲), 우암(尤庵) 송시열(宋時烈, 1607~1689)이 충청도 괴산에서 경영한 암서재(巖棲齋)와 화양구곡(華陽九曲), 곡운(谷雲) 김수증(金壽增, 1624~1701)이 강원도 화천에서 경영한 곡운정사(谷雲精舍)와 곡운구곡(谷雲九曲) 등은 조선시대에 생겨난 대표적인 구곡원림이었다. 이런 추세에 따라 수려한 자연 속에서 구곡원림을 경영하려는 선비들이 지속적으로 출현함으로써 전국의 빼어난 경승을 지닌 산천에는 구곡이라는 이름의 원림을 경영하는 풍조가 유행하였다.

16세기 이후 구곡원림의 경영이 일반화됨에 따라 전국에는 우후죽순 격으로 구곡이라고 이름 붙인 곳들이 출현하게 되었으니, 경상도 지역의 구곡만 해도 포항의 덕연구곡(德淵九曲), 김천의 황남구곡(黃南九曲), 안동의 도산구곡(陶山九曲), 영주의 죽계구곡(竹溪九曲), 영천의 횡계구곡(橫溪九曲), 상주의 고산구곡(高山九曲), 문경의 쌍룡구곡(雙龍九曲)과 선유구곡(仙遊九曲), 영덕의 옥계구곡(玉溪九曲), 청도의 운문구곡(雲門九曲), 성주의 무흘구곡(武屹九曲), 함양의 옥계구곡(玉溪九曲) 등 수십 군데에 이르렀다.

울산지방도 예외는 아니었다. 고려 말 언양(彦陽)에 유배되었던 포은(圃隱) 정몽주(鄭夢周)가 오른 뒤에 그 빼어난 경치가 전국에 널리 알려진 반구대(盤龜臺) 골짜기를 흐르는 반계(磻溪)는 아래로 흘러 사연(泗淵) 마을을 지나 태화강(太和江)에 합수(合水)되었는데, 그 계곡의 풍광이 절경이었으므로 반계구곡(磻溪九曲)으로 불리던 명소였다. 계곡의 오곡(五曲)에 있는 반구대와 그 맞은편 언덕의 집청정[集淸亭, 1713년 운암(雲庵) 최신기(崔信基)가 건립한 경주최씨 가문의 정자]은 선비의 자연애호 정신을 담은 한시 창작에 적격인 곳으로 알려졌던 곳이다. 또 숙종 때 경주 출신의 인물로서 반구대

골짜기의 상류 즉 천전리 각석(川前里刻石)보다 훨씬 북쪽 계곡의 백련암(白蓮庵)이 있던 자리에 1784년부터 백련서사(白蓮書社)를 경영하면서 후학을 양성하고 또 그곳을 장수지소(藏修之所)로 삼았던 도와(陶窩) 최남복(崔南復, 1759～1814)은 서사(書社) 앞의 골짜기를 백련구곡(白蓮九曲)이라고 명명하고 그곳의 산수를 즐겼다. 이처럼 울산지방에서도 구곡 경영의 전통은 유지되었을 뿐 아니라 주희가 1184년 2월에 지은 「무이구곡가[武夷九曲歌, 무이도가(武夷櫂歌)라고도 함]」를 본받은 작품을 남기고 있다.

2. 무이구곡과 「무이도가」에 대한 조선시대 도학자의 대립된 시각

예로부터 산수가 수려하여 경치가 아름다운 곳으로 이름을 떨치다가 주희가 은거함으로써 더욱 그 광채를 더한 이름을 천하에 떨친 무이산과 무이구곡은 대체 어떤 곳인가? 우선 무이산을 소개하고 있는 글을 인용해 보자.

> 복건성 북부의 숭안현 경내에 있는 무이산은 중국의 이름난 풍경지의 하나로서 복건성과 강서성 경계에 뻗은 무이산 줄기에 속해 있다. 일찍이 진나라, 한나라 때부터 이 산은 아늑한 명승지를 즐기는 명유 현관들과 소인묵객, 방사, 도사들이 찾아와 시를 읊고 학문을 역설하는 고장으로 되었다. 그리하여 3백여 곳에 묘우, 도원, 정각, 누대 등 건물들이 세워지고 7백여 곳에 마애 석각이 새겨졌다. 물론 옛날의 건축물들은 지금까지 남아있는 것이 별로 많지 못하나 대부분의 마애 석각과 기타 문화 유물 및 고적들은 의연히 남아 있다.
>
> 무이산에는 9계곡, 36봉, 72동, 99암 등 승경들이 있다. 높은 곳에 올라서면 이 산봉우리들은 모두 머리를 추겨들고 마치 동쪽으로 향한 듯이 보인다. 어떤 사람은 무이산의 풍경은 황산(黃山)의 기발한 정취와 여

산(廬山)의 장려함, 계림(桂林) 이강(離江)의 수려함을 한 몸에 지녔다고 노래한 바 있다. 산 좋고 물 맑은 무이산의 경치를 그렇게 비유하는 것도 무리는 아니다. 참대 떼를 타고 뭇 봉우리들 사이를 비단 띠처럼 굽이굽이 감돌아 흐르는 옥같이 맑은 구곡계의 흐름을 따라 내려가노라면 굽이마다 양안의 산빛과 물빛이 새록새록 달라져 마치 기묘한 단청 속을 떠 지나는 듯 황홀하기 그지없다. 무이산의 기후도 매우 독특하다. 복건성 북부의 지형은 서북쪽이 높고 동남쪽이 낮다. 무이산 줄기가 병풍처럼 서북쪽에서 불어오는 찬바람을 막아주고 동쪽의 바다에서 올라오는 따뜻하고 축축한 공기를 품에 안아주는 데서 이곳은 우량이 충족하고 연평균기온이 섭씨 17.5도 가량 된다. 그리하여 무이산 지구는 사시장철 경치도 아름답거니와 여러 가지 진귀한 동식물들이 깃들어 사는 보금자리로 되었다. 얼마 전에 이곳은 중국의 자연보호구의 하나로 정해졌다. 보호구 내의 가장 이름난 특산물은 방죽과 무이암 차(茶)다.

이곳을 찾아 산길이나 개울가를 따라 거니는 유람객들은 가파른 절벽 바위틈에 무럭무럭 자란 늙은 차나무를 보고 하 많은 땅을 두고 하필 저렇게 험한 바위틈에 나서 자랄게 뭐냐 라는 생각이 나게 될 것이다. 그러나 그러한 환경에서 새벽안개와 밤이슬을 머금고 자라는 과정이 바로 무이암 차의 특유한 품질과 향기가 이룩되는 것이다. 그 중 각별히 입맛을 돋구는 '대홍포'는 무이암 차 중에서도 으뜸으로 꼽히고 있다. 그 밖에 이곳에는 뿔난 개구리 각괴, 대가리가 원숭이 같이 생긴 새 후면조 등 세계적으로 보기 드문 짐승들도 살고 있다. 무이산 풍경지구를 한 걸음 더 계획적으로 건설하기 위하여 해당 부문들에서는 전면적인 탐사사업을 거쳐 이미 절차 있는 건설 사업에 착수하였다. 이 지구의 일꾼들은 녹화사업을 힘 있게 틀어쥐고 숱한 나무들을 심었으며 고대 건물유적 50여 개소를 정리하고 역대의 마애 석각 1백여 폭을 손질하였으며 은병봉, 천유봉 등 수많은 승경지로 통하는 길에 돌층계길 10여 킬로미터를 닦았을 뿐 아니라 험한 곳에는 철 사닥다리와 난간을 만들어 세웠다. 이와 공시에 그들은 또 돌다리 10여 개를 놓고 돌상, 돌걸상, 그리고 족적 풍격이 짙은 정자들도 많이 만들어 놓았으며 운와, 천유 등지에는 다방과 식당, 초대소도 마련하여 유람객들의 편리를 도모해 주고 있다.[202)]

이처럼 무이산은 과거부터 현재까지 그 웅대한 규모와 빼어난 승경을 자랑하며 수많은 관람객들을 손짓하여 부르는 명승지임을 짐작할 수 있다. 주희는 1183년 4월 무이구곡의 제 5곡에 무이정사(武夷精舍)를 짓고 심성수양(心性修養)과 강학(講學)에 힘을 기울였는데, 이 계곡은 그 길이가 9.5km에 이를 정도로 대단한 규모를 자랑하는 곳이다. 지금은 세계자연유산과 세계문화유산으로 지정되어 중국 정부가 보호하는 명소이기도 하다.

<무이산구곡도(武夷山九曲圖)>: 문연각(文淵閣) 사고전서(四庫全書) 속에 수록된 그림으로, 오른쪽 하단의 일곡(一曲)부터 왼쪽 상단의 구곡(九曲)까지 계류를 따라 펼쳐진 계곡과 봉우리, 건축물을 그려 목판에 새긴 것이다. 오곡에 위치한 무이정사(武夷精舍)를 확인할 수 있다.

주희는 희작(戲作)이라고 하였으나, 서시(序詩)와 아홉 굽이를 읊은 시를 합하여 모두 10수로 이루어진 「무이도가」는 그의 학문과

202) 중국화보사(中國畵報社), 『중국화보(中國畵報)』, 인민화보(人民畵報), 1982년 제5기 조선문판(朝鮮文版), 북경(北京), 1982.(민주식, 「조선시대 지식인의 미적 유토피아 —'무이구곡(武夷九曲)'의 예술적 표현을 중심으로—」, 『미학』 26집, 한국미학회, 1999, 25～27면에서 재인용)

사상을 존숭하던 조선의 선비들에게 적극적으로 수용되었을 뿐 아니라 그들의 손에 의하여 창작된 수많은 차운시(次韻詩)가 남아 있다. 그들은 차운시를 통하여 학문에 대한 자기의 태도를 표명하거나, 자기가 경영하는 구곡원림에 대한 자부심을 표현하였다. 이렇게 됨으로써 무이산은 정작 산이 위치하고 있는 중국 땅에서보다 오히려 주희의 학문을 추숭한 선비들이 즐비하였던 조선 땅에서 더욱 유명세를 타게 되었다.

조선 전기에 무려 20여 년 동안 문형(文衡)을 지낸 사가(四佳) 서거정(徐居正, 1420～1488)이 무이정사 주변의 잡다한 것을 읊은 시에 차운한 작품을 쓴 이래[203] 퇴계 이황, 하서(河西) 김인후(金麟厚, 1510～1560), 고봉(高峯) 기대승(奇大升, 1527～1572) 등은 「무이도가」에 차운한 작품을 지었고, 율곡 이이는 그 작품을 효방(效倣)한 연시조(聯詩調) 「고산구곡가(高山九曲歌)」를 지었으며, 포저(浦渚) 조익(趙翼, 1579～1655)은 「무이도가」를 자신의 시각(視角)에서 자세히 해설하는 평문(評文)을 지어서 주자를 향한 경모(景慕)의 마음을 담기도 하였다.[204]

그러나 「무이도가」를 바라보는 도학자들의 시각은 대조적이었으니, 김인후와 조익은 이 작품의 본질을 자연시(自然詩)가 아닌 '도(道)에 들어가는 순서[입도차제(入道次第)]'를 구곡(九曲) 속에 묘사해 넣은 조도시(造道詩)로 파악하고 있음에 반해, 이황과 기대승은 이 작품을 강호자연(江湖自然)의 승경(勝景)을 노래한 산수시(山水詩)로 파악하면서 그 원리는 '사물을 계기로 하여 일어나는 흥취[인물

203) 서거정(徐居正)은 주희의 시 「무이정사의 잡다한 것을 읊음(武夷精舍雜詠)」(『회암집(晦庵集)』, 권9)에서 차운한 10수의 오언절구 「주문공의 무이정사 그림. 문공의 운자를 쓰다(朱文公武夷精舍圖 用文公韻)」(『사가집(四佳集)』 권4)라는 작품을 지었다.

204) 그 구체적인 내용에 대해서는 이민홍(李敏弘), 『사림파문학(士林波文學)의 연구(硏究)』(형설출판사, 1985) 참조.

기흥(因物起興)]'에 있다고 인식함으로써 같은 작품을 바라보면서도 상호간에 엄청난 시각의 편차를 보여주었다.

여기에서는 다만 조선시대 도학자들 사이에 「무이도가」를 대하는 시각 차이가 존재하였다는 사실을 지적하는 데 그치기로 하겠다. 먼저 주희의 「무이도가」 10수를 보자.

무이산(武夷山) 위에는 선령(仙靈)이 살아 있고
산 아래의 찬 계곡물은 굽이굽이 맑네.
그 속의 기이하고 빼어난 곳을 알고자 하면
뱃노래 두어 마디를 한가롭게 들어야 하리.
武夷山上有仙靈 山下寒流曲曲淸
欲識箇中奇絶處 棹歌閑聽兩三聲

일곡(一曲)의 냇가에서 낚싯배에 오르니
만정봉(幔亭峯)의 그림자가 맑은 시내에 잠겨 있네.
무지개다리가 한 번 끊어지니 소식조차 없는데
일만 골짜기와 일천 바위는 푸른 연무(煙霧)에 갇혀 있네.
一曲溪邊上釣船 幔亭峯影蘸晴川
虹橋一斷無消息 萬壑千巖鎖翠煙

이곡(二曲)에는 옥녀봉(玉女峯)이 우뚝한데
꽃을 꽂고 물을 굽어보니 누구를 위해 꾸몄는가?
도인(道人)은 다시 양대(陽臺)를 꿈꾸지[205] 않거늘
흥이 나서 앞산으로 드니 푸른빛은 몇 겹인가?
二曲亭亭玉女峯 揷花臨水爲誰容
道人不復陽臺夢 興入前山翠幾重

---

205) 양대(陽臺)의 꿈은 중국 전국시대(戰國時代) 초(楚)나라 시인 송옥(宋玉)의 <고당부(高唐賦)>에 나오는 고사로서, 회왕(懷王)이 꿈속에서 무산(巫山)의 신녀(神女)를 만나 하룻밤의 인연을 맺고 서로 작별하려고 하니 신녀가 "아침에는 구름이 되고 저녁에는 비를 내리면서 언제까지나 양대 아래에 있겠다.(旦爲朝雲 暮爲行雨 朝朝暮暮 陽臺之下)"고 말했다고 한다.

삼곡(三曲)에서 그대는 산턱에 걸린 배를 볼지니
노를 멈춘 지 몇 해인지 모르겠네.
뽕밭이 바다로 변한 지 이제 몇 해나 되는가?
거품과 풍등(風燈) 같음을 감히 스스로 안타까이 여기랴?
三曲君看架壑船 不知停棹幾何年
桑田海水今如許 泡沫風燈敢自憐

사곡(四曲)은 동서 양쪽에 바윗돌이 솟아 있어서
바위의 꽃이 이슬 드리우며 푸르게 늘어져 있네.
금계(金鷄)가 울음을 그쳐도 사람은 보이지 않는데
달빛은 빈산에 가득하고 물은 못에 그득하네.
四曲東西兩石巖 巖花垂露碧㲯毿
金鷄叫罷無人見 月滿空山水滿潭

오곡(五曲)은 산이 높고 구름 기운이 깊어서
오랜 시간 안개와 비가 평원의 숲에 어둑하네.
숲 사이의 나그네는 아는 사람이 없으니
뱃노래 가락 속에 만고(萬古)를 생각하는 마음이네.
五曲山高雲氣深 長時煙雨暗平林
林間有客無人識 欸乃聲中萬古心

육곡(六曲)의 검푸른 병풍은 푸른 물굽이를 에워싸는데
띳집에는 종일토록 사립문이 닫혀 있네.
객(客)이 와서 노를 저으니 바위의 꽃이 떨어지거늘
원숭이와 새는 놀라지도 않아 봄 정취가 한가롭네.
六曲蒼屛遶碧灣 茅茨終日掩柴關
客來倚棹巖花落 猿鳥不驚春意閑

칠곡(七曲)에서 배를 움직여 푸른 여울로 오르는데
은병산(隱屛山)과 선장봉(仙掌峯)을 다시 돌아보네.
어젯밤 산봉우리에 내린 비를 안타까워하나니

붙어난 폭포수는 얼마나 차가웠으랴?
七曲移船上碧灘 隱屛仙掌更回看
可憐昨夜峯頭雨 添得飛泉幾度寒

팔곡(八曲)에는 흐릿한 기운이 개는 듯한 형세(形勢)이고
고루암(鼓樓巖) 아래에는 물이 둘러서 돌아가네.
이곳에 아름다운 경관(景觀)이 없다고 하지 말라.
본래 유람하는 사람이 올라오지 않을 뿐이네.
八曲風煙勢欲開 鼓樓巖下水縈回
莫言此處無佳景 自是遊人不上來

구곡(九曲)이 다하려고 하니 눈이 환해지는데
뽕과 삼은 비와 이슬에 젖어 평평한 들판에서 보이네.
어부(漁夫)는 다시 도원(桃源)으로 통하는 길을 찾건마는
오직 인간세상 속에 별천지(別天地)가 있을 뿐이네.
九曲將窮眼豁然 桑麻雨露見平川
漁郎更覓桃源路 除是人間別有天

'입도차제(入道次第)'의 시각에서 이 시를 보아야 한다는 생각을 가진 조익(趙翼)은 무인년(1638, 인조 16년) 초봄에 이 작품의 서시(序詩)부터 구곡(九曲)까지 하나하나 해설한 다음, 자기가 이 작품을 접하게 된 경위와 해설하게 된 과정을 아래와 같이 밝힌 바 있다.

지난 무오년(1618년, 광해군 10년) 겨울에 천안(天安)의 현희암[玄希庵, 현덕승(玄德升)] 노인이 주자(朱子)의 이 시를 나에게 부쳐 주었다. 내가 받아서 읽어 보니 주자가 자신의 뜻을 구곡(九曲)에 붙여서 드러낸 것이 분명하다고 판단되었다. 그런데 유씨(劉氏)의 주석은 자못 절실하지 못한 듯도 하였고 특별히 드러내 밝힌 것도 없는 듯하기에, 내가 천박한 소견을 가지고 대략 해석해 보았다. 그것이 지금으로부터 20여 년 전의 일인데, 그 뒤에 난리를 겪고 떠돌아다니는 와중에서도 이 원

고가 없어지지 않고 다른 글들 속에 뒤섞여 있었다. 지금 살펴보건대 그 대의(大意)는 혹 타당함을 얻은 듯도 하였지만 사어(辭語)에는 역시 너저분한 점이 꽤나 눈에 띄었으므로, 다시 교정을 하여 이와 같이 정리하였다.

대저 성현의 마음은 도(道)와 일치하기 때문에 잠시라도 도를 잊는 때가 없다. 그런 까닭에 도의 경지와 비슷한 사물을 보게 되면, 반드시 이를 비유하여 드러내 밝히곤 하니, 예컨대 공자(孔子)가 "물이여, 물이여.(水哉水哉)"라고 찬탄한 것이나, "준마는 힘을 일컫는 것이 아니다.(驥不稱力)"라고 한 것이나, "소나무와 잣나무는 뒤에 시든다.(松柏後凋)"고 한 것 등이 그것이라고 하겠다. 이 아홉 굽이의 계곡 역시 도를 배우기 시작해서 그 공부를 마칠 때까지의 과정과 너무도 흡사하기 때문에, 주자가 이 10수의 시를 지어서 그 뜻을 밝혔으니, 도를 체득하기 위한 그 정성과 도를 밝힌 그 공이 어떠한지를 확인할 수 있다고 하겠다.

각 굽이마다 비유한 것을 보면 이 학문의 과정과 곡진하게 그 법도가 합치되지 않는 것이 없는데, 계곡에 이런 경치가 있는 것도 참으로 기이하다고 하겠지만, 시에서 이를 비유로 취한 것 역시 오묘하기 그지없으니, 학자가 이 시를 보면 도를 터득하기 위해 공부하는 시작과 끝의 그 대략을 또한 알 수 있을 것이다. 지금 내가 해석한 것이 시의 본지(本旨)를 한두 가지라도 드러내 밝혔는지 모르겠는데, 우선 이렇게 기록해 두고서 도를 소유한 자를 만나면 바로잡아 보려고 한다.[206]

조익은 인용문의 밑줄 친 부분처럼, 「무이도가」를 도를 배우기

---

206) 昔在戊午冬 天安玄希庵丈寄翼朱子此詩 翼得而讀之 見其托意分明 而劉氏註頗似不切 亦似未甚發明 因以淺見略爲解釋 今二十餘年矣 經亂流離 其藁適不失在亂書中 今觀之 其大意似或得之 而辭語亦頗雜亂 乃復就加刪改如是 夫聖賢心與道一 斯須未嘗忘道 故見物之有似於道者 必譬而明之 如孔子言水哉水哉 驥不稱力 松柏後凋 是也 此九曲之溪 適與學道工夫終始相類 朱子爲此十首之詩以發之 可見其體道之誠 明道之功 而每曲所喩 無不與此學工程節度曲合 溪之有此 誠亦奇哉 而詩之取譬 可謂極妙矣 學者於此亦可以知爲道始終大略矣 今所釋 於詩旨未知其或發明一二耶 姑書之 俟見有道而正之也.(趙翼, 「武夷櫂歌十首解」, 『浦渚集』 권22, 「雜著」) 이 번역은 『국역 포저집』(민족문화추진회)에서 인용한 것으로, 필요에 따라 조금 변개한 부분도 있다. 한국고전번역원 인터넷 사이트 http://www.minchu.or.kr 참조.

시작해서 공부를 마칠 때까지의 과정을 설명한 것이라는 시각에서 해석함으로써 도를 체득하기 위한 정성과 도를 밝힌 주희의 공을 칭양하고 있다. 각 굽이마다 학문의 과정을 곡진하게 비유하고 있으므로, 학자가 이 시를 보면 도를 터득하기 위해 공부하는 시말을 파악할 수 있으리라고 하였다.

그러나 이황은 김인후나 조익과 달리, 「무이도가」를 작품의 표면에 나타난 문자 그대로의 산수시로 파악해야 한다는 입장을 표명하고 있다.

> 대저 구곡(九曲) 절구 10수는 모두 처음에는 학문의 차제(次第)의 의사가 전혀 없었은데, 주석하는 사람이 천착(穿鑿)하고 부회(附會)하여 마디마디를 이끌어 맞춘 것에 지나지 않으니, 모두 선생의 본래 뜻이 아니었습니다.207)

이처럼 두 사람은 「무이도가」에 대해 전혀 다른 시각을 보여주고 있어서, 동일한 작품이라 하더라도 그것을 바라보는 시각에 따라 얼마나 다른 결론에 도달하게 되는지에 대한 하나의 현저한 예가 된다고 하겠다.

3. 울산지방의 구곡과 구곡제영

1) 백련구곡과 최남복의 「백련구곡도가(白蓮九曲櫂歌)」

백련구곡은 조선 후기에 백련암(白蓮庵)이 있던 대곡천(大谷川) 상류의 골짜기에 1784년(정조 8년) 수옥정[漱玉亭, 백련정(白蓮亭)이

---

207) 大抵九曲十絶 並初無學問次第意思 而註者穿鑿附會 節節牽合 皆非先生本意. (李滉, 「答金成甫別紙」, 『退溪全書』 권13, 「書」)

라고도 함]이라는 정자를 지어 백련서사를 운영하였던 생원(生員) 도와(陶窩) 최남복이 명명한 것이다. 정자는 현재의 행정 구역상 울산광역시 울주군 두동면(斗東面) 천전리(川前里) 방리(芳里) 마을[잠방골]에 있었는데, 그 일원은 연꽃처럼 희고 아름다운 기암괴석에 둘러싸여 경관이 매우 빼어난 곳이었다. 그러다가 울산시민의 식수원 확보를 위해 이곳에 대곡댐을 건설하게 됨에 따라 2001년에 이 정자는 헐려서 울주군 두동면 봉계리에 소재한 초락당이라는 한의원 내에 옮겨져 있다. 현재 시내와는 아무런 연관이 없는 언덕 위에 정자만 덩그렇게 옮겨놓아서 정자와 수려한 계곡이 함께 어우러졌던 과거의 모습은 찾아볼 수 없게 되었다.

최남복의 「연사잡영(蓮社雜詠)」(『도와집(陶窩集)』 권1) 시는 백련서사 주변을 대상으로 한 <수옥정(漱玉亭)>·<낭음대(朗吟臺)>·<연어대(鳶魚臺)>·<정절대(靖節臺)>·<찬미대(攢眉臺)>·<사군봉(使君峯)>·<귤은대(橘隱臺)>·<도화동문(桃花洞門)>·<녹문(鹿門)>·<자하봉(紫霞峯)>이라는 오언절구 10수로서, 서사(書社) 주변에는 아름다운 경물들이 늘어서 있었음을 알 수 있게 해 준다. 다음 시는 정자를 낙성(落成)할 때 지은 것이다.

최남복, <수옥정을 낙성하다(漱玉亭落成)>, 『도와집(陶窩集)』 권1)
아홉 굽이가 깊고 깊은데 한 가닥 길이 휘감아 돌고
안개와 놀이 많은 이곳이 바로 정자라네.
가랑비에 구름 낀 병풍바위는 참모습을 드러내고
하늘을 적시는 거울 같은 물은 정면을 열었네.
늘그막에 기이한 곳에 의탁하여 옛 자취를 생각하고
처음부터 담박한 듯하여 그윽한 회포가 기껍네.
한가로이 노닐다가 장수(藏修)하는 뜻을 저버릴까 두려우니
홀로 아름다운 구슬을 품고 세월의 빠름을 느끼네.
九曲深深一逕回 烟霞多處是亭臺

雲屛細雨眞容出 水鏡涵天正面開
晩托瓌奇思晦跡 初如淡泊愜幽懷
優遊恐負藏修志 獨抱瑤徽感歲催

백련서사(白蓮書社)의 모습. '백련서사'라는 현판은 윤광안(尹光顔)이 경상감사로 재임할 때(1806~1807) 써서 보낸 것이다.

이 시는 그가 아홉 굽이 백련 계곡의 아름다운 풍광 속에 정자를 짓고 나서 정면에 드러난 병풍처럼 둘러 선 바위와 거울 같은 물이 마음에 흡족함을 보여준 다음, 늘그막에 이런 기이한 곳에 자리를 잡은 터에 한가롭게 노니느라고 학문을 더욱 익히고자 하는 장수(藏修)의 뜻을 저버리게 되지 않을지를 염려하는 마음을 드러내고 있다. 그는 정자를 낙성한 날에 이 정자가 애초의 목적인 장수지소(藏修之所)로서의 역할을 충실히 해 주기를 바라는 마음의 자세를 가다듬고 있다. 그런 와중에 그는 주변의 아름다운 계곡물에서 뱃놀이를 하면서 즐긴 풍류의 일단을 시로 남기기도 하였으니, 그

것이 바로 「백련정 아홉 굽이의 뱃노래. 짧은 서문이 붙어 있다(白蓮九曲櫂歌 幷小序)」라는 작품이다. 그는 이 시의 서문에서 다음과 같이 이 시의 제작 경위를 밝히고 있다.

> 무진년(순조 8년, 1808년) 가을 칠월 열엿샛날에 풀섶으로 떼를 엮어 태을담(太乙潭)에 띄우고 아이들에게 <어부사(漁父詞)>를 이어 부르도록 하였다. 소용돌이치는 물을 거슬러 굽어드니 아득히 생각나는 사람을 보지 못하는 탄식이 있었다. 손을 씻고 주자(朱子)의 「무이도가」 시에 차운해서 스스로 흥을 풀고, 또 함께 노닐던 여러 군자들에게 받들어 고하였다.208)

이 서문에서, 최남복이 1808년 7월 16일 백련서사 앞의 태을담에 풀섶으로 만든 뗏목으로 뱃놀이를 하는 와중에 아이들에게 <어부사>를 부르도록 하고, 주희의 「무이도가」에 차운한 작품을 지어서 함께 노닐던 사람들에게 보여주었음을 알 수 있다. 그것을 순서에 따라 살펴보기로 하자.

연꽃의 상서로운 빛깔에는 신령함이 숨겨져 있고
그 속에 건곤(乾坤)이 있어 만상(萬象)이 깨끗하네.
홀로 고깃배에 기대어 노를 치며 노래하니
천년 동안 전해지는 푸른 물가를 거슬러 오르는 소리라네.
蓮華瑞色秘神靈 中有乾坤萬象淸
獨倚漁舟歌扣枻 滄洲千載泝遺聲

서시(序詩)에 해당하는 이 작품은 흰색의 바위로 둘러싸인 태을담[太乙潭, 백련담(白蓮潭)이라고도 함] 속에 깨끗한 별천지가 있는

208) 戊辰秋七月旣望 縛草爲筏泛于太乙潭 使兒輩聯唱漁父詞 泝洄宛轉 逈有懷人不見之歎 盥手次武夷櫂歌韻以自遣 且以奉告同遊諸君子.(崔南復, 「白蓮九曲櫂歌 幷小序」, 『陶窩集』 권1)

만큼, 세속의 시끄러움과 상관이 없는 이곳에서 노를 치며 뱃노래 부르면서 천년토록 변함없는 푸른 물가를 거슬러 오른다고 하였다. 이런 생각은 바로 이 시에 붙어 있는, "연화산(蓮華山)[209] 가운데에 별천지가 있어서 참으로 은거하는 사람이 이리저리 돌아다니기에 적합하다.(蓮華山中別有天 正合隱者盤旋)"라는 주석에서도 확인되는 바다.

일곡(一曲)은 층대(層臺)인데 그림 배가 겹쳐 있고
금빛 노을과 옥 같은 이슬이 갠 시내에 방울지네.
국사봉(國師峯)[210]은 보이지 않고 높은 방아가 남았는데
천둥 그친 맑은 하늘에 붉은 연기가 일어나네.
一曲層臺疊畵船 金霞玉露滴晴川
國師不見留雲碓 雷薄晴空起紫烟

이 시는 자주(自註)에서 밝혔듯이 "장천사(障川寺)[211]의 물이 나가는 곳에 국사봉이 있고, 그 아래에는 호박소가 있다.(障川寺水口有國師峯 下有水舂)"고 하는 장천사 주변에 있는 층대의 모습을 그려낸 작품이다.

이곡(二曲)은 침계루(枕溪樓)[212]인데 자하봉(紫霞峯)[213]을 받아들이고
오랜 시간 절을 하니 그 얼굴이 우뚝하네.
도인(道人)과 선사(禪師)는 잠 못 들고 향을 사르고 앉으니
맑은 풍경소리 속에 수풀이 만 겹이네.
二曲溪樓納紫峯 長時拱揖偃蹇容

---

209) 연화산(蓮花山, 蓮華山)은 울산광역시 울주군 언양읍 대곡리와 두동면 은편리 경계에 있는 높이 532m의 산이다.
210) 국사봉(國師峯)은 호박소 동쪽에 있는 둔덕의 이름, 곧 국시듬이다.
211) 장천사(障川寺)는 백련정 근처에 있던 절의 이름이다.
212) 침계루(枕溪樓)는 장천사(障川寺)에 있던 누각(樓閣)이다.
213) 자하봉(紫霞峯)은 장천사 뒤쪽 봉우리이다.

道禪不寐焚香坐 淸磬聲中樹萬重

이 시는 자주(自註)에서 언급한 "자하봉 아래에 있는 장천사의 침계루(川寺枕溪樓 在紫霞峯之下)"를 읊은 작품이다. 그 속에서 밤 깊도록 향을 사르고 도인(道人)으로 표현된 시인과 승려가 앉아 정담을 나누는 정취를 담아내었다.

삼곡(三曲)은 달리는 물이니 배 뒤집힘을 경계하는데
푸르고 서늘한 바위에 앉으니 하루가 일년(一年)인 듯하네.
은사를 초대하는 글을 짓고 나니 앞길이 혼미하고
세속에 홀로 서니 뜻이 가련하네.
三曲奔流戒覆船 蒼凉坐石日如年
賦成招隱迷前路 獨立風埃意可憐

이 시는 세차게 흐르는 물굽이에서 배가 뒤집힘을 염려하면서 은거하는 선비를 초대하는 글을 짓고 나서 앞길을 잃은 까닭에 세속에 혼자 서서 자신을 안타까워하는 마음을 담은 작품이다. 이 시의 자주(自註)에는 "부도동(浮屠洞)에는 위아래에 돌로 된 못이 있다. 지금 그 이름을 고쳐서 구도동(求道洞)이라고 부른다.(浮屠洞有上下石塘 今改爲求道洞)"라는 말이 있다. 부도동은 절이 있는 골짜기라는 뜻이므로 그곳에 장천사가 있기 때문에 붙은 이름이고, 구도동은 도를 구하는 골짜기라는 뜻이므로 최남복은 거기에 정자를 짓고 살면서 스스로 은자의 도를 구하고 있다는 뜻을 담고 있다.

사곡(四曲)은 용천(龍泉)에 있는 만 길의 바위인데
이끼와 철쭉이 엉클어지고 늘어져 비치네.
신선이 신비한 금빛 속에 엄연하게 앉으니
밤기운은 헛되이 달빛 비친 못에 환하네.
四曲龍泉萬丈巖 蘚莓躑躅映鬖毿

仙人儼坐金光秘 夜氣虛明月一潭

이 시는 용천 위 자하봉에 있는 선장암(仙丈巖)의 늠연한 모습을 그린 작품이다. 이 시의 자주(自註)에 "자하봉은 용천 위에 있는데, 가운데에 선녀가 단아하게 앉은 듯한 형상이 있어서, 선장암이라고 부르기도 한다.(紫峯在龍泉上 中有玉女端坐形 或云仙丈巖)"라는 말이 있다.

오곡(五曲)은 높다란 바위굴로 형세가 매우 깊숙한데
서재가 우뚝하게 성근 숲에 걸려 있네.
그 속의 참된 즐거움을 누가 알리요?
석 자의 거문고는 태고(太古)의 마음을 머금었네.
五曲雲扃勢轉深 書巢落落掛疎林
箇中眞樂人誰識 三尺琴含太古心

이 시는 높다란 바위굴 맞은편에 있는 서재인 백련서사를 읊은 작품이다. 이 시의 자주(自註)에서 "정자는 제 5곡에 있는데 한가롭고 넓어서 아낄 만하다.(亭在第五曲 閒廣可愛)"라고 하였듯이, 최남복은 자기의 정자를 주희가 무이구곡 중 제 오곡에 무이정사를 설치하였던 것처럼 백련구곡 중 제 오곡에 정사(精舍)를 설치하고 있음을 알 수 있게 해 준다. 시인은 정자 속에 석 자의 거문고를 두고서 태고의 마음을 머금음으로써 참된 즐거움을 누리고 있음을 드러내고 있다.

육곡(六曲)은 쇠잔한 암자로 푸른 물굽이에 싸였는데
새벽종 소리가 덩굴풀 더미에서 울려 나오네.
감히 깨우치고 살펴 참으로 잘 깨달았다고 말하리요?
다만 내 마음이 잠시도 한가하지 못함을 부끄러워하네.
六曲殘庵繞碧灣 曉鍾鳴出薜蘿關

敢言警省眞工悟 只愧吾心不暫開

이 시는 옥련암(玉蓮庵)의 한가로운 새벽 정취를 그린 작품이다. 이 시의 자주(自註)에 “영귀문(詠歸門) 밖에는 한 줄기 맑은 개울과 옥련암이 서로 마주하고 있다.(詠歸門外 一帶清溪玉蓮庵相對)”라는 말이 있어서 옥련암의 위치를 말해주고 있는데, 쇠잔한 암자이지만 새벽이면 울려 퍼지는 종소리를 들으며 온전한 한가로움을 누리는 단계에 이르지 못한 자신을 반성하고 있다.

칠곡(七曲)은 이어진 산줄기로 바위가 여울에 삐죽한데
창룡(蒼龍)이 서린 모습을 물속에서 보네.
어찌하여 인간세상에 비를 일으키지 않고
한 해가 다 가도록 무심히 푸르고 차가운 속에 누웠는가?
七曲蜿蜿石出灘 蒼龍隱映水中看
胡爲不作人間雨 竟歲無心臥碧寒

이 시는 용이 숨어서 웅크리고 누워 있는 듯한 산줄기의 그림자가 물에 비친 모습을 그린 작품이다. 이 시의 자주(自註)에 “달관대(達觀臺) 아래에는 위와 아래에 2개의 돌다리가 있다. 세속에서 일컫기를 이 다리를 칠성교(七星橋)라고 하는데 지금은 이것을 와룡교(臥龍橋)라고 고쳐 부른다.(達觀臺下 有上下石橋 俗云七星 今改爲臥龍)"라는 설명이 있어서 이 다리의 이름에 대한 이해의 단서를 제공해 주는데, 이 시의 시상도 자연스럽게 용과 관련된 내용으로 전개되고 있다. 그래서 인간세상에서 비를 일으켜야 할 용이 한 해가 다 저물도록 찬 물속에 드러누워 있는지 반문하고 있다.

팔곡(八曲)은 바위 언덕으로 잡초 길이 열려 있는데
이슬 꽃 피는 시절에는 나그네가 다시 돌아오네.
물의 근원 다한 곳에 다시 뽕과 삼이 엉킨 들판 펼쳐지니
도리어 가을바람이 비를 몰아올까 두렵네.
八曲巖阿草逕開 露花時節客重回
窮源更得桑麻野 卻怕西風送雨來

이 시는 바위 언덕에 있는 들판의 모습을 그린 작품이다. 이 시의 자주(自註)에서 "호계(虎溪)의 동쪽에는 들 경치가 조금 펼쳐져 있다.(虎溪東 野色稍開)"고 밝혔듯이, 언덕 위에는 뽕과 삼이 엉킨 들판이 있기 때문에 가을바람이 비를 몰아올 것을 두려워하는 마음을 담고 있다.

구곡(九曲)은 소요(逍遙)라고 하는 가파른 절벽인데
널따랗고 평평한 언덕이 긴 시내를 기르고 있네.
맑고 빈 보배로운 거울이라서 속물에 걸림이 없으니
구름 그림자와 별빛이 한 하늘에 함께 있네.
九曲逍遙壁嶄然 平坡浩浩畜長川
淸虛寶鑑無塵累 雲影星光共一天

이 시는 넓고 평평한 언덕과 그 사이에 있는 못인 녹우담(鹿友潭)을 그린 작품이다. 이 시의 자주(自註)에서 "녹우담 위에는 절벽이 있는데 이것을 소요(逍遙)라고 한다.(鹿友潭上 有絶壁 是謂逍遙)"라고 하였듯이, 녹우담 위의 벼랑은 소요라고 불렀음을 알 수 있다. 이 시는 '사슴을 벗하는 못'이라는 의미인 녹우담은 속물의 걸림이 없는 거울과 같은 존재이기 때문에 거기에는 구름 그림자와 별빛이 하늘을 공유하면서 함께 비치고 있음을 지적함으로써, 세속의 허물로부터 벗어나서 맑고 청정한 삶을 살아가고자 한 시인의 소망

을 투영시키고 있다.

2) 반계구곡과 송찬규의 「반계구곡음(磻溪九曲吟)」

반계는 반구대를 굽이쳐서 돈 다음 사연리를 거쳐 태화강과 합류하는 대곡천의 다른 이름이다. 이 계곡은 풍광이 아름답기 그지없는 곳으로, 특히 반구대와 그 주변의 경관은 고려 말에 언양에 유배되었던 포은 정몽주가 올랐던 곳이어서 널리 알려지게 되었다. 조선 말기에 포은의 덕행을 사모하여 현양(顯揚) 활동에 앞장섰던 언양 출신의 선비 천사(泉史) 송찬규(宋璨奎, 1838~1910)는 이 계곡의 아홉 굽이를 읊은 「반계구곡음(磻溪九曲吟)」 10수를 지어서 이곳의 아름다운 풍광을 널리 자랑하는 작품을 짓기도 하였다. 이 작품은 포은을 사모한다는 뜻에서, 언양의 작괘천(酌掛川) 가의 바위를 모은대(慕隱臺)라고 명명하고 그를 사모하는 의미에서 지은 시들을 모은 『모은대시집(慕隱臺詩集)』(필사본)에 실려 있다.

송찬규가 이 시를 짓기 전에도 이 골짜기의 굽이를 반계구곡이라고 불렸는지는 현재 확인하기 어렵지만, 반구대 옆에 있는 집청정의 제영(題詠)을 집대성한 『집청정시집(集淸亭詩集)』에 구곡, 또는 무이산[214]이 언급되고 있는 것으로 보아 그 이전에도 이곳을 무이구곡에 비의하려는 사람이 있었음은 분명하다고 하겠다. 「반계구곡음」의 서시(序詩)는 다음과 같다.

선생께서 헌양(巘陽)[215]에 유배되어 오시니
반구대 아래에는 반계의 아홉 굽이가 기다랗다네.
몇 번이나 물줄기를 따라서 찾아 이르러

---

214) 『집청정시집(集淸亭詩集)』에서 이런 생각이 담긴 한시로는 빈욱재(賓旭齋), 이진급(李眞伋), 안연석(安鍊石), 조지빈(趙趾彬) 등의 작품이 있다.

215) 헌양(巘陽)은 언양(彦陽)의 옛 이름으로, 고헌산(高巘山)의 남쪽에 있음을 뜻한다.

거문고를 연주하며 두어 장을 노래하였던가?
先生謫宰巘之陽 臺下磻溪九曲長
幾度沿流尋到得 琴歌彈出兩三章

이 시는 포은이 언양에 유배되어 온 뒤에 기다란 물줄기를 자랑하는 반계를 따라 반구대에 올라와서 거문고를 연주하며 자신의 감회를 노래하였다는 사실을 강조하고 있다. 반계구곡의 의미도 송찬규의 입장에서는 포은과의 관련성 속에서 그 의미를 찾을 수 있을 정도로 포은을 사모하는 마음이 강함을 엿볼 수 있다.

일곡(一曲)은 시내가 깊어 곡연(曲淵)[216]을 거슬러 오르는데
남으로 흐르는 물줄기가 와서 북으로 흐르는 시내와 만나네.
징검다리는 들쭉날쭉하고 바위는 연기에 싸여 있으니
누가 물이 발원하는 곳에 별천지(別天地)가 있음을 알리요?
一曲溪深泝曲淵 南流來會北流川
石矼錯落岩烟鎖 誰識源頭別有天

이 시는 반계를 흘러온 물이 곡연 마을에서 태화강 본류와 합수됨을 지적하고 있는데, 이곳의 징검다리와 바위의 모양새는 제멋대로 들쭉날쭉하여 이 계곡의 상류에 별천지가 있음을 짐작하기 어렵다는 점을 지적하고 있다.

이곡(二曲)은 기이한 바위이니 백옥(白玉)을 간 듯한데
높은 곳의 꽃은 웃음을 머금고 고움을 자랑하며 비치네.
저녁바람이 불기를 그치고 가벼운 구름이 흩어지니
물외(物外)에 푸른빛이 떨어지는 봄 산이 높네.
二曲奇岩白玉磨 危花含笑暎夸娥

216) 곡연(曲淵)은 울산광역시 울주군 범서읍 사연리에 있는 마을 이름이다.

晩風吹斷輕雲散 物外春山滴翠峩

이 시는 꽃이 활짝 핀 물가의 백옥 같은 바위를 대상으로 한 것인데, 저녁바람이 그치고 구름이 흩어지고 나면 속세를 벗어난 산수 속에 푸른빛이 쏟아지는 듯한 봄 산이 높다랗게 자리하고 있음을 지적하고 있다.

삼곡(三曲)은 무성한 숲을 지나 구불구불 도는 곳이니
가는 말을 멈추고 푸른 개울가에서 오래 동안 머무네.
문득 두려운 살모사 같은 속세의 일을 안타까워하면서
머무는 차가운 못에 또 마음을 비추네.
三曲盤旋度茂林 征驂久駐碧溪潯
却憐喧虺塵中事 留取寒潭更照心

이 시는 굽이도는 물줄기를 그린 작품인데, 타고 가던 말을 멈추고 물을 굽어보다가 속세의 험난함에 두려움을 느끼면서 스스로의 마음을 차가운 못의 물에 비추어보는 자성의 자세를 드러내고 있다.

사곡(四曲)은 동구(洞口)에 아지랑이 끼고 충절을 숭상하는 곳인데
바위틈의 약수는 맛이 맑고 달콤하네.
연화산 한 줄기가 신령한 땅으로 통하니
옥정선원(玉井仙源)[217]은 완연한 지남(指南)이 되네.
四曲崇忠洞口嵐 岩間藥水味淸甘
蓮花一脉通靈地 玉井仙源宛指南

이 시는 반구대의 맑은 물과 그 거북의 머리 부분 꼭대기에 있던 반고서원(盤皐書院·槃皐書院)을 대상으로 한 작품이다. 정몽주의 충

217) 옥정선원(玉井仙源)은 아름다운 샘이 있는 곳이라는 뜻으로 반구대를 가리킨다. 반구대의 벼랑에 새겨진 '옥천선동(玉泉仙洞)'이라는 말을 변용한 것이다.

절을 숭상하는 이 서원과 반구대의 벼랑에 새겨진 '옥천선동(玉泉仙洞)'이라는 글씨는 이곳이 신선의 세계라는 인식을 보여주고 있다.

> 오곡(五曲)은 세연(洗硯)이라는 이름이 흘러 전해지는데
> 선생께서는 당시에 맑은 물결을 즐겼으리.
> 바람을 쏘이며 마음에 기약한 일을 만나고 싶은데
> <유수(流水)>와 <고산(高山)>은 만고불변(萬古不變)의 뜻이라네.
> 五曲遺傳洗硯名 先生當日玩漪淸
> 臨風欲會心期事 流水高山萬古情

이 시는 세연지(洗硯池)를 대상으로 한 작품으로, 포은의 풍도(風度)를 사모하는 시인의 마음을 드러내고 있다. 벼루를 씻었다는 뜻을 지닌 세연지는 반구대 주변에 있는 못일 것으로 짐작되는데, 이런 설정은 정몽주가 언양에 유배되어 있을 때에 반구대에 올라서 <언양에서 중구일에 회포가 있어서 유종원의 시에 차운하다(彦陽九日有懷 次柳宗元韻)>라는 작품을 지은 사실을 상기한 표현일 것이다. 시를 썼으면 마땅히 벼루를 씻었을 것이기 때문이다. 시원하게 불어오는 바람을 맞으며, 시인은 마음속에 기약한 바를 실현하고 싶은 마음을 드러내었다. 즉 이 시에서는 백아(伯牙)와 종자기(鍾子期)의 고사에서 진정한 심우(心友)를 대유(代喩)하는 제재인 <고산(高山)>과 <유수(流水)>라는 악곡을 끌어와서, 포은과 시인이 비록 500년의 시간적 거리가 있는 관계임에도 불구하고 두 사람은 진정으로 마음이 통하는 지기(知己)임을 강조하고 있다. 이 시에서 '유수(流水)'와 '고산(高山)'을 문자 그대로의 의미인 흐르는 물과 높은 산으로 새긴다고 하더라도 포은을 향한 시인의 변함 없는 마음을 뜻하는 만큼, 이 두 단어는 중의성(重義性)을 지닌다.

육곡(六曲)은 옹태(甕台)[218]를 둘러싼 층진 봉우리인데
하늘에 가득한 바람과 달빛이 물가에 내려오네.
한 해 봄의 풍광이 시내와 산속에 있으니
새들이 즐거워할 때에 꽃은 절로 피어나네.
六曲層峰繞甕台 滿天風月水邊來
一春光景溪山裡 禽鳥樂花自開

이 시는 옹태 마을을 뒤쪽에서 둘러싸고 있는 층진 봉우리를 대상으로 한 작품이다. 높다란 봉우리는 바람과 달빛이 물가로 내려보내는 만큼, 한 해 봄의 풍광이 무르녹은 시내와 산에서 새소리는 울려 퍼지고 꽃은 피어남을 노래하고 있다.

칠곡(七曲)은 멀리 깊숙한 대곡천이 바라보이는 곳인데
언덕 동쪽머리의 뽕나무와 삼은 봄빛이 한창이네.
아침안개가 걷히면 푸른 산이 우뚝하고
밤비가 내리면 계곡 물이 푸르네.
七曲遙瞻大谷幽 桑麻春色岸東頭
朝烟捲處青山立 夜雨添時碧澗流

이 시는 멀리 깊숙한 대곡천을 바라볼 수 있는 언덕을 대상으로 한 작품으로, 언덕의 동쪽에는 뽕나무와 삼대가 싱그러운 봄빛을 자랑하고 있음을 나타내고 있다. 이곳은 국보 147호로 지정된 울주군 두동면의 천전리 각석(川前里刻石)과 공룡발자국 화석이 흩어져 있는 곳으로서, 그 굽이치는 계곡의 아름다움과 병풍바위의 위용이 대단한 곳이다. 그래서 이 시에서는 아침안개가 걷히면 푸른 산이 우뚝한 모습을 드러내고 밤비가 내리면 푸른 계곡물이 넘쳐난다고 하였다.

---

218) 옹태(甕台)는 울산광역시 울주군 언양읍 태기리(台機里)의 마을 이름이다.

팔곡(八曲)은 긴 물줄기가 학곡(鶴谷)[219]으로 통하는데
연고산(蓮皐山)[220]이 서쪽으로 흰 구름 속에 솟았네.
선도(仙道)를 찾느라고 속된 마음이 씻기는 줄 모르는데
시내와 산에는 상쾌한 기운의 바람이 절로 있다네.
八曲長流鶴谷通 蓮皐西出白雲中
尋眞不覺塵心祛 自有溪山爽氣風

이 시는 학곡으로 통하는 물줄기를 대상으로 한 작품으로, 멀리 서쪽으로 반구대의 뒷산이 흰 구름 속에 솟은 모습이 보인다고 하였다. 모르는 사이에 속된 마음이 씻기는 것을 깨닫지는 못하지만 시내와 산에서 상쾌한 바람을 쐴 수 있는 곳임을 밝히고 있다.

구곡(九曲)은 옥을 씻은 듯한 맑은 물가인데
선생의 돈대는 옛 반구대에 우뚝하네.
비래봉(飛來峯)[221]에서 내려온 천 길의 바위산에
삼현(三賢)[222]의 영모비(永慕碑)는 백세(百世)토록 이어지리.
九曲淸波漱玉湄 先生臺出古盤龜
石山千丈飛來下 百世三賢永慕碑

이 시는 옥을 씻은 듯이 맑은 물가를 대상으로 한 작품이다. 이 시는 순차적인 측면에서 반계구곡 중 아홉 번째 굽이를 읊은 것이면서 동시에 이 「반계구곡음」을 마무리하는 작품이기도 하다. 그래서 첫 구절은 아홉 번째의 계곡인 구곡이 맑은 물가[223]에 있음을

219) 학곡(鶴谷)은 학골을 뜻하는데, 현지 주민들은 까치골이라고 부른다고 한다.(송수환, 「천사 송찬규의 반계구곡가」, 『울주문화』 3집, 울주문화원, 2004년 3월)
220) 연고산(蓮皐山)은 반구대(盤龜臺)의 뒤쪽의 거북 몸통처럼 생긴 산의 이름이다.
221) 비래봉(飛來峯)은 반구대 뒷산인 연고산(蓮皐山)의 최고 봉우리이다.
222) 삼현(三賢)은 반구서원(盤龜書院)에 배향(配享)된 세 명의 현인으로 정몽주(鄭夢周)·이언적(李彦迪, 1491~1553)·정구(鄭逑, 1533~1620)를 가리킨다.
223) '수옥(漱玉)'을 고유명사로 보아 최남복(崔南復)이 건립한 '수옥정(漱玉亭)'을 가리키는 것으로 볼 개연성도 있다. 그러나 수옥(漱玉)이라는 말은 맑은 개울

나타낸다고 볼 수도 있고, 반계의 아홉 굽이 모두를 가리키는 아홉 굽이로 보아 반계의 아홉 굽이는 모두 옥을 씻은 듯한 맑은 물가에 있음을 나타낸다고 해석할 수도 있다. 그 아홉 굽이 중에 포은 선생의 돈대가 반구대에 우뚝하다고 한 것은 시인의 포은을 향한 연모심의 대단히 깊음을 말해주고 있다. 실제로 포은이 그곳에 올랐다는 사실에서 반구대는 '포은대(圃隱臺)'로 불리기도 한다.[224] 비래봉에서 뻗어 내린 천 길의 바위산은 곧 반구대로 뻗어 내려온 연고산 줄기의 모습을 형용한 것인데, 그곳에 세워진 삼현의 영모비가 백세토록 이어지리라는 강한 희원(希願)을 담고 있다. 반구대에 세워진 '포은대영모비(圃隱臺永慕碑)'는 바로 이 시를 지은 송찬규가 주동하여 세운 것인 만큼[225] 우리는 이 사실을 통해서 포은을 향한 시인의 경모심(敬慕心)을 분명히 살필 수 있다.

이상에서 살펴본 송찬규의 「반계구곡음」은 외형상으로는 반계의 아름다운 아홉 굽이의 골짜기를 노래한 것처럼 보이지만, 실상은 포은의 자취가 서린 그곳의 굽이굽이에서 포은을 애모(愛慕)하는 시인의 마음을 토로한 작품이라고 할 것이다.

을 나타낼 때 흔히 쓰는 단어인 만큼(중국에서 나온 『한어대사전(漢語大詞典)』에는 '漱玉'이 표제어로 선정되어 있음), 굳이 이 말이 '백련서사'의 수옥정을 가리킨다고 단정할 필요는 없을 듯하다.

224) 지금도 반구대의 벼랑에는 '포은대(圃隱臺)'라는 글씨가 새겨져 있다.

225) 포은대영모비(圃隱臺永慕碑)는 송찬규(宋璨奎)가 짓고 권필운(權珌運)이 써서 고종(高宗) 22년(1885년)에 '포은대실록(圃隱臺實錄)'과 함께 반구대의 거북머리 부분에 세운 것이다.

여성의 섬세한 감각과 탁월한 형상화

— 구소 이호경의 한시 —

1. 구소(九簫)의 이호경(李護卿)의 출신과 생평(生平)

근대 울산지방의 한시 작품을 운위하면서 빼놓을 수 없는 사람 중에 구소(九簫) 이호경[李護卿, 1894~1991, 초명(初名) 봉선(鳳仙), 일호(一號) 천인재(千仞齋)] 여사가 있다. 구소의 생평에는 불분명한 사항이 있고 또 울산 출신의 거부(巨富), 또는 근대의 선각자로 알려진 추전(秋田) 김홍조(金弘祚, 1868~1922)와의 관계에 대해서도 이설이 있다. 여기에서는 그녀의 생애사적인 사실은 간략히 다루고, 그녀의 한시에 담긴 여성적 정감의 발현이라는 측면에 논의의 초점을 맞추기로 하겠다.

구소의 출생년도에 대해서는 1892년생이라는 설과 1894년생이라는 설이 있다. 『언양읍지(彦陽邑誌)』(2001년판)에서는 구소의 한시 <작천정(酌川亭)>을 소개한 다음 그녀의 생애에 대해 다음과 같이 기록하고 있다.

· 작자 이호경(1892～1980년대 중반)

일제시대 언양의 명기(名妓)·여류시인. 본관은 경주(慶州). 1892년 언양읍(당시 상북면) 서부리 41번지에서 이영회(李榮會)의 무남독녀로 태어나 어려서 송옥(松屋) 오병선(吳昞善)의 문하에서 작시법(作詩法)을 배웠고, 재색(才色)이 뛰어났다.

초명(初名)은 봉선(鳳仙)이고 뒤에 호경(護卿)으로 개명했으며 구소(九簫)는 시호(詩號)이다. 석정(石汀) 최두출(崔斗出)이 국역한 한시집(漢詩集) 『봉선화(鳳仙花)』(1980)가 있다. 이 시는 작천정 벽에 걸려 있으며, 그 앞 냇가에 그의 시암(詩巖)이 있다. ·출전 『언양읍지』(1916).[226]

이 인용문은 구소의 생년(生年)을 1982년으로 기록하고[227] 있을 뿐 아니라 졸년(卒年)을 제대로 파악하고 못한 상태로 기술하고 있다. 그러나 구소의 한시를 집대성한 『봉선화(鳳仙花)』(1980년)의 모두(冒頭)에 실린 모윤숙(毛允淑, 1909～1990)의 「발간에 즈음하여」에서 1980년 봄 당시의 구소를 "87세의 고령"이라 하였고, 또 김택천(金澤天, 1895～1987)의 「발간에 부쳐」에서 "연세(年歲)가 올해 팔십칠 세이시라"고 하였으므로 나이를 역산(逆算)해 보면 그녀는 생년이 1984년임을 확실히 알 수 있다. 그리고 그녀의 졸년(卒年)은 1991년임이 확인되므로 그녀는 1894년에 나서 1991년에 사망한 것이 분명하다.

한편 구소의 출신에 대해서도 김홍조(金弘祚)의 소실(小室)로 들어가서 15년을 함께 살다가 김홍조가 사망하고 나서 1년 뒤에 그 집을 나와[228] 거창(居昌)의 동계(桐溪) 정온(鄭蘊, 1569～1641)의 후손

226) 『언양읍지(彦陽邑誌)』, 언양읍지발간추진위원회, 2003, 733면.

227) 장성운도 「이구소의 생애와 작품」(『울주문화』 2집, 울주문화원, 2002)에서 구소의 생년을 1892년이라고 밝히고 있다.

228) 이 같은 사실은 김홍조의 아들인 동전(東田) 김택천(金澤天)이 쓴 「발간(發刊)에 부쳐」(『鳳仙花』)에서 "구소 노여사(九簫老女史)는 나의 작은 어머니시다.

댁으로 재가하여 살았던 사실이[229] 확인되지만 그녀의 출신이 기녀였는지 양가의 규수였는지 하는 문제에 대한 이설(異說)은 지금까지 풍설(風說)에 기대어 설왕설래(說往說來)되었을 뿐 구체적으로 확인하기 어려웠던 게 사실이다. 그러나 1980년에 간행된 그녀의 시집 『봉선화(鳳仙花)』에 수록된 무정(茂亭) 정만조(鄭萬朝, 1858～1936)의 「천인재지언서(千仞齋志言序)」[230]에서 그 문제 해결의 단서를 찾을 수 있다.

> 헌양(巘陽)의 이호경(李護卿) 여사는 기라(綺羅) 중에서 생장하였으나 욕심이 없이 임하(林下)에서 사는 은거자의 풍도(風度)가 있어서 하루아침에 손에서 가판(歌板)을 던져버리고 글방으로 달려가서 경전(經傳)과 사서(史書)를 익히니 모든 사조(詞藻), 서한(書翰)에서부터 장악(莊嶽)[231]의 방언(方言)에 이르기까지 정묘(精妙)하지 않음이 없었다.[232]

이 인용문을 통해서 비로소 구소가 애초부터 출신이 기녀(妓女)였음을 분명히 알 수 있다. '기라(綺羅)'는 아름다운 비단으로 흔히 기녀를 가리키고, 또 하루아침에 손에서 '가판(歌板: 노래 부르면서 치는 판자)을 던져버리고 글방으로 달려가서 경전과 사서를 익혔다고 한 언급은 그녀가 기녀로 있다가 그 자리를 박차고 나와서 새로 글공부를 시작했다는 사실을 분명하게 지적하고 있다.

약관(弱冠)에 나의 집에 오시어 십오년간(十五年間)이나 나의 선친(先親)의 건즐(巾櫛)을 받으시다. 선친(先親)이 작고(作故)하신 후(後) 선친(先親)의 일년상(一年喪)을 마치시고는 표연(飄然)히 내집을 떠나셨다."라는 언급에서 확인할 수 있다.

229) 구소의 재가와 그 뒤의 정황에 대해서는 장성운, 앞의 글 참조.

230) 이 서문은 정만조(鄭萬朝)가 1917년에 쓴 것인데, 1980년에 시집이 간행될 때 비로소 수록된 것이다. 천인재(千仞齋)는 구소 여사의 아호(雅號)이다.

231) 장악(莊嶽)은 중국 산동성(山東省)에 위치하였던 춘추시대(春秋時代) 제(齊)나라의 도읍(都邑)이다.

232) 巘陽李護卿女史 生長綺羅 泊然有林下之風 一朝手抛歌板 走塾舍 習經史 凡詞藻書翰 以至莊嶽方言 無不精妙.(鄭萬朝, 「千仞齋志言序」, 『鳳仙花』, 11면)

실제로 구소가 지은 한시 중에도 그녀의 실체를 파악할 수 있는 단서를 제공해 주는 작품이 있기도 하다.

<산속 정자에서 더위를 피하다(山亭避暑)>(40면)[233]
더위와 열기를 못 견뎌서 괴롭기에
바둑판과 술을 들고 저녁에 정자에 오르네.
물 기운은 옷을 파고들어 싸늘하고
산빛은 난간에 들어와서 푸르네.
不堪炎熱苦 棋酒晩登亭
水氣侵衣冷 山光入檻青

이 시에서 더위를 피하러 산속 정자를 찾아가면서 바둑판과 술을 들고 찾아간다는 것은 보통 양가집의 아녀자로서는 생각하기 어려운 발상이라고 할 것이다. 다음 시 또한 그러한 작품의 예이다.

<평양의 소홍의 시에 화운하다(和平壤小紅詩)>(64면)
인간세상에 우연히 떨어진 지 스물세 해인데
여기 헌산성(巘山城)의 남쪽에 초가집이 있네.
무릎 위의 거문고는 종자기(鍾子期)의 한을 품고
책상 주변의 책들은 해원(解元)[234]을 이야기하네.
꽃 핀 바위는 우뚝우뚝하고 겹겹이 산인데
계수나무 가의 물은 졸졸대고 굽이마다 못이네.
붉은 자취가 남은 짧은 시를 보지 못하니
어찌하여 때를 함께 하여 읊고 흥감(興酣)하지 못하였는가?
偶落人間二十三 巘山茆屋此城南
膝上枯桐鍾子恨 案邊書卷解元談
花巖矗矗重重嶽 桂水潺潺曲曲潭
未見小詩紅有蹟 同時何不咏而酣

233) 앞으로는 시집『봉선화』에 실린 작품의 출전은 ( ) 속에 면수만 표시하기로 하겠다.
234) 해원(解元)은 지방에서 치러진 과거에서 수석을 차지함이다.

이 시는 평양 출신 기녀인 소홍(小紅)의 시를 읽고 화운한 작품이다. 세상에 태어나서 스물세 살이 된 상태에서 자기 자신을 돌이켜보니 헌산(즉 언양) 성의 남쪽에 있는 초가집이 가진 것의 전부인 상태여서 한심한 느낌이 듦을 금할 수 없다고 하였다. 무릎에 얹어 연주하는 거문고는 지음(知音) 고사에 나오는 백아(伯牙)와 종자기(鍾子期)처럼 진정으로 서로를 이해하는 사람이 없음을 한탄하게 되고, 책상 주변의 책들은 향시(鄕試)에서의 수석(首席) 급제를 이야기하는 듯하다고 했다. 주변을 바라보니 꽃 핀 바위와 겹쳐진 산들, 졸졸 흐르는 계수나무 주변의 물과 굽이진 못들은 아름답기만 한데, 멋진 시를 남기고 풍류스럽게 살았던 평양의 기생 소홍과 때를 함께 하여 읊고 홍감하지 못함을 한탄하고 있다. 특히 미련(尾聯)의 앞 구(句)는 중의적인 표현으로서 '붉은 자취가 남은 작은 시'는 '소홍(小紅)'이라는 이름을 교묘하게 활용하여 나타낸 표현이라 할 만하다. 이 시는 스물세 살짜리 양가집 규수였다면 생각하기 어려운 시상의 전개를 보여주는 작품이라고 할 수 있다.

2. 시집『봉선화(鳳仙花)』의 간행 과정과 그 성격

다음에는 구소의 한시가 집대성되어 있는 시집『봉선화』의 간행 과정과 그 성격에 대해 살피는 것이 순서일 듯하다. 이 시집에는 총 62수의 한시가 최두출(崔斗出, 전 울산초등학교 교장)의 번역과 함께 수록되어 있는데, 시집의 앞에 실린 해공당(海空堂) 김성근(金聲根 1835~1919)의 구서(舊序)「인사동해사당함(仁寺洞海士堂椷)」과 정만조의「천인재지언서(千仞齋志言序)」, 그리고 송옥(松屋) 오병선(吳昞善)의 서(序)는 모두 1917년에 쓴 것들로 보아, 구소는 이미

1917년 김홍조 생존 당시에 가칭(假稱) 『천인재지언(千仞齋志言)』이라는 제목으로 한시집을 간행하려고 하여 부군(夫君) 김홍조를 통하여 당대의 명사였던 김성근과 정만조의 서문을 얻고, 또 구소 자신의 은문(恩門)이었던 오병선에게서도 서문을 받아 놓았던 정황을 알 수 있다.

그러나 무슨 사정이었는지는 모르지만, 이 시집은 그때에 간행되지 못한 채 궤짝 속에 묻혀 있다가 1980년에 이르러서야 김홍조의 아들 김택천의 주선으로 간행되게 되었다. 이미 마련되어 있던 시고(詩稿)의 시 60수를 근간으로 하고, 그 뒤에 지은 86세 때의 작품 <박연수 대인 80세 경하잔치 시에 차운하다(次朴楗洙大人八十慶宴韻)>와 83세 때의 작품 <술회(述懷)>를 추가하여 국회의원을 지낸 김택천의 주선으로 박순천(朴順天, 1898～1983)과 모윤숙의 서문을 얻어 간행한 것으로 보인다. 이렇게 보면, 이 시집은 김홍조와 김택천 부자의 도움을 받아 처음 시집의 발간을 계획했던 시점으로부터 60여 년 만에 빛을 보게 된 것임을 알 수 있다. 김택천의 아들인 김진석(金鎭碩) 옹(翁)의 증언에 의하면, 불행하게도 이 시집에는 간기(刊記)가 붙어 있지 않아서 1980년에 간행된 사실만 알 수 있을 뿐 어떤 도시의 어떤 출판사에서 간행되었는지는 알 수 없다고 한다.

3. 구소의 한시 세계

이제부터 구소 이호경의 한시 세계 속으로 들어가서 그녀의 눈에 포착된 자연의 경이로움과 인생사의 다양한 모습을 살펴보기로 하겠다. 그녀의 한시 작품들은 대부분이 울산지역의 자연과 울산 사람의 모습을 다루고 있는 만큼 울산의 풍광과 인정을 맛보기에 좋은 작품들이다.

1) 작천정과 그 주변 경승의 형상화

작천정은 울산광역시 울주군 삼남면 교동에 있는 정자이다. 1887년에 언양의 선비들에 의해 시작된 시계(詩稧)가 1895년에 언양현감 정긍조(鄭肯朝)에 의해 시사(詩社)로 개편되었으나 그 모임 장소를 구하지 못하다가 1898년에 최시명(崔時鳴)이 언양군수로 온 다음에 공사를 시행하여 1902년 7월에 작천정을 세웠으며, 현재의 작천정은 1943년 겨울의 중수와 1955년의 중건, 1967년의 중수를 거쳐 2005년에 다시 중건된 것이다.[235]

작천정에는 걸린 편액 중에는 구소의 한시를 새긴 것도 있으니 <작천정 현판의 운(酌川亭板韻)>이라는 작품이다.

천년 전에 난정(蘭亭)이 있은 뒤
작천정이 으뜸가는 다락이네.
저와 같이 흰 돌이 없을 테고
이 사이로 맑은 물이 흐르네.
달빛 비치는 땅은 눈이 번득이는 듯하고
여름날에는 더욱이 가을기운까지 느끼네.
얼마간의 풍경을 거두어들이기 어려운데
붓을 잡으니 홍진(紅塵)의 시름이 일어나네.
千古蘭亭後 酌川第一樓
白無如許石 淸有此間流
月地翻疑雪 夏天剩得秋
難收多少景 把筆惹紅愁

235) 여기에 대해서는 성범중, 「작천정과 작괘천 주변을 다룬 시문에 대한 관견」(『인문논총』 25집, 울산대학교 인문과학연구소, 2006.11.) 참조.

이 시는 작천정 주변의 아름다운 경관인 너럭바위와 시냇물의 외관을 묘사하였을 뿐 아니라, 달빛을 받아 빛나는 하얀 모습과 여름날에 느끼는 서늘한 기운까지를 느끼게 하는 감각적인 표현을 더하고 있다. 이런 경관 속에서 좀 더 많은 풍광을 시로 표현하고자 붓을 잡으니 잊고 있던 속세의 시름이 일어난다고 함으로써, 역시 이곳이 속세의 시름을 잊게 하는 선경임을 넌지시 표현하고 있다. 그리고 이 시가 처음 작천정에 걸리게 된 날의 감회를 그린 작품이 시집에 수록되어 있다.

<현판을 다는 날에 여러 선생들과 함께 읊다(揭板日與諸先生共吟)>(98면)
술 익고 노란 국화 핀 구월에
고결하신 분들이 나에게 이 시연(詩筵)을 허락하셨네.
억지로 지은 판운시(板韻詩)를 아로새긴 들보에 올리니
재주가 서툴고 나이 적음을 부끄러워하네.
酒熟黃花九月天 高人許我此詩筵
强題板韻雕梁上 慚愧才疎又淺年

이 시는 1917년 이전의 어느 9월에 판자에 새겨져서 작천정에 걸렸던 것으로 보이는데, 한편으로는 그 사실을 자랑스럽게 생각하면서도 다른 한편으로는 자기의 재주가 서툴고 나이가 적은 데 대한 부끄러운 마음이 있음을 동시에 보여주고 있다.

작천정이 퇴락되어 다시 정자를 중수하게 된 1943년 동짓달 상한에 판자에 새겨져서 또 다시 작천정에 걸린 이 시의 편액에는 "이 정자가 퇴락하여 건물이 없어졌을 때에 흩어져서 없어진 현판이 몇 개였던가? 그 중에서도 특히 이구소 여사의 시는 이미 일세에 회자(膾炙)되었던 것이다. 중수하여 준공하는 날 시사의 회원 일동이 그 원고를 애석히 여겨 다시 새겨 문틈 위에 가로 대는 인방

(引枋)에 걸어서 이 정자의 한 눈썹과 눈을 삼고자 할 따름이다."[236]라는 설명이 붙어 있다. 이 설명에 따르면 이 시는 정자를 중수하기 전부터 걸려 있던 작품이지만 건물이 퇴락하였을 때 없어졌으므로 정자를 중수하면서 다시 만들어 건 것임을 알 수 있다. 실제로 『봉선화』 시집 96면에 이 시가 수록되어 있어서 이 시는 이미 1917년 이전에 창작된 작품임을 알 수 있게 해 준다. 『봉선화』에는 이 밖에도 작천정에서 읊은 작품들이 다수 수록되어 있다.

작천정과 그 앞 작괘천 가의 너럭바위. 오른쪽 중하단의 바위 위에 '秋田金弘祚'와 '李九籥'의 이름이 鄭遇成의 글씨로 새겨져 있다.

<작천정에 오르다(登酌川亭)>(30면)

산속 정자가 고요하여 글의 숲과 어울리고

236) 當亭頹無築之時 幾個吟詠懸板 歸於淪落烏有 就中此女史李九籥詩已爲膾炙一世者也 重修竣工之日 社員一同惜其原稿 再刊揭于楣上 以資斯亭之一眉目耳. (작천정에 걸린 편액에서)

기이한 바위는 앞에 깊은 작괘천 물에 닿아 있네.
십리나 되는 흰 너럭바위에 시냇물이 또 푸르니
선인은 응당 달빛 속에 찾으리.
山亭寥寂合書林 奇石當前酌水深
十里白磐溪又綠 仙人也應月中尋

이 시는 산 속의 정자인 작천정은 글을 읽는 사람과 어울리고, 그 주변의 아름다운 너럭바위와 물이 너무나 잘 어울리는 까닭에 달빛 비치는 밤이면 선인이 찾을 것이라고 하여, 이곳이 곧 신선이 사는 선경(仙境)에 비견되는 곳임을 알게 해 준다.

<중양일에 작천정에 오르다(重陽日登酌川亭)>(94면)
경치가 빼어난 곳과 좋은 날 두 가지를 아우르기 어렵더니
남을 놀라게 하는 시구(詩句)는 꽃을 감상하는 것과 같네.
통에 가득한 향기로운 국화주에 모름지기 취해야 하거늘
단풍잎에 마음이 붉어져서 사기(士氣)가 싸늘해지네.
勝地佳辰幷二難 驚人詩句似花看
盈樽香菊須當醉 楓葉心丹士氣寒

이 시는 중양절인 음력 9월 9일에 작천정에 올라가서 지은 작품이다. 함께 아우르기 어려운 빼어난 경치와 좋은 절기에다가 남을 놀라게 하는 시구(詩句)까지 갖추니 더할 게 없는 듯한 마음이지만, 풍속에 따라 술통에 가득한 술을 마시고 취해야 할 텐데 오히려 단풍잎에 붉어진 마음 때문에 사기가 떨어져서 술도 취하지 않음을 표현하였다. 여기에서 재미있는 것은 단풍의 붉은 빛깔을 붉은 마음, 곧 속에서 우러나오는 정성스러운 마음(丹心)으로 전화(轉化)하여 갑자기 정색(正色)을 하고 자신을 돌아보도록 급격하게 전환시킴으로써 읽은 이를 숙연하게 한다.

그러나 작천정은 구소에게 희망과 자족감을 주는 공간으로 작용하고 있음을 부인하기 어렵다. 다음의 작품들이 바로 그러한 예이다.

<작천정에 오르다(登酌川亭)>(108면)
어제와 오늘 장맛비가 지루한데
창호(窓戶)에 들어온 산 빛은 옷과 깃에 가득하네.
신선이 되겠다고 어찌 반드시 방외(方外)로 가랴?
하늘이 이 정자에 학과 거문고를 빌려 주었네.
霖雨支離昨又今 山光入戶滿衣襟
求仙何必遊方外 天借斯亭鶴與琴

이 시는 지루한 장마 속에서 창문에 환하게 비치는 산빛의 아름다움을 바탕으로 신선이 되겠다고 굳이 방외의 세계, 곧 제도와 규율이 미치지 않는 세계로 갈 필요가 없다는 생각을 밝히고 있다. 곧 하늘이 빌려준 이 정자와 학, 거문고만 있으면 작천정이 있는 이곳이 신선세계와 다르지 않다는 뜻을 담고 있다.

<또(又)>[237](124면)
술과 꽃이 있는 천지에 달이 막 돋는데
인연을 찾아 다시 오니 서로 소원하지 않네.
다만 한평생이 오늘만 같기를 바라노니
시를 논하고 그림을 감상하며 한가롭게 양생(養生)하며 살리.
酒地花天月上初 尋緣再到不相疎
但願百年如此日 論詩讀畵養閒居

이 시는 달빛 속에 술과 꽃을 갖추고 인연의 대상인 김홍조와 함께 있으니, 더 이상 바랄 것이 없는 자족의 상태임을 밝히고 있다.

237) 이 작품의 본래 제목은 <승지 김추전 영감과 함께 작천정에서 읊다(金承旨秋田令 共吟酌川亭)>이다.

‘한평생이 오늘만 같기를 바람’은 모든 욕망과 소망이 충족된 상태임을 말하고 있는 만큼, 더 이상의 바람은 없음을 나타내고 있으며 앞으로 님과 함께 시를 논하고 그림을 감상하며 한가롭게 양생하면서 살고자 하는 자족적인 상태를 노래하고 있다. 더 이상 바랄 게 없는 충족된 공간으로서의 작천정에서의 삶은 그녀의 희망처럼 오래 가지 못하고 결국 김홍조의 죽음과 함께 구소의 자족적인 삶도 끝나고 말았다.

2) 계절의 순환에 따른 경이감의 표현

구소의 한시에는 계절의 순환에 따른 자연의 아름다움과 그 속에서 느끼는 경이로운 세계에 대한 감상을 담은 작품들이 있다. 우선 봄을 대상으로 한 작품들을 살펴보자.

<봄을 전송하다(餞春)>(90면)
이 이별은 벗과 헤어지는 것보다 더 구슬프니
가고 머묾을 어찌할 수 없다네.
바라건대 그대여 내년에는 일찍이 오게.
창 밖에 매화를 많이 심었으니.
此別悵於友 去留無奈何
願君來歲早 窓外種梅多

이 시는 봄을 전송하는 안타까운 마음을 담은 작품이다. 봄을 보냄이 벗을 보냄보다 더 슬프다고 하면서 그 이유가 가고 머묾을 인간이 어찌할 수 없기 때문이라고 하였다. 그러면서 떠나가는 봄에게 애절하게 내년에 다시 찾아오기를 부탁하는 섬세함을 보여주고 있다. 내년에 좀 더 일찍 오라는 부탁의 말과 은근하게 창 밖에 매화를 많이 심어 놓았다는 사실을 적시하는 모습에서, 겨울의 차가운 풍설 속에서 봄기운을 먼저 느끼고자 하는 시인의 모습을 엿볼 수 있다.

<새봄(新春)>(110면)
햇살이 따뜻하니 눈 녹고 날씨는 쾌청한데
봄의 신은 본디 소리 없이 만물을 적신다네.
봄빛이 새어 나왔는지 누구에게 물을까?
연한 버들과 어린 매화가 각기 하나씩 돋아 있네.
日暖雪消天氣清 東皇潤物本無聲
春光漏泄憑誰問 軟柳稚梅各一生

이 시는 따뜻한 햇살 속에서 봄소식을 확인하는 기쁨을 그려낸 작품이다. 따뜻해지는 날씨와 쾌청한 날씨 속에 봄의 신은 소리 없이 만물을 적시고 있음을 그려낸 다음, 봄빛이 새어 나온 것을 누구에게 물을까 하고 생각하는데, 이미 연한 버들과 어린 매화가 각기 하나씩 돋아 있음에서 봄이 찾아왔음을 확인하게 된다고 하였다. 봄이 온 듯한 느낌이 드는 사이에 이미 봄은 우리의 주변에 다양한 모습으로 찾아와 있음을 깨닫게 되었다는 것이다.

그리고 구소가 봄철에 느끼는 경이로움은 비단 여기에서 그치지 않았다. "남쪽 언덕에 한 줄기 이른 봄소식이 보이거늘, 떠나간 아녀자가 꿈속에서 놀라는 일이 몇 군데이랴?(一春消息南原早 幾處征娥夢想驚; <가는 풀(細草)>의 전·결구, 26면)"라는 대목에서는 우리 주변에 봄기운이 아녀자를 꿈속에서도 놀라게 한다는 이른바 봄의 생동감을 드러내고 있다. "밤에 비바람이 급한들, 어찌 이 꽃의 아름다움을 반감시키랴?(夜來風雨急 那減此芳華; <집의 아이종이 산도화 몇 가지를 꺾어서 병에 꽂았기에 즉석에서 읊다(家僮折山桃花數枝挿瓶口占)>의 전·결구, 44면)"라는 대목은 일단 집안에 들여놓은 꽃가지는 아무리 비바람이 몰아친들 그 아름다움에 변함이 없다는 인식을 담고 있다. “소동파(蘇東坡) 노인이 택승정(擇勝亭)으로 돌아간 것을 비웃을 만하니, 봄 성(城)은 서로 같지 않은 곳이 없음에랴?(堪笑坡翁還擇勝 春城無處不相同; <양생하면서 홀로 읊다(攝養獨吟)>의 미련, 56면)라는 대목에서는 봄철에는 어느 곳인들 꽃 대궐을 이루는 만큼 소동파가 봄에 택승정으로 돌아간 것은 참으로 어리석다고 함으로써 온 천지가 꽃으로 뒤덮이는 봄철은 어느 곳인들 아름답지 않음이 없음을 나타내고 있다.

구소가 계절의 변화 속에서 느끼는 경이감이 꼭 봄에 한정된 것만은 아니었다. 여러 계절의 잡다한 대상에서 그러한 감정을 느꼈을 뿐 아니라 그것을 형상화하는 방법 또한 다양하게 나타나고 있다.

<기러기 소리를 듣다(聞鴈)>(42면)
파란 물과 높은 하늘은 일색(一色)으로 가을빛인데
달 밝은 물가를 무심히 날아서 지나가네.
몇 곳의 향기로운 규방에서 얕은 꿈에 놀라 깨어
정인(情人)의 편지를 얻으려고 기뻐하다가 다시 근심스러워질는지?
碧水長天一色秋 等閒飛過月明洲
香閨幾處驚殘夢 欲得情緘喜復愁

이 시는 가을철 달밤에 무심히 날아가는 기러기 소리를 들으면서 연상되는 연상을 위주로 한 시상을 전개하고 있다. 시인은 기러기 울음소리에서 중국 한무제(漢武帝) 때 흉노(凶奴) 땅에 사신로 갔다가 그곳에 억류되어 북해(北海)의 물가에서 양을 키우다가 19년 만에 기러기발에 묶어서 보낸 편지 덕택에 중국으로 다시 돌아오게 되면서 생겨난 안신(雁信, 즉 기러기가 전한 편지)의 고사를 떠올리고, 그것을 매개로 규방의 아녀자들이 사랑하는 사람의 편지를 얻고자 기꺼워하다가 다시 근심스럽게 되지 않을지를 염려하는 마음을 담고 있다.

<눈(雪)>(114면)
나무에 닿아 구슬 꽃이 어지럽더니
바람이 부니 버들개지가 나는구나.
구슬 같은 쌀 알갱이가 이처럼만 된다면
가난한 백성들 또한 절로 드물어지리.
着樹瓊花亂 因風柳絮飛
玉粒堪如此 貧民亦自稀

이 시는 흰 눈의 빛깔에서 오는 연상을 위주로 상상의 나래를 펼친 작품으로, 나무에 닿아 구슬 꽃으로 보는 이의 눈을 어지럽히다가 바람이 불면 버들개지처럼 날리는 흰 눈을 보면서 이것이 쌀알이라면 가난한 백성이 없어질 것이라는 소박한 희망을 담고 있다.

이 밖에도 "이 시기의 붉은 잎은 옛날의 꽃가지이니, 다시 봄빛이 찾아왔음을 스스로 아는 듯하네.(此時紅葉舊花枝 再得春光如自知; <단풍을 감상하러 정자에 오르다(賞楓登亭)>의 기·승구, 120면)"라는 대목에서는 가을의 단풍 빛깔에서 봄날의 꽃을 연상하는 독특한 시적 발상을 보여주고 있고, "꽃을 찾는 나비들아 향기가 적다고 싫어하지 말라. 명사들의 문장이 이것에서 피어났으니.(探紅蝶莫嫌香小 名士文章自此榮; <등불(燈火)>의1 전·결구, 28면)"라는 대목에서는 꽃을 찾는 나비들에게 불꽃이 향기가 적다고 탓하지 말라고 하면서 그 이유로써 불꽃의 효용성은 어두운 밤에 불을 밝힘으로써 명사들의 많은 문장이 바로 이 등불에서 시작되었다는 사물에 대한 인식을 보여주고 있다.

이처럼 구소는 계절에 따른 자연의 변화나 생활 주변의 사물에서 느끼는 독특한 발상을 바탕으로 자기 나름의 독특한 인식을 담은 시를 창작하였다.

3) 인생에 대한 성찰과 이별의 정회 토로

구소는 계절의 순환에 따른 자연의 변화에서 오는 경이감을 형상화한 것 외에도 인생의 다양한 국면에서 오는 희로애락의 감정도 충실히 시를 통해 드러내었다. 순환하는 자연의 변화와 대응되는 인생사의 단면은 곧 무상감의 인식이었다.

<세모(歲暮)>(24면)
북쪽 바람이 점차 동쪽바람으로 바뀌는데
창가의 매화는 작은 붉은 송이를 맺네.
세월은 봄기운을 돌이키는 뜻이 있건만
사람 중에는 영세(永世)하는 영웅이 없네.
北風轉向東 窓梅結小紅
歲有回春意 人無永世雄

이 시는 세모를 맞아서 느끼는 감정을 토로한 작품이다. 절기가 바야흐로 북풍[겨울바람]에서 동풍[봄바람]으로 변해가는 시점이 되니 창가의 매화는 늘 그렇듯이 작은 꽃송이를 맺었다. 이런 현상을 목도하면서 식물은 겨울이 되면 잎이 지지만 봄이 되면 다시 꽃으로 피어나는 과정을 죽음을 되풀이하고 있지만, 사람은 한 번 죽으면 그만이므로 영세하는 경우가 없음을 생각하면서, 그런 현상에서 오는 삶의 무상감을 숨김없이 드러내고 있다. 그러나 이런 삶의 무상감은 이별이라는 결여(缺如) 상황이 되면 도리어 오래 산다는 것에 대한 인식의 반전이 이루어지기도 한다. 즉 "인간세상에서 누가 장생술(長生術)을 원하는가? 다만 오래 살면 이런 이별이 많음을 두려워하네.(人間誰願長生術 只恐長生此別多; <또(又)>238)의 전·결구)"라는 대목에서는 사람들은 대개 오래 살기를 바라지만 막상 오래 살게 되면 그 만큼 이별이 많아지므로 그것을 두려워하는 마음을 드러내고 있다.

구소의 한시 중에는 특히 이별의 안타까운 정회를 드러낸 작품이 많다.

<술회(述懷)>(58면)

붉은빛이 갑자기 푸르게 보이고 벼락이 쳐도 소리가 들리지 않는데
이별의 인연을 어찌 한탄하랴, 다만 정을 탓할 뿐이네.
오늘이 분명히 있을 줄 알았더라면
하룻밤 서로 친밀함도 이루지 않았으련만.
看朱忽碧霹無聲 何恨離緣只恨情
若知此日分明在 一夜相親亦不成

이 시는 님과 이별한 뒤의 안타까운 정회를 담은 작품이다. 님과 이별하고 나니 그 충격으로 눈에는 불똥이 어른거려서 색깔을 분별하지 못하고 귀에는 벼락소리도 들리지 않는 상태가 되었지만 이별의 인연을 한탄하기보다는 정을 탓할 뿐이라고 한 다음, 오늘과 같은 이별이 있을 줄 알았더라면 일찍이 하룻밤의 사랑도 맺지 않았을 것이라고 가정법을 사용함으로써 이별의 안타까운 정회를 더욱 두드러지게 표현하고 있다.239)

---

238) 이 시의 원래 제목은 <술회(述懷)>이다.

239) 이 시에 대한 증언이 나오고 있다. 다음을 참조할 것. 울산여성신문 http://www.uwnews.co.kr
2007년 10월17일 기동취재반 uwnews@hanmail.net
울산출신 한시작가 이구소 새 작품 공개
절교장에 대한 답시, 이별의 슬픔 잘 그려져 있어
울산이 낳은 금세기 최고의 여류시인 이구소의 새로운 작품이 세상에 알려져 세인들의 관심을 끌고 있다. 이번에 밝혀진 시는 그의 남편 추전(秋田) 김홍조가 그에게 보낸 절교장에 대한 답시로 남녀 이별의 슬픈 정을 잘 그려 놓고 있다는 평을 듣

고 있다. 이 시는 김씨 문중과 울산문인들 사이에 구소가 지었다는 소문은 나돌았으나 시의 내용이 지금까지 밝혀지지 않아 많은 사람들을 궁금하게 했다. 그런데 이 시가 최근 통도사 서운암의 주지 성파스님에 의해 공개되었다. 성파 스님은 최근 서운암을 찾은 울산대학 평생교육 학생들에게 강의를 하면서 그동안 그가 간직해 왔던 이구소의 이 작품을 공개했다.

성파스님은 해방 후 이구소의 작품 연구를 오랫동안 해 왔는데 90년대 말에는 직접 구소가 살고 있던 거창까지 찾아가 그의 문학세계를 살피기도 했다. 이번 시는 그가 경봉스님을 통해 구전으로 들은 것을 채집한 것으로 알려졌다. 성파스님은 "이구소 작품은 해방 전후만 해도 경봉 스님 등 통도사 고승이 즐겨 외워 구전으로 전해 왔는데 최근 들어 그의 시가 사라지는 것이 가슴 아프다"면서 "구소의 시는 시의 내용과 멋이 조선시대 여류였던 황진이와 허난설헌에 뒤지지 않는다."고 평했다. 성파스님은 또 "우리의 한시를 제대로 알기 위해서는 반드시 이구소의 작품을 연구해야 한다."면서 "앞으로 우리 고전의 보전차원에서도 구소의 시세계에 대한 연구가 본격적으로 이루어져야 한다."고 강조했다.

성파스님은 이구소가 이 시를 쓴 동기에 대해 김옹이 구소를 너무 사랑해 집안 일을 돌보지 않자 김씨 문중에서 회의를 열어 김옹과 이구소의 관계를 끊도록 하기 위해 김옹이 이구소에게 절교장을 보낼 것을 결의하자 김옹이 하는 수 없이 절교장을 보내었는데 이에 대한 답시로 이 시를 남긴 것으로 안다고 말했다. 성파스님은 또 "실제로 이 시의 내용을 음미해 보면 우리가 잘 알고 있는 고려시대 '가시리' 에 못잖는 이별의 애절한 슬픔이 담겨 있다"면서 이구소 작품의 특징은 이처럼 이별의 아픔을 잘 나타내는데 있다."고 말했다.

이 작품을 번역한 송수환 박사도 "조선조 최고의 시인으로 알려진 황진이와 허난설헌의 경우 당시(唐詩)를 모방한 것이 자주 나타나는 것이 흠인데 반해 이구소의 시는 한결 같아 자신이 살았던 주변 풍경과 자신의 삶을 소재로 하고 있기 때문에 다른 시 보다 사실적이라고 평가할 수 있다."고 말했다.

실제로 김옹은 이 편지를 받은 후 문중의 반대에도 불구하고 당초 구소와 헤어지겠다는 약속을 지키지 않고 다시 재결합한 것으로 알려졌다. 성파스님에 의해 밝혀진 시의 내용은 다음과 같다.

看朱忽碧雷無聲 절교장 붉은 도장에 소리 없이 하늘 무너져
只恨因緣不恨情 정 없다 한탄 않고 인연 없다 한탄 하네.
早知此別丁寧在 정녕코 헤어질 줄 일찍 알았더라면
一夜相親誓不成 하룻밤 사랑도 맹세코 이루지 않았으리. (번역 송수환 박사)

언양 출신인 이구소는 조선조 말의 선각자 김홍조옹의 부인으로 해방을 전후해 울산에서 문필 활동을 했던 여류시인으로 그의 작품집 『봉선화』가 출간되면서 울산은 물론이고 우리나라 문단의 관심을 끌었다.

『봉선화』는 그가 87세에 출간했는데 이 책속에는 남편 김홍조에 대한 애정과 또 김옹이 독립운동자금을 들고 상해 임시정부로 가는 장면을 시로 잘 묘사해 놓고 있어 역사적 사료로도 가치가 높다.

성파 스님은 이 작품 외에도 이구소가 통영 미래사(彌來寺)에서 열린 시회에 참석해 지은 시 등 여러 편의 시를 간직하고 있는 것으로 알려지고 있는데 앞으로 기회가 오면 이들 작품들을 모두 공개할 예정이라고 밝혔다.

<중양절 뒤 달밤에 읊다(重陽後 月夜吟)>(68면)
티끌 없는 하늘에 흰 기러기 소리 들리는데
먼 숲에는 가을빛에 저녁연기가 피어나네.
객지의 창가에서 누가 달 보며 상심하는가?
오늘 밤에는 아마 두 곳에서 생각하는 정은 같으리.
玉宇無塵白鴈聲 遠林秋色暮烟生
旅窓誰見傷心月 此夜應同兩地情

이 시는 님과 이별한 뒤에 님을 그리워하는 마음을 담은 작품이다. 중양절이 지난 뒤 달밤에 들려오는 기러기 소리에서 안신(雁信), 즉 님의 편지를 떠올리다가 결국 달을 매개로 하여 멀리 떨어진 두 곳에서 달을 바라보면서 그리워하는 마음을 같다고 위안하는 모습을 보여주고 있다.

서로 멀리 떨어진 한 쌍의 연인(戀人)이 달밤에 각기 다른 곳에서 동시에 달을 바라보면서 서로를 그리워하는 모습은 한시에서 흔히 사용하는 그리움을 형상화하는 방법의 하나이다.

<술회(述懷)>(92면)
이별의 한은 달이 떠 있을 때 특히 심하나니
발 내려도 잠이 없음을 누가 알리요?
만약 이 꿈속의 넋으로 하여금 그대를 찾게 한다면
속마음을 다 말한 뒤에 다음 기약을 물으리.
離恨偏多月上時 下簾無寐有誰知
若令魂夢尋君處 說盡衷情問後期

이 시는 달밤에 더욱 간절해지는 이별의 정한을 꿈속에까지 연장시켜서 님과 마음을 통하고자 하는 염원을 담은 작품이다. 이별의 한은 달빛 비치는 밤에 특히 심한 만큼 발을 내려도 잠들지 못하는 정황을 제시한 뒤에, 혹시 꿈속에서라도 님을 만나게 된다면 온갖 사연을 다 말한 뒤 다음에 다시 만날 기약을 정하리라는 각오를 드러내고 있다.

<경성으로 부치는 편지(寄書京城)>(138면)
문을 닫고 시서(詩書)로 한가롭게 양생(養生)하나니
이러는 사이에 꽃이 피고 지는구나.
마음속 깊은 생각은 봄빛이 저물 때 더욱 간절하여
밤마다 꿈속에서 서로 찾다가 돌아오네.
閉戶詩書欲養閒 花開花落此中間
幽懷倍切春光暮 夜夜相尋夢裏還

이 시는 서울에 가 있는 님에게 편지로 보낸 작품이다. 님이 서울로 떠난 다음 시서(詩書)로 소일하며 지내는 사이 꽃이 피었다가 지는 시간의 경과가 있었음을 나타낸 다음, 봄철이 다 지나가는 때가 되니 그리움이 더욱 심해져서 꿈속에서나마 만나기를 기대해 보지만 꿈속에서도 서로 찾아다니기만 할 뿐 상봉하지 못하고 헛걸음만 하고 있다는 안타까운 마음을 드러내고 있다.

이처럼 구소는 이별의 정한을 현실에서의 결여(缺如) 상황을 타개하여 줄 가능성이 있는 달·꿈 등의 매개물을 통하여 해결하려고 시도하지만, 결과는 늘 만족스럽지 못한 상태로 끝나고 만다고 함으로써 안타까운 이별의 강도를 극대화하고 있다.

4) 기타의 잡다한 정회 토로

앞에서 살펴본 몇 가지 범주의 시세계 이외에도 구소는 다양한 생각들을 시를 통해 드러내었다. 그 중 먼저 드러나는 것이 작시의 어려움에 대한 고민과 고통의 표현이다. 창작활동의 어려움과 그것을 극복하여 새로운 시를 제작하는 정상을 보여주는 작품을 몇 수 살펴보기로 하겠다.

<또(又)>[240](38면)

성(城)의 남쪽으로 찾아온 벗에게 보답하려고
평상 한가운데에서 괴롭게 읊노라니 삼경(三更)을 알리네.
뒷짐 지고 한가로운 뜰에서 문득 스스로 서 있노라니
바퀴 가득 찬 밝은 달이 싸늘한 못을 비추네.
爲酬親友訪城南 半榻苦吟漏報三
負手閒庭還自立 滿輪明月照寒潭

이 시는 언양의 성 남쪽에 있는 자기 집으로 찾아온 벗에게 보답하려고 평상에서 끙끙 거리며 시를 짓노라니 시각은 어느 새 삼경이 되었다고 하여 시 한 수를 짓기 위해 얼마나 많은 심혈을 기울여야 하는지를 잘 보여주고 있다.

<비 때문에 머무는 이에게 화답하다(和滯雨)>(106면)

오늘 어둑하게 내리는 비는 문제될 게 없나니
돌아가는 손님이 말을 멈추고 글씨를 주는구나.
한 폭의 훌륭한 선물을 무엇으로 보답할까?
매화나무 옆의 창가 깊숙한 곳에서 시혼(詩魂)을 허비하네.
不妨今日雨昏昏 歸客停鞭贈墨痕
一幅瓊琚何以報 梅窓深處費詩魂

이 시는 떠나야 하지만 비 때문에 떠나지 못하고 머물고 있는 손님이 선물로 준 글씨에 보답하는 의미에서 손님에게 주기 위해 한 편의 시를 짓느라고 매화나무 옆의 창가 깊숙한 곳에서 혼신의 힘을 다하고 있는 시인의 모습을 또렷하게 보여주고 있다. 시를 짓기

---

240) 이 시의 원래 제목은 <우아하게 읊다(雅吟)>이다.

위해 온갖 공력을 다 허비하는 시인의 모습을 제시함으로써 구소의 한시가 결코 심심파적을 위해 지은 것이 아님을 웅변하고 있다.

구소는 어린 시절부터 언양 성내에 살았으므로 그 주변에 있는 화장산의 화장굴(花藏窟)에 자주 왕래하였고, 그곳의 설화를 바탕으로 한 작품을 남기기도 하였다. 화장산은 울주군 언양읍 송대리와 서부리, 상북면 향산리 능산마을 사이에 있는 높이 265m의 산으로 고장산(高壯山)이라고도 부르는데, 순조(純祖) 32년(1832년)본『경상도읍지(慶尙道邑誌)』에 실려 있는 화장산 설화를 소개하면 다음과 같다.

울주군 언양읍 화장산(花藏山)에 있는 굴암사(窟岩寺)의 모습.

> (화장굴은) 현의 북쪽 2리쯤에 있다. 화장산의 꼭대기 굴 앞에는 대(臺)가 있고, 대 위에는 화장암(花藏巖)의 옛 터가 있다. 세속에 다음과 같이 전한다. 신라 때에 이곳에 사우(社寓)를 엮은 도화(桃花)라는 승려가 있었다. 그때 신라의 왕이 병에 걸려서 점을 치니 복사꽃이 영약(靈藥)이라 하였다. 때는 꽁꽁 얼어버린 겨울이라 마승(馬塍)[241]이 아니고

---

241) 마승(馬塍)은 중국 절강성(浙江省) 항현(杭縣)에 있는 지명으로 동서 양쪽에 있었고 송(宋)나라 때 꽃의 생산지로 이름났던 곳인데, 그곳은 흙이 고와서 꽃을 키우

는 찾을 수 없었다. 기상을 살피던 자가 남방(南方)에 가면 그것을 얻을 수 있을 것이라고 아뢰니 곧 왕은 역마를 타고 가서 찾으라고 명하였다. 이 산의 아래에서 굴실(窟室) 속에 꽃이 활짝 핀 한 그루의 복숭아나무가 있는 것을 보고, 그 집에 갔더니 아리따운 자태의 한 스님이 보일 뿐이었다. 그 이름을 물으니 스님이 웃으며 “복사꽃은 나입니다.” 라고 말하였다. 드디어 함께 달려가니 왕이 보고 크게 기뻐하고 병이 나았으므로 그때의 사람들이 그것을 기이하게 여겨서 그 산을 화장산(花藏山)이라 불렀다. 그 속에는 옥천(玉泉)이 절로 흘러나오는데 기도하는 사람 중에 혹시 깨끗하지 못한 사람이 있으면 샘에서 냄새나는 구더기가 나오고, 유람하며 보는 사람 중에 더러운 사람이 있으면 물이 흐르지 않았기 때문에 옛 사람들이 그 이름을 염천(廉泉)이라고 불렀다고 한다.242)

이런 설화가 어린 화장산의 굴실에 있는 화장암(花藏巖)을 대상으로 구소는 다음과 같은 시를 지었다.

<화장암(花藏巖)>(80)

큰 바위 속에 집을 열어 약수가 흐르는데
일찍이 말하기를 복사꽃이 고을의 다락을 비추었다네.
조각난 돌에는 아직도 신라시대의 부처가 남아서
말없이 미소를 머금고 천년을 지내고 있네.
大巖開室藥泉流 曾說桃花暎郡樓
片石尙存羅代佛 無言含笑度千秋

기에 적합하여 도성의 꽃은 모두 거기서 취하였다는 기록(臨安志 有東西馬塍 在餘杭門外 土細宜花 都城之花皆取焉: 『四庫全書』 중 『浙江通志』 卷40)이 있다.

242) 在縣北二里許 花藏山頂前有臺 臺上有花藏巖古址 俗傳 在新羅時 有僧結社于此 其名桃花 時羅王有疾 卜云桃花爲靈藥 時値冬沍 非馬塍可索 望氣者奏言南方可得 卽命乘馹往索 直此山下 望見窟室中有一株桃灼灼開花 造其廬 但見一比丘綽約其姿 問其名 比丘笑曰 桃是我也 遂與馳去 王見而大悅 病快痊 時人奇之 名其山曰花藏 中有玉泉自瀉出 禱禳者 或有不潔 則泉出臭蛆 遊觀者或有汚穢 則水爲斷流 故昔人名之曰廉泉云.(『彦陽縣邑誌』, 「古蹟」, <花藏窟>)

이 시는 화장굴 속에 있는 약수인 염천(廉泉)과 조각난 바위에 새겨진 석불 등을 통해 이 굴사(窟寺)의 오랜 연원을 생각게 하고 있다. 특이 승구(承句)는 화장산의 설화에서, 복사꽃이 언양현(彦陽縣)의 남문루(南門樓)에 비쳤다고 하여 그 누각을 '영화루(暎花樓)'라고 하였다는 구전(口傳)되는 이야기를 반영함으로써 그러한 전설이 근래에까지 이 주변의 사람들에게 전승되고 있다는 사실을 보여주고 있다.

이상에서 보았듯이 구소 이호경의 한시는 여성다운 섬세함과 뛰어난 시적 감수성을 바탕으로 나름의 독특한 세계를 확보하고 있다. 마지막으로 그녀가 86세 때 지은 작품인 <술회(述懷)>(146면)를 살펴보기로 하겠다.

까닭 없는 수심을 감당하기 어려워서 사립문을 나서니
겹겹이 선 별업(別業)들이 차례로 서 있네.
이수(二水)의 긴 둑에는 새로 길이 나 있고
삼산(三山)의 낮은 기슭에는 절로 마을을 이루었네.
백양사(白楊寺)의 저녁 종소리는 취몽(醉夢)을 깨우고
반구정(伴鷗亭)의 성근 비는 상혼(傷魂)을 불러일으키네.
비낀 햇살 속에 돌아가는 나그네는 한이 매우 많아서
강나루 근처에 우두커니 서서 짐짓 말을 하지 않네.
閒愁無奈出柴門 別業重重次第存
二水長堤新作路 三山短麓自成村
楊寺暮鍾醒醉夢 鷗亭疎雨惹傷魂
斜陽歸客偏多恨 佇立江頭故不言

이 시는 노년의 여류 시인이 젊은 시절의 추억을 바탕으로 다시 울산지역을 조망하면서 느끼는 감회를 드러낸 작품이다.

수련에서는 까닭 모를 수심을 이기지 못하여 시인이 문을 나서니 겹겹이 늘어선 별장들이 열을 지어 서 있다고 했다. 함련에서는 옛날에 길이 없던 태화강(太和江)과 동천강(東川江)을 가리키는 이수(二水)의 긴 둑에는 새로 길이 나 있을 뿐 아니라, 삼산(三山) 평야의 낮은 기슭에는 집들이 들어서서 마을을 이루고 있다고 했다. 경련에서는 옛날이나 다름없이 들려오는 백양사의 종소리는 취몽을 깨워주고, 반구정에 내리는 가랑비는 서글픈 생각을 불러일으킨다고 했다. 미련에서는 이러한 제반 모습과 정황을 보면서 저무는 햇살 속에 집으로 돌아가는 나그네, 곧 시인은 울산 시내와 태화강 주변의 상전벽해(桑田碧海)와 같은 큰 변화에 말을 잃고 우두커니 서 있다고 하였다.

이 시는 급속히 변해가는 현대 문명의 침탈로 인한 주변 환경의 변화에 대한 노시인의 형언(形言)하기 어려운 충격을 드러내고 있다. 19세기 말, 20세기 초에 전개되었던 울산과 언양의 전원적 모습을 보며 자랐던 구소의 눈에 비친 1970년대 후반의 도시화된 울산의 모습이 황량하기 그지없는 현대화된 물질 만능을 내세우는 도시 괴물의 집합소처럼 인식되었을 것이다. 그래서 시인은 말없이 "비낀 햇살 속에 돌아가는 나그네는 한이 매우 많아서, 강나루 근처에 우두커니 서서 짐짓 말을 하지 않네."라고 한탄하고 있는 것이다.

이 시를 지은 때로부터 또 30년의 세월이 경과한 지금, 위의 시의 표현대로 한다면 "삼산의 낮은 기슭에는 절로 마을을 이루었네."라고 한 삼산(동) 주변이 지금은 밤이면 주변을 밝히는 꺼지지 않는 휘황한 조명으로 불야성(不夜城)을 이루고 하늘을 찌르는 고층의 아파트와 백화점·방송국·음식점·병원·학원 등등으로 가득 차 있지 않은가? 이곳에서 이러한 현금의 변화된 울산의 모습을 보게 된다면 구소 시인은 또 다시 붓을 잡아 과연 어떤 놀라운 세계를 그려낼

지 자못 궁금해진다.

울산 출신의 빼어난 여류시인 구소 이호경은 과연 어떤 운자를 찾아서 시상을 엮으려고 시혼(詩魂)을 번뇌스럽게 할 것인가? 이 물음에 대한 해답을 찾는 일은 오늘날 울산에서 살아가는 우리 개개인의 몫으로 돌릴 수밖에 없다.

국가와 고을 백성의 고통 경감을 위한 소망과 기원 표출

— 우불산·문수산·황룡연·백룡담의 기우제문 —

1. 서언: 자연재해를 극복하려는 간절한 소망과 축원

여름철이면 장마와 가뭄, 태풍이 단독으로 또는 겹쳐서 찾아옴으로써 해마다 인명과 재산상의 막대한 피해를 입고 있다. 그래서 우리 조상들은 이러한 자연재해가 있을 때마다 그것을 피하거나 극복하기 위하여 부단한 노력을 기울여 온 것이 사실이다. 울산 지역에서도 이러한 자연재해의 발생과 그 피해를 극복하려는 노력이 있었던 것은 분명한 역사적 사실이다.

그러한 자연재해로 신음하는 백성의 고통을 덜기 위한 노력의 흔적은 각종 문집이나 역사서에 실린 축문(祝文) 등에서 확인할 수 있다. 관개시설이 제대로 갖추어지지 않아서 하늘에서 떨어지는 강우에 거의 의존하다시피 하였던 조선시대의 농사는 그 풍흉을 하늘에 맡겨야 했다고 해도 과언이 아니었다. 농사가 천하지대본(天下之大本)이라는 관념은 사민(四民)들에게 구두선(口頭禪)처럼 공허한 것이 현실이었다. 매년 반복되다시피 하는 가뭄과 홍수의 피해는 전국적인 현상이었으므로 울산 지역도 예외가 아니었다. 이 지역에서도 가뭄 등의 자연재해를 극복하려는 절실한 염원과 기원을 담은 글들이 남아 있어서 그 면모를 어느 정도 엿볼 수 있다.

이 글에서는 자연재해 중 가뭄이 심할 때에 비가 내리기를 축원하였던 기우제문(祈雨祭文)에 초점을 맞추어서 울산 지역 백성이 당한 고통의 실상과 그 재난을 극복하려는 사람들의 간절한 염원을 살펴보고자 한다. 『울산읍지』(1934년판)에는 울산 지역의 기우소(祈雨所)로, 황룡연(黃龍淵)·백룡담(白龍潭)·문수산(文殊山)·우불산(亏弗山)·치산원(鵄山院)·고헌산(高巘山)·정족산(鼎足山)·언양사직단(彦陽社稷壇)의 8곳을 들고 있는데,[243] 이 중 기우제를 지낼 때 사용하였던 축문의 내용을 몇 가지로 나누어 살펴보기로 하겠다.

2. 국가적 차원의 안녕 기원과 축문: 우불산 기우제문

우불산은 경남 양산시 웅상읍 용당동에 위치한 234m 높이의 산으로서, 옛날부터 그 영험성 때문에 국가나 백성들에게 매우 신성하다고 여겨졌던 성소(聖所)이다. 1906년에 웅상면을 울산군에서 양산군으로 이속하기 전까지 이 지역은 역사적으로 울산에 속하던 곳이다. 우불(亏弗·于弗)이라는 이름은 탈해왕(脫解王) 때 신라에 병합되었던 '울산(于尸山)'이라는 소읍국(小邑國), 『삼국사기』에 기록된 24 소사(小祀) 중의 하나인 '우불(于火)', 그리고 신라 경덕왕(景德王) 때 지명인 '우풍(虞風)'과 같은 계열의 어휘로서, 오늘날 '울산'이라는 지명의 유래를 짐작케 해 주는 유서 깊은 말이다.

『삼국사기』에는 우불산이 전국 24 소사의 하나로 기록되어 있는

243) 『울산읍지(蔚山邑誌)』(1934년판), 권1, 「단사(壇祠)」{부(附) 기우소(祈雨所)}.

데, “우불은 생서량군 우불현에 있다.(于火 生西良郡 于火縣)”[244]는 표현에서 보듯이 이 산은 이미 삼국시대부터 영험 있는 기도처 중의 하나였다. 또 조선 태종(太宗) 14년(1414년)에 예조에서 올린 산천의 사전(祀典) 제도를 기술한 실록의 기록에 의하면, 악(嶽)·해(海)·독(瀆)은 중사(中祀)로 삼고 여러 산천은 소사(小祀)로 삼았는데 울산의 우불산은 문경의 주흘산(主屹山)과 함께 경상도 지역의 소사(小祀)로 지정되어 있다.[245) 『신증동국여지승람』에는 울산의 우불산신사(亏弗山神祠)가 “사전(祀典)에는 소사라고 기록되는데, 매년 봄·가을로 향과 축문을 내려 하늘에 제사지내고 가뭄에 비를 빌면 곧 효험이 있다.(祀典載小祀 每春秋 降香祝以祭天 旱禱雨輒應)”[246]고 설명되어 있다. 이것들을 보면, 우불산은 삼국시대로부터 조선시대에 이르기까지 산천에 제사 지내는 소사로서 특히 기우제를 지내면 영험한 곳으로 인식되었음을 알 수 있다.

그뿐만 아니라 우불산은 국가의 위난 때에는 국가의 안위를 위해 난국을 타개해 주는 호국의 산으로 인식되기도 하였다.

> 임진왜란 때, 울산부 서면장(西面將)은 우불산성에 진을 치고 싸울 준비를 하고 있었는데 왜병이 지경고개를 넘어 덕계(새버든)에서 화승총을 쏘면서 물밀 듯 쳐들어 왔다. 그 때 남루한 차림의 도인이 걸어와

244) 『삼국사기(三國史記)』 권32, 「잡지(雜志)」 제1, <제사(祭祀)>, ‘소사(小祀)’ 조.

245) 『태종실록(太宗實錄)』, 태종 14년 갑오(1414), 8월 21일(신유). 우불산이 명산이라는 사실은, 『신증동국여지승람(新增東國輿地勝覽)』 권1, 「경도(京都)」 상(上), <명산대천단(名山大川壇)>의 “명산으로는 동쪽에는 치악산(雉岳山)으로 원주(原州)에 있고, 남쪽에는 계룡산(鷄龍山)으로 공주(公州)에 있으며, 죽령산(竹嶺山)은 단양(丹陽)에 있고, 우불산(亏弗山)은 울산(蔚山)에 있으며, 주흘산(主屹山)은 문경(聞慶)에 있고, 금성산(錦城山)은 나주(羅州)에 있으며, 중부(中部)는 목멱산(木覓山)이고, 서쪽에는 오관산(五冠山)은 장단(長湍)에 있고, 우이산(牛耳山)은 해주에 있으며, 북쪽에는 감악산(紺岳山)은 적성(積城)에 있고, 의관산(義館山)은 회양(淮陽)에 있다.”라는 대목에서도 확인된다.

246) 『신증동국여지승람(新增東國輿地勝覽)』 권22, 「울산군(蔚山郡)」, <사묘(祠廟)>, ‘우불산신사(亏弗山神祠)’ 조.

이미 회야강 건너편 왜시등(삼호리 삼니마을 입구 솔밭)에 구름같이 진을 친 왜병들을 바라보며 필묵을 꺼내들어 글을 쓰고는 손에 집어 들었다. 글 쓴 종이를 하늘에 날리자 산들바람에 실려 대운산 상봉에 떨어졌다. 그 때 갑자기 회오리바람이 불어 낙엽이 하늘을 덮듯 왜시등에 떨어졌는데 낙엽이 땅에 떨어지면서 하나하나가 모두 병졸들이 되어 왜병들을 순식간에 물리쳤다. 이 때 왜병 수백 명이 섬멸당하고 말았는데, 그 바람을 신풍(神風), 진지를 왜시등(倭屍嶝)이라 하였다. 우불산 앞길에는 아무리 고관대작이라 해도 말에서 내려 경의를 표해야만 했는데 어쩌다 말을 탄 채 지나가다가는 화를 피하지 못했다. 하루는 경상감사 양씨가 이러한 소문을 들어 알면서도 이를 의심하여 교만하게도 승마한 채 지나는데 홀연히 한 점 붉은 구름이 산꼭대기에 뜨더니 맹호로 돌변해 그를 물어 죽이니 그 무덤이 아직 웅촌면 검단리 산기슭에 있다고 한다. 이러한 일이 있은 뒤에 조정에서도 이를 듣고 영험이 크다 하여 인조 갑신년(1644)에 재사(齋舍) 3간을 세우고 임야 및 전답 5두락을 단의 재물로 하여 해마다 2월과 8월 하정일(下丁日)에 울산부사로 하여금 제사를 지내게 하였다고 한다. 일제 때에는 강제로 사람들을 동원하여 신사를 헐게 하였는데 누구도 두려워하여 선뜻 나서지 않았다. 그런데 윤씨라는 사람이 나서 큰 소리 치며 나서면서 건물을 헐었는데 불과 며칠 후에 갑자기 병을 얻어 피를 토하고 죽었다 한다. 그 후에도 칼을 찬 어떤 일본 헌병이 말을 몰아 왜시등을 지나다가 죽었다고도 한다.[247]

이처럼 우불산은 이 지역에서 왜적을 물리쳐서 나라를 구한 영산(靈山), 신분 고하를 막론하고 그 앞에서는 말에서 내려 경의를 표해야 하는 신산(神山)이기 때문에, 이 지역 사람들은 재사(齋舍)를 건립하여 매년 울산부사가 주관하는 제사를 지낼 정도로 그 영험한 산으로 인정되었던 곳임을 이 설화는 말해 주고 있다. 이제 이 산과 관련된 기우제문 몇 편을 살펴보기로 하자.

247) 강길부, [땅이름 울산사랑] 「웅촌면 우불산과 왜시등」, 『경상일보』 2004년 1월 15일.

김육(金堉), <경상도 기우제문(慶尙道祈雨祭文)>(『잠곡속고(潛谷續稿)』)

덕 없는 몸이 자리를 더럽히니, 꾸짖어 알림이 거듭 이르는데
동해의 가뭄은, 또 누구 때문인가?
임금에게는 즐거움이 없고, 백성에게는 해로움이 있으니
우리의 적자(赤子)를 살리고자, 다만 밝은 신령을 믿을 뿐이네.
형정(刑政)에 잘못이 있으면, 이내 몸에만 재앙을 내리소서.
속히 단비를 퍼부어서, 저 넓은 논밭을 적시도록 하소서.
不德忝位 譴告荐臻 東海之旱 抑由何人
無樂乎君 有害於民 活我赤子 惟恃明神
政刑有愆 降灾吾身 亟沛甘澤 浸彼畇畇

우불산신사(亐弗山神祠)의 과거 모습.(이 사진은 인터넷 문화재청 홈페이지 http://www.cha.go.kr/index.html에서 가져온 것이다.) 현판(懸板)에 '우불산신사(亐弗山神祠)'라고 기록되어 있다.

이 인용문은 17세기에 대동법(大同法)의 시행을 주창하고 실제 시행하기도 하였던 개혁가 김육(金堉, 1580~1658)의 기우제문으로서, 경상도의 양산의 가야진(伽倻津)과 울산의 우불산, 문경의 주흘산(主屹山)의 기우제문 중 우불산에서 축원한 것이다. 전국에 가뭄이 덮치니 경상도 지역에서는 그 영험을 자랑하는 이 세 곳에서 비

내리기를 축원하는 제사를 올릴 때 쓴 축문인 만큼, 지역적 특수성이 두드러지기보다는 당시의 일반적 상황을 바탕으로 한 진술이 중심을 이루고 있다. 경상도 지역에서는 흔히 이 세 곳에서 기우제를 올린 사실은 다음의 예를 통해서도 확인된다.

김홍욱(金弘郁), <경상도 기우제축문(慶尙道祈雨祭祝文)>(『학주집(鶴洲集)』 권9)
십년에 아홉 번 가뭄이 드니, 백성은 따를 나라가 없어지네.
천지 사이에서 아득하거늘, 내 마음을 누가 알랴?
산악을 받들어 제사를 지내니, 그 신은 반드시 영험하리.
비 내려 주기를 비는데, 감히 깊은 정성을 다하지 않으랴?
十年九旱 民亡國隨 莫莫乎天 我懷誰知
岳載祀典 其神必靈 曰雨之禱 敢竭深誠

김홍욱(金弘郁, 1602～1654)의 이 기우축문도 연례행사처럼 닥치는 가뭄 때문에 신음하는 백성이 의지할 바를 찾도록 관아에서 정성껏 기우제를 지내는 만큼 그 영험이 있기를 간절히 바라는 내용이다. 이 축문도 지역적 특수성을 강하게 드러내기보다는 당시의 백성이 당하는 고통의 일반적 상황에 대한 인식을 바탕으로 하고 있다.

김익희(金益熙), <산천 기우제문(山川祈雨祭文)>(『창주유고(滄洲遺稿)』 권1)
높다랗게 걸린 산악이, 남쪽의 대지에서 바라보는데
아 신명이 있어서, 실로 묘한 기틀을 운용하네.
운행의 움직임은 보이지 않아도, 그 베풂은 큰데
눈먼 나는 허물을 못 떨치고, 조물에게 멋대로 하고 백성을 신하로 삼네.
정성이 미쁘지 않아, 비의 혜택은 멈춤이 많은데
음양의 기운이 합치지만, 교감하지는 못하네.
뜨겁게 타서 맹위를 떨치는 더위로, 또 벌써 매우 참혹하게 되었으니.
오곡은 잘려지고, 쓸데없는 것들만 하토(下土)에 넘쳐나네.

고요히 허물을 생각하거니와, 신령이 아니고 누구를 부르랴?
지극한 정성을 본받고자 하나니, 속히 단비를 쏟아지게 하소서.

巍然維岳 望于南維 粤有神明 實斡玄機
不見運動 厥施祁祁 眇予弗辟 叨主臣民
情意未孚 膏澤多屯 而致二氣 不能交感
蟲蟲蘊隆 亦旣孔憯 剿絶五種 耗斁下土
靜言思咎 非神曷籲 願鑑至誠 速霈甘澍

김익희(金益熙, 1610~1656)의 이 기우제문은 앞의 두 예와 달리 경상도 지역의 산천에 올린 기우제문이 아니라 전국의 명산대천에 기우제를 올리면서 축원한 것 중 우불산에서 올린 축문이다. 이 제문은 오행의 상생설에 따라 동방산천(東方山川)·남방산천·중앙목멱산(中央木覓山)·서방산천·북방산천의 기우제문을 먼저 배치한 다음, 이어서 우불산·주흘산·가야진·송악산(松岳山)·오관산(五冠山)·감악산(紺岳山)·덕진(德津)의 제문을 나열하고 있는데, 특히 위에 인용한 우불산 기우제문은 논리적 구체성을 획득하고 있다. 어떻게 하든지 간에 자연재해를 당하여 백성을 이끄는 위정자는 스스로의 허물을 반성하고, 정성을 다하여 이러한 재앙에서 벗어나게 해 달라는 간절한 염원을 드러내고 있다.

이상에서 살펴본 몇 편의 우불산 기우제문은 조선왕조라는 국가적 차원이나 경상도라는 큰 지역적 차원에서 가뭄이라는 자연재해를 극복하려는 염원을 담고 있다. 그러나 이곳에서 지낸 기우제가 반드시 그런 대단위 지역적 차원에서 거행된 것만은 아니었다. 즉 울산 지역 수령과 선비의 입장에서 부민(府民)의 안녕과 행복을 기원하는 내용의 기우제문도 지었고, 또 그것을 실제 기우제를 지내면서 축원하였다. 이런 기원문은 대개 지역에 거주하는 선비가 글을 짓는 경우가 많았지만, 그 글의 성격은 대개 울산부사를 대신하여 지은 것(代府使作)이거나, 수령을 대신하여 지은 것(代地主作)이었기 때문에 제작자의 사사로운 입장을 드러내었다기보다 공공의 이익을 희망하는 성격을 지니고 있다.

경남 양산시 웅상읍 용당마을에 있는 우불신사의 2008년 7월 현재의 모습. 1991년 12월 23일에 경상남도 문화재 제187호로 지정되어 있다. 현판(懸板)에 '우불신사(于弗神祠)'라고 기록되어 있다.

먼저 우불산 신묘(神廟)를 중수하고 나서 그 신주를 다시 안치하게 되었을 때 울산 선비 이준민(李俊民, 1736~1799)의 고유문(告由文)과 기우제문을 살펴보기로 하자.

이준민(李俊民), <우불산 신묘를 중수하여 환안하는 고유문(亐弗山神廟 重修還安告由文)>(『학고유집(鶴皐遺集)』 권2).

우리 지역 내의 명산은, 우불산이라 불리는데
영험한 기운이 모여 있어, 크고도 험하네.
노(魯)나라를 덮은 태산(泰山)이, 제사의 으뜸이 되듯이
근원을 받들어, 진정 신명이 이루어 주기를 요구하네.
이에 문 닫힌 집이 있으니, 귀신의 위패를 모신 곳인데
접때 서까래를 바꾸었지만, 섬김에는 지극한 공경이 부족하였네.

신명이 노여워하여, 위엄과 형벌을 급하게 내리시니
선비와 아녀자들이 밤에 넘어지고, 어리석고 굼뜬 이들이 놀라네.
직무를 수행하지 못한 책임으로, 일제히 경건한 마음을 다 기울이고
이에 두려워하며 공손히 비니, 병든 자도 다시 소생하네.
신명의 위협은 곧 걷히고, 감응의 조짐이 매우 밝게 드러나리니
의젓한 신령의 위패가 있고, 정제된 곳에 균형 잡히게 안치하네.
기와를 수리하고 서까래를 고치니, 사당의 모습은 다시 광채가 나는데
나라에는 고정된 제사가 있으니, 축책(祝冊)[248]이 명당(明堂)[249]에 있네.
이를 좇고 다시 받들어, 희생과 폐백을 바치는데.
삼가 제사를 올리노라니, 제기(祭器)가 환히 빛나네.
이제부터 시작하여, 산악에 일정한 직능이 있으리니
우리 고장의 강역(疆域)을 편안케 하고, 큰 복을 내리소서.
봄가을에 향화(香火)를 올리고, 보사(報祀)[250]에 어긋남이 없으리니
이에 정성을 펼치나니, 길이 흠향(歆饗)하고 감응하소서.

域內名山 曰維亏弗 靈氣攸鍾 穹然崒嵂
齊岱魯蒙 首于望秩 原其崇奉 寔求冥隲
爰有閟宮 神所妥靈 曩者易榱 事欠至敬
獲怒神明 威罰暴降 士女昏倒 愚蠢震驚
不職有責 虔心齊窮 惕焉祇禱 病者還甦
冥威卽霽 應驗孔昭 有儼靈位 權安齊所
修瓦改椽 廟貌重光 邦有常祀 祝冊在明
趁此還奉 牲幣是將 恪修祀事 籩豆有煌
其始自今 嶽有恒職 綏我方域 降福孔碩
春秋香火 報祀靡忒 陳玆悃愊 永垂歆格

이 고유문은 울산부사를 대신하여 지은 것으로, 우불산의 산신을 모신 사당이 황폐하게 되자 그것을 중수하고 다시 그곳에 산신의 위패를 모시면서 쓴 축문이다. 울산에 있는 우불산은 영험한 기

248) 축책(祝策)은 제왕(帝王)의 제사(祭祀)에 쓰이는 문서(文書)이다.
249) 명당(明堂)은 임금이 조회(朝會)를 받던 정전(正殿)이다.
250) 보사(報祀)는 해마다 가을 농사를 마친 뒤, 신의 은덕에 감사를 드리기 위하여 지내는 제사이다.

운이 모여 있는 산인 만큼 중국의 태산에 비견될 만큼 중요한 곳이라는 인식을 보여 주고 있다. 그런데도 사람들의 정성이 부족하여 사당을 제대로 보수하지 않게 되자 신령이 노하여 선비나 아녀자들을 밤에 넘어지게 하는 등의 재난을 내림에 따라, 고을 백성의 온갖 정성을 모아 사당을 중수한 만큼 앞으로는 산악의 직능에 따라 이 고장에 평안과 복을 내려줄 것을 간곡히 기원하고 있다.

이준민(李俊民), <우불산 기우문(亏弗山祈雨文)>(『학고유집(鶴皐遺集)』 권2)
저 험한 우불산은, 곧 울산의 화악(華嶽)[251]이니
영험한 기운이 육성되고, 녹아서 덕정(德政)이 되네.
여기에 기우단(祈雨壇)을 설치함은, 참으로 가뭄을 막고자 함이요
저 붉은 가뭄귀신을 한탄함은, 화를 부르고 병들게 하기 때문이네.
봄에 이미 땡볕을 두려워하였더니, 여름에 또 햇볕이 사나워서
주위를 지독하게 태워, 온갖 싹들이 다 말라 버렸네.
온 지역이 물고기처럼 헐떡이고, 모든 전답이 거북등처럼 갈라졌는데
절후는 초복(初伏)이 임박하니, 모내기하려는 바람이 끊어지네.
저 들판은 빛깔이 처참하여, 열에 아홉이 붉어졌는데
아 백성을 어찌하면 살릴까? 내 마음은 불타는 듯하네.
군망(羣望)[252]에게 두루 빌고, 못가에 나아가 마음껏 근신하는데
다행히 이달 초하루부터, 여러 날 계속하여 흐리고 비가 오네.
간간이 가랑비가 내리지만, 오히려 큰 비를 아쉬워하며
신명의 힘을 빌리지 않을 수 없으니, 어떤 은혜인들 끝나지 않겠는가?
아 나의 정성이 부족하거니와, 옮겨 심은 모를 죽지 않도록 하고 싶지만.
구름 그늘이 흩어져서, 남은 바람이 갑자기 어긋나 버리네.
벌써 차가운 바람이 불지만, 또 결국 그 해가 뜨니
가뭄에 또 가뭄이 겹치니, 마른 것들은 더욱 말라 버리네.
백성을 장차 죽이려 하는가? 이것이 어찌 된 까닭인가?

---

251) 화악(華嶽)은 중국(中國)의 오악(五嶽) 중 서악(西嶽) 화산(華山)을 가리킨다. 울산의 서쪽에 있음을 나타낸다.

252) 군망(羣望)은 천자(天子)나 제후(諸侯)에게 제사를 받는 산천(山川)·성신(星辰)이다.

노(魯)에는 가뭄이 지독하였으니, 상(商)에는 장마가 마땅히 이어지리.
다만 저 차갑게 내리는 것이, 내가 말하는 '비'가 아니겠는가?
가득채운 땔나무 수레에 물 한 모금이요, 큰 화로에 눈 한 송이라네.
동이를 뒤집지 않으면, 어찌 그을린 솥에서 구해내랴?
신은 영험하시니, 나라에 정해진 제사가 있네.
봄가을에 향화를 올리면, 하늘에서 은덕을 내려 주지만
백성이 간혹 할 말이 있어서, 기도해도 감응하지 않는 경우도 많네.
흉년이 들어 백성이 죽으니, 이제 차마 어찌 야위어 감을 보겠는가?
바라건대 다만 귀를 돌려 들으시고, 아픈 마음을 내 일처럼 여기소서.
상제께 호소하오니, 세차게 비를 내려 주시고
재난을 화합으로 바꾸고, 마른 것을 회복하여 살아나게 하소서.
시냇물을 크게 불어나게 하고, 무너지거나 터지지 않게 하시며.
모내기를 끝내도록 하여, 머리 감은 듯이 옻을 칠한 듯이 하소서.
옥그릇 같은 장졸이, 자주 더럽혀지지 않도록 하소서.

崒彼亏弗 維蔚華嶽 靈氣所毓 融成膏沐
是設雩壇 寔以禦旱 嗟彼赤魃 爲沴爲瘨
春旣怕暘 夏又曓曬 周熯太甚 齊苗則槁
一境魚喁 百畝龜坼 節迫初庚 望斷移植
慘彼野色 十分九赤 嗟民何活 我心如灼
徧禱羣望 臨淵屬屬 幸際月朔 連日陰霏
間以靨霂 猶靳大霈 匪神靡假 何惠不卒
噫余誠薄 無辜移檗 雲陰解駁 餘望便缺
旣凄以風 又果其日 旱上添旱 枯者益枯
民將盡歟 玆曷故乎 魯旱已劇 商霖宜繼
惟彼凄霏 匪余曰雨 勺水車薪 點雪洪爐
非有翻盆 奚救焦釜 神其靈矣 邦有常祀
春秋香火 自天崇報 民或有言 禱多不格
歲饑民劉 今忍視瘠 願惟回聽 若恫在己
訴于上帝 沛然下雨 轉灾爲和 回枯作蘇
川渠大漲 勿崩勿決 稼穡畢移 如沐如漆
圭璧將卒 毋俾屢褻

이 기우문은 울산에 큰 가뭄이 들자 비를 내려 주기를 우불산의 신령에게 간곡히 기원하는 축문이다. 우불산은 울산의 서쪽에 있는 산으로 영험한 기운이 무르녹아 덕정(德政)이 이루어지도록 하였으나, 이 글을 쓴 해에는 봄부터 땡볕과 더위가 심하더니 마침내 온 지역이 헐떡이고 전답은 거북등처럼 갈라져서 초복이 임박한데도 불구하고 모내기를 못하는 상황임을 하소연하고 있다. 이처럼 어려운 상황에서 정성을 다하여 기원하는 만큼 물동이를 뒤집듯 쏟아지는 비를 내려 주어서 한발의 재해에서 벗어나게 해 주기를 바라고 있다. 흉년으로 죽어가거나 야윈 백성의 모습을 차마 보기 어려운 상태임을 호소하는 내용을 절실하게 표현되어 있다. 특히 마지막 부분의 재난을 화합으로, 마른 것을 소생하는 것으로, 마른 시내를 넘치는 시냇물로, 타 죽어가는 모를 윤기 나고 검푸른 싱그러운 모습으로 만들어 주기를 바라는 마음을 언급한 것은 백성의 안타까운 상황을 자기의 상황인 것처럼 인식하고 있는 글쓴이의 인식을 보여 주고 있다.

이준민과 같은 시기에 울산에서 살았던 이양오(李養吾, 1737~1811)도 울산부사를 대신하여 우불산의 신령에게 비 내려주기를 바라는 다음과 같은 축문을 지었다.

이양오(李養吾), <우불산 기우문(亐弗山祈雨文)>(『반계집(磻溪集)』 권5)

우불이라고 불리는 산이, 이곳 한 지방을 압도하는데
산에는 신이 있고, 또 영험이 크네.
비가 오거나 해가 뜨라고, 기도를 하면 반드시 감응하지만
태양이 너무 강하여 재난이 되니, 이제 벌써 몇 달이 되었네.
쇠붙이와 돌도 녹아 흐르고, 언덕과 습지는 모두 갈라졌으며.
싹이 말라 버렸으니, 어떻게 하면 싱그럽게 되랴?
지금 비 올 때를 놓치면, 다시는 수확할 수 없는데
우리의 버려진 백성을 안타까워하나니, 어디에서 복을 구하랴?

내가 직무를 감당하지 못하였으나, 목민관의 직책에 있으니
앉아 바라보니 시끄럽기만 하고, 마음은 근심스러워 연기가 낀 듯하네.
몸을 깨끗이 하고 정성을 다하여, 영험한 신에게 고하나니
이곳에서 살피고 이곳에 계시는데, 어찌 나의 말을 듣지 않으시랴?
비바람 신을 자세히 알고, 또 그 우레 신도 알고 있으리니
며칠 내에 구름을 이끄시어, 곧 은혜로운 비를 내려 주소서.
저 사방의 교외를 적시어, 우리의 온갖 곡식을 일어나게 하고
이 지친 백성들을 돌아보아, 바라건대 다시 살려 주소서.
백성을 위하여 정성스럽게 빌며, 다만 신을 공경할 뿐인데
별밤에 제사를 올리며, 감히 내려와 흠향(歆饗)하기를 빌지 않으랴?
曰維亏弗 鎭玆一方 維岳有神 亦孔之靈
曰雨曰暘 有祈必格 陽亢爲灾 今已數月
金石亦流 原濕皆龜 苗則枯矣 何以勃然
失今不雨 無復可穫 哀我孑遺 于何從祿
維余不職 職在牧民 坐視嗷嗷 憂心如熏
蠲體虔誠 致告靈神 鑑玆在玆 寧莫我聽
傍通屛翳 曁厥豐隆 不日同雲 爰降膏澤
霑彼四郊 興我百穀 顧此殘氓 庶幾復活
爲民陳懇 維神是欽 星夜將事 敢冀降歆

이 기우제문도 울산 지방의 영산인 우불산 산신에게 축원한 것이다. 몇 달 동안이나 계속된 극심한 가뭄으로 금석이 녹아 흐르고 땅은 모두 갈라졌으며 곡식 싹은 모조리 말라 버린 상태에 이르렀으므로, 백성들의 안타까운 모습을 그냥 보고만 있을 수 없는 목민관으로서 몸을 재계한 뒤에 정성을 다하여 비 내려 주기를 빈다고 하였다. 이렇게 정성껏 기도하는 만큼 며칠 내에 비를 내려 죽은 곡식을 살아나게 하고 지친 백성을 살려 주기를 간청하고 있다. 이 글이 울산부사를 대신한 의례적인 축문이기는 하지만, 우리는 이 글에서 백성의 고통을 덜어 주고자 하는 글쓴이의 간절한 염원을 엿볼 수 있다.

3. 지역의 토지신과 곡식신에 대한 축원: 사직단 기우제문의 경우

사직단(社稷壇)은 토지신(社)과 곡식신(稷)에게 제사를 지내는 곳으로, 동쪽의 사단(社壇)과 서쪽의 직단(稷壇)이 마련되었다. 옛날 임금이 새로 나라를 세워 백성을 다스리게 되면 먼저 사직단을 만들었는데, 우리나라에서는 신라 선덕왕(宣德王) 4년(783년)에 사직단을 세웠고 조선시대에는 태조(太祖) 4년(1395년)에 사직단을 세워 제사를 지낸 기록이 있다. 그리고 지방에도 사직단을 설치하여 제사를 지냈는데, 『울산읍지』에 따르면 울산에는 부(府)의 서쪽 3리쯤 되는 태화강(太和江) 가에 있었다고 한다. 이곳에서도 가뭄이 심하면 기우제를 지냈는데, 그때 올린 축문으로는 박민효(朴敏孝, 1672～1747)·이여규(李汝圭, 1713～1772)·이준민·이근오(李覲吾, 1760～1834)·조관식(趙觀植, 1830～1884) 등의 기우제문이 전해진다.

이준민(李俊民), <사직단 기우문(社稷壇祈雨文)>(『학고유집(鶴皐遺集)』 권2)

사직을 설치한 것은, 진실로 백성과 나라를 위함인데
그 주인은 누구인가? 토지와 곡식이네.
홍수가 넘치고 가뭄이 들면, 맹자(孟子)의 가르침은 이것을 꾸짖나니
우로와 풍상은, 예의로써 받아야 한다고 일컬어지네.
다만 보사(報祀)라고 하는 것은, 자기의 나라와 고을을 일컫나니
백성의 식량이 비어 부족해도, 자성(粢盛)[253]은 모자람이 없네.
그 근본을 궁구하자면, 참으로 봄 농사에 달렸거늘
재앙과 우환을 참으로 막게 되면, 한 해의 농사가 풍족하리.
지금의 극심한 가뭄을 돌아보니, 벼에 재난이 드는데
보리와 밀은 겨우 패려 하고, 약한 싹은 바늘 끝과 같네.
농부가 풍년 들기를 바람은, 어린아이를 보호함과 같거늘

253) 자성(粢盛)은 짐승의 피를 그릇에 담아 신에게 바치는 것이다.

한결같은 가뭄을 어찌하면 좋으랴? 겨울부터 여름까지 이르네.
산천은 얼마나 노하였기에, 이 은택을 거두는가?
신령은 누구를 허물하기에, 그 은혜로운 비를 멈추는가?
깊은 골짜기에 일렁이는 물은, 가랑비 때문이 아닌 게 없는데
마침내 큰 비를 아쉬워하게 되니, 어찌 저처럼 거친 땅이 되었는가?
큰 들판에 댈 물이 없고, 시내와 못은 모두 말라 버려서
동이로 물 푸는 사람을 고용하고, 모래를 파서 구덩이를 만드네.
두레박틀을 설치할 데가 없어, 이에 줄로 묶은 동이를 쓰지만
겨우 끼얹어서 물을 대어도, 해는 바람으로 말려 버리네.
저 마른 것이 벼이니, 위태롭기만 한데
봄에 싹을 세우지 못하니, 가을에 장차 무엇을 거두랴?
직책이 수령으로 있으니, 마음이 쌓은 섶 아래 불을 놓은 듯 절박한데
한 고을 백성의 목숨이, 마른 수레바퀴 속 붕어처럼 숨이 가쁘네.
비록 '대동(大同)[254]'을 일컫지만, 혹시 치우침이 심하지는 않은가?
먹고 쉬어도 맛이 달지 않으니, 내 마음이 타는 듯하네.
길일은 다만 갑(甲)에 있고, 제사는 옛 법식을 따르는데
아 우리의 백성은, 어디에서 녹봉을 구하랴?
검은 제단은 우뚝하고, 많은 백성이 우러르는데
백성이 정녕 모두 죽는다면, 도대체 무엇을 누리겠는가?
생각건대 저 작은 웅덩이는, 없어짐으로써 마른 것을 살리거늘
바라건대 비가 세차게 쏟아지면, 이 지역이 온통 두루 젖으리.
우리 등줄기를 뻣뻣하게 하고, 또 그것을 참혹하고 굳게 하였으니
높은 곳이나 더러운 곳이나, 이 땅을 적셔 주소서.
감히 현묘한 귀를 더럽혔지만, 바라건대 작은 정성을 살피소서.
社稷之設 寔爲民國 其主維何 曰土與穀
水溢旱乾 孟訓斯責 雨露風霜 禮稱是受
肆維報祀 自國而州 民食不匱 粢盛罔缺
究厥所本 實繫東作 灾患苟禦 年穀其穰
顧今亢旱 爲灾于秧 兩麥纔挺 弱苗如芒
農夫望歲 若保嬰孩 云胡一暵 自冬徂夏

---

254) 대동(大同)은 온 세상이 번영하여 화평하게 됨이다.

山川何怒 斂此滲漉 神祇誰咎 屯其膏澤
深峽滋漾 非無霢霂 終靳大霈 柰彼磽确
大野無灌 川澤俱涸 傾盎責人 掘沙爲坑
桔槔無施 乃繘乃瓶 纔灑而沃 日暵以風
彼枯者秧 殆哉危矣 春不立苗 秋將胡取
職在分憂 念切積薪 百里民命 涸轍道喘
雖曰大同 無或偏甚 食息靡甘 寸心如惔
吉日維甲 祀遵古式 嗟我民斯 于何從祿
玄壝有屹 黎庶攸仰 民苟盡劉 神顧何享
惟彼小霆 蔑以蘇枯 庶幾滂沱 闔境周溥
俾我硬脊 暨厥慘剛 無高無汚 洽此疆場
敢凂玄聽 庶鑑微誠

이준민의 이 기우제문도 울산부사를 대신하여 지은 것인데, 사직 설치의 목적과 본질을 설명한 다음, 홍수가 넘치고 가뭄이 들면 사직을 바꾸어야 한다는 맹자의 말처럼 국가의 근간이 되는 것이 백성의 마음을 얻는 것이라는 사실에 바탕을 둔 민본정신의 구현을 주장하고 있다. 『맹자(孟子)』에서 사직과 관련한 언급을 살펴보면 다음과 같다.

> 맹자께서는 다음과 같이 말씀하였다. "백성이 귀하고, 사직이 그 다음이며, 임금은 가벼운 것이다. 이런 까닭에 전야의 백성에게 신임을 얻으면 천자가 되고, 천자에게 신임을 얻으면 제후가 되며, 제후에게 신임을 얻으면 대부가 된다. 제후가 사직을 위태롭게 하면 바꾸어 앉힌다. 희생이 준비되고 자성(粢盛)이 깨끗하여 때에 맞추어 제사를 지내도, 가뭄이 들고 홍수가 나면 사직을 바꾸게 된다."[255]

---

255) 孟子曰 民爲貴 社稷次之 君爲輕 是故得乎丘民 而爲天子 得乎天子 爲諸侯요 得乎諸侯 爲大夫 諸侯危 社稷 則變置 犧牲旣成 粢盛旣潔 祭祀以時 然而旱乾水溢 則變置社稷.(『孟子』, 「盡心 下」)

맹자가 이처럼 임금보다는 사직이 중하고 사직보다는 백성이 중하다고 하였듯이, 이준민은 가뭄이 지독한 시기를 맞아 한 고을을 다스리는 수령으로서 겨울부터 여름에까지 계속된 가뭄 때문에 고통 받는 백성을 보면 마음은 쌓아 놓은 섶 아래 불을 놓은 것처럼 절박하다고 하였다. 국가에서 대동(大同)을 외치고 있지만 현실은 그렇지 못하며, 글을 지은 사람은 비록 먹고 쉬는 몸이지만 그 현상을 보면 마음이 타들어 가고 있음을 밝히고 있다. 이런 추세가 계속되어 백성이 죽게 된다면 검은 제단도 아무 소용이 없을 것이라고 하는 일종의 협박성 발언도 서슴지 않으면서 비가 쏟아져서 이 땅을 흠뻑 적셔 주기를 희구하고 있다.

이근오(李覲吾), <사직단 기우문(社稷壇祈雨文)>(『죽오집(竹塢集)』 권3)
삼가 생각건대 토지신(社神)은, 고을의 땅을 맡고 있으니
넓고 두터이 만물을 실어, 편안하고 고요하게 복을 펼치네.
사람은 다만 힘으로 먹고 사는데, 땅이 아니면 무엇을 바탕 삼겠는가?
빛나는 후직(后稷)[256]으로부터, 농사는 마땅한 일이 되었네.
우리의 많은 백성을 먹여 살려, 넓은 은택과 공덕을 베푸나니
곡식이 없으면 어찌 살랴? 큰 근본이 여기에 있네.
각기 주관하는 바가 있어서, 농사철을 어기지 말아야 하는데
아 지금의 극심한 가뭄은, 누가 시켜서 그런 것인가?
언덕은 타고 골짜기는 문드러져서, 온갖 종자가 기일을 어기는데
심어서 벌써 마른 것도 있고, 아직 옮겨 심지 않은 것도 있네.
울어대는 저 백성들은, 죽은 이를 부르는 소리가 구슬픈데
하물며 불탄 재난을 겪어, 아직도 어려움과 위험 속에 있네.
또 곡식을 수확하지 못한다면, 장차 무엇에 의지하랴?

256) 후직(后稷)은 주(周)나라를 일으킨 무왕(武王)의 15대조로 성은 희(姬), 이름은 기(棄)이다. 모친 강원(姜嫄)이 거인의 발자국을 보고 잉태하여 낳았으나, 아비가 없는 자식이라 하여 길에 버렸더니, 우마(牛馬)가 피하기에 데려다 길렀다고 한다. 요순(堯舜) 시대에 농업을 일으키는 데 큰 공을 세웠으므로 농신(農神)·직신(稷神)으로 일컬어졌다.

책임은 수령에게 있으니, 부끄럽지 않을 수 있는가?
생각건대 신령은 밝으시니, 여전히 이곳을 살피시어
속히 구름 신에게 명하여, 느긋하게 비를 일으키소서.
정결한 정성으로 경건하게 기도하나니, 바라건대 이곳에 이르소서.

恭惟社神 縣壤攸司 博厚載物 晏謐昌祺
人惟食力 非土奚資 於昭后稷 稼穡是宜
粒我烝民 澤普功施 無穀曷生 大本在斯
各有所主 不違農時 咨今亢旱 孰使之爲
原焦谷爛 百種愆期 或播已枯 有秧未移
喤彼黔黎 籲死音悲 况經燒灾 尙在艱危
如又失稔 其將焉依 責在地主 能不忸怩
惟神孔昭 尙鑑在玆 亟命雲師 興雨祈祈
潔誠虔禱 庶幾格思

이 기우제문도 울산부사를 대신하여 지은 것이다. 이 제문은 먼저 토지신과 곡식신의 공덕을 찬양한 다음 농사철을 어기게 하는 심한 가뭄으로 인하여 심은 곡식조차 다 말라 버려서 백성들의 울음소리가 구슬프다고 하였다. 곡식을 수확하지 못하면 굶을 수밖에 없는 백성들의 처지를 생각하며 목민관으로서의 책임과 부끄러움을 느끼고 있는 만큼 사직의 신령에게 비를 내려줄 것을 간곡히 요청하고 있다.

4. 지역의 산신에 대한 축원: 문수산·원적산 기우제문의 경우

1) 문수산 기우제문

문수산은 주말이면 울산 시민들이 즐겨 찾아 오르는 해발 599m의 산으로 예로부터 문수보살이 거주하는 영험 있는 산으로 알려져 왔다. 영취산(靈鷲山)이라고 불리기도 하는 이 산에는 문수사(文殊寺)·망해사(望海寺)·청송사(靑松寺) 등 유서 깊은 사찰이 건립되었다. 심한 가물이 들면 이곳에서도 기우제를 지냈으니 박민효·이여규·이준민·이양오·조표(趙滮, 1807~1871)·박시무(朴時戊, 1828~1879)·조관식 등의 기우제문이 전하고 있다.

이준민(李儁民), <문수산 기우문(文殊山祈雨文)>(『학고유집(鶴皐遺集)』 권2)

저 깎아지른 영취산은, 울산의 큰 산이요
시내와 못의 근원이니, 화합하여 기름진 가랑비가 되네.
가뭄이 이미 매우 심하여, 마른 모를 적실 길이 없는데
봉우리에 구름이 있는데도, 어찌하여 장맛비가 되지 않는가?
바람 신이 눈을 부릅떠서 보니, 비 신은 움츠리는데
장군과 동이를 든 남녀가, 끝내 힘에 부쳐 앓게 되네.
가뭄이 비처럼 들어, 싹을 적실 길 없는데
해가 그을리며 말아 버리니, 까마귀와 솔개는 쪼며 울어대네.
백성을 장차 다 죽일 참인가? 이 어찌 된 까닭인가?
대동(大同)을 말하지 말라. 나의 창자는 반쯤 타 버렸네.
모두 군망(羣望)에게 달려가서, 빌지만 더욱 멀어지기만 하니
그 어찌 감히 수고롭다고 하랴? 아 정성이 부족한 탓이네.
산보다 더 높은 것이 없고, 못은 넓기만 한데
올해에 큰 흉년이 들어, 우리 백성은 쓰러지고 외톨이가 되네.
고을을 진호(鎭護)하는 신령이거늘, 그 어찌 모른다고 하랴?
한꺼번에 비를 사흘쯤 퍼부어, 늦지 않도록 때를 맞추게 하소서.

截彼靈鷲 蔚之巨嶽 川澤之原 融爲膏霂
旱既太甚 枯秧莫沾 有雲在峯 胡不成霖
風伯睢盱 屏翳瑟縮 罌男盎女 卒癉其力
有旱如雨 不可沃苗 日焦而卷 烏鳶啄嚇
民將盡歟 玆曷故焉 毋曰大同 我腸偏煎
偏走羣望 禱之愈邈 其敢曰勞 噫誠之薄
莫高者山 爲澤也溥 歲其大無 我民靡孑
爲州之鎭 其曰不知 一雨三日 時哉勿遲

이준민의 이 기우제문은 가뭄이 심한 때를 당하여 영험하다고 소문난 문수산 산신에게 비를 내려 주기를 간청하는 내용을 담고 있다. 산봉우리에 구름이 있는데도 비가 내리지 않는 현상을 바람의 신(風伯)이 눈을 부릅떠서 보고 있으니 비의 신(屛翳)이 움츠리는 형상으로 파악하고, 그 때문에 백성들은 장군과 동이를 들고 설치지만 끝내 힘에 부쳐 병을 앓게 되는 지경에 이른다고 하였다. 이런 상태가 지속되면 온 고을의 백성이 죽을 지경이 될 것이므로, 고을을 진호(鎭護)하는 존재인 문수산 신령은 모른다고 하지 말고 한꺼번에 한 사흘쯤 비를 퍼부어서 농민들이 농사의 때를 놓치지 않도록 해 줄 것을 간청하고 있다.

이양오(李養吾), <문수산 기우문(文殊山祈雨文)>(『반계집(磻溪集)』 권5)

아 문수산은 선인이 사는 곳이라고 일컬어지니, 신의 구역이고
자비로운 꽃과 구름이 향기롭고 깊으니, 신의 영험이네.
한 구역을 진호하고 백성의 농작물을 키움은, 신이 맡은 일이고
임금의 교화가 커서 나라에 두루 미침은, 신이 주관함이네.
가뭄이 한창 퍼지고 싹이 시드니, 신이 탄식하고
백성이 다 죽으려 하매 차마 보지 못하니, 신이 안타까워하네.
가랑비도 구두쇠라서 호미도 적시지 못함을, 신이 굽어보리니
이것이 누구의 허물인가? 직책을 맡아 근심하며, 신에게 비네.
우리에게 비를 주고 우리의 곡식을 익게 함은, 신의 능력이고
구름과 번개를 타고 티끌을 맑게 함은, 신이 찾아오심이리.
이 백성을 위하여 정성껏 기도하나니, 신은 들으소서.
붉은 촛불이 그윽한데 맑은 술을 따르나니, 신은 흠향(歆饗)하소서.

噫文殊 稱仙都 神之區 悲花馨 慈雲冥 神之靈
鎭一域 阜民穡 神之職 聖化普 徧東土 神之主
旱方彌 苗則委 神之咨 民將盡 視何忍 神之憫
霏亦廉 鉏不霑 神之瞻 是誰辜 職當虞 神之雩
雨我塍 粒我蒸 神之能 乘雲雷 澄氛埃 神之來

爲此氓 祈以誠 神之聽 紅燭深 淸酳斟 神之歆

이양오의 이 기우제문은 울산부사를 대신하여 지은 것으로, 문수산 산신에게 문수산 주변의 모습과 가뭄 때문에 고생하는 백성들의 모습을 차분한 필치로 그려내고 있다. 앞에서 살펴본 다른 축문과는 달리, 원문(原文)의 문장구조가 한 행에 세 구가 합쳐진 것이고, 앞의 두 구가 셋째 구절을 이끌어내기 위한 전제로 작용하는 통사구조로 되어 있다. 그리고 마지막 구절은 모두 '神之□'라는 구조의 반복으로 이루어져 있어서 일견 정제된 모습을 보여 주고 있다.

문수산을 선인이 사는 곳으로 설정하여 자비로운 꽃과 구름이 피어나고 있음을 밝힌 다음, 백성의 농작물을 자라게 하고 임금의 교화를 나라에 두루 미치게 한다고 하였다. 그러나 가뭄이 들어 백성들이 죽어가는 모습을 보면서 안타까워할 신의 처지를 이해하면서, 고을 수령의 직책을 맡고 있는 입장에서 신에게 제단을 차려서 백성을 위해 비를 내려 주도록 기도하는 만큼 제발 구름과 비를 타고 와서 티끌을 맑게 해 주는 단비를 내려 달라는 간절한 내용을 담고 있다.

박시무(朴時戊), <문수산 기우문(文殊祈雨文)>(『소암집(小菴集)』 권3)

저 깎아지른 문수산은, 큰 신령이 사는 곳이니
그 광채를 크게 뿜어내며, 이처럼 흡족히 은혜를 베푸네.
기도를 하면 문득 감응하여, 우리 남쪽 지방을 윤택하게 하는데
지금 이곳은 가뭄이 한창이라, 한발의 위력이 이처럼 혹독하네.
처음에는 거북등처럼 터지더니, 나중에는 물고기가 사는 못도 말랐는데
여러 달 동안 더위가 심하여, 대지는 씻어 버린 듯 깨끗하네.
한 고을의 목숨 가진 이들에게, 어찌 곡식을 줄 수 있다고 하겠는가?
직무를 제대로 행하지 못한 허물이 있기 때문에, 두루 옥그릇을 올리는데
작은 정성이라도 바치지 않으면, 신령의 감응은 더욱 멀어지리.

조용히 잘못을 헤아리자니, 두려움과 움츠림은 더욱 커지는데
삼가 존엄한 신령을 생각해 보니, 화와 복을 내릴 수 있네.
위엄은 흉년에 더해지고, 은혜는 검소한 음식에서 더해지나니
제단을 깨끗이 쓸고, 깨끗한 몸으로 간절히 축원 드리네.
부디 밝게 감통하는 은혜를 베풀어, 흡족하게 단비를 내려 주소서.
截彼文山 巨靈攸宅 大放厥光 普施斯渥
有禱輒應 澤我南國 今玆亢陽 魃威斯虐
始也龜坼 終焉魚涸 積月蘊隆 大地滌濯
百里生靈 曷云能穀 咎在不職 徧擧圭璧
微忱蔑效 冥感愈邈 靜數愆殃 彌增兢蹙
恭惟尊神 能作禍福 威加不穀 惠加艱食
淨埽壇墠 蠲體懇祝 庶賜昭格 甘霔旣足

박시무의 이 기우제문은 문수산의 신령은 이 지역의 백성에게 은혜를 베푸는 존재이지만, 전답이 거북등처럼 터지고 못은 말라 버렸으므로 백성의 안타까운 처지를 생각하여 감통하는 은혜를 베풀어 단비를 흡족하게 내려 주기를 바라는 내용이다. 어떻게 하든지 간에, 문수산의 신령을 감동케 하여 비를 내리도록 하고자 하는 안타까운 마음이 유로(流露)되고 있다.

2) 원적산 기우제문

원적산은 천성산(千聖山)이라고도 하는데, 현재 경남 양산시 웅상읍과 하북면의 경계에 있는데, 주봉이 높이 922m의 제일봉[원효산]과 812m의 제이봉[천성산]으로 구성되어 있다. 천성산이라는 명칭은 신라의 고승 원효(元曉)가 당(唐)나라에서 온 1,000명의 승려를 『화엄경(華嚴經)』으로 교화하여 성인으로 만들었다는 데서 유래하였다고 한다. 이 산은 옛날에는 양산과 울산의 경계를 이루고 있었는데, 행정구역 개편으로 1906년 웅상면이 양산군에 소속됨으로써

지금은 양산시 경계 내에 들어가 있지만 역사 문화적 환경상 예로부터 울산에 속하였던 지역이다. 이 산에서도 가물이 심할 때 기우제를 올렸으니, 박창우(朴昌宇, 1636～1702)·박세도(朴世衜, 1651～1727) 부자의 기우제문이 전해지고 있다.

박창우(朴昌宇), <원적산 기우문(圓寂山祈雨文)>(『괴천집(槐泉集)』 권3)
원적산의 기슭에는, 폭포가 쏟아지는데
큰 바위는 우뚝하게 서 있고, 불그레한 기운이 여전히 서려 있네.
신령이 모인 곳이라서, 변화를 헤아리기 어려운데
위에는 우레 소리가 나고, 가운데는 비오는 모습을 토하네.
옛날부터 그러하였거니와, 구할 게 있으면 반드시 제사를 지내니
정성으로 기도하면, 신령이 감응하네.
도대체 어찌하여 올해에는, 거듭 극심한 가뭄을 만나는가?
위의 하늘은 환히 굽어보시고, 아래의 백성은 끝내 괴로워하네.
온갖 시내는 이미 메마르고, 오곡도 말라 버렸는데
그 산천은 시들어도, 은하수는 환하게 비추네.
물 한 모금도 온통 모자라고, 쌀 한 말도 귀하게 되었는데
백일 동안 걱정하고 애썼거늘, 농사에 대해 어떻게 위로하랴?
지리(地利)를 이룰 수 없고, 천명도 참되지 못한데
앞으로 올 일을 생각하니, 한심하지 않은가?
그래서 거주민을 생각하며, 그들과 함께 정성을 다하나니
이미 희생과 술을 빌리고, 또 자성(粢盛)을 바치네.
삼복이 오늘이고, 칠석이 오늘인데
엎드려 생각건대 밝은 신령은, 묵묵히 백성을 도우시네.
곧 상서로운 구름을 토하여, 널리 단비를 베풀리니
도랑으로 흘러가서, 기장과 벼를 적시리.
마른 못이 다시 그득하고, 마른 싹이 다시 살아나서
봄·여름·가을 세 철 농사를 곧 이루고, 백곡은 열매를 맺으리.
농부는 들판에서 손뼉치고, 근심하던 사람은 기뻐하리니
비가 우리에게 미치게 되면, 편히 앉아서 술을 권하리.
圓寂之趾 瀑布之湍 磅礴特立 纈文猶盤

神靈攸萃 變化叵測 上吼雷聲 間吐雨色
在古已然 有求必禋 禱之以誠 應之也神
夫何今歲 洊遭亢旱 上天穆臨 下民卒癉
百川旣渴 五穀亦枯 山川暵其 雲漢昭于
勺水全乏 斗米亦貴 百日虞勞 三農曷慰
地利莫遂 天命靡諶 言念來頭 能不寒心
肆惟居民 與之殫誠 旣借牲酒 且供粢盛
三伏之日 七夕之辰 伏惟赫靈 黙佑生民
卽吐祥雲 普施甘雨 注之溝澮 潤以黍稌
渴澤再盈 枯苗重生 三事卽就 百穀用成
農抃於野 憂者以喜 雨我及我 妥是侑是

박창우의 이 기우제문은 원적산의 영험한 신령에게 제사를 드리면 반드시 감응이 있다는 사실을 전제로 하여, 극심한 가뭄을 만나 괴로워하는 백성의 실상을 적시한 다음 걱정스러운 미래를 염려하면서 희생물과 술을 바치면서 신령의 은혜로운 감응이 있기를 희구하고 있다. 장차 상서로운 구름을 토하여 널리 단비를 베풀게 되면 그 물이 도랑으로 흘러가서 기장과 벼를 비롯한 온갖 곡식을 흠뻑 적셔 주리라는 희망을 담고 있다. 그렇게 되면 말랐던 못에는 물이 다시 그득하게 되고 말랐던 곡식의 싹은 다시 살아나서 봄부터 지어 온 농사가 이루어져 결실하게 되리라는 희망과, 그로 인해 즐거워하는 농부의 모습을 함께 그려내어 신을 만족하게 하고 기쁘게 하는 오신적(娛神的) 표현을 활용하고 있다.

박세도(朴世衜), <천성산 기우문(千聖山祈雨文)(『하계집(何溪集)』 권2)
아 신성한 산이여, 동쪽 지방을 진호(鎭護)하는데
험하기는 하늘보다 더하고, 빼어날뿐더러 웅장하기도 하네.
물줄기는 날고 폭포는 떨어져서, 사계절 다함이 없으니
멀리 은하수가 기울어지고, 길이 옥무지개가 드리워져 있네.

영험하고 기이한 존재가 사는 곳이고, 신령스러운 용의 집인데
구름을 일으키고 비를 내리게 하니, 그 은택은 넓기만 하네.
이에 조화옹의 칼자루를 잡으니, 나라의 공덕인데
기도하면 영험이 있고, 베풀면 풍성해지네.
나 같은 이는 어디에도 없으리니, 때마침 이곳의 수령으로 나와
한 지방의 근심을 나누어 맡았으나, 정사에는 흠이 있고 풍속은 혼미해졌네.
짐짓 하늘이 벌을 내려서, 심한 더위가 견줄 데가 없는데
그것이 몇 달이 되어, 마침내 농사를 걱정하게 되었네.
산천은 환하게 밝고, 산목숨이 물고기처럼 숨을 헐떡이게 되었으니
수령에게 죄가 있다면, 벌은 마땅히 나에게 내려져야 하리.
백성에게 어찌 허물이 있으랴? 다만 이것은 지독한 더위 때문이네.
이에 밝고 참된 정성으로 제사 드리자니, 희생을 담은 그릇이 높직하네.
또 비를 세차게 내리게 하소서. 나는 개인이면서 공인이라네.
백곡이 열매를 맺으면, 많은 백성이 태평하게 되리.

維聖維山 作鎭于東 峻極于天 秀而且雄
泉飛瀑落 四時不窮 迴傾銀潢 長垂玉虹
靈異之窟 神龍之宮 興雲興雨 厥澤維洪
爰秉化欛 邦家之功 祈之則應 施之則豐
藐余無似 出宰時邦 分憂百里 政疵俗曨
故天降罰 暵甚無雙 厥彌數月 卒痒三農
山川濯濯 生靈喁喁 守如有罪 罰當在躬
民何有辜 惟此蘊隆 玆薦明誠 牲俎崇崇
俾也沛然 我私我公 百穀用成 羣黎時雍

박세도의 이 기우제문은 천성산 신령은 영험한 용신(龍神)의 성격을 함께 지니고 있어서 구름을 일으키고 비를 내려서 백성에게 크게 은택을 베푸는 존재라는 점을 전제하고, 그렇기 때문에 여기에서 기도하면 영험이 있음을 그려 내고 있다. 이 글은 수령을 대신해서 쓴 것이므로, 울산 지역을 책임진 수령으로서 이런 가뭄을 당하게 된 것은 수령에게 죄가 있는 것이지 백성과는 관련이 없으

므로 죄가 있다면 자신이 받아야 한다는 입장을 드러냄으로써 수령의 애민정신(愛民精神)을 잘 표현하고 있다. 그런 만큼 정성껏 마련한 제물을 받고, 신령은 세찬 비를 내려 주어서 백곡은 열매를 맺고 백성은 태평하게 되기를 희구하는 마음을 진솔하게 드러내고 있다.

5. 지역의 용신에 대한 축원: 황룡연·백룡담 기우제문의 경우

1) 황룡연 기우제문

황룡연(黃龍淵)은 원래 태화루 앞 태화강 속의 수심 깊은 곳을 가리키는데, 이곳이 울산의 중앙에 해당하는 만큼 오행(五行)의 방위에 따라 황룡이 사는 못이라는 뜻에서 붙은 이름이다. 이것은 동해에는 청룡이 살고, 울산 관아에서 서쪽에 있는 선바위 앞의 깊은 물을 백룡담(白龍潭)이라고 하는 것과 마찬가지의 명명법이다. 가뭄이 심하면 앞서 살펴본 바와 같이 산신에게 비 내려 주기를 기원했을 뿐 아니라, 또 물속의 용신(龍神)에게도 비 내려 주기를 기원하였으니 그 대표적인 장소가 바로 황룡연과 백룡담이었다. 황룡연의 기우제문은 이준민·이근오·조표·조관식 등의 축문이 전해지고 있다.

이준민(李俊民), <황룡연 기우문(黃龍淵祈雨文)>(『학고유집(鶴皐遺集)』 권2)
생각건대 못의 신령은, 누른색 속의 양덕(陽德)이니
드러남과 숨음에 자취가 없고, 조화를 헤아리지 못하네.
이것은 기우제 제단일 뿐 아니라, 예로부터 경건한 기도처이니
그 베풂은 넓고, 영험은 어긋나지 않네.
지금의 지독한 가뭄을 돌아보면, 열흘 동안에 더욱 가혹해졌으니

산은 은택을 거두고, 시내는 비의 혜택을 멈추었네.
삼과 보리는 이미 죽고, 볏모는 더욱 다급한데
그 가늘기는 바늘과 같고, 햇볕은 세차게 쏟아지네.
농부는 어쩔 줄 몰라, 동이로 푸고 줄로 묶지만
열흘만 지나면 벼가 없어지는데, 하물며 지금은 몇 십일인가?
아 우리의 백성이여, 장차 어떻게 먹고 살꼬?
태수가 희생을 안고 오지만, 정성은 미약하고 갖춤이 보잘것없네.
어제 저녁 빗방울이 떨어지기에, 하늘을 빤히 쳐다보았는데
밤에는 흐릿하더니 아침에 해가 뜨니, 작은 마음이 불타는 듯하네.
직책을 맡고 있는 바인지라, 나는 이를 두려워하거늘
신은 영험하시니, 바라건대 깊은 정성을 살피소서.
구름이 일고 비가 내려, 우리 강역을 적셔 주소서.
하루도 되기 전에 세찬 비를 퍼부어서, 가랑비에 그치지 않게 하소서.
이처럼 제사 지내고 기도하나니, 바라건대 다만 흠향하고 감응하소서.
惟潭之靈 黃中陽德 顯晦無迹 造化不測
是惟雩宗 虔禱自昔 厥施斯普 靈驗不忒
顧今亢暘 浹旬彌酷 嶽斂滲漉 川閟膏澤
麻麥旣殄 秧苗尤急 其細若針 曬之烈烈
農夫遑遑 奔走瓶繘 十日無禾 矧今幾朔
嗟我民斯 將何爲食 太守抱牲 誠微具薄
前夕點滴 視天脈脈 夜噎朝杲 寸心如灼
責有所在 余用是惕 神其靈矣 庶鑑衷悃
興雲出雨 洽我疆域 不日滂沱 毋止霢霂
以享以祈 願惟歆格

이준민의 이 기우제문은 황룡연에 사는 황룡의 덕과 능력을 칭송한 다음, 심한 가뭄 속에서 살아가야 하는 백성의 안타까운 처지를 부각하여 기우제에 차린 제수가 보잘것없기는 하지만 금방 감응하여 비를 쏟아지도록 해 주기를 바라고 있다. 이러한 생각은 구름을 직접 관장하는 신이 용이라는 전통적 관념에 근거한 발상법이다.

태화교 위쪽 태화루(太和樓) 자리에 선 로얄예식장 건물과 그 앞 수심 깊은 황룡연(黃龍淵)의 2008년 7월 현재 모습.(지금은 태화루 중건을 위한 공사로 허물어서 없음)

이근오(李覲吾), <황룡연 기우문(黃龍淵祈雨文)>(『죽오집(竹塢集)』 권3)

태화(太和)라고 불리는 강은, 예로부터 신령하고 기이하다고 일컬어졌으니
그 가운데 신물이 있어, 깊은 곳에 숨어 있네.
중앙의 덕을 타고 났으니, 300 종류 중에서 으뜸이네.
구름을 일으켜서 비를 내리니, 사람이 힘입어서 이롭게 되거늘
어찌하여 지금 극심한 가뭄으로, 농사를 거의 망치도록 하는가?
싹은 간혹 심지도 못하고, 모도 시들어 버렸네.
조금 내리는 비가 없지는 않지만, 말라 버린 벼를 적시지 못하는데
농사가 끝내 병들고 마니, 이것은 누가 시킨 것인가?
백성은 장차 무엇을 먹을까? 나는 참으로 괴이한 점이 많네.
정성스러운 뜻이 미덥지 않아, 재앙의 조짐이 여기에 이른다네.
어찌 차라리 나를 아프게 하지 않는가? 죄는 왕명을 받은 관리에게 있네.
감히 작은 정성을 짜내어서, 공손히 하늘의 은덕을 비네.
긴 강물을 빨아 들여, 저 넓은 땅에다 쏟아 내소서.
쏟아 붓듯이 갑작스럽게, 신령의 공덕을 한 번 시험하소서.
만백성이 장차 소생하게 하여, 넓은 은택이 미치도록 하소서.

베푼 은혜에 보답하는 방책을 마련함에, 어찌 감히 마음을 소홀히 하랴?
별밤에 정성스레 기도하며, 소원이 이루어지기를 간절히 바라나니
희생과 폐백을 많이 차리지 못하였어도, 우리를 버리지 마소서.
太和之江 古稱靈異 中有神物 玄淵藏秘
稟中央德 長三百類 興雲作雨 人賴而利
胡今亢旱 幾敗田事 苗或未蓺 秧亦有悴
非無微澍 莫沾枯穟 稼穡卒痒 是誰之使
民將何食 余實多怪 誠意未孚 災祥乃至
胡寧瘨我 罪在命吏 敢瀝微悃 恭祈冥賜
吸來長江 注彼大地 沛然勃然 神功一試
萬姓將蘇 洪澤攸曁 報施之策 何敢怠志
星夜虔禱 翹首仰企 不腆牲幣 庶毋我棄

이근오의 이 기우제문도 울산 수령을 대신하여 지은 것으로, 태화강에서 중앙의 덕을 구비한 황룡에게 가뭄으로 인해 고통 받는 백성의 안타까운 처지를 진술하여 비 오기를 갈구하고 있다. 백성이 당하는 이러한 고통은 행정의 책임자인 수령에게 있으므로, 수령이 정성껏 기도하는 만큼 응험이 있기를 바라고 있다. 그래서 황룡연의 용신은 긴 강물을 빨아 들여 대지에 쏟아 붓듯이 비를 내려주어 그 은택이 만백성에게 미치도록 해 주기를 소망하고, 동시에 별이 빛나는 밤에 정성을 다해 기도하는 수령의 모습을 함께 보여줌으로써 갈구의 정도가 배가(倍加)되는 방법을 취하고 있다.

2) 백룡담 기우제문

위에서 언급하였듯이, 울산 지역에서 용신에게 기우제를 지내는 대표적인 곳은 바로 태화강에 있는 황룡연과 백룡담이었다. 이 두 곳은 모두 수심이 깊어서 용이 숨을 수 있을 정도로 신비감을 주는 장소로 인식되었다. 백룡담의 기우제문으로는 이여규·이준민·이

근오 등의 축문이 전해지고 있다. 이 중 산문으로 된 이여규의 작품을 제외한 나머지 두 편을 살펴보자.

태화강(太和江) 상류의 선바위(立巖)와 백룡담(白龍潭)의 모습.

이준민(李俊民), <백룡담 기우문(白龍潭祈雨文)>(『학고유집(鶴皐遺集)』 권2)

넓고 넓은 강물 속에는, 다만 바위만이 우뚝하게 서 있는데
그 아래 돌아가는 물속에, 신령스러운 용이 잠겨 있네.
변화를 헤아리지는 못하지만, 신령의 감응은 밝게 드러나는데
어찌하여 비를 내리지 않고, 저 가뭄귀신에게 맡겨 두는가?
쇠붙이와 돌도 타서 흐르니, 하물며 이 어린 싹들이랴?
온갖 시내는 물줄기가 끊어져서, 두레박틀을 설치할 데가 없네.
모래를 파서 동이를 기울이지만, 헛고생만 할 뿐 적실 물이 없으니
지금 때를 놓치고 비가 오지 않으면, 장차 큰 기근이 들게 되리.
슬프다 우리 백성이여, 먹을 게 없는데 어떻게 살아갈꼬?
내 마음은 타는 듯한데, 앓는 목소리로 울부짖네.
신은 듣고 있으리니, 차마 나를 측은하게 여기지 않으랴?
신령한 변화를 빨리 운용하여, 크게 단비를 퍼부어 주소서.
汪汪江心 屹立惟巖 滙于其下 神鱗攸潛
變化不測 靈應孔昭 胡不行雨 任彼魃妖

金石焦流 矧玆穉苗 百川流斷 莫施桔槔
掘沙傾盎 徒勞靡沾 失今不霈 將判大侵
哀我民斯 無食奚生 我心如熏 籲以疚聲
神之聽之 忍不我惻 亟運神變 大注甘澤

이 기우제문은 우뚝한 선바위 밑의 깊숙한 물속에 사는 백룡에게 가뭄귀신을 물리쳐 주기를 희구하는 내용을 담고 있다. 싹은 말라 죽고 온갖 시냇물도 말라 버린 상태에서 하루라도 빨리 비가 오지 않으면, 온 백성들이 생명을 부지할 수 없는 지경에 이를 수밖에 없음을 호소하고 있다. 신은 이러한 상황을 다 파악하고 있을 것이므로, 빠른 기일 내에 크게 단비를 내려 주기를 간구하는 것으로 마무리하고 있다.

이근오(李覲吾), <백룡담 기우문(白龍潭祈雨文)>(『죽오집(竹塢集)』 권3)
저 깎아지른 선바위, 아래에는 깊은 못이 있는데
굼틀거리는 신통한 용이, 이곳에 잠겨 있네.
그 덕은 금(金)[257]을 숭상하지만, 그 물은 쪽빛인 듯한데
기도를 하면 반드시 감응하고, 만물의 화육(化育)에 참여하네.
올 여름에는 지독히 가물어서, 백성이 실로 견디기 어려우니
물은 근원이 마르려 하고, 더위는 위세가 태울 듯하네.
잠깐 오는 비는 금방 그쳐서, 갈라진 밭이랑을 적실 길 없으니
사람은 장차 무엇을 먹을까? 부사는 이에 부끄러워하네.
재난이 서민에게 옮겨 갔으니, 근심스러운 마음에 어찌할 줄 모르는데
이미 신비로운 변화를 지니고 있으면서, 어찌하여 적셔 주지 않는가?
이 희생물을 아까워하지 않거늘, 신은 남몰래 도움을 주려니와
선비와 아녀자들은 다 도망하며, 넓고 하늘을 쳐다볼 뿐이네.
어찌 한바탕 퍼붓는 비가 어려우랴? 남과 북에서 쏟아지게 하소서.
마른 싹이 싱그럽게 살아나서, 큰 은택이 이르도록 하소서.

257) 금(金)은 오행(五行)에서 서쪽 방향이고, 흰색을 나타낸다.

정성을 갖추어 기도하나니, 나의 향기에 감응하소서.

截彼立巖 下有深潭 蜿蜿神龍 於玆藏潛
厥德尙金 其水如藍 有禱必格 化育贊參
今夏酷旱 民實難堪 水源欲渴 炎威如燂
乍雨旋止 坼畝難沾 人將何食 知府是慚
災移下民 憂心如憛 旣有神變 胡不渥霑
靡愛斯牲 冥佑是占 士女咸走 昊天仰瞻
何難一霈 自北自南 枯苗勃興 洪澤攸覃
齎誠虔祈 格我苾馣

이근오의 이 기우제문도 울산의 수령을 대신하여 지은 것인데, 선바위 아래 깊은 물속에 사는 백룡의 능력을 칭송한 다음 심한 가뭄에서 오는 백성의 고통을 덜어 주기 위한 단비를 갈구하는 내용이다. 선비나 아녀자나 다 살 곳을 찾아 도망하면서 하늘만 쳐다보고 있으니, 이런 상황에서 한바탕 비를 크게 퍼부어 주면 말랐던 싹이 소생하고 백성을 살리는 큰 은택을 베푸는 만큼, 정성껏 올리는 기우제에 감응하기를 축원하고 있다.

6. 결언: (다시) 자연재해를 극복하려는 간절한 소망과 축원

이상에서 살펴보았듯이, 울산 지역에는 삼국시대부터 국가에 재난이 있을 때 산천에 제사 지내던 24 소사 중의 하나인 우불산신사가 있어서, 지역적 차원에서 자연재해를 극복하기 위한 기도처였을 뿐만 아니라 재난 극복을 위한 국가적 차원, 또는 방백(方伯)이 주도하는 경상도 차원의 대단위 기도처가 있었다. 그와 동시에 우불산신사는 울산 지역에 가뭄이 들었을 때도 기도하면 영험이 있다고 여겨지던 곳임을 이 지역 인사들이 수령을 대신하여 지은 기우제문을 통하여 확인할 수 있었다.

또 울산이라는 지역적 차원에서 심한 가뭄이 들게 되었을 때, 지역의 명산대천에서 기우제를 지냄으로써 고통 받는 백성을 구제하려고 한 노력의 흔적이 곳곳에 남아 있음을 알 수 있었다. 이 글에서는 울산의 사직신, 우불산·문수산·원적산(또는 천성산)의 산신, 황룡연·백룡담의 용신에게 축원한 몇 편의 기우제문을 검토한 데 그치고 말았지만, 울산에서 기우제를 지낸 장소가 이곳만은 아니었다. 실제로 이곳 이외에 치산서원·고헌산·정족산·언양사직단에서도 기우제를 지냈다고 『울산읍지』에 기록되어 있다.

오늘날의 관점에서 기우제를 지내어 비 내리기를 바라는 것은 미신에 불과하고 아무 소용없는 쓸 데 없는 짓일 뿐이라고 생각할 수도 있다. 분명/일견 이 말은 타당한 말이다. 그러나 우리가 앞에서 살펴본 바와 같이, 어디에서 올린 기우제문을 보더라도 거기에는 한결같이 오랜 가뭄 때문에 신음하는 백성의 고통을 덜어 주기 위한 글쓴이/위정자의 간절한 소망이 녹아 있다. 백성 없이는 임금이나 수령도 존재할 수 없다는 민본주의(民本主義) 관념이 바탕에 깔려 있다. 백성의 아픔을 함께 아파하면서 그것을 조금이라도 덜어 주고자 하는 이러한 의식과 행위를 두고, 어떻게 오늘날의 과학적 지식만으로 그 잘잘못을 재단할 수 있을 것인가? 그렇지는 않다고 보는 것이 필자의 생각이다. 모름지기 인문학이라고 하는 것은 기본적으로 인간의 존엄성에 대한 확고한 믿음을 바탕에 깔고 있지 않고는 애초부터 불가능한 것이기 때문이다. 지금부터 2,3세기 전의 사람이라고 하여 어찌 기우제를 지내는 것이 실효성을 갖기 어렵다는 사실을 몰랐겠는가? 그들 또한 그 실효성을 믿지 않으면서도 가뭄으로 고통 받는 백성과 아픔을 함께 하고자 한 그 마음이 소중한 것이다. 봉건시대에 적전(藉田)을 두어 왕이 직접 경작하도록 한 것이 무슨 뜻이겠는가? 최고의 자리에 있는 국왕이 상징적으로나마 농사를 지어 봄으로써 농민의 고통과 보람을 함께 느껴 보도록 한 것이다.

우리는 자연재해의 하나인 심각한 가뭄을 당하였을 때, 그 재앙이 국정을 책임지거나 그 책임을 일부 이양 받은 수령(分憂)이 자기 탓이라고 하면서 몸을 낮추고 반성하면서 자기가 하늘의 벌을 받는 대신에 백성에게는 대지를 흡족히 적셔 줄 단비를 내려 달라고 빌었던 그 정신을 본받아야 할 것이다.

태화강 유역의 수려한 풍광과 그 풍류

— 태화강 수계의 누정 제영 —

1. 태화강 수계의 다양한 명승과 누정

태화강은 가지산의 쌀바위와 백운산의 탑골샘에서 발원하는 수계이다. 이 강은 길이가 50km에도 채 미치지 못하지만 하류로 내려가면서 여러 갈래의 지류가 모여서 이루어진 본류는 울산광역시를 서에서 동으로 관통하여 울산만을 거쳐 동해로 흘러들어 가는 하천이다. 이 하천은 가지산 능선에서 시작하여 아래의 석남사 계곡을 거친 다음 언양의 남쪽을 흐르는 덕현천(일명 남천), 간월산에서 계곡을 형성한 다음 등억리를 거쳐서 흐르는 작괘천, 백운산에서 시작하여 천전리와 반구대를 관통하는 대곡천(일명 반계), 취서산에서 시작하여 방기리와 보은리를 지나 대암댐을 거치는 보은천, 경주의 외동에서 발원하여 남쪽으로 흐르는 동천 등의 지류를 거느리고 있다.

태화강의 본류와 지류에는 그 주변에 천전리 각석(川前里刻石), 반구대(盤龜臺)와 대곡리 암각화(大谷里岩刻畵), 선바위(立岩), 베리 끝, 오산(鰲山) 대밭, 황룡연(黃龍淵), 장춘오(藏春塢), 이수삼산(二水三山), 조개섬(蛤島) 등의 자연물과 백련정(白蓮亭), 장천사(障川寺), 반고사(盤皐寺, 盤龜寺), 집청정(集淸亭), 관서정(觀逝亭), 작천정(酌川亭), 입암정(立巖亭), 만회정(晩悔亭), 태화루(太和樓), 평원각(平遠閣), 벽파정(碧波亭), 구강서원(鷗江書院) 등의 인공명소가 존재하였거나 지금도 존재하고 있다.

이 명소들은 청동기 시대에 암각이 이루어지던 시기부터 오늘날 자동차와 유화제품 등 다양한 상품이 전 세계를 누비게 된 오늘날까지 울산 주변의 변화 과정을 묵묵히 보아 왔으므로, 그것들의 성격과 실체를 꼼꼼히 살펴보면 거기에는 여러 층으로 된 문화와 역사의 단층이 겹겹이 쌓여 있음을 알 수 있다. 예컨대 태화루 하나만을 살펴보더라도 그것은 신라시대에 창건된 태화사의 종루로 출발하였기 때문에 거기에는 사찰의 연기설화(緣起說話)와 관련된 불교와 용신숭배 사상이 저층에 깔려 있고, 그 위층에는 조선시대를 통하여 유학의 여민동락(與民同樂)의 염원과 자연애호 사상이 펼쳐져 있으며, 오늘날 다시 복원하려는 태화루의 최상층에는 시민 중심의 복지와 삶의 활력과 여유를 희원하는 현대적 관점에서의 복지라는 염원이 또 하나의 켜가 생성되기를 기다리는 형국이라고 할 것이다.

여기에서는 태화강 주변에 현재 존치하고 있어서 눈으로 확인이 가능한 자연 명소와 인공명소 가운데 대표적이라고 할 누정을 대상으로 한 다양한 제영(題詠)들을 살펴보기로 하겠다. 이런 것들을 통하여 현대를 살아가는 우리가 실감할 수 있는 태화강 유역의 풍광과 풍류를 일별해 보고자 한다.

2. 작괘천과 모은대, 작천정 제영[258)]

작괘천과 작천정의 현재 모습

작괘천(酌掛川·勺掛川)은 영남알프스 또는 울주칠봉(蔚州七峯)이라 불리는 한 무리의 준봉(峻峯) 중 간월산(1,083m)에서 발원하여 울주군 상북면 등억리를 거치고 삼남면 교동의 작천정(酌川亭) 앞을 지나 태화강으로 흘러 들어가는 시내의 이름이다. 이 시내 줄기는 간월산 중턱의 홍류폭포(虹流瀑布) 등의 명소를 만들고 있을 뿐 아니라 계곡의 경관이 매우 아름다워 예로부터 시인묵객들이 즐겨 찾은 곳일 뿐 아니라 오늘날에도 등산이나 피서를 위해, 혹은 그 주변에 개발된 온천에서 피로를 풀기 위해 많은 사람들이 찾는 곳이기도 하다.

계곡 입구에 위치한 작천정 부근의 너럭바위 주변에는 이곳을

---

258) 작괘천 및 작천정을 다룬 시문에 대해서는 이미 필자가 「작천정과 작괘천 주변을 다룬 시문에 대한 관견」(『인문논총』 25집, 울산대학교 인문과학연구소, 2006.11)에서 논의하였고, 그 논문은 『울산지방의 문학전통과 작품세계』(월인, 2009.6)에 재수록하였으므로 자세한 것은 그것을 참조할 것.

찾은 이들이 남겨 놓은 석각 시문과 이름들이 빈자리가 없을 정도로 빼곡하게 들어서 있다. 그래서 작천정 좌우에 산재한 바위와 개울 건너편에 있는 바위는 글씨가 없는 것이 드물 정도로 많은 이름과 시문이 새겨져 있다.

이곳은 고려 우왕(禑王) 2년(1276년)에 이인임(李仁任) 등의 친원파(親元派)와의 대립으로 언양에 유배되었던 포은(圃隱) 정몽주(鄭夢周, 1337~1392)의 거주지였던 요도(蓼島, 현재의 어음리)와 그다지 멀지 않은 곳이다. 그런 까닭에 이곳의 석각 시문은 대개 정몽주의 유풍을 계승하려는 뜻을 드러내거나, 물에 파여서 오목하게 된 바위 구멍들이 옛날 신선이 마시던 술잔을 걸어 놓은 것이라고 하는 작괘천 유래담과 관련된 내용을 담고 있다. 이 시문들은 20세기에 쓴 것이 대다수이지만 개인 문집 등의 전적에는 그 이전의 것도 남아 있으니 권해(權瑎, 1639~1704)·박민효(朴敏孝, 1672~1747)·남경희(南景羲, 1748~?)의 작괘천(酌掛川) 관련 한시가 그것이다. 권해는 경상도 암행어사를 지낸 인물이고 박민효는 이 지역 출신의 생원이며 남경희는 경주에 거주한 사람이었다.

이곳에는 유람객이 많이 지나갔는데
넓고 아득한 남은 자취에서 신선들을 말하네.
모래는 깎인 곳을 메워 온통 드러남을 꺼리고
물은 소리 나는 것을 감싸 흐르지 않으려 하네.
조물주는 누구를 위해 교묘하게 쪼고 새겼는가?
고상한 사람은 예로부터 맑고 그윽함을 주관하였네.
산림은 인가가 가까워도 무방한데
귀를 씻는 데 어찌 반드시 허유(許由)를 배우리요?
此地多經蠟屐遊 蒼茫遺迹說仙儔
沙埋鑿鑿嫌全露 水鎖淙淙欲不流
造物爲誰工琢鏤 高人終古管淸幽

山林不妨人煙近 洗耳何須學許由

남경희의 이 시는 신선이 마시던 바가지를 걸었다는 작괘천의 전설과 관련된 시상을 담은 작품이다. 신선이 남긴 흔적의 전모를 드러내지 않으려는 듯 모래는 그 깎인 곳을 뒤덮고 물은 소리 나는 곳을 우회한다고 하였다. 그렇다고 하여 신경이 반드시 인가와 떨어진 곳에 있어야 한다는 생각에도 부정적인 생각을 드러내고 있으니 이것은 진(晉)의 왕강거(王康琚)가 말한 "소은(小隱)은 언덕과 숲에 숨지만, 대은(大隱)은 조정과 저자에 숨네.(小隱隱陵藪 大隱隱朝市, <반초은(反招隱)>)"라고 한 것을 긍정하고, 한편으로 요(堯)임금 시절의 진정한 은자라고 일컬어지는 소보(巢父)·허유(許由)가 살던 기산(箕山)·영수(潁水)[259]에서 그 삶을 배울 필요는 없으리라는 생각을 담고 있다. 화자는 이 시에서 속세의 부귀와 열화를 멀리 하기 위해 유별난 행동을 필요하지 않음을 설파하고 있다.

작괘천 하류에는 '모은대(慕隱臺)'라는 큰 글씨 아래 "송찬규가 삼가 새기다(宋璨奎謹銘)"라고 쓴 글씨가 있고 그 옆 바위의 측면에는 송찬규(宋璨奎, 1838～1910)의 <모은대기(慕隱臺記)>가 새겨져 있다. 또 그 아래쪽 바위에는 송종옥(宋鍾玉)의 시 <모은대추술(慕隱臺追述)>이 있고, 또 그 아래쪽 바위에는 만화(晩華) 김헌륜(金憲輪)의 시가 새겨져 있기도 하다.

모은대는 송찬규가 명명한 바위이고 <모은대기>는 1890년에 지은 것으로 작천정이 창건되기 12년 전의 창작물이다. 이 글은 정몽주가 이곳에 머물던 2년 동안에 가끔 올랐던 반구대를 포은대라고

259) 기산(箕山)과 영수(潁水)는 중국 하남성(河南省)에 있는 산과 하천으로서, 소보(巢父)와 허유(許由)가 은거하던 곳이다. 요임금이 허유에게 왕위를 물려주려 하자 허유는 귀가 더러워졌다고 하여 이 강물에서 귀를 씻고, 소보는 허유가 귀를 씻은 더러운 물을 소에게도 먹일 수 없다고 하여 되돌아갔다는 곳이다.

도 부르고 있음을 감안하여, 그를 사모하는 마음에서 그 내력을 기록한 것이다. 그는 포은을 추모하는 이 지역 사림의 한시를 모아서 『모은대시집(慕隱臺詩集)』을 엮기도 하였다.

모은대(慕隱臺)와 작천정의 모습

어진 사람이 좋아하는 산과 지혜로운 사람이 좋아하는 물은 성인의 가르침이다. 산과 물의 형상을 보고 아마 어질고 지혜로운 사람을 생각할 수 있을 것이다. 언양에서 산과 물의 아름다움은 오직 반구대와 작괘천이 최고인데, 반구대에는 포은대가 있으니 문충공 정몽주 선생이 유배되어 있을 때 오르던 곳이다. 어진 명성과 의기의 장려함은 또한 산과 물 사이에서 상상할 수 있고, 그가 남긴 일이 영모비에 새겨져 있다. 이제 작괘천을 보면, 물과 돌의 기이함은 하늘이 쪼고 땅이 연마하였고, 쉬지 않는 공력으로 돌은 은하에 삐죽하다. 산은 구슬 같은 골짜기를 열어 물결이 부딪쳐서 웅덩이를 이루고, 걸린 듯한 물줄기는 마치 술잔과 같다. 거문고 같은 울림과 종 같은 소리, 얼음 같은 정기와 옥 같은 빛깔이 빛나서 아침놀을 이루고, 빛은 눈에 비친 달빛으로 뜬다. 기이한 돌과 큰 바위는 온갖 사물이 합한 듯하고, 웅장하고 깊고 굳어서 빛이 밝고도 깨끗하니, 상쾌하게 서 있고 가득히 얻을 수 있다. 산과 물은 어진 사람과 지혜로운 사람이 즐기게 되는 것이다.

그래서 반구대의 물과 바위를 생각하고, 선생의 풍류와 운치를 사모하여, 돌을 쌓아 돈대를 만들어 '모은'이라고 새기고 삼가 포은대에 남긴 아취를 기술하여 길이 사모하는 뜻을 좇아 느끼고자 한다.

선생을 존경하고 그리워하니 느낌이 아련한데
작괘천 가에는 반구대의 운치가 남아 있네.
산은 두르고 물은 살아 밝은 세계로 통하고
옥은 쪼고 얼음은 잠겨 긴 세월을 보내네.
더욱이 빼어난 지역의 풍광을 얻고
깊이 떳떳한 도리를 지킬 도의를 생각하네.
상상하건대 옛 돈대가 어디인지 알겠거니
아홉 굽이 반계(磻溪)[260]를 저녁연기가 둘러싸고 있으리.

敬慕先師感藹然 盤龜餘韻酌川邊
山環水活通明界 玉琢氷涵度永年
剩得風光名勝地 深思道義秉彞天
古臺想像知何處 九曲磻溪鎖暮煙

숭정(崇禎) 후 다섯 번째 경인년(고종 27년, 1890년) 삼월 삼짇날 연안 송찬규는 삼가 짓다.[261]

이 인용문은 <모은대기>의 전문이다. 산수가 아름다운 이곳에서 포은의 자취를 그리워하며 그를 본받아 떳떳한 도리를 지키려는를 담고 있다.

---

260) 반계(磻溪)는 반구대에서 아래쪽으로 흘러가는 시내의 이름이다. 송찬규는 이 시내의 아홉 굽이를 읊은 시 「반계구곡음(磻溪九曲吟)」을 남기고 있다.

261) 仁山智水 聖師之訓也 見山水之象 而庶可思仁智之人乎 彦陽山水之美 惟盤龜與酌掛爲最 盤龜有圃隱臺 文忠公鄭先生謫宰時 登臨之地也 仁聲義烈亦可想像於山水間 存銘其遺事於永慕碑 第見酌掛川 水石之奇 天琢地磨 不息之工 石出銀河 山開玉洞 觸波成泓 掛流如酌 琴韻鍾聲 氷精玉色 章成雲錦 光浮雪月 奇岩巨石 物象如合 雄深堅確 光明皎潔 爽然而立 充然而得 山乎水哉 仁智之樂因以思盤龜之泉石 慕先生之風韻 築石爲臺 銘之以慕隱 謹述圃隱臺遺雅 追感永慕之義 (한시 생략) 崇禎后五庚申 三月初三日 延安 宋璨奎謹撰(송찬규, <모은대기>. 이 글은 송찬규 편, 『모은대시집』(필사본)에도 실려 있다)

작괘천의 가장 널찍한 너럭바위 옆의 언덕에 기대어 선 작천정은, 1887년에 설립된 언양 선비들의 시계(詩稧)가 1895년에는 언양 현감 정긍조(鄭肯朝)의 주도로 시사(詩社)[262]로 개편되었으나 그 회합 장소를 구하지 못하다가 1898년에 최시명(崔時鳴)이 언양군수로 온 다음에 공사를 시행하여 1902년 7월에 완공되었다.[263] 현재의 작천정 건물은 1943년 겨울의 중수와 1955년의 중건, 1967년의 중수를 거쳐서 2005년에 다시 중건된 것이다.

작천정에는 현재 총 19수의 한시가 편액으로 걸려 있는데 시 1수가 하나의 편액으로 제작된 것도 있고, 시 2수나 3수가 하나의 편액으로 제작된 것도 있다. 글씨체도 해서·행서·초서가 섞여 있고, 편액의 색깔도 검은 것과 흰 것, 누런 것들이 섞여 있으며 시의 창작 시기도 1902년 정자 건립기, 1943년 중수기, 그 뒤의 시기에 제작된 것이 뒤섞여 있어서 이 편액들만 보더라도 작천정의 내력을 대충 짐작할 수 있다. 그 중 2수가 실린 편액을 하나 살펴보기로 하겠다.

술잔을 건 모양이 세상에 기이한데
바람을 따르고 달을 좇아 한 번 읊조림이 마땅하네.
물결 소리는 멀어졌다 가까워지거늘 찾아옴이 어찌 이리 늦었는가?
취한 경치가 막혔다가 통했다 하니 떠나감도 더디어지리.
흰 돌은 희고 흐르는 물은 흘러 정해진 날이 없고
맑고 소리 내는 것은 쉬는 때가 없네.
어떤 사람이 이곳에 이르러 기쁘게 서지 않으랴?
절벽 가득한 가을빛이 내 시 속으로 들어오네.
掛酌形容與世奇 隨風逐月一唫宜

262) 최시명(崔時鳴)이 1898년에 언양군수로 부임하여 정긍조(鄭肯朝) 현감이 하지 못한 사업을 부활하고 시사조직을 개편하니 회원이 134명에 달하였다고 한다. (『三南誌』, 三南面, 1998, 306면) 이를 통해서 보면, 작천정을 회합장소로 했던 언양시사의 규모가 적지 않았음을 짐작할 수 있다.

263) 작천정에 걸린 송옥(松屋) 오병선(吳昞善)의 <작천정기(酌川亭記)> 편액 참조.

波聲遠近來何晩 醉景逗通去亦遲
白白流流無定日 淸淸滮滮不休時
誰人到此非歡立 滿壁秋光入我詩

작천정 가에 작괘천이 기이한데
굽은 길에 돌아서 만나니 물 또한 마땅하네.
아침에 엷은 놀을 아껴 물가에 임함이 오래고
밤에는 초승달을 어여삐 여겨 창문을 닫는 게 더디네.
하늘 가득한 저녁 비는 갈매기 앞을 지나가고
양쪽 벼랑에 모래가 빛날 때는 기러기 내려앉네.
때와 진흙을 다 씻어버려 한 점의 허물이 없으니
구역에 넘치는 아름다움에 시를 얼마나 짓는가?
酌川亭畔酌川奇 路轉逢回亦水宜
朝愛澹霞臨渚久 夜憐新月掩窓遲
一天雨過鷗前夕 兩崖沙明鴈下時
滌盡滓泥無點累 溢區佳麗幾成詩

<작천정운(酌川亭韻)>이라는 제목의 이 시는, 앞의 작품은 작자가 취산(鷲山) 김구하(金九河, 1872～1965)이고 뒤의 것은 작가가 우강(于岡) 김봉오(金鳳梧)이다.

앞의 시는 신선세계 같은 이곳을 찾아온 것이 늦어졌음을 한탄하면서 일단 찾아오고 나니 다시 떠나고 싶지 않은 마음을 드러낸 다음, 변함없는 개울의 모습과 탈속한 자연 풍경을 한없이 기꺼워하며 벼랑에 가득한 가을풍경이 절로 시 속에 담기게 됨을 표현하고 있다. 뒤의 시는 작천정의 배경이 되는 작괘천의 기이한 모습과 이곳에서 견문하는 물과 아침 놀, 밤중의 달, 저녁 비, 모래벌이 모두 즐길 수 있는 풍광임을 지적하고, 한 점의 더러움도 없는 이곳의 온갖 사물이 모두 시의 제재이므로 시를 마음껏 지을 수 있다고 하고 있다.

이 편액은 하나의 널빤지에 시 2수를 나란히 새기고 끝부분에는 작은 글씨로 "우강 사백(詞伯)과 함께 수십 년 동안 맑은 물과 같은 사귐을 맺었는데 황천의 나그네가 된 지 또한 오래 되었다. 시를 읊조리던 정자가 있기에 작천정의 한 모퉁이에 함께 새기게 되었다. 을미년(1955년) 늦가을에 취산이 지은 것인데 나도 이때에는 나이 많은 늙은이가 되어 버렸다.(與于岡詞伯 數十年澹水之交 黃泉之客亦久 因唫詩亭在 故仝刻付于川亭一隅也 乙未晩秋 鷲山題 余亦時年老耋也)"라는 취산의 설명을 함께 새겨 놓았다. 이 설명에 의하면 김봉오의 시는 김구하의 시보다 훨씬 이전에 쓴 것이고 김구하의 시는 1955년에 쓴 것이지만 두 사람의 우의를 기리기 위해 같은 편액에 나란히 판각하여 걸었음을 알 수 있다. 김구하는 양산 통도사(通度寺)의 주지를 오랫동안 지낸 승려이었던바 그의 시에는 속세를 벗어난 듯 쇄락(灑落)한 시상이 담겨 있고, 김봉오의 시도 탈속(脫俗)하여 현실을 벗어난 삽상한 시상을 전개하고 있다.

3. 대곡천과 백련정, 반구대, 집청정, 관서정 제영

대곡천(大谷川)은 울주군 두서면의 백운산 탑골샘에서 발원하여 두동면 천전리, 언양읍 대곡리와 사연댐을 거쳐 범서읍 사연리에서 태화강의 본류와 합치는 물줄기이다. 이 주변에는 청동기 시대의 유적인 천전리 각석과 대곡리 암각화뿐 아니라 정몽주의 흔적이 어려 있는 반구대와 같은 천연의 명승이 펼쳐져 있다. 게다가 이 유역에는 18세기에 건립된 백련정, 집청정, 관서정과 20세기에 들어와서 세워진 송천정, 모은정, 수경정 등의 정자가 남아 있기도 하다.

1) 백련정 제영

백련정의 앞 모습

백련정(白蓮亭, 漱玉亭)은 도와(陶窩) 최남복(崔南復, 1759~1814)이 1784년(정조 8년) 울주군 두동면 천전리 방리(芳里, 잠방골)의 대곡천가 백련암(白蓮庵) 터에 건립한 서사(書舍)를 겸한 정자였다. 이 일대는 연꽃처럼 희고 아름다운 기암괴석에 둘러싸고 있어서 경관이 매우 빼어난 곳이었다. 2001년에 대곡댐의 건설로 이 정자는 헐려서 두동면 봉계리 산 중턱의 초락당이라는 한의원 내로 옮겨져서 현재는 아름다운 계곡과 어우러졌던 본래의 모습을 찾아볼 수 없으나 정자의 모습만은 확인할 수 있다. 도와는 그곳에 거주하면서 그 주변의 아름다운 경치를 주자(朱子)의 무이구곡(武夷九曲)에 비겨 백련구곡(白蓮九曲)이라고 부르고, 1808년 가을 칠월 열엿샛날에는 뱃놀이를 하면서 아홉 굽이의 아름다운 경승과 그 풍류를 노래한 「백련구곡도가(白蓮九曲櫂歌)」를 짓기도 하였다.

<수옥정을 낙성하다(漱玉亭落成)>(『도와집(陶窩集)』 권1)

아홉 굽이가 깊고 깊은데 한 가닥 길이 휘감아 돌고
안개와 놀이 많은 이곳이 바로 정자라네.
가랑비에 구름 낀 병풍바위는 참모습을 드러내고
하늘을 적시는 거울 같은 물은 정면을 열었네.
늘그막에 기이한 곳에 의탁하여 옛 자취를 생각하고
처음부터 담박한 듯하여 그윽한 회포가 기껍네.
한가로이 노닐다가 장수(藏修)하는 뜻을 저버릴까 두려우니
홀로 아름다운 구슬을 품고 세월의 빠름을 느끼네.

九曲深深一逕回 烟霞多處是亭臺
雲屛細雨眞容出 水鏡涵天正面開
晩托瓌奇思晦跡 初如淡泊愜幽懷
優遊恐負藏修志 獨抱瑤徽感歲催

최남복의 이 시는 정자를 낙성하는 날의 느낌과 각오를 담은 작품이다. 수련(首聯)은 새로 세운 정자의 위치를 설명한 부분으로, 정자가 아홉 굽이의 계곡이 펼쳐진 곳에 한 줄기 길이 있으며 안개와 놀이 늘 떠나지 않는 곳 즉 세속로부터 분리된 깊은 산속에 자리 잡고 있음을 나타내고 있다. 함련(頷聯)은 정자 앞의 경관을 그린 부분으로 가랑비가 오면 병풍바위가 참모습을 드러내고 하늘을 거울처럼 비추어 주는 백련담(白蓮潭)의 깨끗한 모습을 보여주고 있다. 경련(頸聯)은 정자를 지은 의도를 되새긴 부분으로 늘그막에 이런 기이한 곳에 자리를 잡은 만큼 옛 성현의 발자취를 생각하고 그것을 본받으려하니 처음부터 담박하게 느껴짐으로써 그윽한 생각에서 오는 기꺼움을 표현하고 있다. 미련(尾聯)은 앞으로 혹시 나태해질지 모르는 자신을 경계하는 부분으로 자연의 한정에 빠져서 혹여 장수(藏修)의 뜻을 저버리게 될까 저어하는 마음을 드러냄과 동시에 세월은 유수와 같으므로 스스로 매진해야 함을 강조하고

있다. 결론적으로 화자는 자기의 의도대로 이 정자를 장수지소(藏修之所)로 활용하겠다는 의지를 다지고 있다.

<백련정에서 원시에 차운하다(白蓮亭 次原韻)>(백련정에 걸린 편액)
반구대 서쪽 아래로 몇 산봉우리가 돌아드는데
천년 동안 아끼던 비경(秘境) 속에 또 이 누대가 서 있네.
서리 기운이 처음 이르니 붉은 누대가 얕아지고
기러기 소리가 멀리 떨어지니 푸른 산이 열리네.
육근(六根)[264]이 맑고 깨끗해지니 바람이 겨드랑이에서 일어나고
찼다가 이지러지는 이치를 지닌 달은 품속에 들어오네.
눈에 보이는 것 외에도 절로 한가로운 세계가 많거늘
사군(使君)은 부석(鳧舃)[265]을 재촉할 필요가 없네.
盤龜西下數峰回 慳秘千年又此臺
霜氣初來紅樓淺 鴈聲遙落碧山開
六根淸淨風生腋 於理盈虛月入懷
像外自多閒世界 使君鳧舃不須催

이 시는 경주부윤 윤치겸(尹致謙, 1772～?)이 1835년에 지은 작품이다. 백련정은 반구대의 서쪽으로 몇 개의 산봉우리를 돌아 들어간 비경 속에 위치하고 있는데, 가을이 되어 서리가 처음 내리니 붉은 단풍 속에 누대가 야트막하게 보이고, 기러기 울음소리가 멀

---

264) 육근청정(六根淸淨)은 불교에서 진리를 깨달아 물욕이 없어져서 육근[六根, 사람을 미혹하게 하는 여섯 가지 근원, 즉 안(眼)·이(耳)·비(鼻)·설(舌)·신(身)·의(意)]이 깨끗하게 되는 것이다.

265) 부석(鳧舃)은 오리의 신발로 수령의 이칭이다. 후한의 왕교(王僑)는 현종 때 섭령(葉令)이 되었는데, 그에게는 신술(神術)이 있어서 매달 삭망(朔望)에 대(臺)에 나와 조회하였다. 황제는 그가 자주 오는데도 수레가 보이지 않는 것을 이상하게 여겨 태사를 시켜 몰래 엿보게 하였더니, 태사가 살피고 와서 말하기를 "왕교가 올 때는 오리 두 마리가 동남쪽에서 날아옵니다."라고 하였다. 그래서 오리가 오는 것을 보고 그물을 펴서 잡았더니 신발 한 짝이 있을 뿐이었다. 상방(尙方)에 명하여 자세히 살펴보게 하니 전에 상서원의 관속들에게 하사한 신발이었다고 한다.(『후한서』「방술전(方術傳)」)

리 떨어져 내리니 푸른 산이 열림을 지적하고 있다. 또 이곳에서는 육근(六根)이 맑고 깨끗해져서 신선인 양 겨드랑이에서 바람이 일어나고, 일정하게 차고 이지러짐을 지키는 달은 환하게 품속을 비춘다고 표현하고 있다. 이러한 세계는 눈에 보이는 것 외에도 저절로 한가로움이 넘쳐나므로 굳이 관아로 돌아가는 행차를 재촉할 필요 없이 자연을 느긋하게 완상해도 됨을 지적하고 있다. 미련(尾聯)에 나오는 부석(鳧舃)은 오리의 신발로 고을 수령의 이칭이기 때문이다. 따라서 이 시는, 백련정 계곡은 일단 한 번 들어오게 되면 떠나고 싶은 마음이 생기지 않는 선경 같은 곳임을 강조하고 있는 작품이라고 하겠다.

2) 반구대와 집청정 제영[266)]

반구대(盤龜臺)는 울주군 언양읍 대곡리에 위치하고 있는 거북 모양의 커다란 석대(石臺)이다. 이 대의 뒤쪽에는 높이 265m의 연고산(蓮皐山, 盤龜山)이 거북 몸통의 형상을 이루고 있고 그 몸통에서 앞으로 쭉 내민 목과 머리 모양의 세 층으로 된 큼직한 바위 덩어리가 물 위에 떠 있는 모양이 '엎드리고 있는 거북(盤龜)'처럼 보이는 절승이다. 이곳은 빼어난 산수 경승 때문에 수백 년 전부터 시인묵객의 상영(觴詠) 장소로 각광 받아 온 명소였다.

집청정(集淸亭)은 경주 최씨 집안의 운암(雲庵 또는 雲岩) 최신기(崔信基, 1673~1737)가 숙종 39년(1713년)에 창건한 것이다. 포은이 유배기간 중에 한 번 거쳐 간 뒤에 이름이 알려진 반구대(일명 포은대)가 천년이 지나도록 깊이 감추어진 것을 애석히 여겨 반구대의

266) 반구대와 집청정을 다룬 한시 세계에 대해서는 필자의 「정자와 원림을 통한 문학적 교유와 소통 —울산 소재 집청정의 경우를 예로 하여—」(『한국한문학연구』 41집, 한국한문학회, 2008.6)과 「『집청정시집』 연구」(『한국한시연구』 16집, 한국한시학회, 2008.10) 참조.

북쪽 언덕에 별업(別業)과 강마(講磨) 장소로 쓰기 위해 세운 것으로, 현재의 건물은 1932년에 중건한 것이다.

이곳에 전해지는 『집청정시집(集淸亭詩集)』(필사본)에는 정자가 세워지기 전에 언양에 유배되어 반구대에 올라와서 시를 지은 권해(權瑎, 1639～1704)의 작품으로부터 19세기 말엽에 이르기까지 집청정을 찾아왔던 시인 260명 내외의 한시 406수가 수록되어 있어서, 정자가 건립되기 이전부터 반구대와 집청정에서 이루어진 문학적 성과가 집록되어 있다. 이 시집에 실린 작품의 내용은 크게 ㉠무릉도원(武陵桃源)의 별천지(別天地), ㉡난가기(爛柯碁)의 선계(仙界), ㉢활화(活畵)·화중천(畵中天)의 승구(勝區), ㉣유상곡수(流觴曲水)의 풍류(風流)[267]라는 네 범주(範疇)로 정리할 수 있다.

㉠무릉도원(武陵桃源)의 별천지(別天地)

무릉도원은 주지하다시피 도연명(陶淵明)의 「도화원기(桃花源記)」에 나오는 별천지이다. 즉 진(晉)나라 때 중국 호남성 무릉의 한 어부[268]가 배를 저어 복사꽃이 아름답게 핀 수원지로 올라가서 굴속에서 진나라 때 난리를 피하여 온 사람들의 후손을 만났더니 그들은 바깥세상의 변천과 세월의 경과를 모르고 있었다고 한다.

<다시 다른 운자를 써서 주인에게 주다(更以別韻贈主人)>(『집청정시집』)
구름과 놀이 만 겹의 문을 잠그는데
항아리 속[269]의 건곤(乾坤)은 세상의 시끄러움을 끊어 버리네.

267) 여기에 대해서는 위의 논문, 「『집청정시집』 연구」 참조.

268) 도잠(陶潛)의 「도화원기」에는 어부의 이름이 나오지 않지만 장덕경(蔣德璟)은 「제도원색은책육칙(題桃源索隱冊六則)」에서 그 어부의 이름을 황도진(黃道眞)이라고 밝혀 놓았다.

269) 호중천(壺中天)은 신선 호공(壺公)의 고사에서 나온 말로 별천지·별세계·선경 등의 뜻으로 사용된다. 호공은 후한 때의 사람으로 여남(汝南)의 저자에서 약

이상한 자취는 돌에 신선의 바둑판으로 남아 있고
기이한 형상은 바위에 조물주의 흔적을 띠고 있네.
층진 대(臺)는 절로 하늘과 인간과 땅이 되고
늘어선 산봉우리는 나뉘어져서 조부와 자식과 손자가 되네.
집에 엎드려 있는 신령스러운 거북에게 물어보나니
품평이 무릉도원과 어떠한가?
雲霞牢鎖萬重門 壺裡乾坤絶世喧
異跡石留仙客局 奇形岩帶化兒痕
層臺自作天人地 列峀分成祖子孫
借問神龜盤屈宅 品題爭似武陵源

이 시는 권부(權孚, 1662년~?)가 동래부사로 재직하던 시기(1727년 12월~1729년 10월)의 어느 날 집청정을 찾아와서 지은 작품인데, 세상과 격리된 아름다운 산수와 다양한 자연물이 무릉도원에 비겨서도 결코 뒤지지 않을 것이라는 생각을 담고 있다. 이처럼 반구대 일대는 세상의 변화와 관련 없이 자연의 운행 질서에 따라 살아가는 별천지로 인식되기도 하였다.

㉡난가기(爛柯碁)의 선계(仙界)

'신선놀음에 도끼자루 썩는 줄 모른다.'고 하는 속담의 근원이 되는 것이 곧 '난가기'의 고사이다. 중국 절강성 구주의 석실산(石室山, 爛柯山·石橋山)을 배경으로 한 고사는 대략 다음과 같다. 즉 진(晉)나라 때 신안군의 석실산으로 왕질(王質)이라는 사람이 나무를 베러 갔다가 동자 몇 사람이 바둑을 두면서 노래를 부르는 것을 보고 그것을 듣고 있었다. 한 동자가 그에게 대추씨처럼 생긴 것을 주기에 삼켰더니 그는 배고픔을 느끼지 못하였다. 이윽고 동자가

을 팔았는데 늘 항아리 하나를 지붕 위에 걸어 두고 저자가 파하면 뛰어서 그 항아리 속으로 들어갔다고 한다.

‘왜 가지 않느냐?’고 하기에 그가 일어나서 보니 도끼자루가 다 썩어 버렸다. 집으로 돌아오니 그곳에는 자기와 같은 시대의 사람이 없었다고 한다.[270] 이런 생각이 시 속에 담기게 된 까닭은, 지금은 집청정 앞 계곡의 무너진 축대를 보수하는 과정에서 묻혀 버리고 말았지만 집청정과 반구대 사이의 언덕배기에는 윗면에 바둑판이 새겨진 바위가 하나 있었기 때문이다.

<권부학의 시에 차운하다(次權副學韻)>(『집청정시집』)
머나먼 곳에 영기(靈奇)함이 숨어 있음을 누가 알리요?
놀리기를 좋아하는 천공(天公)은 돌을 거북으로 변화시켰네.
환골(換骨)한 고표(高標)는 약 달이는 부엌에 숨지만
도끼자루를 썩게 한 유적(遺跡)에는 신선의 바둑판이 벌려 있네.
한가로운 정취는 엄자릉(嚴子陵)이 낚싯대를 드리운 곳인 듯하고
그윽한 취향은 도잠(陶潛)이 국화를 심은 때와 같네.
골짜기에 가득한 풍연(風煙)으로 정흥(情興)이 움직이니
비낀 햇살 속에 사객(詞客)은 일부러 머뭇거리네.
誰知海外秘靈奇　多戲天公幻石龜
換骨高標藏藥竈　爛柯遺跡列仙碁
閑情嚴子垂竿處　幽趣陶潛種菊時
一壑風烟淸興發　斜陽詞客故遲遲

한경(韓烱, 생몰년 미상)의 이 시는 권해의 시에 차운한 것이다. 이 시에는 난가기의 고사뿐 아니라 거북처럼 생긴 바위, 부춘산(富春山)에 은거하면서 칠리탄(七里灘)에서 고기를 잡던 후한의 엄광(嚴光), 국화를 심고 은거하였던 진의 도잠(陶潛) 등의 일화와 고사를 함께 끌어들여서 이곳이 은거하기에 좋은 곳일 뿐 아니라 정흥(情興)이 일어나는 곳이어서 해가 지는 때가 되어도 떠나고 싶지 않은

270) 임방(任昉), 『술이기(述異記)』 참조.

선경(仙境)임을 그려내고 있다. 이러한 정황을 형상화하는 데 중요한 제재의 하나가 바위에 새겨져 있던 바둑판임은 물론이다.

ⓒ활화(活畵)·화중천(畵中天)의 승구(勝區)

활화(活畵)란 살아 있는 그림이라는 뜻으로 반구대와 집청정의 경치가 너무 빼어나서 마치 살아 있는 그림과 같다는 것이고, 화중천(畵中天)이란 그림 속의 천지라는 뜻으로 이곳의 경관이 현실이 아닌 그림 속에나 존재할 만큼 아름다운 곳이라는 인식의 표현이다.

<또 지어서 주인에게 주다(又賦贈主人)>(『집청정시집』)
외모가 헌칠한 한 장부가[271]
홀로 청한(淸閑)한 복을 독차지하고 신선의 땅에 누워 있네.
물결이 방아 찧는 돌확은 구슬을 튕기고
비가 씻어 준 바위 병풍은 그림을 펼치고 있네.
금리(錦里)[272]에는 평생에 토란과 밤이 넉넉하고[273]
대숲에는 한가한 취향에 술과 거문고가 갖추어 있네.
뒷날 방공(龐公)처럼 은거하게 되면[274]
연화산(蓮華山)의 절반을 나누어 주실는지요?
符彩酋酋一丈夫 獨專淸福臥仙區

---

271) 이 구절은 두목(杜牧)의 오언고시 <낙양에서 동쪽으로 놀러가는 기처사를 전송하다(洛中送冀處士東遊)>의 “단우(壇宇)는 넓어서 안온하고, 외모는 높아서 우뚝하네.(壇宇寬帖帖 符彩高酋酋)”라는 연을 변용한 것이다.

272) 금리(錦里)는 금관성(錦官城)으로 두보(杜甫)가 살던 곳이다.

273) 이 구절은 두보(杜甫)의 율시 <남쪽 이웃(南隣)>의 “오각건을 쓴 금리선생이, 뜰에서 토란과 밤을 거두니 아주 가난한 것은 아니네.(錦里先生烏角巾 園收芋栗不全貧)”라는 연을 축약한 것이다.

274) 방공은(龐公隱)은 두보의 시 <종손 숭간에게 부치다(寄從孫崇簡)>의 “방공이 은거할 때에 온 집이 다갔는데, 무릉의 봄 숲에서 다른 사람에게 길을 잃게 하였네.(龐公隱時盡室去 武陵春樹他人迷)”라는 대목에 나오는 인물이다. 『구가집주두시(九家集注杜詩)』 권13에 실린 주석에서 “방공은 양양사람으로 현산에 살았는데 (중략) 뒤에 처자를 데리고 녹문산에 들어가서 약을 캐면서 돌아오지 않았다.”라고 하였다.

波春石臼揚珠玉 雨洗岩屛展畵圖
錦里生涯芋栗足 竹林閑趣酒琴俱
他時擬作龐公隱 能許華山一半無

이태제(李台齊, 생몰년 미상)의 이 시는 당(唐)나라의 시인 두목(杜牧)과 두보(杜甫)의 시 구절을 변용하여 집청정 주인의 삶을 묘사한 작품이다. 그림 같이 아름다운 풍광 속에 자리 잡은 정자의 주인은 헌칠한 장부로서 산에서 나오는 물산이 넉넉할 뿐 아니라 술과 거문고까지 갖추어 한가로운 삶을 영위한다고 하였다. 그것을 부러워하는 시적 화자가 이곳에 숨어 살겠다고 하면 주인은 마을의 뒷산인 연화산에 살 만한 땅을 나누어 줄 의사가 있는지 묻고 있다.

㉣유상곡수(流觴曲水)의 풍류(風流)

집청정 앞 반구대 주변의 계곡은 바위로 이루어진 벼랑에다가 맑은 물이 흐르는 곳이어서 시인묵객이 술을 마시며 즐기기에 적합한 곳이다. 그래서 이곳은 동양에서 풍류의 극치라고 일컫던 유상곡수(流觴曲水) 즉 흐르는 물에 술잔을 띄우는 놀이를 할 수 있는 장소로 인식되었다. 이 놀이는 영화(永和) 9년(354년) 삼월 삼짇날에 중국 절강성 소흥현 회계산(會稽山) 북쪽의 난정(蘭亭)에서 왕희지(王羲之)를 비롯한 당대의 명사 42명이 모여 계사(禊事)를 행하고 나서 벌인 풍류놀이를 일컫는 것이다.

돌은 천축(天竺)의 명승을 독차지하고
사람은 회계(會稽)의 놀이를 계승하네.
이루어진 시구를 살펴보시게나.
반구대에는 학도 머문다고 하니.
石專天竺勝 人續會稽遊
請看詩成語 盤龜鶴亦留

경상좌병영의 절도사 최진한(崔鎭漢, 생몰년 미상)의 이 시는 회계에서 행하였던 유상곡수의 풍류를 계승할 만한 곳일 뿐더러 주변에는 신선의 화신(化身)인 학도 머물고 있으므로 속인은 찾아오기 어려운 선계임을 강조하고 있다.

3) 관서정 제영

관서정(觀逝亭)의 현재 모습

관서정(觀逝亭)은 울산의 선비 김경(金慜, 1683~1747)이 울주군 범서읍의 곡연(曲淵) 마을에 건립한 정자이다. 1965년 사연댐을 건설하면서 정자 앞으로 흐르는 물줄기를 막아 버려서 지금은 정자 앞에 마른 시내가 자리하고 있을 뿐이지만, 울산부사 권상일(權相一, 1679~1759)이 재직시기(1735~1738년)에 자주 찾을 정도로 풍광과 정자가 잘 어우러진 곳이었다. 정자 이름인 '관서(觀逝)'는 일찍이 공자(孔子)가 시냇가에서 말한 "가는 것은 이와 같아서 낮밤으로 쉬지 않는구나.(子在川上曰 逝者如斯夫 不舍晝夜,『論語』「子罕」)"라고 한 대목에서 따 온 것으로, 이 말은 흘러가는 물에서 만물(萬物)의 전변(轉變)이 계속된다는 도체(道體)의 근본을 지적하고 있다.

권상일의 <관서정. 이의환의 시에 차운하다(右觀逝亭李君宜晥韻)> 시에 대해서는 이미 살핀 바 있으므로[275] 여기에서는 그 시를 제외하고, 이양오(李養吾, 1737～1811)의 작품을 살펴보기로 하겠다.

<관서정에서 차운하다(次觀逝亭韻)>(『반계집(磻溪集)』 권2)
물가에 닿은 정자가 있어서 지극히 정밀(精密)한데
하늘의 조화와 사람의 일이 합하여 명칭이 되었네.
원천이 되는 샘물이 산 아래에서 나옴을 앉아서 보고
지극한 이치가 그 가운데에서 생겨남을 따라서 아네.
떠난 곳은 그득하고 기운차서 멈추고 쉼이 없고
앞길은 넓고 아득하지만 제한된 길에 이르게 되리.
가는 것은 이와 같지만 살핌에는 방법이 있거늘
이 늙은이는 한가로운 정취를 아끼는 것만이 아니네.
有亭臨水極其精 天造人工合作名
坐見源泉山下出 從知至理箇中生
滔滔去處无休息 浩浩前頭達限程
逝者如斯觀有術 此翁非啻愛閒情

이양오의 이 시도 권상일의 작품과 마찬가지로 관서정의 모습과 정자의 이름에 담긴 뜻을 되새기고 있다. 물가의 정자가 지극히 정밀한데 이것은 하늘의 조화와 사람의 일이 합쳐서 이루어진 것이라고 하여 지극히 아름다운 경치 속에 정자가 위치하고 있음을 밝힌 다음, 끊임없이 흘러오는 산 아래의 물을 보면서 물이 지닌 이치가 그 속에서 생겨난다고 하고 있다. 그러나 저 그득하고 기운차서 끊임없을 것만 같은 물이지만 결국 바다에 이르러 그 길을 마치

275) 여기에 대해서는 이 책, 96～98면 참조.

게 될 것이라고 하면서, 이와 같이 흘러가는 물은 바라보는 방법이 있으므로 그 방법에 따른다면 결국 이 정자를 지은 사람은 그 한가로운 정취를 아끼기 위한 것만이 아닌 다른 목적이 함께 있었을 것으로 짐작하고 있다.

그렇다면 또 다른 목적은 무엇일 것인가? 그것은 바로 정자 이름인 '관서'라는 단어에서 오는 도(道)의 본질에 대한 성찰을 의미한다고 하겠다. 그것은 바로 이 시에서 말한 물을 바라보는 방법을 살펴보는 데서 그 실체를 찾을 수 있겠으니 특히 맹자(孟子)의 다음 언급에 주목할 필요가 있다.

> 물을 보는데도 방법이 있으니 반드시 여울을 보아야 하고, 해와 달은 빛이 있어서 빛이 용납되면 반드시 비추느니라. 흐르는 물은 사물의 성질이 웅덩이가 차지 않으면 나아가지 않나니, 군자가 도(道)에 뜻을 두되 아름답게 이루지 않으면 나아가지 못하니라.276)

이 인용문에 의하면 군자는 필요한 곳에는 언제나 빛을 비추어 주는 해와 달처럼, 지나가는 길에 채워야 할 웅덩이가 있으면 반드시 채우고 나서 앞으로 나아가는 물처럼 정해진 자신의 목표에 도달하기 위해 노력하는 과정에서는 주변의 아무리 사소하고 귀찮은 일이라 하더라도 그것을 아름답게 처리한 뒤에 다음 단계로 나아가야 한다는 공부의 과정을 밟아야 하는 것이다. 이 말처럼 이 정자의 주인은 자기가 애호하는 자연의 한정만을 위한 것이 아니라 스스로의 공부에 부단한 자극을 받고, 또 그 노력을 게을리 하지 않기 위하여 이 정자를 지었을 것이라고 생각하고 있다. 이렇게 볼 때, '관서'이라는 이름은 반드시 이 정자의 이름에만 한정될 것이

276) 觀水有術 必觀其瀾 日月有明 容光必照焉 流水之爲物也 不盈科不行 君子之志於道也 不成章不達.(『孟子』,「盡心」)

아니라 흐르는 물이 있는 곳이면 어디에 위치하더라도 충분히 존재의미를 가질 수 있는 것이다.

4. 태화강 본류와 선바위, 백룡담, 황룡연, 태화루, 구강서원 제영

태화강은 대곡천이 합류하는 울주군 범서읍 사연리를 거치면 물줄기가 평지를 흐르게 되어 강폭은 넓어지고 물줄기도 완만해진다. 예전에는 유역의 곳곳에 많은 명소와 누정이 있었으나 지금은 그 흔적을 찾기 어려운 곳이 많다. 내오산의 강변에 있던 만회정(晩悔亭), 태화루 건너편에 있던 아름다운 언덕 장춘오(藏春塢), 태화루 주변에 있던 평원각(平遠閣), 지금의 울산시 남구 삼산동에 소재하던 외오산(外鰲山, 三山)과 벽파정(碧波亭)은 이제 흔적도 찾기 어려운 상태이고, 임진왜란 이후 현판만 이리저리 옮겨 다니던 태화루는 현재 복원을 추진하고 있다. 지금까지 남아 있는 정자나 건물도 원래의 주변 환경과 건물을 제대로 유지하고 있지 못한 경우도 있으니, 울산의 유일한 사액서원(賜額書院)이었던 구강서원은 대원군 때 훼철된 이후 원래의 자리가 아닌 산중턱으로 옮겨서 중건되어 있다.

1) 선바위와 백룡담 제영

울주군 범서읍 입암리의 태화강 물속에 촛대처럼 우뚝 솟은 거대한 바위가 바로 선바위(立巖)이다. 이 바위의 기이한 모양 때문에 예로부터 이것은 울산의 명물이었을 뿐 아니라 또 이 주변의 깊

선바위(立巖)와 백룡담(白龍潭), 벼랑 위의 정자가 용암정(龍巖亭)이다

은 물인 백룡담(白龍潭)에는 백룡이 산다고 믿어서, 태화강 줄기 가운데서는 태화루 앞의 깊은 물인 황룡연(黃龍淵)과 함께 가뭄이 들면 기우제(祈雨祭)를 지내던 영험한 곳이기도 하다. 선바위 옆 강가의 벼랑 위에는 1797년(정조 20년) 경에 부사(府使) 이정인(李廷仁, 1734~?)이 세운 입암정(立巖亭)이 있었으나 없어지고, 지금은 입암정 자리에 1940년에 학성 이씨 문중에서 진사 이원담(李元聃, 1683~1762)을 추모하기 위해 세운 용암정(龍巖亭)이 자리하고 있다.

<팔월 보름날 절도사를 모시고 선바위에서 놀다(八月十五日 陪節度使遊立巖)>(『점필재집(佔畢齋集』)

쇠를 깎은 듯 열 길이 넘는 기이한 바위가
못 가운데 거꾸로 꽂혔으니 그림도 그것만은 못하리.
저녁연기가 펴져 바위 층이 반쯤 드러나는데
날아오른 들오리가 고기를 물려고 내려오네.

奇巖削鐵十尋餘 倒揷潭心畵不如
日暮煙橫層半露 駕鵝飛上落銜魚

이 시는 김종직(金宗直, 1431~1492)이 1464년(세조 10년)부터 1466년까지 경상좌도 병마평사(慶尙左道兵馬評事)로 울산 병영에서 재임하던 시기에 절도사를 모시고 와서 이곳에서 지은 작품 중 한 수이다. 이 시는 쇠를 깎은 듯한 열 길이 넘는 기이한 바위가 물속에 거꾸로 꽂혀 있는 모양이 그림보다 아름다움을 말한 다음, 저녁 무렵에 밥 짓는 연기가 깔려서 높다란 바위의 층이 반쯤만 드러나는 속에 물고기를 잡아먹으려고 내려오는 들오리의 생동감 있는 모습을 그려내고 있다. 요사이도 가끔 볼 수 있는 물새의 물고기 사냥 모습을 선바위와 백룡담을 배경으로 선명하게 묘사해 내고 있다.

<입암정 시에 차운하다(次立巖韻)>(『죽오집(竹塢遺集)』)
돌 어르신(石丈)은 천겁(千劫)의 세월 속에 높다란데
바람이 갈고 물결이 갉을수록 몸통은 더욱 굳어지네.
높은 누각이 아래로 굽어볼 뿐 땅은 많지 않은데
한 줄기 물에 잠겨서 소통하니 하늘이 조그맣게 남아 있네.
옮겨 온 봉래도(蓬萊島)는 서릿발 같은 뼈대가 솟아 있고
안온한 금화산(金華山)에서는 하얀 양이 잠을 자네.
머뭇거리며 열 걸음을 걷는 동안에 자주 머리를 돌리는데
안타까운 이별에 말이 앞으로 나아가지 않은들 무슨 상관이 있으랴?
石丈巖巖千劫年 風磨浪齧體愈堅
危樓下瞰無多地 一水潛通有小天
蓬島移來霜骨聳 金華安穩白羊眠
遲回十步頻回首 惜別何妨馬不前

이근오(李覲吾, 1760~1834)의 이 시는 선바위 주변의 아름다운 경치를 두고 떠나기 싫어서 머뭇거리는 모습을 그려낸 작품이다. 먼

저 오랜 세월의 풍상을 묵묵히 견뎌 온 선바위를 '돌 어르신(石丈)'이라고 지칭하고 있다. 풍랑에 시달릴수록 더욱 굳어지게 된 바위에 주의를 기울이면서 주변의 누각과 물, 돌로 된 벼랑과 주위에 펼쳐진 야산에 정신이 팔려서 있다 보니 돌아갈 시각이 되었어도 그곳을 떠나기 싫어서 자꾸 머뭇거리는 마음을 드러내고 있다.

이 시에서 말하는 '돌 어르신'은 중국 송나라의 뛰어난 서예가이자 화가였던 미불(米芾)이 돌을 매우 좋아하여 기이한 것을 만나면 조복(朝服)을 차려 입고 예를 표하면서 높여서 부른 이름이었다. 따라서 이 단어는 미불이 이곳에 와서 선바위를 목격했다면 응당 이렇게 불렀으리라는 것을 가정하여 붙인 말이다. 또 금화산(金華山)은 중국 진(晉)나라 때 도를 닦아서 신선이 된 적송자(赤松子)의 고사가 전해지는 곳인데[277] 여기에서는 선바위 주변이 탈속한 공간으로 선계에 가까운 곳임을 드러내고자 한 표현이다.

2) 황룡연과 태화루 제영

태화루(太和樓)는 원래 신라의 승려 자장(慈藏)이 울산에 창건한 태화사(太和寺)의 종루(鐘樓)였다고 한다. 그러다가 절은 없어지고 태화강의 황룡연 옆 벼랑 위에 있던 누각을 여러 차례 중수하였으나 임진왜란 때 화재로 소실된 이후 지금까지 그 이름만 전해지고

---

277) 이 이야기는 『신선전(神仙傳)』에 전하는 것으로 그 내용을 요약하면 다음과 같다. 옛날 황초평[黃初平, 신선 적송자(赤松子)의 원래 이름]이 양을 치다가 도사를 따라 금화산의 석실에 들어가 40여 년 동안 도술을 닦으면서 집을 생각하지 않았다. 그의 형 초기(初起)가 여러 해 동안 동생을 찾다가 하루는 시장에서 도사를 만났더니 초평이 금화산에서 양을 치고 있다고 하였다. 그래서 찾아가 보고는 초평에게 네가 기르고 있는 양이 어디 있느냐고 묻자, 초평은 가까이 산의 동쪽에 있다고 하였다. 초기가 가서 보았으나 양은 보이지 않고 다만 흰 돌만 있을 뿐이어서, 돌아와 양이 없다고 하니 초평은 '양이 있는데 형이 못 보았을 뿐입니다.' 하고는 같이 가서 돌에게 '양은 일어나라' 하자 흰 돌이 모두 일어나 수만 마리의 양으로 변했다 한다.

있다. 원래는 사찰에 부속된 누각이었으나 유교가 국가의 기본이념으로 채택된 조선시대에는 관민(官民)이 함께 즐길 수 있는 공간으로 그 성격이 바뀌었다가, 다시 그 자리에 이 누각이 복원된다고 하니 이제는 시민이 여유를 즐기는 새로운 공간으로 거듭 태어날 것을 기대해 본다.

여기에서는 지금은 실체를 확인할 수 없기에 태화루 앞 가장 깊은 물로서 용이 서식하였다고 하는 황룡연에 얽힌 설화 한 자루와 태화루를 읊은 시 한 수만 살펴보기로 하겠다.

> 옛날에 어떤 현달한 관리가 일찍이 태화루에서 잔치를 베풀고 풍악을 울리고 술잔을 돌리는데 은 술잔이 갑자기 황룡연 속으로 빨려 들어갔다. 어부 중에 물에 능한 사람을 시켜 물 바닥에 들어가서 술잔을 찾도록 하였다. 오랜 시간이 지나도 나오지 않으므로 모두 죽었다고 생각하였다. 3일이 지난 뒤에 그 사람이 은 술잔을 가지고 나와서 "못 속에 석굴이 있기에 그 입구로 들어갔지요. 북쪽으로 1리쯤 가니 큰 궁전이 있습디다. 주인 노릇하는 사람이 높은 자리에 앉았는데 거동과 호위가 매우 흥성한데, '내가 사는 곳 위쪽에서 세상 사람들이 늘 시끄럽게 굴어서 내가 매우 싫어하노라. 술잔을 빼앗아서 경계하는 뜻을 보였으니 너는 마땅히 돌아가서 알려야 한다.'고 하였습니다."라고 하였다. 어부는 또 말하기를 굴의 깊이는 거리가 백양사에 이를 정도인데 그 북쪽은 절의 북쪽에 있는 순채(蓴菜) 못과 통하는 듯하다고 하였다. 강가에 사는 사람이 또 보았더니 간혹 물결이 일고 붉은 기름이 진홍 비단을 펼친 듯 용연에서부터 나와 비스듬하게 아래쪽으로 흐르는데 이것은 곧 암컷 용에게 달거리가 있을 때라고 한다.[278]

278) 古有達官 嘗設宴於太和樓 張樂行酒 銀盃忽投入於龍淵 使漁人能水者 潛水底求之盃 久而不出 皆以爲死 過三日之後 其人持銀盃出曰 淵中有石穴 入其口 北行一里許 有大宮殿 主者高坐 儀衛甚盛 曰 吾所居上 世人常喧鬧 吾甚惡之 奪盃示警 汝當歸告 漁人又曰 窟之深 去可至白楊寺 其北似通于寺北蓴池云 江邊人又見 或時水波紅膩 如拕絳紗 自龍淵出 斜迤下流 是乃雌龍有月事時云.(권상일, 성범중 역주, 『국역 학성지』, 울산남구문화원 향토사연구소, 2010.4, 57면)

이 설화는 구전되는 용궁이 바로 황룡연 안의 석굴 속에 있다는 것과, 용왕은 태화루에서 시끄럽게 떠들어대는 소리를 싫어한다는 것과, 그 용궁은 대략 백양사의 연못 자리의 밑 정도에 위치하고 있다는 것을 말하고 있을 뿐 아니라 '간혹 물결이 일고 붉은 기름이 진홍 비단을 펼친 듯 용연에서부터 나와 비스듬하게 아래쪽으로 흐르는' 현상을 암컷 용의 달거리 현상으로 해석하는 지극히 인간중심적 사고의 일단을 보여주고 있기도 하다. 이와 같은 민간의 믿음은 이곳에서 가뭄에 기우제를 지내어 비를 빌었던 것과 궤를 같이 하는 사고방식이라고 하겠다.

이 황당한 내용의 설화에 대해 기록자인 권상일도 "이것은 옛날에 있었던 태화강에서의 재난이지만 말이 매우 허황하므로 오로지 이문(異聞)으로 갖추어 둔다.(此以古之湖飜 而語極荒誕 聊備異聞)"고 하는 사족을 달았지만, 이 이야기는 결국 후대에 간행된 각종 『울산읍지』에서는 탈락되고 말았다.

<울산 태화루(蔚山太和樓)>(『사가시집(四佳詩集)』, 『보유(補遺)』 3)

울주(蔚州) 서쪽의 태화루는
거꾸러진 그림자가 아득하게 푸른 물줄기에 잠기어 있네.
아득하여 처음에는 학의 등에 탄 것인가 싶더니
흐릿하여 문득 자라 머리에 오른 것을 알겠네.
산 빛은 가까이 계림(鷄林)과 닿아 있는데
바다 기운은 멀리 대마도(對馬島)에 이어지네.
만 리까지 다함없는 것이 올라와서 보는 흥취일진대
하늘에 가득한 비바람으로 난간에 기대어 시름하네.

蔚州西畔太和樓 倒影蒼茫蘸碧流
汗漫初疑騎鶴背 依俙却認上鰲頭
山光近接鷄林曉 海氣遙連馬島秋
萬里未窮登眺興 滿天風雨倚欄愁

서거정(徐居正, 1420～1488)의 이 시는 태화루에 올라서 바라본 경관과 감회를 그린 작품이다. 푸른 태화강 물줄기에 거꾸로 비친 태화루의 그림자를 제시한 다음, 누각 위에서 바라본 경치가 너무나 아득하여 학의 등에 탄 것 같더니 흐릿해지자 문득 자라 머리, 즉 신선이 사는 삼신산(三神山)에 오른 듯하다고 하였다. 또 지정학적인 위치가 산세로는 가까이 경주와 닿아 있고, 바다로는 멀리 대마도까지 이어짐을 밝히고 있다. 바라보는 경치가 만 리에 미치지 못함을 한탄할 정도로 상쾌한 것이 이 누각에 올라와서 느끼는 일반적 흥취이지만, 마침 비바람이 몰아치는 날 올라온 화자는 난간에 기대어서 그 빼어난 흥취를 맛보지 못하여 시름에 젖어 있음을 보여주고 있다. 이처럼 태화루에 올라서 바라보는 가슴을 탁 트이게 하는 시원한 경치는 예로부터 시인묵객들 사이에서는 널리 알려져 있었다는 사실을 이 시에서 확인할 수 있다.

3) 구강서원 제영

구강서원(鷗江書院)은 숙종(肅宗) 5년(1679년)에 창건하여 포은 정몽주와 회재(晦齋) 이언적(李彦迪, 1491～1553)을 합사(合祀)한 서원으로 숙종 20년에 사액(賜額)을 받았다. 그 후 권상일 부사가 부임하여 동서 양재(兩齋)가 갖추어지지 않고 별당도 황량해진 서원을 영조(英祖) 11년(1735년)에 이원담(李元聃)과 이수(李琇)의 요청에 따라 재직 기간 중에 재정비하여 이 지역의 유풍(儒風)을 진작하기도 하였다. 그러다가 고종(高宗) 8년(1871년) 흥선대원군의 서원철폐령으로 이 서원이 폐치된 뒤, 2003년 10월 17일에 원래 서원이 있던 반구동 서원마을에서 좀 떨어진 언덕에 다시 건립되어 있다.

구강서원은 설립 이후 폐치될 때까지 울산지역의 유풍을 진작하는 데 중심적인 역할을 하였을 뿐 아니라 이 지역 선비들이 친교를 도모하는 회합의 장소로서의 역할도 충실히 수행하였다고 할 수 있다.

<구강서원. 시권 속에 있는 여러 시에 차운하다(鷗江書院 次卷中諸韻)>(『청대집(淸臺集)』)
쇠미(衰微)해진 세교(世敎)를 누가 만회하리요?
옛 현인의 사당이 양지를 향해 열려 있네.
끝없는 바람과 달은 의연하게 남아 있고
다함없는 물줄기는 끊임없이 흘러오네.
뿌리내릴 터전을 잘 차지하여 발을 먼저 내디뎠으니
부지런히 자르고 쪼아서 재목이 되기를 기다리네.
우리 선비는 본래 중화(中和)의 법이 있으니
반드시 광간(狂簡)을 재단(裁斷)할 줄 알아야 하리.
世敎衰微孰挽回 昔賢祠屋面陽開
無邊風月依依在 不盡源流袞袞來
好占根基先着脚 勤加切琢佇成材
吾儒自有中和法 狂簡須知所以裁

권상일의 이 시는 이 구강서원을 찾는 선비들이 공부를 제대로 하기 위한 마음의 자세를 다잡을 것을 바라는 내용을 담고 있다. 먼저 쇠약하고 미미해진 세상의 교화를 만회하는 주체가 누구인가를 묻고 있는데, 여기에 답은 하지 않고 있지만 그 주체는 바로 울산을 포함한 조선의 선비라는 점을 분명한 사실이다. 이 점은 울산에 옛 현인의 사당이 양지를 향해 열려 있다고 하여 선현을 모시고 학문을 연구하는 서원이 갖추어져 있음을 밝힌 데서 확인할 수 있다. 이곳에 모신 포은과 회재 선생이 생존하던 시기의 바람과 달은 그대로 있고, 다함없는 학문의 물줄기는 끊임없이 이어져 오고 있다고 하여 학문의 환경은 여전하고 그 도맥(道脈)이 분명함을 밝히고 있다. 그리고 학문의 뿌리를 내릴 터전에 발을 먼저 내디딘 선배의 입장에서 화자는 이곳에서 공부하는 후배 선비들이 훌륭한 재목으로 성장하기를 기대하는 마음과 함께, 마지막 연에서는 후배들의 공부 방법을 제시하고 있다. 즉 우리 선비에게는 중화(中和)의 법이 있으므로 뜻은 크지만 실천은 소홀한 상태, 즉 광간(狂簡)을 잘라낼 줄 알아야 함을 강조하고 있다. 여기에서 중화는 치우치지 않고 과불급(過不及)이 없는 성정(性情)을 가리키는데, 이것은 『중용』에서 말한바 "희로애락이 발하지 않은 것을 중(中)이라 하고 발하여 모두 절도에 맞는 것을 화(和)라고 하는데, 중은 천하의 큰 근본이요 화는 천하의 통달한 도(道)이다.(喜怒哀樂之未發 謂之中 發而皆中節 謂之和 中也者 天下之大本也 和也者 天下之達道也)"라는 대목에서 나온 말이다. 중용(中庸)이 작용(作用)임에 대하여 중화(中和)는 본체(本體)이므로 중화는 유가에서 가장 중시하는 정신 상태라고 할 수 있다. 그래서 『중용』에서는 중화를 이루면 천지가 제 자리를 잡고 만물이 발육된다고 하고 있다.

이설하여 중건된 구강서원의 현재 모습

<구강서원의 재실에서 사안[279]과 서로 주고받다(鷗江院齋 與士安相酬)>(『활산집(活山集)』 권1)

부평(浮萍)처럼 오늘 만난 것이 서로 기약한 듯하여
교외에서 말을 세우고 처음에는 문득 의아하였네.
떨어진 두 곳의 애환은 물어보고 난 뒤에 알고
한평생의 생각하는 일은 말하기 전에 아네.
타향에서 함께 만난 시절은 푸른 봄철이건만
긴 밤에 서로 읊는 시는 하얀 눈이네.
모름지기 화산(花山)[280]으로 가고 나서 다시 생각할 텐데
이번 놀이가 아마 꿈속처럼 기이하리.

萍逢今日若相期 立馬郊頭始却疑
兩地悲歡詢後得 一生心事話前知
殊方共遇靑陽節 永夜交吟白雪詩
須去花山如更憶 玆遊應作夢中奇

경주에 거주하던 남용만(南龍萬, 1709～1784)의 이 시는 구강서원이 객지에서 온 사람들이 서로 만나서 어울리고 함께 숙박하던 만남과 교유의 장소이기도 하였다는 점을 확인해 주고 있다. 이 시에서는 시인이 안동(安東)에서 온 지인을 만나 밤새 서로 시를 주고받으며 밀린 회포를 푸는 과정이 눈에 보일 듯 또렷하게 그려지고 있다. 이들이 만난 시기는 봄철이지만 주고받은 시는 지난겨울의 하얀 눈을 소재로 하고 있고 있는 자신들의 이상한 모습을 그리고 있을 뿐 아니라, 뒷날 손님/상대방이 고향 안동으로 돌아가서 생각한다면 이번의 놀이가 꿈속의 일처럼 기이하게 느껴지리라는 점을 지적하고 있기도 하다.

279) 사안(士安)은 안동 권씨이고 본명이 정택(正宅)임을 남용만의 문집에 실린, 이 시의 바로 앞 작품 <학성에서 사안 권정택을 만나 운을 부르며 화답하다(鶴城逢權士安正宅呼韻酬和)>를 통해서 알 수 있다.

280) 화산(花山)은 경북 안동(安東)의 옛 이름이다.

<구강서원의 시에 차운하다(次鷗江書院韻)>(『반계집(磻溪集)』 권1)

천지의 운행은 순환하여 왕복하고 돌이키거늘
서원 집이 도리어 옛 전쟁터에 열려 있네.
물은 나뉘어져서 흰 갈매기 섬 가로 가는데
산은 떨어져서 금 자라의 등 위에서 왔네.
지세는 동남쪽으로 터져서 새벽빛이 통하고
건물에는 경전을 보관하여 뛰어난 인재를 육성하네.
기수(沂水)에서 목욕하고 무우(舞雩)에서 바람 쐴 날은 언제인가?
저문 봄에 갓 쓴 이와 아이의 옷이 이미 마련되어 있네.

天運循環往復回 院宮還向戰場開
水分白鷺洲邊去 山落金鼇背上來
地坼東南通曙色 閣藏經傳育英才
浴沂風舞知何日 暮春冠童服已裁

이양오의 이 시는 향촌 선비가 구강서원을 어떻게 인식하고 있는지를 보여주고 있다. 천지의 운행은 순환하기 마련이어서 임진왜란 때 치열한 도산(島山) 전투가 벌어졌던 그 자리에 구강서원이 건립되어 있음을 지적한 다음, 서원에서 바라보이는 태화강 건너편에 있는 이수(二水)와 삼산(三山)의 경승을 그려내고 있다. 또 동남쪽으로 터진 지세 때문에 새벽빛이 잘 소통될 뿐 아니라 건물에 보관된 경전은 인재 육성에 활용하고 있다고 하였다.

마지막 연은 좋은 계절인 늦봄을 맞아 이 주변의 경승에서 노닒이 또한 중요한 일임을 강조하고 있는 부분이다. 이 대목은 『논어』 「선진(先進)」에서 공자가 자로·증점·염유·공서화에게 "너희들을 알아주면 어떻게 하겠는가?"라고 물었을 때, 증점은 타던 비파를 내려놓으면서 "저문 봄에 봄옷이 다 지어지면 갓을 쓴 사람 5·6명과 동자 6·7명과 함께 기수에서 목욕하고 무우에서 바람을 쐬고 읊조리면서 돌아오겠습니다.(莫春者 春服既成 冠者五六人 童子

六七人 浴乎沂 風乎舞雩 詠而歸)"라고 하니 공자는 외물(外物)의 유혹에 이끌리지 않는 그의 말에 동의를 표시하였다는 고사를 끌어온 것이다. 이 시에서는 구강서원 주변에 펼쳐진 태화강 하류의 풍광이 증점이 말한 기수와 무우에 비겨도 결코 뒤지지 않는 곳임을 강조하고 있다.

청정 도량의 한적과 여유

— 통도사와 한시 —

1. 머리말

사찰은 승려들의 수도 도량일 뿐만 아니라 예로부터 문인들의 승람처(勝覽處)로 널리 애용되어 온 곳이기도 하였다. 따라서 전통시대의 문인 치고 사찰 제영시(題詠詩) 몇 수를 남기지 않은 사람이 없을 정도이다. 산자수명(山紫水明)한 곳에 산재한 사찰과 관련된 한시들은 그 숫자를 헤아리기 어려울 정도로 많은데, 최근에는 이 작품들에 대한 집중적인 고찰이 이루어지기도 하였다.[281]

통도사는 수려한 산수 속에 자리 잡은 사찰로서 예로부터 많은 시인묵객들이 찾아와 음영했던 곳이기 때문에 그에 따른 한시 제영이 여타의 사찰에 비해 결코 적다고는 할 수 없을 것이다. 그러나 고려와 조선을 거치면서 중앙과는 거리가 먼 곳에 위치한 탓으

281) 그 대표적인 예가 한국한시학회에서 간행한 『한국한시연구』 4(1996. 12)와 『한국한시연구』 5(1997. 12)에 특집으로 실린 「한국 한시와 사찰」 1, 2의 논문들이라 할 수 있다. 여기에서 다룬 개별 사찰 제영시는 봉선사·봉은사 신륵사 청평사 경주 일대의 사찰·쌍계사·삼각산 일대의 사찰·낙산사·해인사 등에 관련된 것들이고, 최근에는 범어사 관련 한시가 여운필 교수에 의해 <한시(漢詩)로 본 범어사(梵魚寺)>(『지역문학연구』 4, 경남지역문학회, 1999. 4)라는 논문에서 고찰되기도 하였다.

로 개성이나 서울 주변의 사찰들에 비해서는 절과 관련된 한시이 상대적으로 적은 것이 사실이다. 그러나 그 작품들이 갖는 의미는 결코 작다고 할 수 없으므로 본고에서는 통도사 관련 한시들을 그 주변의 산천 경개와 더불어 간략히 살펴보고자 한다.

2. 통도사와 금강계단(金剛戒壇)

통도사는 경상남도 양산시 하북면 지산리 영취산(영축산, 靈鷲山·鷲棲山) 아래에 있는 대찰이다. 이 절은 신라 선덕여왕(善德女王) 15년(646년)에 자장율사(慈藏律師)가 창건하였는데, 여기에는 당(唐)나라에서 가져온 석가모니의 정골(頂骨)과 지절(指節), 치아 사리(齒牙舍利), 친착 가사(親着袈裟)가 봉안된 금강계단이 있어서 법보(法寶) 사찰인 합천(陜川)의 해인사(海印寺)·승보(僧寶) 사찰인 승주(昇州)의 송광사(松廣寺)와 더불어 삼보(三寶) 사찰의 하나인 불보(佛寶) 사찰로서 널리 알려져 있다. 또 통도사는 대한불교 조계종 15교구의 본산으로 선원(禪院)·강원(講院)·율원(律院)·염불원(念佛院)을 갖춘 영축총림(靈鷲叢林)이기도 하다.

절을 병풍처럼 장엄하게 두르고 있는 영취산은 그 모양이 마치 독수리가 날개를 펼치고 있는 듯한 모습에서 따온 것이다. 원래 영취산은 중인도(中印度) 마가다국(摩迦陀國) 왕사성(王舍城) 동북쪽에 있던 기사굴산(耆闍崛山)을 번역한 것으로, 그 산정이 독수리 머리와 같이 생겨서 얻은 이름인데, 이 산은 부처님이 상주하는 곳이라 한다.[282] 영취산은 고헌산(高巘山, 1033m)에서 가지산(迦智山, 1240m), 간월산(肝月山, 1083m), 신불산(神佛山, 1209m)으로 이어지는 이른바

---

282) 최완수(崔完秀), <통도사>(『명찰순례』 1, 대원사, 1994, 65~66면) 참조.

영남알프스의 끝자락에 위치하면서, 남쪽으로 시살등과 부산(釜山)의 금정산(金井山, 801m)으로 그 줄기가 이어져 있다.

일찍이 이식(李植, 1584~1647)은 〈영취산(靈鷲山)〉[283] 시에서 다음과 같이 읊었다.

신령스러운 독수리가 멀리서 날아와
구십구천(九十九泉)의 구지(仇池)[284]와 통하네.
물고기와 새우는 신물(神物)이 보호하고
마름과 연은 해마다 풍년이네.
청오사(靑烏士)[285]에게 묻지 말고
반드시 백토공(白兎公)[286]을 찾아야 하리.
어찌하면 평범한 몸을 씻어내어
오색 구름 속을 왕래하리요?
靈鷲飛來遠 仇池九十通
魚蝦神物護 菱芡歲時豊
莫問靑烏士 須尋白兎公
何當洗凡髓 來往彩雲中

이식은 이 시에서 신선이 살 만한 선경(仙境)으로 영취산을 파악하여 신비한 영기가 어린 성산(聖山)으로 파악하고 있다. 유학자인 이식이었기에 불교적인 성소로 여기지는 않지만, 이 산의 산세가 결코 평범하지는 않다는 인식이 바탕에 깔려 있다고 하겠다.

통도사 입구 매표소를 지나서 개울을 가로지르는 무풍교(舞風橋)에 다다르기 전 오른쪽 언덕배기 밑에는 큼직한 바위가 하나 있고, 이 바위면에는 다리를 세우게 된 배경을 설명하는 글과 함께 통도

283) 이식(李植), 『택당집(澤堂集)』 권2, 『한국문집총간(韓國文集叢刊)』 88, 31면.
284) 구지(仇池)는 산 위에 못이 있다는 중국의 산이다.
285) 청오사(靑烏士)는 풍수지리가를 말한다.
286) 백토공(白兎公)은 선인(仙人)의 이름으로 팽조(彭祖)의 제자이다.

사 주지를 지낸 김구하(金九河) 스님의 시가 새겨져 있다.

통도사 매표소와 무풍교(舞風橋) 사이의 언덕 아래에 있는 무풍교 건립에 대한 설명과 한시가 새겨진 바위.

<무풍교 석축을 기증하다(舞風橋石築寄贈)>

무오년(1858년) 생 갑장(甲長) 일금 600원(圓), 갑자년(甲子年, 1864년) 생 갑장 일금 100원, 경오년(庚午年, 1870년) 생 갑장 일금 100원, 종계(宗契)에서 일금 100원, 서청(書廳)에서 일금 50원, 본사(本寺)에서 일금 600원. 감역(監役)은 무오년 생 갑장계원 김용성(金龍惺)이다. 불기(佛紀) 2949년 대정(大正) 11년(1922년) 가을 9월 일.

통도사는 천년 된 사찰이요
무풍교는 만세를 지낼 다리이네.
산에 오르고 물에 나가는 나그네들이
원숭이와 학을 동반하여 소요하리. -김구하-287)

따라서 이 무풍교는 1922년에 여러 사람들이 성금을 내고 사찰

287) 戊午甲 金六百圓 甲子甲 金一百圓 庚午甲 金一百圓 宗契中 金一百圓 書廳中 金五十圓 本寺中 金六百圓 監役 戊午甲員 金龍惺 佛紀二千九百四十九年 大正十一年 秋九月日 通度千年寺 舞風萬歲橋 登山臨水客 猿鶴伴逍遙 金九河.

에서도 일정 부분 비용을 부담하여 완성된 것임을 알 수 있다.

또 이 바위 오른쪽에는 김용덕(金容德)이라는 대자(大字)와 '기녀 만년춘(妓 萬年春)' 외에도 기생의 이름으로 보이는 채란(采蘭)·난희(蘭喜), 학부(鶴府, 울산)의 금화(錦花)·승화(勝花)의 이름이 새겨져 있어서 이곳이 양반들을 따라온 기녀들의 행차가 잦은 장소임을 짐작할 수 있다. 우측으로 조금 떨어진 바위에는 윤병관(尹秉寬)이라는 대자가 새겨져 있기도 하다. 윤병관은 고종 정해년(丁亥年, 1887년)에 언양현감으로 부임하여 무자년(戊子年, 1888년)에 교체된 인물이므로 이 글씨는 그 시기에 새겼을 것으로 추정된다.

또 그 아래쪽 계곡의 너럭바위에는 '이사윤 영산수(李師尹 靈山倅)', '이희주 밀양수(李熙疇 密陽倅)', '박내정 동래백(朴乃貞 東萊伯)', '장후상 양산수(張后相 梁山倅)' 등의 이름이 있는 것으로 보아 이곳은 주변 고을의 수많은 수령들이 찾아와서 쉬어 갔던 곳임을 알 수 있다. 이 너럭바위에도 김구하 스님의 다음 대구(對句)가 새겨져 있다.

> 천년 동안 물 흐르는 통도사요
> 삼월에 꽃 떨어지는 무풍교라네. -김구하-
> 流水千年通度寺
> 落花三月舞風橋 九河

이 밖에도 이 너럭바위에는 하서면(下西面) 난국계(蘭菊契)에 소속된 93명의 성명와 호(號), 경인년 갑장 계원(庚寅甲契員) 12명의 이름이 새겨져 있어서 이곳은 절간뿐 아니라 입구의 계곡과 너럭바위가 봄가을에는 멋진 유람장소였음을 알게 해 준다.

통도사 일주문(一柱門)에는 '영취산 통도사(靈鷲山通度寺)'라는 흥선대원군(興宣大院君)이 쓴 편액이 걸려 있고, 두 기둥에는 해강(海

岡) 김규진(金圭鎭)이 쓴 '불지종가(佛之宗家)' '국지대찰(國之大刹)'이라는 주련(柱聯)이 걸려 있다.

풍수로 볼 때 통도사는 비보사찰(裨補寺刹)로 이해된다. 영취산 주변 산세의 형국은 영락없이 물동이처럼 생겼고, 흐르는 물은 산줄기를 넘지 못하니 당연히 통도사 지점을 모조리 통과함으로써 양산 향리에는 홍수가 들고 또 그 물이 다 말라 버리면 가뭄이 들게 되는 바, 자장율사가 영취산 물통의 물꼭지점에 통도사를 입지시킨 것으로 풀이되며,[288] 그 형국은 쌍룡농주형(雙龍弄珠形)으로 시살등에서 내려와 삼수리 쪽에서 진입하는 용 한 마리와 영취산에서 통도사를 감싸며 들머리의 여의주봉을 향한 쌍룡이 있는 풍수인데, 복을 받는 자리인 용복지혈(龍腹之穴)은 바로 석가여래의 진신사리를 모신 곳이라는 것이다.[289] 또 다른 측면에서, 통도사의 지형은 겸혈(鉗穴)로 양다리를 길게 펴고 있는 모습으로 길게 꾸불꾸불 이어지고 혈전(穴前)에 명당수가 풍부한 전수혈증(前水穴證)을 이루는 길좌로 파악된다고 한다.[290]

이처럼 풍수에서 길좌로 파악되는 명당자리가 바로 부처님의 진신사리를 모신 금강계단으로서 이곳은 자장율사가 통도사를 창건하던 당시부터 성소(聖所)로 인식되어 온 곳이다. 진신사리에 관련된 『삼국유사(三國遺事)』의 내용을 간략히 소개하면 다음과 같다.

> 선덕왕(善德王) 때 자장법사가 불두골(佛頭骨), 불치(佛齒), 불사리(佛舍利) 100립과 부처의 비라금점 가사(緋羅金點袈裟) 한 벌을 가져 왔는데, 그 사리를 3분하여 일부분은 황룡사 탑과 태화사 탑에, 나머지 일부분은 가사와 함께 통도사 계단에 두었는데, 2층으로 된 상층 가운

---

288) 장영훈, 『영남의 풍수』, 동학사, 1995, 329면 참조.
289) 위의 책, 331~334면 참조.
290) 임학섭, 『사찰풍수』1, 밀알, 1995, 281면 참조.

> 데에는 솥을 엎어놓은 것과 같은 돌 뚜껑을 안치하였다. 또 전해지기로는 옛날 고려의 두 안렴사(按廉使)가 와서 계단(戒壇)에 예를 하고 돌 뚜껑을 들고 들여다보니 처음에는 긴 구렁이가 석함(石函) 속에 있는 것이 보이다가 두 번째는 큰 두꺼비가 돌 위에 쪼그리고 앉아 있는 것이 보여 그 뒤로는 이 돌 뚜껑을 감히 들어서 보지 못했다고 한다. 또 고려 고종 22년(1235년)에 상장군 김공리생(金公利生)과 시랑 유석(庾碩)이 군사를 시켜 계단의 돌 뚜껑을 들게 하니 그 속에 작은 석함이 있고 함 속의 유리통에 들어 있는 사리 네 알을 살펴보았는데 통에 조금 상한 곳이 있어서 유공(庾公)이 마침 가지고 있던 수정함 하나를 시주하여 함께 간수하게 하였다고 한다. 또한, 속전(俗傳)에 고려 광종 때 황룡사의 탑이 세 번째 불타던 날에는 돌솥 동쪽 부분에 큰 얼룩이 생겨나 일연(一然)스님 당시까지 그대로 있다고도 했다.[291]

이 중 마지막 부분의 언급은 석가모니 진신사리의 영험을 드러낸 것이라 하겠는데, 이 사실을 언급한 무의자(無衣子) 진각(眞覺, 1175~1234) 스님이 고종 9년(1222년) 중동(仲冬)에 쓴 <통도사 계단에서 짓다(題通度寺戒壇)>[292] 시를 보자.

> 석가세존의 사리가 높은 단을 눌렀는데
> 솥을 엎어놓은 허리 변에 불탄 흔적이 있네.
> 듣자니 황룡사 탑이 불타던 날
> 한 쪽 면이 이어 타서 틈이 없음을 보여주었다고 하네.
> 釋尊舍利鎭高壇 覆釜腰邊有火瘢
> 聞道黃龍災塔日 連燒一面示無間

『삼국유사』에도 전·결구가 인용된 이 시는, 부처의 사리를 함께

---

291) 『삼국유사(三國遺事)』 권3, 「탑상(塔像)」, <전후소장사리(前後所將舍利)> 참조.

292) 이 시는 한국학문헌연구소편, 『통도사지(通度寺誌)』(아세아문화사, 1983), 475~476면에 비문의 탁본(拓本)을 영인한 형태로 수록되어 있다. 이 시와 다음에 살펴볼 <우가사(又袈裟)>가 새겨진 현판은 원래 범종각에 걸려 있었다고 하는데, 지금은 성보박물관에 전시되어 있어서 관람할 수 있다.

모시고 있던 황룡사의 탑이 불에 타자 통도사의 금강계단에 사리를 모신 돌솥의 한 면에 불탄 흔적이 나타났다는 영이(靈異)함을 나타내고 있다. 무의자는 또 <통도사의 가사(又袈裟)>[293]라는 시도 남겼는데, 부처님이 직접 입었던 가사인 만큼 그것에 대해 예경(禮敬)하는 마음을 이 시에서 잘 드러내고 있다.

은근히 머리를 조아리고 공경히 귀의하나니
이것은 우리 여래께서 입으셨던 옷이네.
인하여 추억하노라, 영산(靈山)의 예좌(猊座) 위에
장엄한 백복(百福)[294]의 상(相)이 높고 높았음을.
慇懃稽首敬歸依 是我如來所着衣
因憶靈山猊座上 莊嚴百福相巍巍

이 시는 부처님이 친착(親着)했던 가사를 보고 느낀 감상과 부처님의 공덕을 칭송하고 있다.

부처님의 진신사리와 친착 가사가 봉안된 금강계단은 불자들이 예경하는 성소(聖所)였던 만큼 그 후에도 승려나 문인들의 관심이 집중되었던 외경의 대상이었다. 이곳과 관련된 시를 몇 수 더 보기로 하겠다.

이조원(李祖源), <통도사의 불골탑에서 짓다(題通度佛骨塔)>[295]
여래의 뼈마디가 금빛을 발하는데
천하의 명산 곳곳에 감춰 있네.
한 줄기가 멀리 나누어짐은 참으로 부처님의 힘이니
정토(淨土)가 또한 동방에 있음을 비로소 아네.
如來骨節放金光 天下名山處處藏

293) 위의 책, 476~477면.
294) 장엄백복(莊嚴百福)은 부처님의 32상(相)을 말하는데, 32상은 낱낱이 인위(因位)에서 백 가지 복을 쌓은 공덕에 의하여 갖추어진 까닭이다.
295) 위의 책, 710~711면.

一派遙分眞佛力 始知淨土亦東方

성담(聖潭) 의전(儀典), <삼가 불골탑 시에 차운하다(謹次佛骨塔韻)>296)

광명의 신골(身骨)이 참된 빛을 발하는데
고요히 빛나며 빛을 머금어 이곳에 감추어 있네.
서역과 동방에서 일제히 응함이 있으니
성도(聖道)는 커서 견줄 게 없음을 바야흐로 아노라.
光明身骨放眞光 寂照含光這處藏
西域東方齊有應 方知聖道大無方

앞의 시는 경상도 관찰사 이조원(1735~1806)이 철종 1년(1850년)에 쓴 작품이고, 뒤의 시는 의전스님이 헌종 10년(1844년) 맹추(孟秋) 기망(旣望)에 앞의 시에 차운한 작품이다. 다같이 통도사의 금강계단을 보고 느낀 부처님의 공덕을 찬양하고 있다.

이 밖에도 금강계단에 대한 기록은 고려말에 쓴 이색(李穡)의 <양주통도사석가여래사리지기(梁州通度寺釋迦如來舍利之記)>를 비롯한 여러 문헌에 산재되어 나타나고 있는데 그 구체적 경과와 사연은 할애하기로 하기로 하겠다. 다만 통도사는 사찰의 창건 정신이 바탕이 금강계단에 있는 바, 통도사라는 사명(寺名)은 다음 세 가지의 의미를 지닌다고 한다.

첫째는 출가코자 하는 승니(僧尼)는 모두가 이 계단을 통하여 득도(得道)한다는 의미에서 통도라 했다.(爲僧者 通而度之) 둘째는, 모든 진리를 회통(會通)하여 일체 중생(衆生)을 제도(濟度=구원)한다는 의미에서 통도이며(通萬法 度衆生) 셋째는, 통도사가 자리하고 있는 산의 모습이 부처님이 설법하시던 인도의 영축산(靈鷲山)과 통한다 하여 통도사라 이름하였다.(比山之形 通於印度靈鷲山形)297)

296) 위의 책, 712~713면.

통도사에는 부처님의 진신사리를 모신 금강계단이 있으므로 대웅전에 불상을 모시지 않았고, 이 불당에는 남쪽 정면에는 금강계단, 서쪽에는 대웅전, 동쪽에는 적멸보궁(寂滅寶宮)이라는 각기 다른 이름의 편액(扁額)이 걸려 있다. 대웅전 뒤편의 주련(柱聯)에는 다음과 같은 자장율사의 불탑게(佛塔偈)가 새겨져 있다고 한다.

만대의 전륜왕(轉輪王)으로 삼계(三界)의 주인인데
쌍림(雙林)에서 열반하신 지 몇 년이던가?
진신사리가 지금도 아직 남아 있으니
널리 중생으로 하여금 예불을 쉬지 않게 하리.
萬代輪王三界主 雙林示寂幾千秋
眞身舍利今猶在 普使群生禮不休[298]

3. 문인들의 통도사 관련 한시

통도사를 대상으로 한 한시 중에는 사찰을 종교적 도량으로 인식하지 않고 단순히 아름다운 자연 속의 승경으로 인식하여 형상화한 작품들이 있다. 우선 『신증동국여지승람(新增東國輿地勝覽)』에 실린 김극기(金克己, ?～1209)의 시[299]를 보기로 하자.

일천 봉우리의 산이 열리고
한 줄기의 물이 흘러내리네.
놀라운 물결이 어지러이 얼굴에 튀어

297) 인터넷 통도사 홈페이지(www.tongdosa.or.kr)에서 인용.
298) 이 불탑게도 인터넷 통도사 홈페이지에서 재인용한 것이다.
299) 이 시는 『신증동국여지승람(新增東國輿地勝覽)』, 권22, 「양산군(梁山郡)」, '통도사(通度寺)' 항목에 실려 있으나 제목은 명기되어 있지 않다.

유월에도 가을 기운이 생겨나네.
한 무리 숲 밖의 다락에는
붉은 난간이 층진 푸른 산에 비치네.
그림 그린 대들보에는 제비가 조잘대고
진귀한 나무에는 꾀꼬리가 잠에 빠졌네.
어지러운 돌은 높다랗게 하늘에 기대었고
거친 이끼는 어지러이 땅에 늘려 있네.
높디높기는 율단(律壇)의 우두머리인데
재계(齋戒)하는 물에는 한 조각 앙금도 없네.
거처가 그윽하여 푸른 것 밟지 않고
삼천 구절을 내리 외우네.
분에 넘치는 청절(淸絶)한 정경(情境)이
그저 방탕하게 노는 사람을 위로하네.
노는 사람은 거동이 가벼워
문을 나서면 만 리를 움직이네.
기이한 것을 탐하여 머무는 것은
백·만 가운데 하나·둘뿐이네.
그 중에는 유독 다시 오기도 하니
숲과 골짜기가 더욱 아름다운 것을 알기 때문이네.
옛날에 타후(秅侯)의 손자와 함께
여기 올라와 몹시 취하였네.
지금 와서 그 때 놀던 일을 생각하니
황홀하기가 마치 꿈속과 같네.
왕파(王播)의 시구(詩句)[300]를 찾아보려 하지만
사롱(紗籠)이 이미 없어지고 말았네.
바람을 쏘이며 길게 휘파람 부니
옛 일을 생각하는 눈물이 한 주먹 흐르네.
擘開千朶山 流下一條水

300) 왕파(王播)는 중국 당(唐)나라 때의 사람으로, 그가 어렸을 때 양주(揚州) 혜조사(惠照寺)의 목란원(木蘭院)에 있다가 중이 싫어하므로 시를 짓고 떠났는데, 후에 그 지방을 다스리게 되어 그 절에 가서 보니 자기의 시가 모두 푸른 사롱(紗籠)의 장막으로 쓰이고 있어서, 그것을 아쉬워하는 절구 2수를 지었다고 한다.

驚波亂洒面 六月生秋意
一簇林外樓 朱欄暎層翠
畵棟燕調語 珍木鶯飽睡
亂石高倚天 荒苔亂鋪地
軒軒律壇伯 戒水無片滓
幽居不踐靑 誦下三千指
枉分淸絶境 聊慰蕩遊子
遊子如輕驅 出門動萬里
貪奇暫淹留 百萬纔一二
就中獨再來 林壑知尤美
昔與秅侯孫 登臨成爛醉
今來想前遊 怳惚如夢寐
試覓王播句 紗籠已淪棄
臨風長發吁 一掬懷舊淚

이 시는『교남지(嶠南誌)』권46에도 수록되어 있는데, 내용은 통도사라는 절이 아니더라도 아름다운 자연이 있는 곳이면 어디에서든지 충분히 언급될 수 있을 정도의 일반적인 것이다. 굳이 이 시를 통도사와 관련시키려면 "높디높기는 율단(律壇)의 우두머리인데, 재계(齋戒)하는 물에는 한 조각 앙금도 없네. 거처가 그윽하여 푸른 것 밟지 않고, 삼천 구절을 내리 외우네.(軒軒律壇伯 戒水無片滓 幽居不踐靑 誦下三千指)"라는 대목을 지적할 수도 있겠지만, 이 시는 단순히 다시 찾아온 승경에서 전에 함께 왔던 사람과의 추억을 회고(懷古)하는 뜻을 담고 있다고 하여도 별 무리가 없을 듯하다. 이처럼 통도사를 포함한 사찰은 일반적으로 산천경개가 수려한 곳에 위치하기 때문에 돈독한 불심(佛心)을 지니지 않은 사람들에게는 단순한 승경으로 인식되는 경우가 흔하다고 할 수 있다.

그러나 김극기의 또 다른 작품 <양산 통도사(梁山通度寺)>[301]는 위의 시와는 다른 각도에서 형상화되었다.

골짜기 속의 감색 집이 가장 그윽하고 깊은데
안개 속에 묻혀 있어 찾기가 쉽지 않네.
숲 아래서 홀연히 지둔(支遁)의 학[302]을 보고
꿈속에 먼저 중수(仲殊)[303]의 거문고를 매만지네.
지경이 맑으니 홍진(紅塵)이 더러움을 알겠고
못이 고요하니 밝은 달이 내려다봄이 안타깝네.
맑은 물 한 병에 등불 한 자루로
무심히 어디에서 다시 마음을 편안히 하랴?
洞中紺屋最幽深 埋覆烟霞未易尋
林下忽看支遁鶴 夢中先理仲殊琴
境淸肯許紅塵涴 池靜偏憐素月臨
淨水一瓶燈一炷 無心何處更安心

이 시는 통도사를 찾아와 속세와의 인연이 단절된 듯한 고요한 분위기 속에서 자신을 돌이켜보는 시인의 모습을 드러내고 있다. 이 시는 주변의 경관과 어울린 깨끗한 절간의 그윽한 분위기 속에서 우러나오는 시인의 감회를 맑고 단아한 필치로 그려내었다. 통도사를 대상으로 한 한시들은 대개 이러한 범주의 작품들이라 하겠다.

다음에는 황준량(黃俊良, 1517~1563)의 <통도사 시에 차운하다(次通度寺韻)>[304]를 보기로 하겠다.

---

301) 위의 책, 같은 곳. 이 시는 유재건(劉在建)편, 『고금영물근체시(古今詠物近體詩)』 3, 권21, 아세아문화사, 1981, 514~515면에 <양산통도사(梁山通度寺)>라는 제목으로 실려 있다.

302) 지둔(支遁)의 학(鶴)은 중국 진(晉)나라의 고승 지둔(支遁)이 놓아준 학을 말한다. 어떤 사람이 그에게 말을 주자 그것을 키우면서 그는 그 신준(神駿)함을 사랑할 뿐이라 했고, 학을 주자 그것을 놓아주면서 하늘 높이 나는 것(沖天之物)을 어찌 이목(耳目)으로 놀리겠느냐고 했다.

303) 중수(仲殊)는 중국 송나라 승천사(承天寺)의 승려로 자는 사리(師利), 호는 밀수(密殊)·태평갑인(太平閘人)으로 소식(蘇軾)과 교유했고, 시사(詩詞)가 교묘했다고 한다.

천 그루 소나무와 노송나무에 골짜기 문이 깊은데
안개 속 한 길로 옛 절을 찾네.
땅에 가득한 향기는 월계수에 나부끼고
바위를 뚫는 개울물은 바람소리에 화답하네.
신선이 사는 기이한 정경은 스님이 관리함을 싫어하는데
산수의 기이한 경관은 손님을 오라 부르네.
우아한 감상에 부처를 탐하여 자는 것이 용납되지 않아
속세를 떠나 다만 먼지 낀 마음을 씻을 뿐이네.
千章松檜洞門深 一徑烟霞古寺尋
滿地天香飄月桂 穿巖石澗和風琴
眞仙異境嫌僧管 山水奇觀喚客臨
雅賞未容貪佛宿 高棲聊爾濯塵襟

이 시는 소나무 등 침엽수가 우거진 통도사를 안개 속에 찾아가는 모습을 그린 다음, 사찰 주변의 향기와 개울물 소리 등 선경인 듯한 정경 속에서 속세의 먼지 낀 마음을 씻어내고자 하는 마음을 드러내었다. 불교에 대한 긍정적인 인식은 없다고 하더라도 그곳이 속세와 대립되는 선계(仙界)로 인식되고 있음을 알 수 있다.

이민구(李敏求, 1589～1670)의 <통도사에 노닐다(遊通度寺)>[305]는 통도사 제영시 가운데 널리 알려진 작품 중의 하나이다.

높디높은 영취산에 절간이 깊숙하고
이끼 낀 돌길에 걸음걸이가 더디네.
홀연히 어떤 고승이 나를 맞이하는데
도무지 속된 일과 관계될 게 없네.

304) 황준량(黃俊良), 『금계집(錦溪集)』, 외집(外集) 권4, 『한국문집총간(韓國文集叢刊)』 37, 102면.

305) 이민구(李敏求), 『동주집(東州集)』, 전집(前集) 권1, 『한국문집총간(韓國文集叢刊)』 94, 11면. 이 시의 제2수는 유재건(劉在建)편, 『고금영물근체시(古今詠物近體詩)』와 장지연(張志淵)편, 『대동시선(大東詩選)』에도 수록되어 있다.

수많은 봉우리의 나무 빛깔은 구름과 어울려 차갑고
골짜기에 가득한 종소리는 빗기운을 머금어 성기네.
만약 삼번(三幡)[306]이 끝내 망령되지 않다고 하면
나는 곧 여기에서 진여(眞如)를 물으리.
岧嶢鷲嶺閟禪居 石路莓苔步屧徐
忽有高僧來款我 都無俗事可關渠
千峰樹色和雲冷 一壑鐘聲帶雨疎
若道三幡終不妄 吾將卽此問眞如

이 시는 2수 중 두 번째 작품인데, 통도사를 찾아가는 시인의 모습과 시인을 맞이하는 승려의 모습을 대비시키고 있다. 도무지 속된 일이라고는 관계될 게 없는 듯한 고승과 그곳을 찾은 시인의 대비는 작품의 끝에까지 이어져 스님에게 진여(眞如)를 물어보고 싶다는 강력한 의지를 표명하고 있다. 문인의 작품으로서는 불교에 대하여 대단히 적극적인 자세를 보여주는 예라 하겠다.

김석주(金錫胄, 1634~1684)의 <통도사 종각(通度寺鐘閣)>[307] 시도 이와 같은 범주의 작품이라 할 만하다.

널리 이름이 알려진 통도사를
남쪽으로 와서 우연히 한 번 찾네.
어느 해에 가져 온 불골(佛骨)인가?
오늘 선심(禪心)을 깨닫네.
그윽한 폭포는 섬돌에 닿아 떨어지고
한가로운 구름은 전각을 지나 그늘 짓네.
어느덧 아름다운 감상(鑑賞)이 족한데
저녁 독경소리가 종소리와 합쳐지네.
通度知名寺 南遊偶一尋

306) 삼번(三幡)은 도가어(道家語)로서 색(色), 색공(色空), 관(觀)을 가리킨다.
307) 유재건(劉在建)편, 앞의 책 3, 권21, 491면.

何年來佛骨 此日悟禪心
幽瀑當堦落 閑雲過殿陰
翛然佳賞足 夕梵和鐘音

이 시에서는 이름이 알려진 통도사를 우연히 찾게 된 것을 기꺼워하며, 금강계단에 봉안된 석가의 진신사리에 대한 소식을 듣고는 선심(禪心)을 깨닫는다고 했다. 게다가 아름다운 경관과 어우러진 절간의 풍광을 감상하다 보니 저녁 독경소리가 종소리와 합쳐진다고 하여 그 여운을 더하고 있다.

홍성민(洪聖民, 1536～1594)은 통도사를 여러 번 찾아온 것으로 생각되는데, 이 사실은 그의 작품을 통해서 확인된다.

<통도사(通道寺)>[308]
진토(塵土)에는 원래 한가로움이 없는데
연기와 놀은 본시 한가로움을 차지하네.
마음을 씻고 쏟아지는 물소리 듣고
눈을 비비고 푸른 산을 바라보네.
塵土元無暇 烟霞本占閑
洗心聞寫水 拭目見靑山

이 시는 제목이 <통도사(通道寺)>라고 되어 있어, 통도사(通度寺)를 가리키는지 의문을 가질 수 있으나 그의 다른 작품 제목이 <통도사. 양산 땅에 있다(通道寺 在梁山地)>임에 비추어 그 의문은 해소될 수 있. 이 시는 통도사 주변의 경관과 분위기가 속세와는 달리 청정하다는 단순한 내용을 담고 있다.

통도사에 관련된 한시를 다수 남기고 있는 시인을 들자면 허체

308) 홍성민(洪聖民), 『졸옹집(拙翁集)』, 권3, 460면.

(許褅, 1563～?)와 이안눌(李安訥, 1571～1637)을 꼽을 수 있다.

허체는 『수색집(水色集)』에 통도사에 관련된 5수의 작품을 남겼는데,[309] 그 가운데 <비를 빌고 통도사에서 자며 멀리 양산에 있는 백수회에게 부치다(祈雨宿通度寺 遙寄白生受繪在梁山)>라는 시만을 살펴보기로 하겠다.

목욕재계하고 절에서 자고
새벽에 일어나니 고맙게도 비가 오네.
그윽이 심기(心機)를 가라앉히는데
참새는 스스로 지게문으로 들어오네.
검푸른 나무가 깊은데
거친 언덕에는 붉은 꽃이 곱네.
한적하여 마치 아무 일도 없는 듯하여
다스리고 깨우치며 장보관(章甫冠)[310]을 마주하네.
이 때에 그대를 생각하나니
깊은 곳에 누워 괴롭게 신음하리.
만나면 모름지기 약으로 기꺼워할 것이 아니라
아름다운 경치를 함께 와서 보아야 하리.
淸齋宿佛宇 曉起晏得雨
冥然息心機 鳥雀自入戶
蒼蒼樹木深 紅萼艶荒塢
閑適若無事 攻誨對章甫
此時憶夫君 臥幽呻吟苦
會須勿藥喜 勝賞來共取

이 시에는 복합적인 내용이 담겨 있다. 기우제를 지내고 통도사

309) 허체(許褅), 『수색집(水色集)』 권2, 『한국문집총간(韓國文集叢刊)』 69, 30～31면에는 <祈雨宿通度寺 遙寄白生受繪在梁山>, <留通度寺 與諸生夜吟>, <題通度寺 在鷲棲山下 倭亂後重修 傳言佛骨自天竺出來 藏於此寺云>, <通度寺題志 淸流洞 卽寺洞口>, <夕遊至理潭 在淸流洞 通度寺前>라는 작품이 수록되어 있다.
310) 장보관(章甫冠)은 공자가 이 관(冠)을 썼으므로 유학자라는 뜻으로 쓰인다.

에서 자고 나니 비가 왔다고 하여 통도사의 영이성(靈異性)을 드러낸 다음, 한적함 속에 선비들과 어울리다가 병을 앓는 친구를 생각하고 안타까워하면서 훗날 만나게 되면 약보다는 아름다운 경관을 함께 즐겨야 하리라는 벗에 대한 애틋한 마음을 여실히 보여주고 있다. 이 시는 통도사라는 아름다운 승경이 혼자 감상하기에는 너무 아까울 정도라는 나름의 인식이 바탕에 깔린 작품이다.

이안눌은 동래부사로 있던 광해군 1년(1609년) 6월 21일 범어사(梵魚寺)를 떠나 통도사에 들러 하루를 머물고 경주에 다녀오면서 다시 통도사에 들러 사흘을 머문 후 7월 1일 통도사를 떠났는데, 이 사이에 쓴 10여 수의 작품이 『동악집(東岳集)』 권8에 실려 있다.

<통도사에서 도림상인의 시에 차운하다(通度寺 次道林上人韻)>
소나무와 노송나무가 엇갈려 그늘 짓고 불전(佛殿)은 비었는데
늙은 스님이 재(齋)를 마치니 풍경소리가 남았네.
이끼 낀 섬돌에 앉아 숲으로 돌아가는 새를 헤아리며
구름 낀 산에 거처를 정하지 못한 게 부끄럽네.
松檜交陰佛殿虛 老僧齋罷磬聲餘
苔階坐數歸林鳥 愧殺雲山未卜居

이 시는 조용한 불전에서 그윽한 풍경소리를 듣고, 저녁나절에 숲으로 돌아가는 새를 보면서 타관에 머무는 자신의 모습과 대비시키고 있다.

<6월 25일에 다시 통도사로 돌아와서 인섬상인에게 써서 보여주다(六月二十五日 還到通度寺 書示仁暹上人)>
유월의 청류동(淸流洞)에는
솔바람이 빗소리를 내네.
내 삶이 어찌 그리 괴로운가?

북쪽으로 갔다가 또 남쪽으로 가니.
六月淸流洞 松風作雨聲
吾生何太苦 北去又南征

이 시도 위의 시와 마찬가지로 스님의 한거(閑居)와 자신의 번거로운 일정을 대비하여 절간 생활의 한가와 여유를 부각시키고 있다.

<지선상인과 이별하다(留別智禪上人)>
영취산의 개울물과 봉우리 구름이
한 번 산 앞으로 나오면 어느 곳에서 합치랴?
우리가 흩어지고 만남도 참으로 이와 같으니
이번에 떠나면 다시 그대 볼 길이 없으리라.
鷲溪之水鷲峯雲 一出山前合何處
吾人聚散正如此 此去無因更見汝

이 시는 전송 나온 지선스님과 이별하면서 이별의 안타까움을 그린 것으로 보인다. 이 시는 영취산의 개울물과 봉우리의 구름이 한 번 산을 벗어나면 다시 만나기 어렵듯 한 번 헤어지면 다시 만나기 어려운 스님과 속인의 안타까운 이별의 정회를 드러낸 작품이다.

이 밖에 『통도사지』「불종찰약사(佛宗刹畧史)」의 <심진록(尋眞錄)>에는 영조 10년(1734년)부터 180년간에 걸쳐 절에 놀러 왔던 진신(搢紳)들의 문장(文章)·방함(芳啣)이라고 하여 화산종락(花山宗洛) 권명응(權明應)·김우수(金禹銖)·권만(權萬)의 칠언절구 1수씩과 이민구(李敏九)·이만(李曼)·안광찬(安光贊)·홍재신(洪在愼)의 칠언율시 1수씩이 실려 있다. 그런데 이들은 다른 문헌에서 널리 언급되는 인물들이 아닌 것으로 보아 대개 지방의 유지들인 것으로 짐작된다. 그런데 이민구의 시라고 실려 있는 작품은 앞에서 살펴본 김극기의 칠언율시 <양산 통도사(梁山通度寺)>와 같은 것으로 보아 그 신빙성을 확보하기 어렵기도 하다. 그 중 권만의 시를 살펴보기로 하겠다.

수없이 겹친 산봉우리에 한 줄기 샘물이 흘러
골짜기 속의 맑은 경치가 마치 별세계[311]인 듯하네.
부질없는 생애에 오랜 여가 없음을 스스로 비웃나니
아직 선방(禪房)을 빌어 하룻밤을 자지도 못하였네.
千疊層巒一道泉 洞中淸景似壺天
浮生自笑無長暇 未借禪房一夜眠

이 시는 별세계와 같은 통도사 골짜기에서 덧없이 바쁘게 살아가는 자신의 모습을 자소(自笑)하면서 자연의 한가로움을 부러워하는 심사를 드러낸 작품이다. <심진록>에 실린 작품들의 세계는 대개 이와 비슷하다 하겠다.

그러나 통도사를 다룬 한시 중에는 지금까지 살펴본 작품들과는 달리 불교에 대해 부정적인 입장을 드러낸 작품도 있다. 이덕홍(李德弘, 1541~1596)의 <통도사(通道寺)>[312]가 그러한 예이다.

발 씻으러 옴이 어찌하여 늦은가?
절은 깊고도 깊네.
돌다리에는 소나무가 몇 그루 서 있고
물 울타리에는 옥소리가 천 가지일세.
흰 바위에는 한 쌍의 개울이 흘러내리고
맑은 못에는 양쪽 산봉우리가 그늘 짓네.
굳은 장대는 푸른 하늘을 꿰뚫고

311) 호천(壺天)은 호중천(壺中天)을 말하는데. 신선 호공(壺公)의 고사에서 나온 말로 별천지·별세계·선경 등의 뜻으로 사용된다. 호공은 중국 후한(後漢) 때의 사람으로 여남(汝南)의 저자에서 약을 팔았는데 늘 항아리 하나를 지붕 위에 걸어 두고 저자가 파하면 뛰어서 그 항아리 속으로 들어갔다고 한다.

312) 이덕홍(李德弘), 『간재집(艮齋集)』, 권2, 『한국문집총간(韓國文集叢刊)』 51, 29면.

절의 단청은 사람의 마음을 어지럽히네
다락 아래에는 찬 거울이 맑은데
대 숲에는 구슬 거문고가 울리네.
물레방아가 올라갔다가는 다시 짓누르는데
산색은 옛날이나 지금이나 같네.
지난 일을 누구에게 물어 보랴?
불법은 말을 믿기 어렵네.
석종(石鍾)은 수많은 괴이함을 감추었는데
이소상(泥塑像)은 얼마나 백성들을 미혹했던가?
나에게는 멀리 떠나려는 뜻이 있는데
길고 짧은 읊조림이 어찌 방해가 되랴?
여기에 와서 얻은 게 없는데
산 속의 해는 서쪽 봉우리를 향하네.
濯足來何暮 招提深復深
巖橋松數植 水柵玉千音
白石雙溪下 泓潭兩峀陰
頑檣穿碧落 金碧眩人心
樓下澄寒鏡 篘林響瑤琴
水砧揚復抑 山色古猶今
往事憑誰問 禪乘語未諶
石鍾藏萬怪 泥塑惑幾黔
我有遐遊志 何妨長短吟
此來無所得 山日向西岑

이 시는 기본적으로 산수의 승경을 즐기려는 마음이 있으나 그것을 방해하는 것이 사찰이라는 마음의 표현이다. 그러나 이러한 극단적인 배불(排佛)의 입장이 표명된 작품은 극히 예외적인 경우라고 보아야 할 것이다.

4. 승려들의 통도사 관련 한시

통도사를 대상으로 한 승려들의 한시 작품은 문인의 그것에 비해 알려진 것이 적은 게 사실이다.

통도사 대광명전(大光明殿)의 입구와 좌우 천장의 아래 도리 위에는 다음과 같은 오언절구가 기록되어 있다.[313)]

우리 집에 한 손님이 있으니
진정 바다 속의 사람이로다.
입으로 하늘에 넘치는 물을 머금었으니
능히 불의 정신을 죽일 수 있으리.
吾家有一客 定是海中人
口呑天漲水 能殺火精神

어느 승려의 작품으로 보이는 이 작품은 통도사의 연기설화(緣起說話)와도 관련되는 것으로, 용(龍)의 신력(神力)을 빌어 화재를 방지하려는 주술적인 의미를 담은 것으로 짐작된다. 현재의 대웅전과 삼성각 사이에 있는 작은 연못인 구룡신지(九龍神池)는 창사(創寺) 이전에는 큰 못이었다고 한다. 자장법사가 중국에서 귀국하여 이곳을 메워 절을 창건하려 하였는데, 이 못에는 아홉 마리의 용이 있었다. 자장법사가 불력을 일으켜 못의 물을 펄펄 끓게 하니, 견디다 못한 용 가운데 다섯 마리는 오룡동으로, 세 마리는 삼동곡으로 도망갔으나 눈 먼 용 한 마리가 남아 사찰을 지킬 테니 그곳에 계속 머물게 해 달라고 애원하였으므로, 법사는 구룡신지를 만들어 용이 살 곳을 만들어 주고 나머지는 메워 통도사를 지었다고 한다.[314)] 따라서 이 시에서 힘을 빌리고자 한 용은 바로 신지(神池)에

313) 최완수(崔完秀)의 <통도사>(앞의 책, 78면)에서는 대광명전의 좌우 천장의 아래 도리에 기록되어 있다고 하였으나, 필자가 직접 확인해 본 결과 좌우 천장의 아래 도리뿐만 아니라 입구의 아래 도리에도 기록되어 있어서 이 전각에는 비로자나불(毘盧遮那佛)이 있는 면을 제외한 3면에 같은 시가 기록되어 있는 셈이다.

314) 이호일 외, <영취산 통도사>(『문화유산-명찰』, 한국문원, 1996, 453면) 참조.

사는 통도사의 수호룡으로 보아도 무방할 것 같다.

이 밖에 확인할 수 있는 자료로는 『통도사지』의 「탁영(拓影)」 부분에 실린 승려의 작품들과 『교남지』에 실린 엄성(嚴惺)의 시 1수 등이 있다. 우선 엄성의 시를 보기로 하자.

골짜기는 넓고 골짜기의 문은 깊은데
가을비가 처음 개니 이슬이 숲에 떨어지네.
구름이 밤 샌 구름을 걷어가자 산은 옥을 깎은 듯한데
먼지가 옛 탑을 덮으니 부처에는 금빛이 넘치네.
날리는 샘물은 솟아나서 긴 명주를 끌어당긴 듯하고
울리는 풍경은 차디차서 새벽 소리를 울리네.
노승은 홀로 아무런 일이 없음을 즐기며
종일토록 향을 피우고 앉아서 마음을 살피네.
洞天寥廓洞門深 秋雨初晴露滴林
風捲宿雲山削玉 塵埋古塔佛渝金
飛泉潑潑拕脩練 鳴磬冷冷動曉音
獨愛老僧無一事 焚香終日坐觀心

이 시는 한 노승이 고요한 절간에서 자연의 변화를 관찰하면서 조용히 수도하는 마음을 담은 작품이다. 특히 마지막 연은 아무런 일이 없음을 홀로 즐기며 자신을 되돌아보는 늙은 스님의 일상사를 보여주는 것이라 할 만하다. 따라서 이 시는 속세의 더러움이 침범할 여지가 없는 청정의 세계를 그린 작품으로 보인다.

응해(應海) 희안(禧晏), <삼가 판상의 시에 차운하다(謹次板上韻)>[315]
마음에서 마음으로 전하되 같기를 도모하지 않고
대를 이어 서로 한 방의 풍도(風度)를 잇네.

315) 『통도사지(通度寺誌)』, 745~746면.

『황정경(黃庭經)』316)을 외우고 나서 선정(禪定)에 드니
어찌 작은 얽매임으로 그 중심을 더럽히랴?
以心傳印不謀同 適代相承一室風
誦罷黃庭仍入定 詎將些纍玷其中

이 시는 경해(慶海)스님의 문인(門人) 응해스님이 도를 전수하는 과정을 소개하고 수도하는 사람으로서의 굳은 마음의 자세를 드러낸 작품이다. 수련의 표현에서, 이심전인(以心傳印)하되 같은 것을 도모하지 않는다는 것은 유교의 화이부동(和而不同)과 통하는 것으로 보아, 불교와 유교의 공부가 결코 서로 용납할 수 없는 대척적인 것만은 아니라는 점을 짐작케 해 준다.

다음 작품은 뇌산(雷山) 기석(奇錫)의 <범종루에서 짓다(題梵鍾樓)>317) 시이다.

어렴풋한 다락이 숨은 거처에 꽂혔는데
솔바람에 길을 얻으니 절로 느릿하네.
산에는 신령스러운 독수리가 날고 구름은 골짜기에 깃드는데
땅에는 어룡(魚龍)이 숨어 물이 도랑에 가득하네.
생각에 젖어 말이 없으니 선정(禪定)에 든 듯하고
몸을 들어 홀로 기대니 허공을 탄 듯하네.
달이 돋고 종소리 다하여 저녁 숲이 서늘한데
고금(古今)의 감상에 젖으니 생각이 넘치네.
縹緲之樓揷隱居 松風得路自徐徐
山翱靈鷲雲棲壑 地蟄魚龍水滿渠
緬想無言如入定 掀身獨倚若乘虛
月生鍾盡凉林夕 感古傷今思有餘

316) 『황정경(黃庭經)』은 도교의 경서(經書)로 황정내경경(黃庭內景經)·황정외경경(黃庭外景經)·황정둔갑연신경(黃庭遁甲緣身經) 등의 총칭이다.
317) 위의 책, 753~754면.

통도사의 종루를 바라보며 지은 이 시는 종각 주변의 경관을 절묘하게 그려내고 있다. 특히 함련의 표현은 주변의 영취산의 이름과 모습에 기초한 발상으로써 전구(前句)를 엮고, 통도사의 연기설화를 이용하여 후구(後句)를 구성한 것으로 보인다. 경련과 미련은 승려 자신의 행동과 정회를 표현한 것인데, 구도자로서의 자세보다는 일상인의 모습을 보여주는 듯하다.

다음 두 작품은 춘담(春潭)의 문인(門人) 해담(海曇)의 <통도사에서 짓다(題通度寺)>[318]와 그 시에 차운한 운암(雲庵) 이구연(李龜演)의 <해담상인의 판상의 시에 공경스레 차운하다(敬次海曇上人板上韻)>[319]인데, 같은 운자로 쓴 스님과 문인(文人)의 작품이라는 점에서 서로 비교해 볼 만하다고 생각하여 함께 살펴보기로 하겠다.

영취산 봉우리 아래 골짜기 문이 깊숙한데
즐비한 절간에서는 법문(法文) 외는 소리가 들리네.
남쪽에서 온 거마(車馬)로 조정의 선비가 이르고
가을이 무르익은 전원에서 농부가 찾네.
다락은 산 기운을 머금어 난간에 구름이 피어나고
계수나무가 하늘의 향기를 보내어 달이 숲에 머무네.
보탑(寶塔)과 금개구리[金蛙]에는 지난 자취가 남았는데
『다경(茶經)』을 반도 쓰기 전에 한낮의 종이 울리네.
鷲靈峰下洞門深 櫛比琳宮誦法音
車馬南來朝士到 田園秋熟野人尋
樓含岳氣雲生檻 桂送天香月在林
寶塔金蛙留往迹 茶經未半午鍾臨

영취산 속에 길이 점차 깊어지고
남쪽에서 온 나그네는 지팡이 소리를 짝하네.

318) 위의 책, 793~794면.
319) 위의 책, 795~796면.

장엄한 보탑(寶塔)은 어느 때에 지었는가?
큰 깨달음의 참된 이치를 이곳에서 찾네.
구름에 싸인 만 그루 나무는 법계(法界)를 감추고
물 떨어지는 천 개의 바위는 평평한 숲에 솟았네.
뜰에 가득한 천화(天花)에서 향기로운 바람이 일어나니
조실(祖室)의 문 앞에는 달빛이 비쳐 임하였네.
靈鷲山中路轉深 南來客杖伴跫音
莊嚴寶塔何時建 大覺眞宗此地尋
萬樹雲籠藏法界 千巖水落出平林
天花滿院香風起 祖室門前月照臨

앞의 시는 통도사에 기거하던 스님의 시답게 절간에서 일어나는 일상사인 독경(讀經)하는 모습과 손님을 맞이하는 자세, 이웃의 농부를 대하는 모습, 절간 주변의 아름다운 경관 등을 유장한 필치로 그려내고 있는 작품이다. 특히 마지막 연에서는 통도사의 승려만이 알 수 있는 보탑(寶塔), 즉 금강계단에 모신 불골탑(佛骨塔)과 금개구리[金蛙]의 전설을 동원하여 주의를 환기한 다음, 스님의 일상사 중의 하나인 차(茶)에 대한 이야기로써 시를 마무리짓고 있는 것이 일반인의 시와는 다른 점이라고 하겠다. 금강계단에 대하여는 이미 앞에서 살펴본 바가 있고, 금개구리의 설화는 지금까지도 통도사의 부속 암자 중의 하나인 자장암(慈藏菴)에 전해지고 있는 전설이다. 전문을 소개하기로 하겠다.

> 자장암 뒤의 석벽 아래에는 작은 샘이 있는데, 스님이 지팡이를 꽂아 물을 나오게 하였으므로 석벽 위에는 작은 구멍이 있다. 개구리 두 마리가 물을 흐리게 하므로 스님은 무명지로 돌을 뚫어 구멍을 내고 개구리를 집어넣어 맑은 물을 흐리게 하지 못하도록 하였다. 이 후로 한 쌍의 금개구리가 어떤 때는 벌과 나비로 나타나기도 하고 어떤 때는 거미로 나타나기도 하였다. 숨거나 나타남에 신(神)처럼 날아다녀 명

산(名山)과 여수(麗水)에 자재(自在)하여 이르지 않는 곳이 없었다. 어떤 때는 밥 위에서 울고, 어떤 때는 어깨 위의 옷에 올라가며, 있다가는 갑자기 없어지고 없다가는 갑자기 있어서 사람들로 하여금 믿기 어렵게 하고, 아직 보지 못한 사람에 대해서는 가리키기도 어렵게 하여, 어떤 사람이 한 번 보기만 하면 다른 사람에게 떠벌리게 되어 입에 침이 마르는 것이었다.320)

짐작하건대 이런 설화적인 배경은 통도사의 승려가 아니고서는 알기 어려웠을 것이다. 현재에도 자장암 뒤쪽의 석벽에는 손가락 굵기의 구멍이 있고, 그 아래에는 감로수(甘露水)가 있어서 그 전설의 증거물이 되고 있다. 지금도 자장암을 찾는 신도들과 유람객들은 자장법사가 뚫어놓은 이 석벽의 구멍 속에서 금개구리를 발견하려 애쓰고 있으며, 자장암에서는 그들의 편의를 위하여 석벽 아래 나무토막 두 개를 받침대로 마련해 놓고 있다.

이에 반해 뒤의 시는 일반 문인(文人)의 시로서, 남쪽에서 온 길손임을 밝히고 보탑(寶塔)을 보고 참된 깨달음의 이치를 찾고자 하는 자세를 드러내고 있을 뿐만 아니라, 마지막 연에서는 조실(祖室)의 문 앞에서 참된 깨우침으로 인도해 주기를 바라는 마음을 은연중에 드러냄으로써 스스로 승려가 아님을 명확히 하고 있다고 하겠다.

이처럼 승려의 시와 일반 문인의 시는 대상을 바라보거나 대하는 태도가 확연히 다르다는 것을 작품을 일별해 봄으로써도 쉽게 판별할 수 있게 되는 것이다.

---

320) 慈藏菴後 石壁下 有小泉 師挿錫出水 石壁上有小穴 二蛙濁水 故師以無名指 穿石出穴入蛙 勿濁淸水 自此以後 一雙金蛙 或現蜂蝶 或現蜘蛛 隱現如神飛行 自在名山麗水 無所不到 或上飯哭 或上肩衣 有忽無 無忽有 令人疑信 難指於未目之人 若人一見 向人健誇 乾於唇涎也.(위의 책, 「佛宗刹畧史」 중 <金蛙變現>, 177면)

5. 맺음말

통도사는 창건 당시부터 금강계단과 불가분의 관계에 있는 사찰이었기 때문에, 먼저 통도사와 금강계단에 대해 살피고, 그 다음에는 통도사와 관련이 있는 한시들을 문인의 작품과 승려의 작품으로 나누어 그 작품세계의 실상을 개략적으로 살펴보았다.

사찰 관련 한시의 경우, 문인들의 작품에서는 사찰이 승경 속의 유람장소라는 의미와 사찰의 경건한 분위기가 아울러 인식되는 것이 보통이고, 승려들의 작품에서는 사찰이 생활 현장이면서 수도의 도량으로 인식되는 것이 일반적이다. 보다 본질적인 차이는 문인들은 사찰을 한 번쯤 거쳐가는 장소로 파악하고 있음에 비해, 스님들은 그곳을 생활과 수도의 항구적인 터전으로 인식한다는 점일 것이다. 통도사와 관련된 한시들도 대략 이와 같은 범주의 작품이었음을 확인할 수 있었다.

사찰 관련 한시는 사찰의 본래적 기능인 수도와 제도, 한시의 본래적 기능인 문학적 형상화라는 양면이 함께 고려되어야 하는 특수성을 지닌 작품이고, 따라서 그것을 바라보는 시각도 이런 데 바탕을 두어야 할 것이다. 그런데 불교 사상에 대한 이해가 얕은 필자가 고승 대덕들의 작품을 다루면서 그들의 심오한 인식 세계나 비유적 심상을 혹여 잘못 파악하지나 않았는지 염려되지만, 이 글이 통도사와 관련된 한시 작품들을 한 번 개괄했다는 점에서 작으나마 의미를 지닐 것으로 생각한다.

참고문헌

1. 자료

『經國大典』.
『嶠南誌』.
權相一『淸臺先生集』.
———, 성범중 역주,『국역 학성지』. 울산남구문화원 향토사연구소, 2010.4.
金安國,『慕齋集』.
金堉,『潛谷續稿』.
金益熙,『滄洲遺稿』.
金弘郁,『鶴洲集』.)
南景羲,『癡庵集』.
『大學』.
『論語』.
『孟子』.
『민족문화대백과사전』.
朴繼叔·朴就文,『赴北日記』(필사본).
朴世衕,『何溪集』
朴時戊,『小菴集』.
朴昌宇,『槐泉集』.
『三國史記』.
徐居正,『四佳集』.
宋璨奎,『慕隱臺詩集』(필사본).
『詩經』.
『新增東國輿地勝覽』.
『彦陽邑誌』, 언양읍지발간위원회, 2001.
『嶺南邑誌』(1871년본).
『울산광역시사』, 울산광역시사편찬위원회, 2002.
『蔚山府治積』(필사본).
『蔚山邑誌』(1934년본).
劉在建편,『古今詠物近體詩』.
李九簫, 최두출 역,『鳳仙花』. 출판사 미상, 1980.

李覲吾, 『竹塢集』.
李肯翊, 『練藜室記述』.
李德弘, 『艮齋集』.
李萬敷, 『息山集』.
李敏求, 『東州集』.
李植, 『澤堂集』.
李養吾, 『磻溪集』(목판본)
───, 『磻溪集』(필사본), 경인문화사, 1990.
李瀷, 『星湖僿說』.
李俊民, 『鶴皐遺集』.
張志淵편, 『大東詩選』.
丁若鏞, 『與猶堂全書』.
『朝鮮王朝實錄』.
趙翼, 『浦渚集』.
『中庸』.
『楚辭』.
崔南復, 『陶窩集』.
崔俊植편, 『集淸亭詩集』(필사본).
『한국고전용어사전』 1, 세종대왕기념사업회, 2001.
韓國學文獻硏究所편, 『通度寺誌』, 亞細亞文化社, 1983.
許筠, 『惺所覆瓿藁』.
許遞, 『水色集』.
洪聖民, 『拙翁集』.
洪世泰, 『柳下集』.
黃景源, 『江漢集』.
黃俊良, 『錦溪集』.
『後漢書』.

2. 논저

강길부, 『땅이름 울산사랑』, 인터넷 공개판, http://www.uljukang.org.
金松泰, 「울산감목 홍세태와 그가 남긴 향토시에 대한 소고」, 『향토사보』 제9집, 울산향토사연구회, 1998.
김정한, 「울산의 목장」, 「12.울산목장 소속 장기목장(하)」, 『경상일보』 2009년 5월 13일, 「13.울산목장의 감목관(상)」, 『경상일보』 2009년 5월 27일.
민주식, 「조선시대 지식인의 미적 유토피아 —'무이구곡(武夷九曲)'의 예술적 표현을 중심으로—」, 『미학』 26집, 한국미학회, 1999.
성범중, 「구소(九簫) 이호경(李頀卿)의 한시(漢詩)」, 『울산문학』 2007년 겨울호(통권 42호), 울산문인협회, 2007.12.1.
───, 「구충당(求忠堂) 이의립(李義立)의 시가」, 『울산문학』 2008년 봄호(통권

43호), 울산문인협회, 2008.3.1.
성범중, 「반계 이양오의 「감회」」, 『울산문학』 2007년 가을호(통권 41호), 울산문인협회, 2007.9.1.
———, 「반구대와 집청정의 한시」, 『울산문학』 2007년 여름호(통권 40호), 울산문인협회, 2007.6.1.
———, 「우불산·문수산·황룡연·백룡담 등에서 행한 기우제문의 세계」, 『울산문학』 2008년 가을호(통권 45호), 울산문인협회, 2008.9.1.
———, 『울산지방의 문학전통과 작품세계』, 월인, 2009.
———, 「이양오의 「중유원적산기」 삽입 한시」, 『울산문학』 2009년 봄호(통권 47호), 울산문인협회, 2009.3.28.
———, 「작천정과 작괘천 주변을 다룬 시문에 대한 관견」, 『인문논총』 25집, 울산대학교 인문과학연구소, 2006.11.
———, 「亭子와 園林을 통한 문학적 교유와 소통 — 울산 소재 集淸亭의 경우를 예로 하여 —」, 『韓國漢文學硏究』 41집, 韓國漢文學會, 2008.6.30.
———, 「정재원·정약용 부자의 울산과의 인연에 대한 탐토」, 『울산문화연구』 창간호, 울산시 남구문화원 향토사연구소, 2008.12.
———, 「『集淸亭詩集』 연구」, 『韓國漢詩硏究』 16집, 韓國漢詩學會, 2008.10.30.
———, 「청대 권상일의 울산 관련 한시」, 『울산문학』 2009년 여름호(통권 48호), 울산문인협회, 2009.6.25.
———, 「최남복의 「백련구곡도가」와 송찬규의 「반계구곡음」의 세계」,< 『울산문학』 2008년 여름호(통권 44호), 울산문인협회, 2008.6.1.
———, 「태화강 유역의 수려한 경관과 그 풍류」, 『울산문학』 2009년 겨울호(통권 50호), 울산문인협회, 2009.12.24.
———, 「통도사와 한시」, 『지역문학연구』 5, 경남지역문학회, 1999.10.30.
송수환, 「천사 송찬규의 반계구곡가」, 『울주문화』 3집, 울주문화원, 2004.3.
울산역사교사모임, 『다같이 돌자 울산 한바퀴』, 울산:도서출판 처용, 1998.
李敏弘, 『士林波文學의 硏究』, 형설출판사, 1985.
李樹鳳, 『磻溪 李養吾 文學硏究』, 울산: 디자인워크, 2003.
이호일 외, 『문화유산-명찰』, 한국문원, 1996.
임학섭, 『사찰풍수』1, 밀알, 1995.
장성운, 「이구소의 생애와 작품」, 『울주문화』 2집, 울주문화원, 2002.
장영훈, 『영남의 풍수』, 동학사, 1995.
崔完秀, 『명찰순례』 1, 대원사, 1994.

찾아보기

가. 일반항목 찾아보기

(ㄱ)

(ㅇ)

나. 작품제목 찾아보기